全 世 界 无 产 者 ， 联 合 起 来 ！

列 宁 全 集

第二版增订版

第六十卷

批 注 集（下）

1915—1922年

中共中央　马克思　恩格斯　著作编译局编译
　　　　　列　宁　斯大林

人民出版社

《列宁全集》第二版是根据
中国共产党中央委员会的决定，
由中共中央马克思恩格斯列宁
斯大林著作编译局编译的。

凡　例

1. 笔记卷的文献编排,根据各卷的具体情况,采取不同方式:有的卷系按时间顺序排列,有的卷分类后各按时间顺序排列,而另一些卷则保持列宁原笔记本的顺序。

2. 文献标题下括号内的日期是编者加的。编者加的日期,公历和俄历并用时,俄历在前,公历在后。

3. 1918 年 2 月 14 日以前俄国通用俄历,这以后改用公历。两种历法所标日期,在 1900 年 2 月以前相差 12 天(如俄历为 1 日,公历为 13 日),从 1900 年 3 月起,相差 13 天。

4. 列宁笔记原稿中使用的各种符号,本版系根据俄文版本照录。原稿中的不同着重标记,在俄文版本中用多种字体表示,本版则简化为黑体或黑体加着重号。

5. 笔记卷中列宁作批注的非俄文书籍、报刊以及其他文献的摘录或全文,本版系根据俄译文译出,有的参考了原文。

6. 在引文中尖括号〈　〉内的文字和标点符号是列宁加的。

7. 未说明是编者加的脚注为列宁的原注。

8.《人名索引》条目按汉语拼音字母顺序排列,条头括号内用黑体字排的是真姓名。

目　录

前言 ·· I—XI

1915 年

在彼·马斯洛夫《世界大战的经济原因》一书上作的

批注(1月) ·· 1

有关协约国社会党人伦敦代表会议的法文报纸的摘录

和批注(不早于2月20日) ··································· 2—9

在亨·劳芬贝格和弗·沃尔弗海姆《民主与组织》

一书上作的批注(不早于2月) ···························· 10—35

在保尔·果雷《正在死亡的社会主义和必将复兴的

社会主义》一书上作的批注(3月和9月之间) ········· 36—52

在罕丽达·罗兰-霍尔斯特《社会主义无产阶级与

和平》一书上作的批注(不早于4月) ···················· 53—81

卡尔·冯·克劳塞维茨《战争论》一书的摘录和批注

(不晚于5月) ··· 82—108

　克劳塞维茨的简历 ··· 82

　卡尔·冯·克劳塞维茨将军关于战争和用兵的遗著 ········· 83

　　《战争论》第1卷 ··· 83

　　《战争论》第2卷 ··· 90

　　《战争论》第3卷 ··· 97

对格·季诺维也夫《和平主义还是马克思主义(一个
　　口号的不幸)》一文的修改意见(不晚于7月11日)······· 109—110

对米·波克罗夫斯基《战争祸首》一文的意见和给
　　波克罗夫斯基的信的草稿(6—8月) ·············· 111—113

对亚·柯伦泰《谁需要战争?》一书的修改意见
　　(9月18日和26日之间) ···························· 114—120

帕·阿克雪里罗得《国际社会民主党的危机和任务》
　　一书的摘录和批注(9月19日以后)················ 121—123

在尔·马尔托夫《战争和俄国无产阶级》一文上作的
　　批注(11月30日和12月21日之间) ·············· 124—137

茹尔·盖得《警惕!》一书和《用阶级斗争反对战争!
　　关于"李卜克内西案件"的材料》一书的摘录和批注
　　(1915年底) ···································· 138—158

对罕丽达·罗兰-霍尔斯特《民兵制还是裁军?》一文的
　　评论(12月底)·································· 159—160

1916 年

关于马克思和恩格斯论波兰问题和民族压迫问题的
　　笔记(7月) ···································· 161—171

关于瑞士社会民主党代表大会的报纸的摘录和批注
　　(不早于11月8日)······························ 172—175

关于瑞士工人运动问题的报纸的摘录和批注(11月底)····· 176—187

在瑞士社会民主党关于战争问题的提纲和决议草案上
　　作的修改和批注(11月底—12月初) ············ 188—201

1. 在罗·格里姆的提纲上作的批注 ···················· 188

2. 对罗·格里姆的提纲的意见 ······················ 193

3. 在弗·普拉滕的决议草案上作的修改和批注 ·········· 197

保·伦施关于民族自决权和兼并的文章的摘录和批注

（1916 年） ······································ 202—206

1917 年

在美国社会主义工人党第十四次代表大会通过的关于

向社会党提出的统一原则和形式的决议上作的批注

（1 月） ·· 207—208

1918 年

在 1918 年 1 月 8 日（21 日）党的会议上作的摘记 ········· 209—213

1 辩论摘记（1 月 8 日〔21 日〕） ···················· 209

2 对 1918 年 1 月 8 日（21 日）党的会议上的辩论的归纳

（1 月 8—11 日〔21—24 日〕） ···················· 212

关于拿破仑第一对德战争史的笔记（2 月） 214—217

1 关于尼·卡列耶夫《西欧史》一书（第 4 卷第 8 章）的

提纲式笔记（2 月 24 日以前） ···················· 214

2 拿破仑第一对德战争史摘记（2 月） ·············· 216

尼·布哈林等人在俄共（布）第七次代表大会上关于

战争与和平问题的发言的摘记（3 月 7 日） ········· 218—220

在最高国民经济委员会同资产阶级合作社工作者就

合作社工作问题达成的协议草案上作的批注

（3 月 21 日或 22 日） ······························ 221—222

对关于消费合作社的法令草案的修改(4月10日) ········ 223—226

对关于惩治受贿的法令草案的修改(5月8日) ················· 227

在莫斯科市党代表会议上作的摘记(5月13日)·············· 228—231

　　1 对尼·布哈林的补充报告的摘记和对格·索柯里尼柯夫

　　　的发言的摘记 ························· 228

　　2 辩论摘记 ···························· 230

对关于组织贫苦农民和对贫苦农民的供应的法令的

　　修改(6月8日) ··························· 232—235

对俄罗斯社会主义联邦苏维埃共和国宪法草案的修改

　　(6月28日和7月3日之间) ·················· 236—237

对关于不容许亲属在苏维埃机关共同供职的法令草案的

　　修改(7月20日) ·························· 238

1919 年

在阿·哥尔茨曼《为恢复国民经济而斗争》提纲上作的

　　批注(4月25日)···························· 239—241

在全俄工会中央理事会文化部主任的来信上作的批注

　　(不晚于8月1日) ························· 242—243

在《德国共产党(斯巴达克联盟)土地纲领》上作的批注

　　(7月以后) ····························· 244—246

1920 年

关于俄国社会主义革命成熟问题的意见(1920年初) ······ 247—248

在《经济生活报》所载尤·拉林一篇文章上作的批注

　　(3月20日) ····························· 249

在谢·古谢夫《经济建设的当前问题》一书上作的批注

（3月17日和29日之间） ·················· 250—251

在奥托·鲍威尔《世界革命》一书上作的标记（不晚于

4月27日） ································· 252—273

在尼·布哈林《过渡时期经济学》一书上作的批注和

评论（5月） ······························· 274—321

在詹·麦克唐纳《议会与革命》一书上作的批注（不晚于

7月18日） ································ 322—340

对娜·克鲁普斯卡娅所拟人民委员会《关于集中管理

共和国图书馆工作》法令草案的补充和修改

（7月15日和22日之间） ·················· 341—343

在叶·瓦尔加《无产阶级专政的经济政策问题》一书上

作的批注（不晚于7月30日） ·············· 344—359

在卡·马克思《哲学的贫困》一书新版上作的批注

（不早于9月26日） ······················· 360—361

在库恩·贝拉（科洛日瓦里）《从革命走向革命》一书上

作的批注（不早于1920年） ················ 362—373

在《弗·恩格斯〈政治遗教。选自未发表的书信〉》一书

上作的批注（1920年和1921年2月2日之间）·············· 374—377

1921 年

在俄罗斯国家电气化委员会改组方案上作的批注

（2月18日） ····························· 378—379

在亚·柯伦泰《工人反对派》一书上作的批注（3月9日）··· 380—385

在俄共（布）中央委员会专门委员会关于消费合作社法令

草案的讨论记录上作的批注（4月4日或5日）·············· 386—387

在哈尔科夫省委书记关于实行粮食税的报告上作的

　批注(4月17日)·······················388—393

在瓦·奥博林来信上作的批注(5月18日和26日之间)··· 394—397

在叶·莫伊谢耶夫报告上作的批注(5月22日)·············398—401

在《革命进攻的策略和组织。三月行动的教训》一书上

　作的批注(6月10日和15日之间)·········402—433

在关于建立出口储备的报告上作的批注(6月22日)·····434—435

在最高国民经济委员会《关于新经济政策原则的提纲

　草案》上作的批注(7月16日)·············436—440

在伊·斯克沃尔佐夫-斯捷潘诺夫来信上作的批注

　(8月1日)······························441

在组织生产者联合会发起小组的报告上作的批注

　(9月4日)··························442—443

对阿·基谢廖夫关于工资问题的提纲的修改(9月4日)··· 444—447

在格·克尔日扎诺夫斯基《致我们的批评家》一文上

　作的批注(9月11日)··················448—449

在亚·舍印曼来信上作的批注(11月12日)·········450—452

在伊·彼特鲁什金来信上作的批示(11月23日)·········453

1922 年

在伊·科布连茨意见书上作的批注(2月15日)·········454

在列·欣丘克《新经济政策条件下的中央消费合作

　总社》一书上作的批注(9月18日以后)·········455—456

在瓦·普列特涅夫《在意识形态战线上》一文上作的

　批注(9月27日)······················457—470

在"狄纳莫"厂工厂委员会来信上作的批注（10 月 21 日）········ 471

在《俄罗斯联邦土地法典》草案上作的批注（10 月 31 日

以前）··· 472

注释 ·· 473—517

人名索引 ······································ 518—532

插　　图

弗·伊·列宁（1920 年）····························· Ⅺ—1

1921 年列宁在《弗·恩格斯〈政治遗教。选自未发表的书信〉》

一书封面上作的批注 ···························· 374—375

前　言

本卷收载列宁1915年至1922年的批注类文献。

列宁在第一次世界大战时期研究过19世纪上半叶德国著名军事理论家克劳塞维茨将军的军事著作。本卷收载了列宁1915年阅读克劳塞维茨的《战争论》时作的摘录和批注。列宁称克劳塞维茨为伟大的战争哲学和战争史著作家，是善于深刻剖析军事问题的著作家。列宁认为《战争论》第6章《战争是政治的一种工具》是"最重要的一章"，几乎全文摘录。列宁十分赞赏克劳塞维茨给战争下的定义：战争是政治通过另一种手段（暴力手段）的继续。列宁指出，这是把辩证法的基本原理运用在战争上所得出的结论，是马克思主义者考察任何一场战争的意义的理论基础。列宁在他的著作中多次引用和阐释这句名言，来反对那些歪曲帝国主义战争的政治内容和阶级本质的资产阶级思想家和社会沙文主义者。从列宁所作的摘录和批注中还可以看出，列宁很重视克劳塞维茨关于由法国革命引起的军事变革思想的论述，肯定了他关于战争指导、司令部、统帅的素质和军队的职业特点等的见解，同意他有关人民在不同时代的战争中的参战程度和精神因素对战争产生重要影响的立论。

第一次世界大战爆发以后，列宁就注意到第二国际的机会主义领袖和各国社会民主党内的社会沙文主义者的言行，不断揭露他们对这次大战所采取的背叛无产阶级革命事业的态度和立场。本卷收入了这一方面的批注类文献。

列宁利用法文报纸刊登的关于1915年2月14日召开的协约国社会党人伦敦代表会议的言论，写了《关于伦敦代表会议》一文（见本版全集第26卷），揭露了参加这次会议的英、法、比、俄四国社会沙文主义派和和平主义派的代表赞成战争、支持本国资产阶级的叛卖行径。列宁在1915年10月以后写的文章，特别是两篇题为《机会主义与第二国际的破产》的文章（见本版全集第27卷），利用了本卷中的《茹尔·盖得〈警惕！〉一书和〈用阶级斗争反对战争！关于"李卜克内西案件"的材料〉一书的摘录和批注》，来说明第二国际的破产，捍卫《巴塞尔宣言》的反战革命精神，批判社会沙文主义和中派主义。列宁在1916年作的《关于马克思和恩格斯论波兰问题和民族压迫问题的笔记》和《保·伦施关于民族自决和兼并的文章的摘录和批注》，是列宁当时为论证无产阶级政党在民族问题上的理论和政策、批判民族问题上的错误倾向而使用的部分准备材料。

列宁1915年阅读彼·马斯洛夫的小册子《世界大战的经济原因》时作的批注，指出这个俄国社会沙文主义者不懂得"货币"资本同资产阶级政府的联系、军费开支的非生产性质以及影响国际关系的其他现象。列宁在1915年9月和12月间阅读了帕·阿克雪里罗得的《国际社会民主党的危机和任务》一书和尔·马尔托夫的《战争和俄国无产阶级》一文并作了批注。列宁在同一期间写的《真正的国际主义者：考茨基、阿克雪里罗得、马尔托夫》、《机会主义与第二国际的破产》和《用国际主义词句掩饰社会沙文主义政策》三篇文章（见本版全集第27卷）就使用了他所作的摘录和批注,揭穿这两个孟什维克领袖为社会沙文主义辩护的言行,指出他们口头上保卫国际主义,实际上支持全世界社会沙文主义者和机会主义者来反对革命的国际主义者。

　　本卷中的一些文献反映了列宁在第一次世界大战爆发后团结和指导各国社会党内的左派坚持马克思主义的革命路线所做的工作。列宁高度评价瑞士社会民主党人保尔·果雷撰写的《正在死亡的社会主义和必将复兴的社会主义》一书,在书上作了各种标记和评语,并据此在1915年8月写出《一位法裔社会党人诚实的呼声》一文(见本版全集第27卷),大段引用书中的原话来批判第二国际的领袖们在帝国主义战争中把马克思主义庸俗化、玷污社会主义的行为。同时列宁指出果雷研究和运用马克思主义理论不足,指出他不懂得必须同机会主义派别彻底决裂。列宁于1915年在荷兰左派女社会党人罗兰-霍尔斯特的《社会主义无产阶级与和平》一书上作的批注,肯定她拒绝保卫祖国的思想,指出她坚持同机会主义者政党统一的言论是错误的。列宁对罗兰-霍尔斯特的《民兵制还是裁军?》一文写了较长的评论,指出该文的主要缺点是她认为建立民兵制和废除武装作为宣传的要求"二者都好"。列宁写道,这样提问题是主观主义的,因为这两种要求在资本主义制度下都不能实现,仅仅是宣传,"但是,我们的宣传应该遵循**客观的发展**。**客观的发展要经过无产阶级专政**。马克思的科学社会主义与和平主义、无政府主义、机会主义等等的区别就在这里,而且也**恰恰在这里**,在这一点上。"(见本卷第159页)列宁1916年所作的《关于瑞士社会民主党代表大会的报纸的摘录和批注》、《关于瑞士工人运动问题的报纸的摘录和批注》以及《在瑞士社会民主党关于战争问题的提纲和决议草案上作的修改和批注》,都是为了指导瑞士社会民主党左派同社会沙文主义者和中派分子进行斗争。

本卷收入了列宁1915年审读格·季诺维也夫为驳斥孟什维克的《我们的言论报》宣扬的资产阶级和平主义的和平口号而写的《和平主义还是马克思主义(一个口号的不幸)》一文原稿、米·波克罗夫斯基的《战争祸首》一文和亚·柯伦泰的《谁需要战争?》书稿时写下的意见。列宁对季诺维也夫的文章除了提出一些修改意见外,还要求季诺维也夫阐述:要从要求和平的情绪转向革命,而不是用美好的和平的诺言去麻痹人们。列宁指出了波克罗夫斯基关于帝国主义论述的一些错误。列宁很重视柯伦泰的书稿,不仅对原文提出修改意见,还在其中补写数段文字,竭力帮助柯伦泰改好书稿,使之能够出版。

本卷收载的《在1918年1月8日(21日)党的会议上作的摘记》、《关于拿破仑第一对德战争史的笔记》和《尼·布哈林等人在俄共(布)第七次代表大会上关于战争与和平问题的发言的摘记》,是1918年1月至3月布尔什维克党内在缔结布列斯特和约问题上展开激烈争论时列宁所作的摘记和笔记。本卷还收载了列宁在1918年3月至7月即布列斯特和约签订后的"和平喘息"时期修改苏维埃政权的法令草案一类的文献。其中有《在最高国民经济委员会同资产阶级合作社工作者就合作社工作问题达成的协议草案上作的批注》、《对关于消费合作社的法令草案的修改》、《对关于惩治受贿的法令草案的修改》、《对关于组织贫苦农民和对贫苦农民的供应的法令的修改》、《对俄罗斯社会主义联邦苏维埃共和国宪法草案的修改》、《对关于不容许亲属在苏维埃机关共同供职的法令草案的修改》等。《对俄罗斯社会主义联邦苏维埃共和国宪法草案的修改》是列宁对宪法草案头3章提出的修改意见,特别要求具体拟定保证少数民族的平等和各种权利的条文。根据列宁的提议制定的关于从严惩治受贿和一切涉及受贿行为、不准许亲属在同一个苏维埃机关供职的两个法令草案以及列宁对它们的修改，是涉及无产阶级政权建设的两个重要文献。

列宁 1920 年 5 月阅读尼·布哈林的《过渡时期经济学》一书时作的批注和评论，是本卷中重要的理论性文献。布哈林写作《过渡时期经济学》一书，是尝试从理论上分析资本主义社会转变为社会主义社会的主要规律，揭示过渡时期经济的基本特点。由于成书于 1920 年初，自然带有明显的战时共产主义的烙印。列宁在这本著作的页边写了许多批注，还在书后写了总的评论。列宁称誉这是一本"出色的书"，肯定了其中的若干正确的观点，指出了书中的缺陷和错误，简明地提出了自己对过渡时期的一些重大问题的看法。

列宁在布哈林的著作上的批注提出了一些在理论和实践上都具有重大意义的论点。布哈林否定社会主义生产方式的经济规律的客观性质，从而断言"资本主义商品社会的末日也就是政治经济学的告终"。列宁在这个论断旁边写道："不对。即使在纯粹的共产主义社会里不也有 Ⅰ v＋m 和 Ⅱ c 的关系吗？还有积累呢？"（见本卷第 275 页）布哈林把社会主义生产力解释为只是技术的发展，列宁认为这是没有根据的。布哈林正确地指出革命暴力是帮助新生产关系形成的这一阶级的力量，这种力量的大小首先取决于这一阶级的组织程度。列宁补充说："应该加上：(1) 取决于数量；(2) 取决于在国内经济中的作用；(3) 取决于同劳动群众的联系；(4) 取决于这一阶级的组织性。"（见本卷第 310 页）列宁批评布哈林缺乏准确的阶级分析，对阶级的特点和本质没有正确的认识。列宁不同意作者关于国家资本主义的一些看法。列宁针对作者所说"世界资本主义体系的崩溃,是从最薄弱的、国家资本主义组织最不发达的国民经济体系开始的"这一论断写道:"不对:是从'**比较薄弱的**'体系开始的。没有一定程度的资本主义,我们是什么也办不成的。"(见本卷第 317 页)对于向共产主义过渡中有关强制规定的消亡次序,列宁提出了同作者相反的估计:起初消亡的是强迫性的劳动,然后是惩罚机关和镇压机关系统,最后是军队。布哈林在书中认为马克思的政治经济学范畴(价值和剩余价值规律以及商品、货币、利润、工资等等概念)在过渡时期就已完全消亡和消失,显然是错误的。例如,布哈林在文中说,"在资本统治下,生产是剩余价值的生产,是为利润进行的生产。在无产阶级统治下,生产是为抵补社会需要进行的生产。"列宁在此处写了一段批语:"没有说到点子上。利润也是满足'社会'需要的。应该说:在这种情况下,**剩余产品**不归私有者阶级,而归全体劳动者,而且只归他们。"(见本卷第 302 页)列宁对布哈林在书中提出的一些有价值的论点,一再用"对"、"好"、"非常好"等评语予以肯定。

列宁在布哈林的著作上的批注很大一部分是关于方法论问题。列宁揭示了布哈林由于未掌握唯物主义辩证法所犯的错误,提出他在书中大量使用波格丹诺夫的概念和术语,而不懂得波格丹诺夫的术语及其含义是以他的唯心主义和折中主义的哲学为基础的,因此布哈林经常陷入与辩证唯物主义相矛盾的烦琐哲学和唯心主义泥坑。甚至作者的一些本来正确的思想也往往披上波格丹诺夫的术语的外衣,列宁把这形容为"一桶蜜里掺了一勺焦油"。列宁对书中的论点的分析,贯穿着关于研究的逻辑同对象本身发展的客观逻辑有密不可分的关系的思想。列宁指出,形而上学的平衡观点"为哲学上从唯物主义向唯心主义的动摇行为打开了方便之门"(见本卷第 305 页)。列宁强调实践在认识现实过程中的特殊作用,认为"作者没有辩证地提出理论与实践的关系",所以书中抽象的论述和逻辑的推论过多,"作者以翔实的、即使是简短的实际材料来为自己的公设提出充分的论据不够"(见本卷第 321 页)。列宁在书中的"资本主义是对抗的、矛盾的制度"一语旁边写道:"极不确切。对抗和矛盾完全不是一回事。在社会主义下,对抗将会消失,矛盾仍将存在。"(见本卷第 281—282 页)列宁的这个论点对于阐明社会主义建设辩证法具有极其重要的方法论意义。

本卷收入了列宁 1920 年阅读该年在维也纳出版的著名匈牙利和国际工人运动活动家库恩·贝拉的《从革命走向革命》和叶·瓦尔加的《无产阶级专政的经济政策问题》两本小册子时作的批注。列宁很重视 1919 年匈牙利革命的经验教训的总结。他在库恩·贝拉的书后写了如下的评语:"在小册子里作者革命信念的坚定性,他对革命坚定不移的信念是好的。关于党应当是什么样的党,论述得好。对社会民主党人的批判也是好的。但是,**一个极大的缺点是——完全缺乏事实**。这就使小册子没有力量。"(见本卷第 373 页)瓦尔加的著作是依据匈牙利苏维埃共和国短暂时期的经验和当时来自俄国的有限资料写成的,列宁只对其中的三章作了标记和批注。列宁阅读德国统一共产党中央委员会 1921 年出版的《革命进攻的策略和组织。三月行动的教训》一书的校样时作了许多批注。他同出席共产国际第三次代表大会的德国统一共产党代表团的谈话利用了该书的材料。

本卷还收入了列宁 1920 年阅读奥地利社会民主党和第二国

际领袖之一奥托·鲍威尔的《世界革命》一书和英国独立工党领袖
詹·麦克唐纳的《议会与革命》一书时作的标记和批注。列宁阅读
这两本书是为了揭露一部分愿意参加共产国际的第二国际的老领
袖和政党的机会主义面目。列宁在《共产主义运动中的"左派"幼
稚病》一书中指出,《世界革命》一书异常清楚地表明了第二国际的
领袖们的整个思路和整套思想,表明了他们的困惑、迂腐、卑鄙和
对工人阶级利益的背叛达到了无以复加的地步。(见本版全集第
39 卷第 2 页)列宁在共产国际第二次代表大会上作的关于国际形
势和共产国际基本任务的报告中指出,《议会与革命》一书对形势
的描述跟资产阶级和平主义者类似,不善于而且不愿意在革命意
义上利用革命危机,即不善于又不愿意使党和阶级为建立无产阶
级专政作好真正的革命准备(见本版全集第 39 卷第 219——220
页)。

　　列宁 1919 年 4 月审阅阿·哥尔茨曼的《为恢复国民经济而斗
争》提纲时作的批注和列宁 1920 年 3 月阅读谢·古谢夫的小册子
《经济建设的当前问题》时作的批注,是涉及国内战争时期经济恢
复和建设的两个文献。列宁 1921 年 2 月 18 日审阅俄罗斯国家电
气化委员会改组方案时作了批注,并改写了俄罗斯国家电气化委
员会条例的第一条,提出在国家电气化委员会的基础上建立隶属
于劳动国防委员会的国家计划委员会,由它制定统一的全国经济
计划,并监督此项计划的实施。

　　当国家从战争转向建设的时候,托洛茨基在 1920 年底挑起工
会问题的争论。参与争论的"工人反对派"是一个无政府工团主义
的派别集团,他们要求把国民经济的管理交给全俄生产者代表大
会。他们向 1921 年 3 月召开的党的第十次代表大会散发了亚·

柯伦泰写的小册子《工人反对派》,这本小册子全面阐述了"工人反对派"的观点和主张。列宁3月9日阅读柯伦泰的小册子时作的批注指出,要着重揭露和批判"工人反对派"的无政府工团主义观点、蛊惑人心的宣传和排斥知识分子的马哈伊斯基主义错误。列宁在当日作的关于俄共(布)中央政治工作报告的总结发言中批判了柯伦泰的小册子中的错误言论。

从列宁在1920年和1921年2月之间阅读《弗·恩格斯〈政治遗教。选自未发表的书信〉》一书时作的批注中可以看出,列宁特别注意恩格斯1884年12月11日给倍倍尔的信中有关纯粹民主派和它在革命关头的作用的论述。列宁在1921年的报告和文章中不止一次引用恩格斯的论述来评论打着保护民主派的幌子支持反革命的孟什维克和社会革命党人。

1921年3月实行新经济政策以后的批注类文献在本卷中占较大的篇幅。列宁1921年5月和9月《在瓦·奥博林来信上作的批注》、《在叶·莫伊谢耶夫报告上作的批注》和《对阿·基谢廖夫关于工资问题的提纲的修改》是关于确立工资政策的新原则的文献。列宁6月审阅对外贸易人民委员部部务委员米·雷库诺夫关于建立出口储备的报告时作的批注,同意报告中提出的具体建议。列宁在最高国民经济委员会《关于新经济政策原则的提纲草案》上的批注,是在7月16日中央政治局审查这个提案草案时作的。根据批注可以推断,当时主要是与托洛茨基进行争论。中央审定委员会稍后提出的《关于实行新经济政策的提纲草案》(见本版全集第42卷第499—502页)就是以这个提纲草案为基础的。列宁9月4日阅读组织生产者联合会发起小组的报告时作了批注,并于当日指示劳动国防委员会办公厅副主任斯莫尔亚尼诺夫,找发起小组主席苏茨凯韦尔谈谈关于根据生产者合伙经营的原则吸收从前的专家、工厂主、商人创办中小型企业的倡议问题。列宁9月11日阅读克尔日扎诺夫斯基的《致我们的批评家》一文时指出,文中"新型的国家经济中,意志和意识的因素将比过去任何世纪都要在更大的程度上深入到共和国的全部经济活动中去……"这段文字中的"意志和意识",应当"是国家经济的'意志和意识',而不是个人的"。(见本卷第448页)列宁11月12日在国家银行总经理亚·舍印曼11月11日的来信上写了许多批语,不同意信中就整顿财政提出的用革命措施建立正常的货币流通、在最近的将来实行币制改革、取消对外贸易垄断等建议。列宁1922年2月15日在司法人民委员部顾问伊·科布连茨关于私营企业不应受工农检查人民委员部监督的意见书上的批注,认为科布连茨的结论是错误的。同日列宁在给司法人民委员库尔斯基的信中阐述了他的批注,并指示要审查科布连茨的意见。(见本版全集第52卷第308号文献)

　　列宁1922年9月27日阅读瓦·普列特涅夫的《在意识形态战线上》一文时作的批注,是关于根据中央政治局1922年8月31日的决定在《真理报》上就无产阶级文化协会和无产阶级文化问题展开的那场辩论的重要文献。无产阶级文化协会主席瓦·普列特涅夫在9月27日《真理报》上发表的这篇文章,是系统地阐述无产阶级文化派的观点的纲领性文章。列宁在文章发表的当日,就在报纸上对作者兜售的无产阶级文化派关于建设"无产阶级文化"的特殊途径的旧教条和其他一些错误论点作了许多批注,并指示《真理报》编辑部批驳它伪造和玩弄历史唯物主义的谬论。党中央鼓动宣传部副部长雅·雅柯夫列夫受列宁的委托,根据列宁的批注的精神并在列宁的具体指导下，写了题为《论"无产阶级文化"和无产阶级文化协会》的长篇文章（见《苏联"无产阶级文化派"论争资料》1980年人民出版社版）。这篇文章阐释了列宁的批注，表达了列宁的观点。

弗·伊·列宁

（1920 年）

在彼·马斯洛夫《世界大战的经济原因》一书上作的批注[1]

（1915年1月）

[22] 把俄国当做货币市场和商品市场来看待的各资本家集团的利益，不仅不一致，甚至是对立的。

向俄国提供贷款的货币资本，同俄国在经济上和政治上的落后决不是没有利害关系的。它需要的是，保证利息能得到支付，而我国的经济发展对它只会有利，因为这能保证支付利息。相反，向我国输入商品的外国工业家，对俄国的经济发展，对俄国加工工业的发展丝毫不感兴趣。相反，俄国在经济上和政治上的落后是出口工厂产品的国家在经济上占优势的条件之一。

德国由于地理上同俄国比较接近，部分地还由于俾斯麦及其继承人奉行的政策（他们在柏林交易所抛售俄国公债），它同俄国的联系比法国，比比利时，甚至比英国都更密切，这种联系在贸易关系方面比在俄国内部的资本消耗方面多，也就是说，对于德国来说，俄国与其说是德国向它输出资本的殖民地，不如说是向它输出工厂产品和从它那里输入原料的殖民地。

上述国家之间的国际关系在相当大的程度上也就是由这个情况决定的。德国资本和生产力的巨大增长要求或者输出资本，或者销售商品。

生产的增长主要要求销售商品。

而"货币资本"（也就是说，他没有把借贷资本和金融资本区别开来!)同政府的联系呢?!

法国和公债
然后：
军费开支的**非生产**性质。

另一方面，在一定程度上机器的销售以国家生产力的发展为前提。

有关协约国社会党人伦敦代表会议的法文报纸的摘录和批注

(不早于 1915 年 2 月 20 日)

关于伦敦代表会议²……

※ 《日内瓦日报》³,1915 年 2 月 20 日。

评伦敦决议的社论。社会党人的下面一些话受到了嘲笑:"修辞学"、"语言术的习俗变成习惯。社会主义有这种习惯"、"向'资本主义'进攻"——据说是资本主义摧毁了比利时等等,有人嘲笑…… 伦敦决议像威廉一世在 1870 年所说的那样:"我们不是同人民,而是同政府作战","最大的失算"——反对沙皇制度……"古斯塔夫·爱尔威先生无情地嘲笑它(这个"教皇通谕"即伦敦决议)……" 他们并不想摧毁德国——当时德国占领了半个俄属波兰王国、几乎整个比利时和法国八个省……

※ 同上,2 月 19 日关于**意大利改良主义社会党**⁴的决议。这项决议十分赞扬伦敦决议(罗马 2 月 18 日讯)…… 有幸确认:社会党人伦敦代表会议承认,德国帝国主义的胜利将是民主等等的失败和消灭;据说意大利"改良社会"党的"活动"以同样的精神("为了迫使意大利退出中立……")……等等;他们(社会改良主义者)希望恢复国际(!!!!)……

据说在众议院中(1915 年 2 月 18 日绍迈先生)　提出质询……　维维安尼先生回答说,"三协约国"在战争中是无辜的;法国忠于盟友;它将把战争继续进行到"实际解放比利时",攻克阿尔萨斯—洛林,使英雄的塞尔维亚取得最后胜利……

巴黎 2 月 18 日见《日内瓦日报》同一号上的报道

"众议院热烈鼓掌。坐在第一排的桑巴先生和盖得先生使劲鼓掌以表明他们完全同意自己同事的发言。一切圆满结束,而且可能引起的不愉快的事件也许今后根本不会再发生。欧洲没有发生什么新鲜的事情;只是增添了几句空话。"(完)

原文如此!!

《时报》[5],2 月 17 日。《看不见的和出席的》一文。开头:"谁?德国社会民主党在社会党人伦敦代表会议上……"　说它把国际——"乌托邦和幻想"强加给……　据说莱昂·茹奥同列金的谈话……而且"这个惨痛的教训已经被遗忘了……"　那么他们(社会党人)想要什么呢?

"尽快结束各国人民之间的战争;我们将只考虑阶级战争,将只考虑国内战争……"

据说,伦敦决议的每一句话都是对德国的退让……也是对所谓不是同人民,而是同政府作战的空话的嘲笑……

法国据说**也是**有罪过的!! 关于阿尔萨斯—洛林的投票(全民投票)……"在阿尔萨斯—洛林以至法国其他地方,任何一个法国人,无不在这种不信任的气氛下义

注意

> 愤填膺。法国社会党人就某一点来说，是唯一同德国社
> 会主义保持直接关系、保持隶属关系的，如果他们不是自
> 愿地拒绝伦敦代表会议通过的决议，那么他们也就承认
> 不仅同法国，而且同社会主义脱离关系。"（文章完）

《时报》，2月16日。

《没有什么多余的》一文 —— 同社会党人和**社会党**就伦敦代表会议进行的辩论，说代表会议想要使"我们的敌人"……得到"精神上的胜利"……说正是德国人竭力"收拾"俄罗斯的"异族人"（异族人），说法国社会党人成了（德国人的）骗局的牺牲品……

《政治和文学辩论日报》[6]，1915年2月17日。

社论：《社会党人伦敦代表会议》。

!!

!!

> "……社会党人……多少次只是重复关于阶级战争、
> 资本主义社会的对抗性、敌对的帝国主义者的挑拨等这
> 些神圣的公式：这一切显然过时了，完全不切实际，甚至
> 他们讲出来也空洞无物，而他们似乎觉得这是宗教仪式，
> 是必要的。现在来看看社会党人的现状怎样，对他们的
> 用词作出评价，不过对那些不妨碍他们在同盟者音乐会
> 中有益地演奏各自声部的不谐和音调，我们是不会感到
> 悲痛的……"

"在伦敦决议中，那些与通常风格不相一致的决议是具有意义的……" 接着援引了所谓德国胜利对民主具有致命危险的话……据说在哥本哈根[7]也承认这一点……

!!

> "不要以为这个结果是预先得到的。在英国恰恰就
> 有地道的社会党人，他们至今都谨慎从事：在这一点上

取得的一致，是'首先应当指出的新的宝贵事实'，——《人道报》正确地确认…… ‖ ！！

　　"我们与此同时发现的关于德国无产阶级的顽固的、骗人的幻想的痕迹这件事，是令人痛心的，但却是不可避免的。其实，德国人竭力延长这种可爱的误解，使李卜克内西不必同他的同志保持步调一致。李卜克内西在自己国内是输出社会主义的代表。即使一些外国人开头使自己受骗，这是不足为奇的：重要的是代表会议一致声明，无论如何'决定战斗到胜利结束，以实现解放'从阿尔萨斯—洛林到巴尔干的被兼并的国家的任务。诚然，它在这里补充了一句'不以从政治上和经济上摧毁德国为目的'。然而我们恰恰需要'从军事上摧毁'这个凶恶的国家，而且社会党人准备努力促进这一点。我们非社会党人不对他们提出更多的要求。" ‖‖ 注意！！

　　第3项决议即干预俄国事务，据说不好而且"具有侮辱性"……

　　"代表会议犯了严重错误，没有听取桑巴先生早在巴黎预备代表会议上就向它提出的英明建议。桑巴先生对俄国的积极支援作了应有的评价后补充说："你们大胆地说，没有俄国我们就要被打垮。每当这个伟大国家的内部制度的任何情况触犯你们的时候，要想想这一点。代表会议大概没有充分考虑这一点，但是在俄国如同在法国一样，舆论会正确地评价预先约定的言词并将遵循实实在

注意

在的事实。现实会受到更多的重视。而现实就是盟国的社会党人一面遵守一切由于必须考虑自己的主顾们而被迫接受的预先约定的形式,同时准备同本国全体同胞一样履行自己的义务,决不后退,直至彻底胜利。至于其他,我们就不说徒劳无益的话了。"

（文章完）

《时报》,1915 年 2 月 20 日。

关于 2 月 18 日众议院会议的报告,正式文本的**摘录**和维维安尼**第一次**发言后的简报:

注意

"我们觉察到,茹尔·盖得和桑巴在部长席上和同事们一起鼓掌……"下面是文章:

已经结束的事件

"……人们曾责备我们说,我们没有重视这个让步(关于斗争**到胜利**的一段文字),而这个让步十分明确地使'三协约国'的社会党人担负起了责任,并且掩饰了战争初期出现的令人痛心的分歧。"据说我们现在不忽视这一点了,但是"我们而且还有舆论同我们一起都认为,现在正当法国社会党同法国政府团结一致的时候,不应容许法国社会党为人们在伦敦代表会议上想要强加给它的东西而付出过高的代价。"

"人们对我们说:'这是措辞问题。'当然,断言我们是同德国政府而不是同德国人民作战,这是措辞,而且是最幼稚的措辞。如果问题仅仅是关于这些已经毫无意义、谁也欺骗不了的,因循守旧的陈腐的说法,那么所谓不火上加油、不使争论复杂化,**甚至不**〈黑体是原作者用的〉发起争论……都像勒奈·维维安尼所说的那样,是'小'牺牲……" 但是,据说承认**各国**政府的答复、谈论阿尔萨

(1)　　　　　(2)

斯—洛林的全民投票,(3)干预俄国事务等等——"这根本不是单纯的措辞……"

"伦敦代表会议以这三个问题伤害了法国人民的思想和感情……"

据说现在事件已经结束,(党及其他等等的)"神圣同盟"已经恢复。一切都非常好。

————

据说维维安尼一开始讲话就说到希望

"消除**某些模棱两可和误会**……"

《**时报**》,据说是"正式的"报告,报告开头**正是**加上着重标记的话!!!

《政治和文学辩论日报》,2月21日。

Ж.Б.写的社论:《伦敦代表会议和英国社会党人……》

伦敦代表会议——据说是对哥本哈根代表大会的回答。无论是伦敦代表会议,还是哥本哈根代表大会,德国人都没有出席……

"这种措辞十分危险。说任何战争都是资本主义的不可避免的结果,就是把责任推到资产阶级身上…… 再没有比资本主义战争这个论题这样充满阶级战争的气氛和阶级仇恨的了……"

伦敦代表会议的主席是基尔-哈第…… 是所谓不可救药的和平主义者,罢工提案的作者。他进行反对招募新兵的运动,而《**前进报**》[8]则对他这一点大肆吹捧。

"这就是担任伦敦代表会议主席并签署了关于把战争继续到协约国彻底胜利的决议案的那个人。这就是说，只要基尔-哈第先生不把代表会议的决定看做一纸空文，他就不会反对提供斗争手段。看来，列诺得尔先生在《人道报》上暗示这种转变，而这种转变如果可信的话，则要求基尔-哈第先生公开脱离关系。"

"其实，不应夸大一个人和他那一派的作用…… 英国工人贵族作了计算，在志愿兵中有 30 万工会会员；工人贵族履行自己的爱国主义义务，同贵族出身的贵族一样热忱。工党领袖韩德逊先生积极参加招募新兵工作，他被任命为**非正式会议成员**〈黑体是原作者用的〉：这个崇高的任命是再好不过的证明。"

————

文章完。

————

《巴黎回声报》[9]，2 月 18 日。

巴雷斯写的疯狂反对伦敦决议（关于阿尔萨斯—洛林进行全民投票的那段文字）的社论和**尤尼乌斯**写的同类小文章。

同上，2 月 19 日。还是那位**巴雷斯**先生写的社论：《战败国赔偿和保证》。

"让国际社会主义的领袖集合起来去发表自己神圣的说法和完成自己的宗教仪式的习作吧；也许像他们中的某些人所说的那样，这是一种必需，一种无害的形式，一种仿佛靠一门宗教联合起来的党的行动。我们不想同任何一派闹意见，而我们的同胞是很爱搞宗派的。法国的一切都合我们的意，在我们看来是不应受到任何批评的，所以几个月来我们一直在赞扬我们的社会党人，因为他们同威廉的社会民主党决裂了,并一致响应钟鼓发出的动员号召……” 但是,关于阿尔萨斯—洛林的全民投票据说是胡扯……

“会议主席建议我们把伦敦宣言看做‘误会’。”我同意……

“……伦敦事件在维维安尼声明以后顺利解决了…… 神圣同盟已经恢复起来……”

译自《列宁文集》俄文版第39卷第140—145页

在亨·劳芬贝格和弗·沃尔弗海姆《民主与组织》一书上作的批注[10]

（不早于 1915 年 2 月）

序 言

[3—7] 我们合写的第一本小册子《帝国主义与民主》研究了导致世界大战的帝国主义矛盾，而这些矛盾对各民族国家的国内政策是有影响的，因而小册子应当有助于党和国际自己认清形势。本书也抱有同样目的——认清自己队伍的状况，不过，在这里提到首要地位的是对无产阶级的实际政策的考察。

如果说我们在第一本小册子中曾经指出，所谓国内和平不过是民主对帝国主义政策的投降，那么，过去这一段时间表明，保持这种国内和平是不可能的。不可能在许多个月里使大国的政治生活完全停顿下来。国内和平现在实际上已经被暴露出来的矛盾破坏了，它只是作为一种空想，而且是反动的空想，继续存在着。这种国内和平的建立只是刺激了反动政党和社会民主党中那些竭力拥护政府的政策，以至几乎已经看不出来它们属于完全持反对立场的政党的集团，社会民主党实质上是，而且应当是唯一的反对党。

迄今为止，在战争状态下，作者避免公开讨论在关于党应该奉行什么政策问题上出现的意见分歧。忠于这个原则的作者即使在汉堡发表的批评言论中也严格遵守组织的规定,尽管《回声报》编辑部心爱的方法——一而再,再而三地,而且是公开地把 8 月 4 日党团的表决提到首要地位——只有在下述情况下才有意义:即如果打算把关于党的分裂的问题提出来讨论,如果 8 月 4 日的表决不应评价为唯一的历史事实,而应评价为新的原则,如果党从前采取的原则立场应当被挖掉,以便用改良主义-帝国主义的立场来代替它的话。从本书可以直接看出——而从前一本小册子已经可以间接看出——从作者的观点来看,重心不是集中在导致党的分裂的党团的立场问题上,而是集中在必须使党团结起来的问题上,即集中在关于党今后对帝国主义以及必然与之相连的反动派的政策问题上。

　　但是一系列令人惊讶的过程,使我们不得不放弃我们过去所持的克制态度,并明确声明,我们认为针对目前形势党在最近的将来必须奉行何种政策。不管是让卡尔斯鲁厄的党报前编辑芬德里希在一系列亲政府的小册子(Regierungsbroschüren)中不受驳斥地阐述德国社会民主党的观点的做法也好,还是默不作声地注视着休特古姆博士在中立国家执行的不受党监督的政策也好,现在也都已经行不通了。至于说到海涅的小册子《反对分裂分子和教唆犯》(Quertreiber),那么,这里再也不能保持沉默了。海涅直言不讳地揭露了党内某些身居高位的人的意图并想建立新修正主义——他在保卫战争状态法和国内和平的口号下积极准备开除左派,同时也就准备了党的分裂。《汉堡回声报》就党团在普鲁士邦议会中的行为所发表的一篇著名的批评——无论就形式还是就实质而言,这篇批评都同汉堡的教唆报刊的观点以及泽德利茨的合唱毫无二致——也在朝这方面起作用。谢德曼同志在汉堡第一选区党员会议上的说教(Pronunziamento)是同一链条上的一个环节。

　　既然海涅同志散布了一种说法,似乎汉堡的组织轻而易举地肃清了反对派,那么必须把事实拿来和这种说法对照一下:各级党机关禁止我们在集会上发言的企图,由于党组织决心按照自己的愿望挑选报告人而未能得逞。执行委员会在自己的受托人面前发动的谴责和非难左派演讲人的运动,在受托人的许多会议上搞得很糟糕,以致执行委员会不顾受托人的坚决反对,认为最好还是中断会议进程。凡是在党组织本身对我们维护的观点表态的地方,它们绝大多数都站在我们这边。在这种对于左派来说决非不妙的形势下,为了阻止党组织通过关于自己立场的进一步决定,汉堡警察局看来是十分乐于效劳的。如果好久以来曾经是激进派党员的机关报的编辑部现在向右转了,如果执行委员会和报刊问题委员会隐瞒这一观点,而党员又不得不保持沉默,那么,无论是海涅同志的小册子,还是像康拉德·亨尼施、保尔·伦施和……麦克斯·格龙瓦尔德这些坚定不移的人的文章,都不能把这个政治破产变成对"分裂分子"(Quertreiber)的胜利。

　　谢德曼同志的观点同这种破产了的政策是一致的。他的口号——"忍受"、等待,直到德国政府乐意宣布自己的和平计划——是放弃无产阶级的阶级政策并把它交给德国政府中的智者去考虑,而且这项政策恰恰涉及几十年后将对无产阶级的阶级运动产生决定性影响的问题……

　　只有当党员还不能在会议上表达自己意见的时候,或者,只有当无产阶级阶级斗争的社会主义体系还没有同新修正主义的帝国主义体系对立起来的时候,这个破了产的政策还可以继续执行下去。本书的目的在于指出社会主义体系的基本特点;由于每个无产阶级读者事先都知道的原因,本书像我们的第一本小册子那样,是由我们自己的出版社出版的。

让国内的群众自己来作出判断吧。

汉堡—阿尔特拉尔施泰特。<u>1915 年 2 月</u>

亨·劳芬贝格博士

资产阶级革命和资产阶级民主

[30—31]　由于**德国**还没有发展到建立民主国家的地步,相反,民主管理形式还处在初级发展阶段中,所以德国资产阶级才有可能在一个其结构对保存社会不平等提供了一切保证,然而对达到政治平等却很少提供什么保证的国家里确立下来。这个国家的法律制度包含有工业为建立托拉斯和卡特尔可能希望规定的一切准则。如果这是资产阶级生产方式的要求和最终的必然结果,如果这个立法是同别的一些国家进行帝国主义竞争的前提,那么,和真正的发展相对立的将是一种幻想——<u>指望在垄断时期建立资产阶级民主</u>,以便在它的帮助下开辟通向社会主义的道路。

无产阶级的阶级运动

[31—32]　如果实现社会主义的条件是无产阶级反对资本主义统治者的活生生的<u>阶级斗争</u>,这些统治者甚至当他们的统治已经成为经济发展的反动的障碍物的时候还不肯放弃他们对社会生产力的控制权,那么,由此可以看出下面那种<u>进化论的、基本上是宿命论的观点</u>的荒谬,这种观点梦想可以"**长入**"社会主义,如果<u>资产阶级</u>同意给予无产阶级为保证不间断地发挥工业机器(资本的积累就建立在占有这种机器上)的作用所完全必要的那种程度上的自由的话。马克思有两句名言:社会形态在它们的全部生产力发挥出来以前,是决

不会灭亡的,新的更高的生产关系,在新社会的物质存在条件在旧社会内部成熟以前,是决不会出现的。如果对马克思的这些话应当这样来理解,即资本主义经济制度<u>可以自动地被社会主义经济制度所代替</u>,那么,无产者最好的做法当然是经过未来的几百年之后再去机械地实现自己的解放,而目前则应满足于王公和僧侣们的一句古老格言:"向来如此"。

[33—34]   <u>难道不能设想西欧和中欧的资产阶级将试图把工业生产转移到亚洲和非洲去</u>,为此已经采取第一批措施并开始进行准备工作,以便给欧洲无产阶级准备好像西班牙人民那样的命运? 如果说在法国,尽管它的地方工业处于停滞状态,而资产阶级仍然能靠剥削亚洲和非洲国家获得日益增加的财富,如果说英国资产阶级财富的增加主要是靠印度和非洲的来源,如果说德国正以资本主义的干劲实现亚洲国家和俄国这个半亚洲国家的经济发展,那么,没有什么东西表明,这一帝国主义发展在近期内不会阻碍本国的工业发展,<u>不会竭尽全力为社会主义在欧洲的实现扫清道路</u>。既然帝国主义的发展是和自己的、当地的无产阶级的需要背道而驰的,既然无产阶级阶级斗争的锋芒是指向帝国主义的,那资产阶级也就不得不——如果阶级对立达到一定的尖锐程度,并对阶级统治造成了威胁——考虑在遥远的国家加强发展受它控制的工业,从而把经济重心从本国转移到遥远的外国去,以便用这个办法来削弱本国工业的发展。资产阶级定会考虑<u>削弱当地强大的无产阶级以利于尚不发达的、欧洲以外的无产阶级</u>,从而打断本国阶级斗争的脊梁骨,并保证为自己保存剩余价值的生产。现代欧洲资本主义有两个分权,它们彼此之间正在进行殊死斗争。这两个分权就是社会主义和帝国主义。帝国主义<u>正在把剥</u>

削和榨取利润的重心,因而也就是把资本主义发展本身移到欧洲以外的地区去。由此可见,如果无产阶级不愿意保证它作为人存在的基础被人从自己的脚下挖掉的话,争取社会主义和反对帝国主义的斗争就是绝对必要的。

建立新社会取代旧社会的先决条件是革命阶级**夺取政权**,是将社会发展的杠杆交到劳动阶级手中的政治革命。无产阶级革命的形式是受无产阶级的<u>经济运动方式</u>(die wirtschaftliche Bewegungsweise)制约的,正像任何阶级的革命都是受该阶级的经济运动方式制约的一样。

[35—36]　**无产阶级**的<u>社会运动方式</u>(Die gesellschaftliche Bewegungsweise)同资产阶级的社会运动方式在本质上有极大的区别。无产阶级是**人的劳动力**的代表,是生产过程中一个方面的代表,资本就是靠这个方面恢复和更新的,资产阶级就是靠这个方面获得剩余价值和利润的。无产阶级的阶级斗争不是从资本和生产资料的组织中产生的,而是从**劳动力的社会职能的组织**中产生的。劳动力的力量要素是**人本身**,是无产阶级的**人数**,无产阶级的数量。资产阶级依靠自己掌握的愈来愈强大的技术手段力图在生产过程中挤压人的劳动力,把它从生产过程中排挤出去,从而彻底勾销、取消无产阶级阶级斗争的胜利。因此工人运动总是一再回到同一个结果,同一个出发点。工人运动在愈来愈广泛的基础上执行自己的任务——把劳动力组织起来,并通过这个办法来调整工人阶级的生存条件——并力图在愈来愈多的工人群众的帮助下完成这个任务,以使这个阶级愈来愈多的人卷进运动中去。

无产阶级的这个运动是没有民族界限的,因为单

是资本的民族集团在世界经济范围内日益增长的互相
依赖,就必然会引起资本利益的不同民族区域内工人
运动互相制约的后果。如果劳动力的组织是工人阶级
的权力的真正要素,如果工人阶级在自己的政治斗争
中归根到底只能依靠这个权力要素,如果把经济斗争
和经济组织的那个方法移植到政治斗争中来,<u>那么,无
产阶级革命就只是最革命地成长起来的组织</u>运动。但
是,那时无产阶级专政的建立就不可能是争取政权的
单一的决定性斗争的行为。这个专政的建立只能是<u>超
出本国范围的、最大规模的战斗</u>的链条。它是包罗万
象的历史过程,是资本主义经济的最后一个世界经济
时期,帝国主义的时期的特点。

含混
不清

改良主义策略

[37]　工人联合会不管是否带有经济性质或政治性
质,只有当它的会员理解资本主义社会的本质和工人
阶级在这个社会中的作用,只有当他们不仅注意<u>争取
美好的现在的斗争</u>,而且也注意阶级的共同利益和未
来,只有当阶级的未来、对社会的社会主义改造,对他
们现在的行为说来是<u>最高的政治准则</u>,工人联合会才
会成为阶级的组织。

[39]　正像无产阶级在本国范围内进行的零星的政治
斗争和经济斗争正汇合成一个不可分割的阶级运动一
样,不同国家不同民族的无产者团体所进行的零星的
斗争也在汇合成一股全世界无产阶级**国际**运动的洪
流。和无产阶级的民族组织一起出现了无产阶级的国
际组织,这是由剥削的国际化引起的。但是无产阶级
的国际组织在初期和民族组织不同,并不是一个战斗
的大家庭。各个国家的工会签订了吸收它们的会员加

入兄弟组织的协定，它们彼此尽力帮助，互相提供金钱、统计调查材料和信息。至于签订关于最低工资额和标准工作时间的协定的最初尝试，那是以失败告终的。一般的政治态度则以游行、代表大会和决议的形式表现出来。英国工人团体采取国际经济行动的尝试和法国工人团体组织国际政治行动的尝试一样，仍然处于萌芽状态。它们都失败了，而且也应当以失败而告终，因为国际只是表面看来有力量，而实际上并没有力量，庆祝五一节这件事的演变过程特别清楚地表明了这一点。五一节的庆祝活动开始时被设想为反对剥削、争取世界和平的国际无产阶级斗争的表现，也就是被设想为群众在国际基础上的自发行动，这种行动应当在愈来愈大的程度上产生世界无产阶级这个战斗的大家庭的兄弟情谊和震撼资本主义的统治；可是五一节的庆祝活动却蜕变为一些地方工人团体得到雇主恩准的无害的闲逛——尽管各个不同阶层的强大的、意识到自己尊严的工人群众竭力想用作出巨大的个人牺牲的办法来保留五一节本来的革命性质。

　　国际的弱点是由下述各种情况决定的：个别国家的主导工业部门和它们的整个社会经济基本上还是建立在本国的基础之上的，在一般意识中本国经济一般还表现为社会经济的最高形式，无产阶级的政治组织和工会组织在劳动群众的意识中还被看做本国经济的必要组成部分。广大群众还没有深刻地认识到，资产阶级民族国家是历史发展的产物，因此它要经历一切社会关系的历史更替，帝国主义超出民族国家范围后所干的事情就是在政治上和经济上封闭的国家综合体中建立社会经济。

　　[41—42]　以马克思和恩格斯为一方，以拉萨尔为另一方，他们之间在考察方法上的这种差别对1864年和

1866年战争期间德国工人运动的初期阶段产生了影响,这种差别在1870年表现得特别尖锐。马克思和恩格斯起初认为这场战争是德国对波拿巴的进攻的正当防御。拉萨尔派在帝国国会中投票赞成军事拨款,爱森纳赫派在表决时弃权,尽管他们同自己的党委员会发生了矛盾。但是当战争在舆论中也失去了它预计的防御性质并成为反对法兰西共和国的战争,成为旨在吞并法国的阿尔萨斯—洛林的战争的时候,在对待战争态度上出现的分歧便立即消失了。很快也就发现,不管在对议会策略的看法上分歧有多大,这个问题对于在战争期间和战后在策略上团结工人阶级来说并未失去,也不可能失去自己的基础。<u>虽然党团</u>在德意志民族国家出现时期的<u>立场</u>,只是在很小的程度上<u>允许作出结论</u>、允许采取和社会民主党议会党团<u>在民族国家向帝国主义国家综合体转变期间采取的立场</u>相类似的立场,但是无产阶级的党,**尽管在议会策略上存在着意见分歧,在反对抱有资本主义掠夺目的的战争的斗争中却立即团结一致地起来反抗统治阶级**,这个历史的榜样是很有教益的。

[44—45] <u>社会经济</u>不是由于少数人的**剥削职能**,而是由于它是整个社会的**生命职能**,<u>而在无产阶级那里引起了保存它的天然兴趣</u>。无产阶级应当反对经济的统一部门被分解并遭到破坏的现象,反对比较发达的经济受比较不发达的经济统治的现象。无产阶级应当<u>反对民族自主权</u>在它本民族内部遭到破坏,它承认一切民族都应享有民族自主权。在战争对经济履行其生命职能造成威胁的情况下,<u>无产阶级在军事上屈服于军方的领导</u>,就是这种破坏的结果。

不管本国政府在发动战争方面是否有过错,不管<u>进攻战</u>和<u>防御战</u>之间是否有差别(帝国主义世界大战已把这个差别变成不中用的死板公式），这个必然性是存在的。但是从军事上屈服不能得出，也不应当得出**政治上**屈服于统治政策的体现者的结论。现代战争在各民族的相互关系上引起了彻底的转变，它以最直接的方式触及全部经济，同时也触及社会的生命职能；而统治政策则首先以巩固和扩大剥削职能为目的；在历史因素的压力下，这个政策必然企图达到与无产阶级的愿望直接相反的东西；正因为如此，无产阶级应当铭记自己的特殊阶级利益。从无产阶级的阶级状况中可以看出，高于它现在对敌对国家的统治政策所采取的对立态度<u>之上</u>的是它的利益同<u>一切国家——包括"敌对"国家在内——的无产者</u>的利益的一致性，——这种一致性是无产阶级政策的经常起作用的规律。无产阶级在保卫自己的经济的时候应当表明，关于兼并外国的经济部门的事情，它是连想也不想知道的。**只要无产阶级把敌人的军队赶出国境，从而保卫了自己的经济部门，它就应当无条件地主张和平**，尤其是因为保证本国经济发挥职能的必要性妨碍着敌人军队所在国家的无产者进行和平宣传。

？

［46］ 一方面是德国的修建巴格达铁路的政策取得成功；另一方面却是英日同盟建立、俄国和中国革命爆发、法俄同盟扩大为三协约国、土耳其欧洲部分被消灭、意大利中立，以及德国在对外政策上遭到许多其他失败。而世界大战的进程并未证明，即使为了德国统治阶级的利益也<u>不应认为同西方国家达成</u>真诚的<u>协议比用剑斩断纽结的企图好</u>。 ？

　　得到帝国政府同意用战争政策的精神影响舆论的军事和国际政治观察家兼下流作家，把这场战争说成是德国的**预防性战争**。在他们看来，战争之所以成为不可避免的，是因为<u>在两年中三协约国的武装力量</u>会

大大向前推进，以至几百万德国军队不够用来进行
防御。

[48]　在德国，工人群众在议会(它的实际权力本来已
经没有多少)中的地位，由于实际上存在的选举权方面
的不平等而自动降低了。以过时的划分选区的形式表
现出来的大城市的权利的被剥夺，政府对国营企业工
人(他们的人数正随着国营企业的扩大和新的国家垄
断组织的即将成立而自动增加)施加的压力，<u>外籍农业
工人和工业工人不断增长的人数和他们在政治上的无
权状况</u>，正是这类与帝国主义的目的的实现必然联系
在一起的工人的大量增加，——所有这一切在德国缩
小了工人阶级在议会中的权力。

注意

　　无产阶级政治行动的自然的最终目的是用社会主
义经济来代替(Ablösung)资本主义经济，首先是用无
产阶级专政来取代(Ersetzung)资产阶级的国家政权。
由于这种代替意味着推翻资产阶级政权，所以不应当
期待资产阶级的代表会允许别人通过议会行动，通过
在议会中的讨论和表决说服自己相信资本家阶级是无
用的。现代议会制度作为资产阶级的统治工具不可能
导致资产阶级自己放弃私利。如果革命阶级把自己的
代表送进议会，如果革命阶级在议会中占有赋予它的
或由它争得的地位，那么，凡是在它能够这样做的地
方，它都不会放弃为自己争得新的地位的权利和努力。
但是这基本上意味着无产阶级<u>会把资产阶级议会行动
看做阶级斗争的最高的和最后的形式</u>。

注意

[51]　工人选举权的每次扩大，也像工人的一般政治
权利的扩大一样，是这样一种行动，它的革命倾向不是
表现在议会中，不是表现在无产阶级在议会中的代表
人数不断增长中，而是表现在整个无产阶级运动的加

强中。对于无产阶级来说，**议会制度**的意义在于**唤醒全体无产阶级群众的革命觉悟**。如果无产阶级选举代表参加议会，那么这首先不是为了央求得到议会多数派从维护剥削的利益出发施舍给劳动人民的微不足道的一点小恩小惠，而是为了从全国的讲坛上揭露现存制度下经济的一般资本主义性质，用批判的锋芒破坏现存制度，动摇它并在人民的意识中活埋它，以便提高正在战斗中的无产阶级的力量感和对胜利的信心，以便剥夺统治者的权力感，他们的统治在相当大的程度上就是建立在这种权力感的基础上的。

政 治 罢 工

[58—65] 高度的工业垄断正在对贸易、运输和交通等部门的发展产生影响。当前运输和交通之所以能够急剧发展，只是因为出现了垄断：通过排斥中间的、居间的贸易和自己组织销售自己产品的办法实现的垄断给贸易的集中提供了最强大的动力。**银行业**的集中也是垄断发展的结果。大银行的存在是大卡特尔存在的前提，因为大银行能够满足大企业对货币的往往是飞跃式地增长的需要。在建设新的大工厂的时候，大银行的中介作用是不可缺少的。因此在工业资本、商业资本和运输资本（作为一方）与银行资本（作为另一方）之间出现了关系密切的共同利益，这种共同利益在愈来愈大的程度上使工业资本依赖于银行资本。但是，这并不意味着大工业家愈来愈依赖银行家，而是表现为同一些资本巨头既统治着工业，也统治着银行，并因此而统治着整个本国资本。这个统治把资本巨头变成**自己国家的政治的主宰**，国家就其实质而言，只不过是用来保护本国资本利益的组织。因此，各国卡特尔巨头之间在国外发生的任何经济摩擦，都会成为整个本

国资本的事情,成为国家的事情,都会引起政治冲突。

　　同工业垄断组织一起,资本主义的发展超过并<u>越出了地方国民经济和民族国家的范围</u>。诚然,资本早先就已经以不断增长的规模在世界市场上出售商品,既有原料,也有制成品,而地方工业早已缺乏本地的原料生产。但是如果国际交换把商品从世界的一切地区运往一切国家,那么,资本活动的重心仍然在于使地方生产实行资本主义的革命化。卡特尔的出现先是消灭本国的自由竞争,然后就限制世界市场上的自由竞争。这就导致在国内保持产品的高价,以便在世界市场上以低于外国竞争者的价格出售它们。这样,当愈来愈多的利润落入资本巨头之手的时候,<u>资本在国内的活动范围由于生产受到节制而缩小</u>,以至于新企业的建立愈来愈困难。<u>但与此同时把剩余资本投入</u>别的国家的愿望变得强烈起来。如果说<u>输出资本</u>的必要性已经存在,那么不是以货币的形式输出资本,而是作为生产资本以生产资料的形式输出资本,在一定情况下是比较有利的。同时工业吞噬着愈来愈多的原料,而随着原料生产国愈来愈多地转向发展自己的工业,为工业供应原料便愈来愈困难了。在一切工业部门之间存在着密切联系的情况下,每一个国家的共同资本所关心的是保证和保障地方工业对原料的需要,以及继续不断地输出资本。

　　民族资本,从而还有本国经济,是世界资本存在的前提。世界资本在世界市场上表现为各国资本之间的竞争。由于民族国家同时是资本主义的基础和资产阶级生产方式的最纯粹的形式,由于没有本国资本也就没有世界资本,所以在保存资产阶级生产形式的情况下克服民族国家的界限就显得自相矛盾了。<u>然而工业垄断促进资本的输出</u>。资本不仅在别国的领土上扎根,和所在国融为一体,而且在这些地区兴办起来的企业会成为本国资本的存在和流转的不可分割的、必不可少的部分。失去它们不仅意味着本国生产会受阻，而且同时还会使本国资本在国际竞争中无法在世界市场上保住自己的阵地。因此，对大资本主义经济说来，绝对有必要为本国资本保证资本输出所扩展到的那些部门和必须在这些部门重新发展的原料生产，绝对有必要把这些部门归并给民族国家，并以此克服它的界限，越出它的范围。资本主义力图通过帝国主义来解决由此产生的矛盾。它打算建立一个广泛的、封闭的经济领域，同时保存民族国家的政治形式，而且工业大国必然统治整个领域，成为帝国。

　　在中欧和西欧国家中这种帝国主义的欲望（Drang）最强烈。这些国家同合众国一起不仅是资本主义最发达的国家，而且就它们的巨大需要而言（英国除外，不过英国的领地目前还没有组成统一的帝国），也是在本国拥有的原料数量太少的国家。只要看一下世界地图就会明白，西欧和中欧的一些国家同北美合众国、俄国、中国、大不列颠海外领地的辽阔领土比较起来，是不大的国家。扩大领土是资本主义的法国、德国、奥地利和意大利很自然的愿望和要求。德国帝国主义者的目的是把德国、奥地利、巴尔干和土耳其亚洲部分联合起来，同时也把丹麦、斯堪的纳维亚、荷兰、比利时、瑞士，如果可能，还把意大利吸收进来，组成一个在德国领导下的大帝国。此外，他们还想拥有——当然，他们的胃口不太大——闭关锁国的殖民地，这些殖民地应当包括葡属安哥拉在内的中部非洲和西南非洲，除此之外，如果可能，还要在南部非洲占优势，还要拥有葡属莫桑比克，并统治印度洋。

注意

注意

　　对于这种发展，无产阶级采取什么立场呢？无产阶级认为民族是历史发展的产物，是历经变化的产物。甚至那些看来似乎没有发生变化和停滞不前的文明的和有语言的民族和种族集团,也决不是稳定的、始终如一的构成体,——相反,它们经常在发生变化并经常改变自己的疆界。一部分波兰人和犹太人、印第安人的残余、地球上几乎一切文明民族的代表全都加入别的民族;美国民族带有自己的、不同于一切其他民族的特点,它是从一切文明民族的混合中形成的,这不符合某些古条顿式的(urteutscher)社会民主党人的审美情趣;从日本将来占领——而这只是时间问题——澳大利亚滨海领土的那一天起,现在居住在那里的不列颠民族和盎格鲁撒克逊种族的后裔在政治上将不再存在,而在这之后,个别由语言形成的集团在政治上也很快就将不再存在。这类例子不胜枚举。

注意

注意

　　资产阶级民族国家已经变得太狭隘了,容不下高度发达的经济,但是,按照资产阶级的意见,它应当用兼并和接纳别的国家的办法保存下来,无产阶级意识到并理解这当中存在着的矛盾。同样,不管资产阶级民族国家如何保护自己,使它的本国经济领土不受任何破坏,它还是支持经济朝着更高级的形式,朝着组织得更好的机体的方向发展。民族帝国主义是高度发达的经济的剥削职能的天然产物;无产阶级则用高度发达的经济的生命职能的天然产物与之相对抗,也就是说,用这种经济的**社会化倾向**与之相对抗。如果帝国主义是资产阶级民族国家的永恒化,因而也是本国资本、各国资本之间的竞争、世界资本和世界战争的永恒化,那么,无产阶级则要求消灭资产阶级对生产的统治和资产阶级的生产形式,因而也要求消灭资产阶级民族国家、本国资本和世界资本,以及世界战争。无产阶级看到,实现它的纲领的前提,已经由世界资本主义国家工业部门的发展创造好了。工业国家的本国资本的发展已越出自己的界限范围,因此,这些界限在经济上已不再是必要的了。

　　中欧和西欧国家在民主共和制的基础上融合为一个巨大的经济共同体,是朝着这个目的迈进的第一步,因此是无产阶级的<u>最近要求</u>。然而,由于各国资本家民族集团有特殊的剥削利益,无产阶级的这一要求的实现——在资产阶级还存在的时候——<u>将遭到失败</u>,因此无产阶级应当估计到资产阶级完全实现或部分实现自己的帝国主义计划的可能性。<u>即使在这种情况下,无产阶级在任何问题上也都不支持民族资产阶级的剥削利益</u>。但是,它保留在资产阶级开拓的经济领土范围内采取行动的权利,其目的是,<u>保证</u>一切<u>被兼并的民族享有充分的自决权</u>,并使民主的要求在它们的政治结构中充分实现。其次,无产阶级将看到自己的任务在于,把正是被兼并的民族吸引到自己反对本国资产阶级的斗争中来,吸引到自己反对其他国家资产阶级的斗争中来,发展被兼并民族劳动阶级中一切负有消灭资本主义经济制度和巩固全世界无产者国际团结的组织基础的使命的倾向。

注意

＊　　　＊　　　＊

　　在大企业和卡特尔出现并获得巩固的工业中,全体企业主实现着享有绝对权力的统治。他们可以置合同于不顾,可以在任何时候撕毁合同;他们可以置工人组织于不顾,可以在任何时候把工人组织推到一边,如果不是把它们完全破坏的话。企业主对生产资料的垄断和他们同国家权力的血缘关系(versippung)——国家权力随时准备保护企业主的利益——至少在重工业中使得任何在工人组织存在的旧形式下和按照旧策略原则组织的罢工几乎都成为毫无希望的,迫使组织的领导人为了避免罢工而采取谈判的策略,哪怕现有的合同已经成百次被企业主撕毁,从而恰恰在最发达和最强大的工业部门内使职业分散的工人的突击力量瘫痪,进而使整个无产阶级运动难以发展。即使在工资等级合同已牢固地确定下来的地方,例如,在德国建筑工业中,企业主的策略也卓有成效地把工资等级合同变成资本反对工人的武器,这在不小的程度上说明企业主何以力图签订集中的合同。在英国和北美,工资等级合同开始被广泛地利用来为资本效劳以反对工会,而这两国工会的异常庞大的和众多的官僚机构正好是达到这个目的的非常好的工具。

注意

在自由竞争时期,甚至在垄断发展时期,也就是当本国资本还控制着本国生产的时候,当资本主义国家还处在上升阶段的时候,当资本主义国家和资本还不可能被克服的时候,罢工必然是一种局部性战斗,它们实际上不是反对资本家阶级,而只是反对个别集团的,而即使这些战斗实际上有助于扩大某些工人阶层的生活来源,那实际上它们也必然具有改良主义的性质。然而,垄断组织的普遍建立,它们对国家和整个国内生产日益加强的统治,本国生产的扩大越过民族国家的界限——所有这一切表明,为了胜利地进行罢工,工人只是在工会范围内采取行动是愈来愈不够了。对于工会来说,关于钱的问题的决定意义,同反对大垄断组织的战斗一起正在消失,因为要想给统治着工业和市场的垄断组织放血是根本办不到的,而相反,资本巨头不用冒多大的风险就可以给甚至最有钱的工会放血,以便然后用提高价格的办法把受到的损失重新捞回来,——这种办法特别使统治着世界市场的美国托拉斯能够摧毁最强大的工会,并把它们从托拉斯的企业中完全排挤出去。然而几年来在矿工们举行的大罢工过程中反映出来的美国托拉斯工厂工人群众斗争策略

注意

(1)
(2)

的改变和纺织工业与铸钢工业中未受过训练的群众斗争策略的改变,已经明确地提出了一个问题:钱反对群众,资产阶级反对无产阶级。在这里,随着每次经济

大罢工的爆发,都出现了革命形势,而罢工工人的成
败则取决于整个无产阶级群众在多大程度上卷入了
革命浪潮。但是,既然谈的是工业发展和企业主用来
反对工人的力量,那么北美只是德国未来发展的一面
镜子……　　　　　　　　　　　　　　　　　　说得对!

　　在进行反对大垄断组织的斗争的同时,无产阶级
的经济行动变成了政治行动。垄断组织对整个经济的
统治的建立把反对垄断组织的罢工变成国家整个工人
阶级的事业,垄断组织对国家的统治把无产阶级斗争
的锋芒指向这个国家。正像在这个基础上的罢工只有
通过使国内那些没有直接参加罢工的工人群众也受到
震动的办法才能获得成功一样,罢工期间组织活动的
重心应从罢工工人小组转向发动国内那些独立地向　　很好!
国家提出自己的要求的群众起来进行斗争的工作。
经济斗争的重心转移到政治领域来了;局部的经济行
为成为整个阶级的政治行为,它的锋芒指向企业主阶
级政权。

[67—77]　正像经济斗争可能成为企业国家化的理由
一样,国家和公社对货币日益增长的需要,在更大程度
上为国家化和公社化准备好了基础。因此工人阶级应
该弄清楚,在这个问题上它应当采取什么立场……　无
产阶级是否赞成国家化或者要求国家化的问题,这是
每一个具体场合出现的问题;在大规模罢工和大企业
主的顽抗迫使政府走上国家化道路,以便平息不断高
涨的革命浪潮的地方,工人阶级是否同意应视政府能
够提供何种保证以保存工人的联合权利和政治权利而
定。在托拉斯化或卡特尔化的工业已经越出国家的范
围(国家是它们发展的基点)并侵吞了其他国家的工业
的地方,国家化纲领不仅对工人阶级来说,而且对私有
者来说,都会遇到相当大的困难。如果在北美合众国

内成立的托拉斯现在已经统治着欧洲的某些工业的整个部门,那么分布在北美的工厂的国家化将意味着生产资料的**这一国际组织的消灭**,这样的国家化在经济上和技术上将是反动的。此外,还会导致同其他国家的严重冲突。在这种场合有利于经济进步的解决问题的办法,不是消灭某些部分和把它们国家化,相反只能是**国际性的社会化**。但是资产阶级由于同保存民族国家有利害关系,不能采取这种解决问题的办法,而实现国际性社会化的先决条件是消除有关国家之间的界限。可见,在这里生产资料的扩大如果超出国家的范围,因而也超出资产阶级统治的政治条件的范围,又必然会导致努力消灭已和生产需要不相容的经济制度的斗争。在生产的国际化还没有达到高度发达的情况下,无产阶级可以独自要求国家化,或者,在其他情况下,可以承认国家化和顺应它。尽管如此,从反对卡特尔和托拉斯的斗争中还是直接出现了取消国界、消灭资产阶级的国家权力、工业国家在经济上和政治上联合起来的要求。

注意)

　　仍然有人抱着这样的希望,他们不愿意看到的这种发展,由于工人阶级持有零星的工业股票(如像在英国和美国的情形那样)和少量存款(如像在其他国家的情形那样)而和资本主义社会的存在有利害关系,将被消除。然而,这个希望纯粹是一种空想,它是以下述错误结论为根据的,这个错误结论就是:工人由于占有少量资金获得了**参与决定**(Mitbestimmung)生产资料利用问题的权利,因而造成了抗衡大金融资本的经济力量的势力。其实,人民群众掌握的小小的财权依据,只能增加**大金融资本巨头**的力量;这个力量的基础不是

工人**阶级**没有,而某些国家的一个**不大的阶层**是有的。①

---

① 这句话列宁是写在页边下面的。——俄文版编者注

金融资本巨头拥有全部本国资本，而是他们**支配着**全部本国资本。本国资本集中在银行和大工业中，而那些手中握有金融组织的杠杆的人，则是本国资本的支配者。至于说到大量单个小占有者的意志，那么，在利用资本的组织方面，这个意志没有任何意义，就好比大量单个士兵的意志对于使用军队的目的来说毫无意义一样。正像军队的有组织的力量完全支配着单个士兵，不允许有任何反对意见一样，资本的组织也专制地支配着"小人物"的大量财权依据，只要付给他们利息和股息就行，就像军队给士兵关饷一样。在美国股票事业最发达，大量拥有小额股票的现象最普遍，在那里为了绝对控制巨大的企业，根本用不着掌握大部分股票;同样，在德国，银行康采恩为了能够绝对支配全部现金，也用不着独自掌握大部分现金。不久前一项<u>正式调查</u>表明，在美国 <u>10%的股票</u>已足以保证一个银行家集团对铁路的控制。美国最大的人寿保险公司之一，发放了 <u>1 400 万份保险单</u>。保险单的持有者从形式上看，作为股票的持有者有权参与管理。"如果谁想让 1 400 万保险单持有者参加表决，那么，这样做为了提出名单就要花 <u>20 万美元</u>，为了把通告信送给他们就需要花 <u>30 万美元</u>。"由此可见，在靠发放小额股票开办起来的企业中，<u>银行康采恩的权势比在大工业中的权势还大</u>。股票和储蓄只是把小人物的全部财产交到金融巨头手中，以便同时作为为最大限度地剥削工人阶级的事业服务的手段。因而工人们在注意到自己的微不足道的资产和资本巨头的剥削利益的同时，在采取消灭剥削所必需的手段方面是不允许别人束缚自己手脚的。

注意

!!

　　如果工人在历史发展进程中已经达到能够通过罢工迫使国家进行有利于他们干预的地步，那么，他们依靠什么手段可以**在国家中**建立**专政**，这对他们说来已

不可能是一个秘密了。政治罢工的实质恰恰在于,即使在为了扩大某些阶层个人粮食消费范围而开始举行政治罢工的地方,它也会变成反对一般剥削的斗争。正像议会制度是支持国内的这些阶级战斗的重要手段

注意

注意

一样,政治罢工<u>给</u>与议会活动无缘的和<u>没有参加工会</u>组织的<u>侨民</u>,以及入境的<u>外国季节工人提供了参加政治活动的机会</u>;政治罢工在极大程度上排除了企业主利用他们来反对当地有组织的工人的可能性。另一方面,这<u>些</u>大部分没有加入组织的人参加在组织领导下

注意

的斗争的可能性,<u>使他们服从组织和组织的行动</u>,阻止他们搞反对剥削的个人造反行为。如果由于这样做在德国必然日益尖锐的阶级搏斗的进程中**个人暴力行为**减少了,那么,因此而得到好处的是工人阶级的有组织的行为,工人阶级为了自卫以抵御工贼的暴力行为本来已经够辛苦的了,而工贼的残暴行为,由于他们在战争期间所干的那份肮脏的差使,只会变本加厉。工人阶级用来和工贼的这种个人的、无政府主义的暴力相对抗的是自己的有组织的行动,这种行动像社会力量的任何一种联合一样,是一种现实的力量。无政府主义和社会主义之间的差别不像人们多次错误地断言的那样在于,<u>一方认为行动的必然基础是暴力,另一方则认为是合法性</u>,而是在于,无政府主义是**个人的暴力**,社会主义则是**有组织的社会暴力**;因为暴力和法律本身是互相抵触的;法律本身不是别的,就是一种强制,就是有组织的暴力的外部表现。

现代工业国家中高度发达的大企业所具有的单一的国际形式,使无产阶级觉得高度发达的工业部门中的**国际**行动是必要的;港口工人和造船厂工人的每次罢工都证明了这一点。国际行动的先决条件是表现为在本国范围内集中的工业联合会的共同行动的国际组织。

＊　　　　＊　　　　＊

帝国主义<u>是有组织的金融资本</u>为争取扩大外部市场、争取投资的外部地盘和利益的地域范围而进行的<u>斗争</u>，它<u>动用</u>自己全部封闭的国家范围的经济组织和政治组织<u>来反对</u>其余的世界强国的帝国主义竞争。帝国主义是依靠国家权力这种手段来进行的斗争，是争取<u>较高</u>的资本出口<u>定额</u>、争取较高级的资本主义组织和技术组织、争取在全世界的全部利润中占有<u>更大的份额</u>的斗争。在帝国主义国家互相之间的经济竞争中，可以动用最大的军力和财力的国家，在剥削方面达到了最高形式的国家，私人资本主义组织和国家资本主义组织的发展达到了最高程度的国家，必然有最有利的前途。

好定义

正像不久前发生的一些战争——<u>合众国</u>对西班牙的战争、列强对<u>中国</u>的战争、<u>布尔战争</u>、<u>日俄战争</u>、俄国对<u>波斯革命</u>的干涉、争夺的<u>黎波里</u>的战争、<u>巴尔干战争</u>，以及<u>世界大战</u>——<u>是这些</u>帝国主义的利益对立的<u>结果</u>一样，金融资本对国家权力的统治也必然使正在世界市场上进行竞争的金融资本集团的经济对抗一再转化为战争。常备<u>武装</u>、接连不断的战争危险、各国人民在愈来愈大的程度上的<u>军事化</u>——这就是世界大战结束后必然会以**令人感到不安**的规模暴露出来的后果。和这个政策联系在一起的国家开支的大幅度增加，导致赋税负担的急剧加重。正如以前的帝国主义税收政策已经影响了某<u>些生产消费品的工业部门</u>——例如，酿酒业、香烟制造业和火柴工业——的卡特尔化一样，战后对<u>税收</u>的<u>日益增长</u>的需要也将不仅大大促进私营<u>卡特尔</u>的成立，而且还会给俾斯麦的对生产消费品的重要工业部门实行国家化的老政策重新恢复名誉并使之复活。帝国主义经济的组织需要正在扩大，世界市场上的竞争借助于国家的力量使**生产生产资料**

的工业部门卡特尔化;国内的税收政策则使**生产日用品的工业部门卡特尔化。**

这里也看得出,经济行动和政治行动是如何互相补充和互相转化的。对经济的内部领导和外部领导,使中等阶级的独立性受到破坏并造成垄断资本家的赤裸裸的政治专政。国内政策朝着专制的方向,朝着反民主主义的方向发展。正像君主的寡头政治不会成为民主的寡头政治一样,资本巨头的寡头政治也不会成为民主的寡头政治。资本巨头的全部活动的目的和意义是保存自己的特权,巩固和扩大自己的权力,他们正是依靠这个权力的帮助在经济上剥削人民群众,在政治上才能驱使人民群众去为他们谋取帝国主义利益效劳。他们只有加强剥削倾向和统治人民群众的倾向才能希望在同其他国家的帝国主义的竞争斗争中获得经济、政治和军事胜利,才能指望他们能够一而再、再而三地把人民群众卷进他们的帝国主义战争中去。这种和人民群众的利益直接对立的政策,不能容忍民主机构方面的任何监督。对这种政策来说,人民群众只能是国家执行权力的对象,而不是国家政策的主体。

清楚地认识到这些实际上的相互联系会给工人阶级提供一个确定其政策的基础。工人阶级用**人民群众的民主**来同**资本巨头的专制**相对立,用无产阶级**维护和平的意志**来同金融资本的**战争政策**相对立。实现无产阶级的目的的杠杆在国内是,反对君主的寡头政治和打破分离主义的斗争,争取民主的、集中的德意志共和国的斗争,争取实现反资本主义的赋税立法的斗争;在对外政策方面是,争取绝对消灭战争的斗争,办法是成立一个国际无产阶级组织,这个组织通过反对帝国主义者的战争企图和阴谋的共同的国际行动将能表现无产阶级维护和平的愿望,并使之付诸实践。

无产阶级利用它在现代国家中享有的那些政治权

利。但是，随着无产阶级的政治权利**由于帝国主义倾**
向的作用而被减少，随着帝国主义专政为自己开辟道
路，捍卫政治权利使之免遭剥夺和免受经济压迫，便显
得非常必要，在国家政策领域也出现无产阶级利用自
己的权力手段的必要性，无产阶级使用自己的数量的
力量、自己组织的力量来反对帝国主义的反民主倾向
的必要性。**同时无产阶级政治斗争的重心也从议会转**
向群众。由于深刻的历史必要性，政治罢工便成为受
帝国主义压迫的无产阶级的极其重要的武器。

　　正像在职业组织领域中的情形一样，新形势也要
求改变无产阶级的**政治**组织形式。社会主义，以及社
会的政治民主和社会民主的实现，意味着所有人在争
取为生活创造最大的机会的斗争中在组织上的严密联
合；同时，社会主义在自己的内部范围即自己组织的范
围内给个人提供了充分发挥他们的一切潜力和能力的
可能性。这样，政治组织把工人群众联合成一个有组
织的整体，把他们联合起来进行反对外部对抗力量的
斗争，而同时在内部，即在自己范围内，则充分实现单
个人的个人自由和平等，因而也就是实现民主原则。
无论对于社会主义还是对于力图实现社会主义的无产
阶级的阶级组织来说，都存在着两个基本原则：在对外
关系上充分团结，而充分的内部民主则是这种团结的
前提和补充。

　　这个内部民主（Demokratie im Innern）是在反对外
部敌人的斗争中（im Kampfe nach außen）发挥群众的一
切力量的前提。正像有组织的、**有权实行自由的自决**
的群众的存在是在大企业中进行罢工的前提一样，政
治罢工也要求群众在组织内部有充分的行动自由。政
治罢工获得成功的前提是有组织的工人群众中自发产
生的进行罢工的意志和决心。政治罢工的重心在大企
业工人队伍中，在交通和消费大中心中；政治罢工的目

但不是
唯一的

简言之：
民主集
中制

的是破坏本国资本的利润形成过程,同时给世界资本以有力的打击;它的方法是在反对垄断组织斗争范围内工会斗争的方法。这些方法后来成为通常的和习惯的方法,它们使人能够对战斗实现真正有组织的和统一的领导,能够加强行动或有组织地停止行动,还能开展有计划地募集和分配支持罢工工人以及使从前那些自由参加罢工的工人加入组织所必需的资金的行政工作。

不仅如此

进一步发展工会的组织形式,绝不是说要破坏现有的工会;相反,而是说要按照条件的要求对它们进行改造。同样,在政治组织形式中<u>扩大群众的自决权</u>也绝不意味着同过去的原则决裂。民主是无产阶级政党的立宪原则。如果说德国的受历史制约的议会改革政治形式至今只是在某些特殊情况下才使人有可能求助于群众自己的力量,那么,把重心摆在进行谈判上的代议制度、<u>领导制度正是服从于这种历史制约性的</u>。在帝国主义和<u>正在来临的革命时期</u>的时代,无产阶级政策的重心集中在<u>群众本身的行动上</u>;阶级斗争形式上的这一变化,应当必然地表现在**群众在自己组织中的权利的扩大上**。

败笔

自从古老的共产主义公有制被生产资料的私有制代替以来就在全世界激烈进行的巨大斗争,<u>正在接近自己的最后阶段</u>。席卷全球的、旨在建立自己对它的统治的生产资料私有制,把<u>全世界</u>的劳动群众变成了资本的<u>奴隶</u>。在本国内部的残酷的阶级搏斗之外,资本还增加了人民反对人民的战争,并在自己的最高发展形式上<u>把世界大战变成经常起作用的机制</u>,它的功能只有在武装休战时期才被中断。对于资本来说,单是剥削和奴役劳动群众已经不够了,——它还强迫他们<u>为了世界利润的荣誉而互相残杀</u>。但是,<u>通过大规模屠杀的国际化</u>,它同时也就使全世界无产者的利益

好!

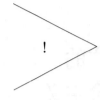

的一致性增加了许多倍,这种一致性由于剥削所具有的国际性质本来就已存在。在一位德国官方军事评论家弗罗贝尼乌斯非常中肯地称之为**第一次**世界大战的这场战争结束之后,在所有的国家都将比任何时候更强烈地发出"**全世界无产者联合起来!**"的大声疾呼。当各国的垄断资本家在力图用火和血来保证自己在世界利润中所享有的那一份的时候,全世界无产者要牢记:他们应当夺取世界;要牢记:和平**何时**最终来到地球上,最后一个无产者作为一个自由的人在自由的大地上走来走去、创造一切财富的群众将占有这些财富并愉快地享受它们的那个时刻**何时**到来,取决于他们的一致和团结。

30—31

44—45?? 46??[11]

原文是德文　　　　　　　　　　译自《列宁文集》俄文版第 40 卷第 303—323 页

在保尔·果雷《正在死亡的社会主义和必将复兴的社会主义》一书上作的批注[12]

(1915年3月和9月之间)

正在死亡的社会主义

期待和失望

1914年8月1日,战争爆发了。在这个从此举世闻名的日子的前后几周内,千百万人期待着。他们知道,在他们国内存在着庞大的社会党人的队伍,这些社会党人是依据道德协议在国际范围内联合起来的,而协议是在欧洲几个主要首都举行的代表大会上恢复的。

会发生什么事呢?通过的决议、领袖的声明和社会革命大军的热烈欢呼,会变成声势浩大的起义,像旋风那样扫荡罪恶的政府吗?

全世界惶惶不安。然后产生了失望情绪。这时曾对解放行动感到害怕的社会主义的反对者笑逐颜开了。他们摆脱了无产阶级给他们造成的种种忧虑之后,千方百计地嘲笑工人群众的软弱无力,在他们自己人中交谈所获得的印象,在忠于他们的报刊上顽固地、恶意地对国际的令人迷惑不解的立场说长道短。

我们像好同志应该做的那样,试图替我们在交战国中的朋友辩护,说这场背信弃义的战争的爆发像晴天霹雳一样,使他们措手不及,他们消息不灵通,在外交界没有自己的代表,在金融机构中没有可靠的人。
但是,所有这些理由都是不能令人满意的。我们觉得
很不自在,我们的良心好像浸在混浊和虚伪的污水里。　‖　注意

过去和国际的决定

其实,要知道国际不是昨天诞生的。它有自己的
过去和自己的宗旨。它有学说。它把在反对资产阶
级-资本主义制度的斗争中表现得非常积极和坚定的
千百万无产者联合在自己的旗帜下。革命时代给人们　注意
留下了鲜明的回忆。每个国家的无产阶级都有自己的
圣地,社会解放的第一批使徒就在那些地方倒下去。
上一世纪在意大利、法国、德国、俄国等国家,广大人民
群众受崇高的本能所驱使,或者由于经济斗争需要的
推动,起来反对自己的阶级敌人,而不顾是否有成功的
机会。他们的失败或英雄主义在当代成了人民群众的
榜样和慰藉。革命光荣这笔财富就是这样产生的,无
产阶级就是从这笔财富中得到鼓舞的。即使不带情绪
来考察社会主义问题,工人阶级也决不会同意同自己
的传统决裂或者抛弃能够把精力用来达到最崇高的目
的的方法。

当然,对每一种局势必须采取相宜的行动。每种　　　很好!
局势都要求一定的手段和合理地节省力量,这要视社
会主义组织在实际领域中所追求的具体目标的重要性
而定。但是,对特殊的局势必须采取特殊的措施。重　　　注意
病要用重药。当可怕的威胁使半个欧洲陷入绝望之中
的时候,为了避免灾难,必须采取现有的一切手段并把
无产阶级中蕴藏着的全部勇敢精神动员起来投入这一
斗争。这就是我们的国际代表大会作出的决定,它们
经过长时间的讨论后制定了在战争可能爆发的情况下
尤其应当执行的策略。

早在 1871 年,倍倍尔和李卜克内西在拒绝投票赞

成军事拨款(尽管德国当时处于合法防御的地位)之后强调指出了一个基本的真理:人民的利益和理想是不可能同占统治地位的资产阶级的利益一致的,哪怕暂时一致也不可能。他们两人所采取的立场还证实了这一事实,即资本主义制度必然会使自己的国家卷入外部冲突,这些冲突不会破坏无产者的国际团结,也决不会使国内敌对阶级互相接近。

在社会党人中,任何人任何时候都没有对这两位同志的立场的绝对合法性提出过异议。

一些代表大会的决议甚至还走得远得多。它们不管有关国家议会代表所采取的立场而直接诉诸群众,并激励他们采取革命和起义的行动。

注意

1907 年在斯图加特一致通过的宣言说:"**一切'相应的'(也就是有关的)国家的工人阶级的义务就是全力以赴,用他们认为最合适的,不言而喻,根据阶级斗争和一般政治形势的尖锐化程度不同而可能不同的一切手段来防止战争。**"

宣言继续说:"**尽管如此,如果战争仍然爆发了的话,他们的责任就是全力以赴迅速结束战争,并尽力利用战争引起的经济危机和政治危机来唤醒广大社会阶层,从而加速资本权力的崩溃。**"

三年后,在哥本哈根有两个法国社会党人向代表大会提出如下建议:研究"交通运输"的罢工(作为破坏动员的一种实际手段)的问题。这个建议被推迟到本应于 1914 年举行的维也纳代表大会上去研究。最后,1913 年圣诞节,社会党国际的成员们在巴塞尔召开了一个规模相当庞大的代表会议。他们在会上通过了一个新的、相当广泛的宣言,详细地规定了欧洲各国社会党的行为。宣言的结尾部分向各国政府提出欧洲战争对它们

2^{13}

说来孕育着危险的警告。

"让各国政府记住,在欧洲目前这种状况和工人阶级当前这种情绪下,它们如果把<u>战争的福利雅 14 放出来</u>,那是不可能不给它们本身带来危险的……

无产阶级认为,为了资本家的利益、王朝的虚荣,或者,为了秘密外交条约而互相残杀,是一种罪行。

如果统治当局促使欧洲无产阶级采取铤而走险的步骤,那么,它们自己要对由它们引起的危机的后果承担全部责任。"

在巴塞尔代表大会上人们就是这样说的,这次代表大会在全体参加者的心中留下了难忘的回忆!

最后,我们要指出,<u>这些不同的决议并未含有关于防御战和进攻战的任何议论</u>,因而并未提出任何特殊的和<u>民族主义</u>的策略来代替公认的基本原则。它们力图用这种完全<u>自觉的沉默</u>来强调<u>现代战争的主要是资产阶级的和财政金融的性质</u>,以及<u>对侵略国家无产阶级的革命热情的无限信任</u>。

但是,可惜! 尽管有了决议和愿望,有过去的历史和传统,经历过斗争年代和苦难的岁月,尽管存在政府的压迫和统治阶级的剥削,有过资本主义国际的明白无误的游行示威,有过那些年进行的社会主义的宣传,尽管有了这一切,但到处都仍然在最好的条件下进行了动员。军官们向无产阶级致贺,<u>资产阶级报纸</u>则用热情的语句赞美他们所谓的"<u>民族魂</u>"的复活。而这个复活的代价是使我们 <u>300 万人</u>丧生。

但是,从未有过一个工人组织拥有这么多交纳会费的会员,从未有过这么多的议员,办得这么好的报刊。同时也从未有过比这更卑鄙的、应当起而攻之的事情。

在关系到千百万人生死存亡的危急关头,<u>一切革命行动</u>不仅是可以容许的,而且是<u>正当的</u>;不仅是正当

注意

的,而且是神圣的。为了把我们这一代从血染欧洲的浩劫中拯救出来,无产阶级义不容辞的责任要求我们去尝试难以实现的事情。

注意

既没有采取任何有力的行动,也没有表示愤慨,更没有采取导致起义的行动。

俄国、塞尔维亚和英国的少数代表继续忠于国际的原则。受到敌视奥地利的国民感情鼓舞的意大利无产阶级成功地贯彻了使本国统治者持中立立场的主张。这就是一切。

我们的敌人大叫社会主义运动已经破产。他们太性急了。可是,谁敢断言他们完全不对呢?现在正在死亡的不是整个社会主义,而是社会主义的一个变种。这是甜甜蜜蜜、没有理想精神、没有激情、摆宣僚架子、耍家长威风的社会主义,是缺乏勇敢精神、不敢大胆行动、热衷于统计、同资本主义亲密无间的社会主义,是只知道改良、为了一碗红豆汤而出卖自己的长子权的社会主义,是替资产阶级消弭人民的愤慨情绪、对无产阶级的勇敢行动起某种自动扼制作用的社会主义。

很好!

注意

很好!

人们指责我们软弱无能。正是上述这种眼看要浸染整个国际的社会主义应当在某种程度上对这种软弱无能负责。

德国的社会主义。它在人数上的
强大,它在革命性方面的软弱

所有交战国的背叛了自己国际代表大

会宣言的无产阶级都负有共同的责任。这种责任落在群众曾经寄予信任并期待他们提出口号的<u>领袖的头上</u>。

　　<u>组织</u>最完善、形态最完备、理论条条最多的德国无产阶级粗暴地违背了自己的职责。　　　　　?

　　事实上,德国社会民主党在人力、财力和智力方面是无可争议的。为革命精神所鼓舞的德国社会民主党本来是能够十分明确、十分顽强地抵抗军国主义行动,<u>引导中欧其他国家的无产阶级沿着这条唯一的生路前进的</u>。　　　　注意　注意

　　这里有几个数字。

　　1871 年 2 名帝国国会议员候选人,共获得 124 000 张选票。

　　1914 年 110 名帝国国会议员拥有 4 250 000 名选民。

　　关于参加工会的人数的材料也给人留下了深刻的印象。

　　1913 年 1 月 1 日加入工会的工人有 <u>2 560 000</u> 人,每年交纳的会费总额达到 8 100 万马克,或 1 亿法郎。

　　在德国各地区的议会中有 <u>206 名议员</u>,6 157 名市镇参议员在全国最偏僻的地区传播社会主义的真理。<u>89</u> 家日报拥有 150 万订户,这些报纸每天除了传播信息外还传播学说。同时考茨基也在他的《新时代》杂志上向运动的领导人宣讲<u>马克思主义的精髓</u>。最后,积极分子短训班每年都要培养成千上万的年轻人,他们后来都是无产阶级大军的骨干。

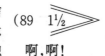

（89　1½

啊,啊!

　　这个有条不紊的无产阶级组织<u>看来非常强大</u>,它应当在适当的时机保证爆发出巨大的革命能量,使得我们德国同志的方法能在世界各国获得崇拜者和拥护者。此外,它的理论家的高度水平,以及对马克思的怀念(马克思的一些言简意赅的名句,无产阶级尽人皆

正是这样

知),使德国社会党在国际中有巨大的影响。<u>它能够比</u>
<u>所有其他国家的党更有作为</u>。人们期待它作出<u>最大的</u>
<u>努力</u>。

?

但是,如果个人的力量因过 严的 纪律而发挥不了
作用,或者如果"领袖人物"利用自己的影响只是为了
能作最小的努力,那么<u>人数多</u>也毫无用处。

<u>在负责的领袖们的影响下</u>,德国无产阶级顺从了
军事权奸的意旨,后备兵也穿上了军装;政府散布的关
于其他国家的立场和它们似乎有好战的意图的谎言,
<u>麻痹了勉强看得出来的微弱反抗</u>;国际的其他支部也
<u>被吓倒并采取了同样的做法</u>;在法国,有两个<u>社会党人</u>
<u>竟认为参加资产阶级政府是适宜的</u>。这样,在代表大

注意

会上曾经郑重宣告,社会党人认为互相残杀是犯罪行
为,但是六个月后,千百万工人加入了军队,并且开始
那么坚定、那么热心地从事这种<u>犯罪活动</u>,以致资产阶
级和政府一次又一次地向他们致谢。

德国社会主义的演变

正是这样

德国社会主义究竟经历了什么演变才使 111 名帝
国国会议员在 1914 年表现出来的<u>尊严和勇气</u>比 1871
年两个议员表现出来的<u>尊严和勇气差</u>呢? 怎么会发生
把革命行动经常挂在嘴上的无产阶级突然去拥护本国
总参谋部的政策这样的事,又如何解释社会民主党的
领袖们还在企图替自己的立场辩护呢?

每个国家的工人群众在一定程度上都受到<u>资产阶</u>
<u>级中间流行的思想的影响</u>。很难从工人中完全排除这
种影响。而最近 20 年来,德国资产阶级变得非常现
实:它力图攫取巨额利润,力图干一番大事业,力图保
证自己在世界上占优势。1848 年的德国死亡了,就像

?

真正的<u>自由资产阶级</u>也死亡了一样。只是在某些国
家,由于最浓厚的 民族主义 色彩,无产阶级才比在其

他地方容易地摆脱资产阶级现实主义的这种有害
影响。

尽管马克思学识渊博，但由于他毫不妥协地死守
某种教条，由于他梦想通过未来的社会主义革命建立
一个新世界，所以他给人们灌输了某种理想主义。然
而似乎由于迫切需要的影响，德国社会主义最近 10 年
来在沿着新的道路飞奔。伯恩施坦想讨论这种现象，
他完全有根据地说，社会党由于自己的日常行动再也
不能自以为具有马克思主义的不妥协性，而是执行一
种民主的改良主义政策，他本人把这种政策称为修正
主义。伯恩施坦遭到了严厉的谴责，考茨基借助于从
马克思主义圣经中摘录下来的有关引文把他打倒了。
但是，在保住了应有的体面之后，党照旧执行它的"现
实的政策"。

不是这
个词

注意

社会民主党成了它现在这副样子。它组织完善，
体魄强壮，但是失去了灵魂。不幸的是，没有哪一个国
际支部没有得这种传染病。揭露德国社会主义的错
误，这决不是要把过失仅仅推到它身上，而是要警告我
们大家注意特别是在德国民主派中出现的倾向给整个
社会主义运动带来的危险。但是，我们不应忘记，在莱
茵河彼岸的无产阶级先锋队中，有一个人数不多的不
妥协者少数派还保存着它的革命精神和纯学说的原
则。李卜克内西、罗莎·卢森堡、克拉拉·蔡特金等人
以自己的行动证实了他们的独立和勇敢。但是这支勇
敢者的队伍在工人运动中显然没有占压倒优势的
影响。

很好

组织是必要的，但它并非一切

德国社会主义的极其重要的特点，是它的辛迪加
式的集中主义。如果说经济斗争的需要无情地迫使无
产者联合起来组成大规模的联合会，那么，毫无疑问，

这种组织形式也有许多不便之处，必须与之进行不懈的斗争。把广泛的全权交给委员会、官吏的日益增多、注意力集中在首先是保证吸收大量党员和保证定期交纳党费上——这一切，如果不采取措施，将扼杀个人积极行动和进行组织的能力，而这种能力是旺盛精力和激情的源泉。

当然，没有一定数额的官吏，强大的工人运动是无法想象的。这些官吏忠心耿耿地维护托付给他们的利益。但同时，他们不由自主地把一些并非始终符合群众的理想和思想的倾向和策略带给了他们所从事的事业。罢工失去了物质生活的要求和尽快解决社会问题的愿望两者兼而有之的"混合"性质。它们变成了旨在缔结新的集体劳动协议书的一种示威。这种实践使工人习惯于资本主义和工会并存的思想。既然归根结底问题在于提高工资和改善劳动条件，于是，人们便不知不觉地使工人的命运服从资本主义本身的命运。既然资本主义的繁荣保证使工人对希望得到的改善具有信心，所以人们开始希望"自己""国家的"工业加紧发展而不惜损害外国的工业。这个在德国工人中非常流行的观念，使企业主们敢于说，工人阶级的幸福取决于本国资本主义的繁荣。由此可见，德国工人在战场上为德国帝国主义而战的时候，同时也就促进了他们的无产阶级经济运动的正常发展。

很好

帝国国会议员罗·施米特在他的一篇文章中写道：

"经验很快表明，调节劳动条件对工业也有利，即使这样做会使某些资本家的利益受到损害。统一的劳动条件使资本家便于经营和抵制不正当的竞争。由于抵制降低工资和工人之间的竞争，工人也保证能享受到那些优越性。通过缔结劳动协议书来调节劳动条件将给经济生活带来秩序和稳定。"

这就是说,工会运动应当以能使资本家的利润更加可靠为荣!社会主义的目的大概就是在资本主义社会范围内争取与资本主义制度本身的存在并行不悖的最大利益吧?如果是这样,那就是抛弃了一切原则。无产阶级所追求的不是巩固资本主义制度,不是获得从事雇佣劳动的最起码的条件,而是消灭私有制,铲除雇佣劳动制。

很好

今后怎么能忽视类似的使人民心灵麻木不仁并打消他们的革命激情的思想的有害影响。

德国工会运动的这种集中主义的和实用的性质,由于不太值得称道的等级制精神的影响,更加突出了。

?

大组织的书记成了重要人物。在政治运动中,议员、著作家、科学家、律师,总之,一切有学问同时又有个人虚荣心的人,他们所能造成的影响,有时简直是危险的。

啊,是的!

注意

工会拥有强大的组织和雄厚的财力,这使它们的会员滋长起行会习气。实质上具有改良主义性质的工会运动,其消极面之一,就是它改善雇佣工人中某些阶层或"人士"的境况。这就破坏了基本团结,使那些生活优裕的分子胆小怕事,有时唯恐"运动"会危及他们的境况、他们的收入、他们的资产。这样,工会运动本身就人为地把无产阶级分割成不同的等级。

很好

注意

注意

这是否意味着强有力的组织的优越性带有虚幻的性质呢?当然不是!不过在这里有几样东西是重要的:鼓舞它们的精神,支持它们的热情,推动它们的干劲。正因为领导人把自己的精力全部集中到日常实际工作上了,所以群众本身,他们当中有觉悟的、易冲动的少数人必须经常对那些可能陷入次要工作的泥潭而不能自拔

?

的人施加压力。必须经常使工会领导人保持警惕,提醒他们记住他们活动的基本目的和摆在他们面前的崇高任务。

谁敢断言,我们以上了解的那个德国工会运动不会给我们提供<u>几千个能够吸引群众跟着自己走,并以自己的榜样在 1914 年 7 月的最后几天把自己的革命立场强加给中欧的无产阶级的暴动者</u>?

??　注意

现实主义政策的精神使我们受到巨大损害。我们自认为相当聪明,摆脱了<u>我们认为同历史唯物主义学说不一致的理想主义</u>。而这种实际常识却为我们的敌人效劳。

我们说,群众的行动是受他们的利益支配的。我们以为,只要抛弃阶级斗争的口号就能保证获得他们的支持和参与。

人民的行动始终是在同样程度上既受利益支配,也受<u>感情</u>支配的。

注意

那些年的宣传决没有淹没这些朴素的声音。值得为此感到痛心吗?这会毫无益处。要知道,感情和本能是理想主义的天然向导。由于轻视<u>这些自发性和勇敢精神的力量,社会主义的领袖们</u>更不善于将它们引上需要的轨道,他们借助一种本能来反对另一种本能,

?

借助一种感情来反对另一种感情。错误在于轻视对工人进行以 <u>全人类的本能</u> 来代替民族的本能、以团结精神来代替种族感情的教育。如果这样做了,按照人类最高愿望确定的无产阶级理想主义,在紧急时刻就能引导群众走上胜利行动的道路。

不过,非常聪明的"现实主义地"思维的领袖们<u>不了解群众的心理状态</u>。

我们说,一个给当代事件打上自己极端软弱无力的标志的社会主义的变种破产了,我们这样说难道不对吗?

你们不斥责任

<u>我们不斥责任何人</u>。为了复兴国际,必须以兄弟

精神鼓励各国支部;但是必须指出,当国际面临资本主
义资产阶级在 1914 年的 7 月和 8 月加给它的重大任
务时,改良主义的、集中制的和等级制的社会主义呈现
出一派惨象。

何人是不对的

这种社会主义使人不由自主地想起一个生命的火
花眼看就要熄灭的巨大躯体。

为了保证人性战胜野蛮,社会正义战胜有产阶级
的无法无天,需要某种另外的东西。

────

必将复兴的社会主义
它的主要特点,爱国主义有什么用?

明天的社会主义应具有哪些根本特点呢?

明天的社会主义将是国际的、不调和的和敢于造
反的。这三个条件将保证它获得完全成功并引起对它
的不调和的敌视,这种敌视将使社会主义经常保持在
一种勇敢和坚强的状态中。

注意

资产阶级非常喜欢侈谈祖国及其尊严。有时它表
现出发自肺腑的感激之情。以操心选举事宜为动力的
社会主义,在这方面所持的立场是极其暧昧的。但是
须知,现在关于祖国的概念和从前关于外省的概念比
较起来是否前进了一步,这是根本不重要的。对我们
社会党人来说,只消从是否符合无产阶级的根本利益
和无产阶级的理想这两个观点来考察关于祖国的概念
就够了。祖国通常是有疆界的领土,这种疆界是由于
偶然性和战争后果确定的,或者按照外交家们的意志
确定的。在现代社会中,对无产者来说,祖国只不过是
一个行政领土单位,无产者生活在这片领土上感受到
双重压迫:地方资本主义的压迫和国家权力机关的压
迫。如果无产者偶然终身居住在那里,那么,他依恋故
乡的原因,不是他的民族性,而只不过是个人的习惯,

注意

(1)

这种习惯同爱国主义毫无共同之处。

　　此外,祖国和它有时引起的那种特殊感情的存在这一事实本身,决不证明统治者所固有的掠夺欲望是正当的,也决不会破坏人类的基本的统一性。我们首先是<u>人</u>。可以说,我们的人的本质正是我们的忧愁和欢乐、我们的感觉和感受,一句话,我们的全部生活的泉源。我们的国籍<u>只不过是</u>资产阶级制度的条件加在我们身上的所有另外一些的、不胜枚举的负担之外的<u>又一负担</u>而已。社会党人不能有同全人类的感情相矛盾的独立感或<u>民族</u>感。<u>整体优于部分,整体的利益高于构成这个整体的各个要素的利益</u>。

　　此外,社会主义不能把祖国看做<u>某种真正统一的东西</u>。在每个国家内,各社会阶级之间进行着剧烈的斗争,即使是瑞士的优秀的资产阶级爱国主义者也<u>认为德国资本家比本国住六层楼的无产者好</u>。爱国主义破坏人类的基本统一,并企图调和互相对立的利益,它根本不能获得工人阶级的哪怕最微小的自愿支持。它不是同国际社会主义的理想发生矛盾,就是同实业界(工商界、科学界)不想摆脱、也无法摆脱的国际主义的经常实践发生矛盾。

　　<u>现代国家都供养军队</u>。这些军队为各种不同的目的服务。它们构成一支应当<u>维持国内秩序,也就是说,保证资本主义制度的稳定性</u>的力量。因此,它们经常同工人阶级作对。此外,它们实质上是用野蛮的和粗暴的方式,即用武力来促进国际冲突的解决。因而,它们无论对无产阶级来说,还是对邻国来说,都是一种经常的威胁。

　　军队的存在强使人民遭受巨大牺牲,并使组成军队的千百万人服从残酷无情和实行压迫的制度。军队使政府摆脱采取比较合法的手段来解决自己的冲突的义务。军队是<u>中世纪野蛮行为</u>的残余和这种行为的完

正是这样

（2）

（3）

注意

善化。

所有的地方都应当取消军队。忠于自己的国际主义这一民族自治的最高保证的无产阶级,到处都以自己的革命意志来同军队的存在相对抗。军队是战争工具,只有销毁这个工具才会出现别的解决争端的办法,而不是<u>借助于纵火、暴力、屠杀和掠夺</u>。

战争结束后,<u>资本家会自己开始考虑裁军</u>并着手瓜分从对世界进行经济剥削中获得的利润,为此目的,他们将进行亲密合作。但是他们想<u>保持后备军</u>,以便<u>保证自己能够在方便的时候进行打击</u>。只有我们的方法才能提供明显的保证,以防止只是由于有军队才证明自己的存在是正当的封建贵族重新掌权的可能性和防止在社会冲突中使用军队的可能性。只有<u>经常处于反对派地位的</u>、始终"在形式上"一贯勇敢无畏的无产阶级的内部积极力量,才能制止统治阶级的好战本能,使统治阶级变得软弱无力。 注意

<u>被比利时的不幸事件</u>(没有人不对它表示<u>同情</u>)<u>深深吸引住的</u>社会党人要求改变我们对军队和军事预算的立场。是否需要提醒他们,他们现在惊恐万状地在被战争破坏了的国家里所看到的,正是军国主义的果实。我们根本不用在准备进攻或防御方面<u>拒绝向政府</u>提供帮助的办法,而是用<u>在每个国家内违反</u>国家的愿望建立民主的、革命的群众力量的办法来为和平和团结各国人民的事业服务。这一任务将主要落到<u>大国肩上</u>,但是小国——正是因为它们小——也关心建立新的、通过应有的司法权来调解冲突的制度,对这一点<u>没有人会反对</u>。 注意

很好

最后,有谁敢说,在巴尔干和被兼并的国家里

有待解决的民族问题应该用武力来解决？只要指出在
每场战争之后外交家们多么厚颜无耻地瓜分领土这一
事实，就足以拒绝这个想法。

由此可见，不管我们持什么观点，即使对资产阶级
特别感兴趣的任何一个问题也都不轻视，大屠杀还是
解决不了任何问题。忠于自己的过去——我要说，自
己的本能——的社会主义，应重新成为国际的和反军
国主义的，并在那些帝国主义情绪特别强烈和帝国主
义军队特别强大的国家加强自己的宣传。只有在这种
情况下，它才能为人类的理想服务，使暴力手段无法使
用。它还将为建立新社会制度的事业服务，办法是削
弱资本主义制度的反抗力量，而这个制度的支柱就是
军队。

正是这样！！

不调和就是力量

议会制度的实践，立刻实行改良的愿望，担心吓跑
胆小怕事的聪明人——这一切使社会主义失去了它昔
日的不调和精神。

注意

的确如此

许多人断言，这类机会主义是非常狡猾的东西。
我们不会迷失方向。我们回顾一下各种学说的历史。
它们在什么时候有影响呢？是它们顺从政府当局的时
候呢，还是它们表现得特别严厉的时候呢？基督教在
什么时候丧失了它的价值呢？难道不是在君士坦丁保
证它的收入，不但不再迫害和处死它的教徒，反而让它
穿上镶金绣银的宫廷侍仆制服的时候吗？

如果说基督教在 16 世纪又有了一点力量，那么，
这难道不是由于不调和精神的复活吗？这种精神使它
起来反对统治者和主教们。

从那以后，基督教便丧失了创造精神。作为这个
世界一切强者的廷臣，基督教保存下来的只是富贵人
家的奴仆干活时的那股利索劲。

　　一位法国哲学家说过下面的话:那种披着华美的外衣而没有棱角、没有大胆精神的思想,是僵死的思想。其所以是僵死的,是因为这种思想到处流传,成了众多的庸人们平常的精神财富的一部分。那种令人惊愕、使人难堪,从而激起一些人的不满、愤怒和敌视、激发另一些人的热情的思想,是有活力的思想。

注意
很好

注意

　　当然,社会主义还没有疲惫到这种程度;它还处于上升时期,不过这一时期充满着政府的憎恨和上流社会人士的厌恶。然而我们要警惕。在我们的许多同志中热情正在消失。其所以消失是因为他们再也不相信什么了。既不相信姗姗来迟的改良,也不相信没有到来的革命。那就让我们把新的信徒的热情带到我们的行动中去吧。需要相信。相信像了解一样必要。要相信自己的力量,相信目的不仅将通过自己正滑向深渊的资本主义制度的和缓进化来达到,而且也会由于战斗精神的不断复兴而达到,由于永不减退的热情而达到,这种热情使许多改良措施中虚构的物质福利从属于体现伟大革命传统的巨大幸福。

注意

　　这种充满信任和激情的不调和性,并未使任何行动瘫痪,而是把强大的激情灌注给它们后,使它们具有生机。

　　社会党人应当不断进行造反,但是他所以造反,不是由于他个人遭到灾难或不公平,而是由于他意识到了社会所造成和认可的不平等现象。

　　这种精神状态促使社会党人不是去幻想,而是去行动。他不会轻视任何一种行动。他会根据需要和情况找到愈来愈多的行动机会。他深信,社会问题是复杂的,必须彻底了解它的含义,因此他将不纠缠于经济科学的基本概念,并将避免用

很好

盅惑人心的<u>夸夸其谈的方式</u>来吹嘘庸俗的见解。他希望用人民<u>自己</u>的努力来解放人民。他愿意看到人民<u>是伟大的</u>，他力求把人民变成主人，并因而想把人民武装起来。他希望在目前一切都对人民有利的东西全部属于人民。<u>他希望立刻实行改良</u>，不是通过同对手进行长期、巧妙的谈判取得的改良，<u>而是迫使被对立的、充满热情</u>和勇敢精神的<u>群众的存在</u>吓倒的资产阶级拱手让出的改良。

拥护

改良!!
注意

把工人和知识分子联合起来的社会主义，在自己的队伍中拥有无数多种多样的气质的人。所有这些人都会有用处的。他们是务实家和理想主义者，<u>聪明人</u>和<u>傻瓜</u>。但是，稳健并不排除<u>热情</u>，而热情并不排除理智。在利用这些和那些人的时候，我们要经常记住法国统一社会党党章中的一句说得非常恰当的话：“社会党<u>不是主张改良的党，而是主张阶级斗争和革命的党</u>”。

既然在科学进步已达半个世纪之后，现代社会带给我们的是中欧的 300 万战死者，向几百万雇佣工人保证的是没有安全、自由和欢乐的生活，难道社会党还能成为别的什么党吗？

人群无精打采地在人生的道路上徘徊。他们顺从地跟在……别人后面走。社会主义的事业就是要把<u>造反</u>这个唤醒意识和复兴世界的<u>神圣病毒</u>注射到他们的<u>静脉</u>中去。

在我看来，必将复兴的社会主义就是这样。

原文是法文

译自《列宁文集》俄文版第 40 卷第 325—338 页

在罕丽达·罗兰-霍尔斯特《社会主义无产阶级与和平》一书上作的批注[15]

（不早于 1915 年 4 月）

一 国际的破产

[3] 俄国和其他欧洲国家在政治上的分裂愈来愈缩小了。这里还要补充一点,在交战各国目前的力量配置情况下,俄国的失败可能造成以下后果。第一,对于东欧来说,这可能意味着帝国主义的和极端君主主义的哈布斯堡王朝反动派将对巴尔干各国实行统治,这些国家的民族和经济的独立发展将停止。第二,对于西欧来说,这可能意味着普鲁士容克政府的统治……第三,由于对法兰西民族的经常凌辱和贬低,世界的精神和谐将遭到破坏…… 在估计到普鲁士容克的胜利会造成的巨大损害的同时,还必须估计到这个胜利不一定就意味着俄国专制制度的崩溃,应当承认,俄国专制制度是普鲁士半绝对专制主义的必要支柱[(1)]。

[4] 战争的结果可能是过时的政治统治形式的消失,

---

(1) 1915 年 10 月 15 日《正义报》刊登了格·普列汉诺夫的一封信,内称,期待德军的胜利会导致俄国专制制度的衰落是徒劳无益的。这位具有远见的社会民主党理论家认为,战胜国德国向俄国提出的媾和条件将阻碍俄罗斯帝国近期内政治、经济的发展,从而使专制制度永世长存。用普列汉诺夫的话来说,俄国的极端反动分子有明显的亲德倾向。

被压迫民族或部分被压迫民族的解放,疯狂的军备竞
赛为普遍限制军备所代替;可能<u>为欧洲国家联盟的成
立奠定基础</u>。这取决于多种因素,取决于<u>战争临近结
束时工人阶级的力量和统一</u>(这一点不是无足轻重
的)。但是,战争的结果也可能是东欧和西欧反动势力
的加强,军备的继续增长,自然,民主和社会主义将同
时普遍遭到极大的削弱。<u>我们大概还没有见过这种
情况</u>。

? 注意

是这样!

[5] 交战国(英国也除外)内的阶级斗争停止了。阶
级矛盾——当然不是现实中的,而是人民意识中
的——被交战双方保卫国防的渴望淹没了。几个月前
在我们大家看来完全不可能的事情,已成为现实:<u>民族
思想原来比国际主义-社会主义思想的威力大得多</u>。
<u>民族团结实际上已经实现</u>。阶级斗争实际上已被放
弃。<u>国际事实上寿终正寝了</u>。
    在像荷兰、瑞士、丹麦、瑞典和挪威这些进行了动
员和时时刻刻生活在恐惧之中、害怕被卷进冲突的非
交战国,资产阶级和无产阶级之间的斗争自然也大大
削弱了……　<u>在这些国家中,在战争危险的影响下,
民族感情相当强烈,以至阶级意识在很大程度上被排
挤掉了</u>。

注意

[6—21] 国际分解成各民族工人阶级。但是无产阶
级的团结在其他方面也遭到了其他方式的破坏。迄今
为止,国际都是正式站在温和的民族主义和军国主义
立场上,从未充分暴露出它的代表大会作出的各种决
议之间的矛盾。诚然,自从 1900 年巴黎代表大会以
来,国际曾不断建议同军国主义进行斗争,并认为必须
投票反对军事拨款,然而它也没有严格规定在**任何**情
况下都不准投赞成军事**拨款**的票。它继续坚持过时的

区分进攻战和防御战的观点,并从承认保卫民族的愿望出发<u>坚决</u>否认军事防御权。现在这种对帝国主义的发展所产生的新关系和新问题<u>估计不足</u>的观点,在世界事件面前是站不住脚的。现在,有两个发展方向:一个是沿着民族主义增长的路线发展,另一个则相反,沿着从国际阶级团结的利益出发对祖国和民族漠不关心的路线发展。但是目前民族思潮比国际思潮强大。交战国或受到战争威胁的国家的大多数工人至少有一点是一致的:他们全都相信,在这场战争中,无产阶级应当参加保卫祖国的战斗,因为失败对无产者来说,也将是巨大的灾难并带来可怕的后果。和大多数人对立的是一个<u>人数不多的少数派</u>,他们认为民族主义是一个可悲的错误,并把这个错误看做是无知、不了解社会经济关系的结果,是旧的小资产阶级心里的产物。在多数派和少数派的代表之间在自由报刊许可的范围内正在进行意见斗争——像战场上进行的武装斗争一样激烈的斗争。工人群众高呼"祖国危急"的口号,意气风发地奔赴国境线(或越过国境线);<u>工人领袖</u>则投票拥护军事拨款、在国防部里同无产阶级的最凶恶最危险的敌人<u>共事</u>(还说,这似乎<u>符合</u>社会民主党的原则)。多数派的代表赞成工人群众这种行为和工人领袖这种举动;而<u>少数派</u>的代表却谴责这类行动是对无产阶级国际利益的<u>背叛</u>,并以不可动摇的决心保证说:"这场斗争是老板之间的斗争,工人没有祖国,他们是为了幻想去杀人,也让人杀死他自己。"

世界大战给工人阶级带来失业和贫穷,饥饿和赤贫化,疾病、残废和战场上的死亡;它可能使工人阶级几十年来争得的成就(它的报刊、它的组织、它的文化教育工作)毁于一旦。更重要的是,世界大战把<u>民族思想和国际思想之间的矛盾</u>问题提到了工人阶级面前,

是巴塞尔吗?[16]

注意

这个问题本身又包含着许多其他问题,而工人阶级是否能比较明显地和顺利地向前发展则取决于这些问题的解决。

这就是拦在我们的道路上的斯芬克斯[17]。如果我们猜不出它向我们提出的谜语,那就是说,我们注定要灭亡,也就是说,社会主义工人运动注定要灭亡。

二　民族的东西或国际的东西

两派

两派代表(为了简便起见,我将称他们为社会主义者——"民族主义者"和"国际主义者")以下述方式阐述自己的理由。

前者说:"我们和你们一样也是国际主义者,也就是说,我们重视团结,我们认为,团结是不分民族、种族和信仰的整个工人阶级的目的和愿望。但是工人阶级的国际解放斗争,是在民族疆界内,即在千百年形成的,具有自己的特性、自己的语言、自己的国家机构、自己的风俗习惯和文化的民族国家范围内进行的。一切阶级,包括热衷于捍卫民族特性的无产阶级在内,都为这一共同的民族特性的形成作出了自己的一份贡献。如果一个民族或者是它的一部分被人征服了,并被强迫并入其他国家,如果这个民族的国家机关被武力改变了,而民族文化和民族语言遭到了压制,那么,一切阶级,包括无产阶级在内,都会因此遭受苦难。而正是这些苦难妨碍无产阶级意识到自己同其他国家的工

紧紧地!注意

人,首先是同征服者民族的工人的团结。正是这些苦难使无产阶级易于接受资产阶级民族主义宣传,产生和加强同本国有产阶级的团结感情,阻碍阶级斗争的正常发展,阻碍成立独立组织和国际主义。任何一个民族压迫另一个民族(或它的一部分)的行为都会增加社会主义宣传的困难,延缓工人阶级自我意识的觉醒,导致隔阂、争执和分裂。请看一看爱尔兰、德国和俄国

统治的波兰人、奥地利、荷尔斯泰因、阿尔萨斯—洛林：尽管进行了宣传，到处都有一部分工人陷入民族主义的泥坑，并进行着反对自己的有国际主义思想的工人兄弟的残酷斗争。

社会主义国际始终拥护解放被压迫民族。从1863年波兰起义以来，直至1913年巴尔干战争，社会主义国际半世纪来始终不渝地反对任何强大民族压迫弱小民族的行为。民族自决权是社会主义政策的 始终不变的 要点。因而捍卫自己的自决权是一切民族的义务。

> "自决"
> "始终不变的"！！

此外，一个国家无产阶级的生活水平始终取决于它本国的经济繁荣。因而，反抗别国用武力消灭本国的作用和威力的一切企图，是它的利益所在。"

> 普列汉诺夫和伦施[18]
> 注意

对此，"国际主义者"回答道："你们的想法和感觉，跟小资产者一样。你们生活在过去中，生活在已经消失的世界中。在我们今天，进行战争已经不是为了使民族国家'变得完整'，不是为了扩大国家的领土或解放被压迫的那部分人民。在欧洲进行战争的唯一目的是扩大殖民地和势力范围，扩大商品销售市场和把资本扩大到我们这部分世界之外去。进行战争是为了统治世界市场，战争是各个国家和国家联盟的强大资本家集团进行竞争的最集中、最粗暴的形式。在竞争中取胜——这才是交战国的真正目的，其余的一切口号都是虚伪的。因此，无产阶级对世界大战完全不感兴趣。这是它的老板们之间的公开搏斗。谁胜谁败，它都无所谓……

> 其余的是"谎言"

工人的唯一的、真正的利益是反抗世界资本的全球权力。他们以为，他们是为祖国而战斗而牺牲，其实，他们完全是为他们的主子的资本主义利益而战斗而牺牲。他们进行战斗是为了使他们的主子能够剥削和压迫经济上落后的民族；是为了使大银行能够利用

> 注意

源源不断地流入的剩余价值，以便支持东欧已经腐朽的专制制度，或者支持修建旨在为欧洲资本开拓广大地盘打好基础的亚洲铁路。这就是战争的真正目的。其余的一切口号都是虚伪的。

对！

未必
确切

国际主义者坚决声明，即使一个国家集团对另一个国家集团的人民或部分人民的胜利有使那些国家的国土丧失或独立被葬送的危险，即使在这种情况下，受到威胁的国家的社会主义无产阶级也没有任何理由陷入民族主义狂热……

请看，国际主义者继续说道（由于受到克制的绝望情绪，他们的声音有些颤抖），——请看，在社会党国际中，抓住民族思想不放把无产阶级引导到了什么地方，引导到了痛苦和耻辱的深渊，引导到了自我折磨和自我消灭的境地。社会党国际想把不能结合的东西结合起来：把新的革命思想同旧的资产阶级思想结合起来。有阶级觉悟的工人除了国际社会主义而外没有别的祖国。我们迁就小资产阶级的弱点，你们动摇于民族思想和国际思想之间，这样做的可悲结果是什么呢？在无产阶级必须显出英雄本色和下定决心，必须敢做一切以便赢得一切的这个决定性时刻，——在这个时刻，它却堕落了……　你们像抛弃一堆无用的破烂一样抛弃了反映你们的阶级利益的国际信念，因为有人对你们说，你们的民族思想同社会主义是相容的。你们向虚伪的、对你们的阶级毫无意义的资产阶级口号投降了。（当你们的主子要求你们让你们的兄弟去为资本的利益打仗的时候）起来反抗你们的主子并在争取我们的切身事业、争取人类自由的光荣斗争中牺牲不是更好吗？……

民族观点和国际观点的妥协是不可能的。它们彼此都不能说服对方。因此，打倒使工人放弃他们现在的义务和现在的理想的民族主义！"

　　具有民族思想和国际思想的社会主义者就是这样
互相对立的。他们都相信,他们的观点是正确的,他们
掌握了**全部**真理。但是,我认为,他们双方都只掌握了
部分真理,但却认为这部分真理是绝对真理。

是这样!

　　的确,在一定意义上讲,现代工人没有祖国,土地
及其全部财富和由此派生出来的物质利益都属于有产
阶级。的确,"民族文化"实质上是阶级文化,其精神是
敌视无产阶级,敌视无产阶级的意向、愿望和理想的。
的确,在一切国家中,矛盾的利益这条鸿沟把有产阶级
和工人阶级分开来了,而共同利益和共同意志却把全
世界正在进行阶级斗争的工人团结起来了。

　　这一切都是对的。

　　但是,不管是"祖国"这个概念还是"民族团结"这
个概念,对工人阶级来说都不是毫无意义的,这也是对
的。共同的生活经验,一个民族世世代代经受的苦难
的长期影响,民族内部无数新的共同点,——这一切不
顾阶级差别和矛盾,必然会给人打上相对相似的体质、
精神和道德的烙印,打上把每个民族区别开来并使它
能够意识到自己的团结的"一般和特殊"的烙印,这也
是对的。人民的民族团结,像国际阶级团结一样,是历
史的产物,是历史范畴,也就是某种已成为现实的东
西。不管我们如何否认,我们也抹杀不掉这一点。

谢德林
式的"但
是"![19]

不禁止鞭子,
理由是,这是
历史的鞭子

　　在特殊情况下,例如,当国家遭到攻击和感到处境
危险的时候,民族团结就远比国际阶级团结深入人心,
国际阶级团结的思想才产生不久,它在日常生活中根
子还比较浅。这也是对的。

　　其次,下面这一点也是对的。这样,按照奥托·鲍
威尔所下的定义,民族实际上是由那些参与创造民族
文化的人组成的;在今天,这些人的数目在资产阶级社
会中正在迅速增长,部分原因是,如果学校、报刊、政治
组织和军事组织没有在群众中传播启蒙的种子,资本

主义就不能存在,部分原因是,工人阶级为争取自己的精神解放所进行的顽强斗争。这一斗争使无产阶级接触到民族的文化遗产,无产阶级把这个遗产的一部分分出来,掌握它,吸取其中为创立自己的社会主义文化所必需的要素。在每一个国家内,这种文化的第一批幼芽都是 在同样程度上 既同民族传统联系在一起,也同无产阶级的国际利益和国际主义意识形态联系在一起的。

简言之,对于现代工人来说,祖国——这不仅是他在那里辛苦劳动和受到剥削的国家;这还是他在那里过自己的家庭生活、社会生活和文化生活的国家。因此在他和他的国家之间有一种在他和其他国家之间没有的纽结。他和民族环境之间的接触点、联系点比他同国际环境之间的接触点、联系点多得无法估量。前者是举目可见的每日每时的现实,是常规,后者暂时还是例外。因此,在群众的意识中,同民族环境的统一感是真正的现实(尽管平时这种感情并未被深刻意识到),而同国际阶级环境统一的意识通常都只会使人产生一种有点不现实的、虚幻的、美好抽象的 意念。这种意识现在只有在像国际代表大会、总罢工、大的革命事件之类的特殊情况下才会成为直接的和现实的意识。

无论民族感情和民族思想,还是国际感情和国际思想,都是资本主义的产物,它们都在同时发展,只要人类的发展还没有超出民族环境的范围,只要这个范围还没有让位给新的、更大的、可能根本不同的形态和划分,将来的情况还会是这样。

可能,在 遥远的 (verre)将来,当民族国家被国家联盟所吞没,正像州和伯爵领地被现在的国家所吞没一样的时候,民族感情就会削弱和逐渐消失。但是,在最近的 将来最有希望产生的是类似联盟,也即独立的民族和文化单位在经济上的自愿联合体。现代资本主

批注(左栏):

滑头!

欺骗,因为这些"民族财富"是压制资本主义和保护社会主义的。

! !

?

遥远的?
但是……
最近的……
是自己
的国……

义<u>不是</u>沿着民族**消失**(verdwijnen)、<u>一些民族被正在诞</u><u>生的大民族吞没的道路发展</u>,而是沿着人民中被压迫阶层获得<u>解放</u>的道路发展,在西欧,特别在东欧,这些被压迫阶层还违反自己的意志加入异族的国家联合体。

> 欺骗!
> **国界的**
> 消失不
> 是民族
> 的消失!

　　社会民主党应当像重视不仅扎根于过去,而且扎根于现在的强大的、富有生命力的意识形态那样重视民族感情。如果他们认为,在 唯理论的 宣传(显示和证明,无产阶级没有**优先的**民族经济利益)的帮助下,他们能够根本铲除这种意识形态,那他们就错误地估计了它的力量。反对已植根于意识和下意识、灵魂、**传统**和<u>本能</u>中的意识形态的唯理论宣传是比较 软弱无力的 ,<u>关于这一点,反宗教的斗争就是证明</u>。按照马克思主义的历史观,这类意识形态只有随着滋生它们的社会条件的改变才能失去自己的力量。

> 啊! 托洛
> 茨基,这
> 是你!!!

> 这样!!
> 拥护上
> 帝!!

　　现在谈另一个问题,的确,今天任何战争**主要**都是由帝国主义煽惑操纵的。然而,如果认为当前这场世界大战**只是**由帝国主义利益引起的,那就不对了。的确,德国和英国之间的主要矛盾是正在捍卫和也许还在扩大自己的统治权的老牌世界强国同力图成为世界强国的年轻的、强盛的、军国主义的大陆强国之间的矛盾;是<u>吃得饱饱的资本主义和忍饥挨饿的资本主义</u>,即<u>渴望轻而易举地发大财</u>(拥有**殖民地**和**势力范围**就能给资本带来财富)的资本主义之间的矛盾。但是,认为当前这场战争,就其实质和征兆而言,只**不过**是超资本主义集团之间为争夺金融和经济霸权而由像奴隶一样俯首听命的、没有意志的群众进行的斗争,那就 不 对了。<u>民族利益和愿望同帝国主义利益交织在一起</u>。例如,在<u>巴尔干半岛</u>上,从一个方面来看,在我们面前表现为哈布斯堡帝国主义的东西,从反面来看,则是处在形成过程中的民族趋向不受阻碍的自由发展的愿望。

> 庸人!

> 说得好!

> 不,**是对的!!**
> 谎言

> 哈哈!!

対,但是**反
对罗兰-霍
·尔斯特!!**

在东欧(俄国、奥匈帝国、巴尔干各国),统一的民
族国家刚刚开始形成,民族意志首先表现为在国家联
合体范围内把还属于异族国家联合体的那部分民族聚
集起来。在西欧,由于长期发展过程的结果,统一的民
族国家已经巩固,在那里(除了一部分民族被强迫并入
异族国家联合体的某些场合之外)这一意志主要表现
为维护民族的力量和统一,击退威胁民族的强大、独立
和安全的一切东西。

三　战争的教训

体现扩大帝国主义统治欲望的主要是最大的资本
家集团、银行资本和殖民资本、矿主、钢铁工业老板。
帝国主义"思想"也吸引了很大一部分知识分子,而在

对!!

真的吗? 不顾
民主主义的
"历史性"??

哈哈!

哈哈!

某些场合<u>小资产阶级和具有小资产阶级思想的工人</u>也
流露出一股疯狂的劲头(例如,在 1900 年布尔战争期
间,在 1907 年德意志帝国国会选举期间,等等)。真
正的工人——社会主义者决不允许自己被帝国主义思
想诱惑,并<u>始终</u>反对帝国主义;但也有一些人是例
外,这主要是那些<u>站在党的极右翼</u>,未必能算做国际
社会民主党人的人,或那些已<u>半资产阶级化的分裂
集团</u>。(1)

现在毫无疑问,当前这场战争实质上已愈来愈**成
为**英、德帝国主义者之间争夺世界霸权的斗争。我们
现在是否应该把交战国社会主义工人作好了打仗的准
备和对战争的热情看做无产阶级已跟着掠夺成性的帝
国主义走的证明呢?

不能否认,宣战受到了群众的热烈欢迎。如果我

仅仅是
这些人
吗??

(1)　站在帝国主义立场上的例如有:<u>大多数德国"社会主
义月刊"</u>派社会党人和<u>意大利</u>的改良党。

们想了解在这场世界危机期间国际思想和国际无产阶级组织令人惋惜地崩溃的原因(而这是防止这一 悲剧 重演的必要条件),那么我们就必须 勇敢地 承认一切真理,哪怕是 最痛苦的 真理。而这个真理就在于,据我们所知,几乎战争刚一爆发,在 一切 交战国的有组织的无产阶级的广大群众及其领导人(除一部分英国工人之外)那里,民族感情都暂时压倒了对国际阶级利益和阶级义务的共同性的意识……

啊!啊!阿!!

?
不,这只有
一半说对了

　　我们假定,现代军队不仅按照它们的成分是人民军队(它们已经是这样的军队),而且按照它们的组织——例如,像瑞士那种样子——也是人民军队。

　　在这种情况下,谁相信战争不会继续打下去?在 军事 方面,长期服役的正规军思想,在战争大约进行了三个月之后,在必要性的压力下,已完全被人民军队的思想排挤了。至少某些交战国已经把仅仅经过短期训练的新兵送上前线,他们的受训期之短,连许多人民军队的热烈拥护者也未必要求如此。法国在经过两个月训练后就把1914年的新兵送上战场;在德国,根据可靠的私人来源的消息,小伙子跟从未受过军事训练的 40 岁和 40 岁以上的男人一样,经过 6—7 周的训练后就被投入战斗……

注意　赞成民兵

　　对本国阶级政府的本质、它的背信弃义和狡诈、占统治地位的超资本主义集团的真正的帝国主义煽惑行为的了解,——在宣传和国际实践的年代里似乎已经达到的一切,突然从意识中消失了,或者至少是失去了它们作为行为动因的力量。人们在自己的行为中仅仅以民族感情为指南。在这种感情的压力下,社会民主党人加入了国防内阁,社会党议员和社会主义宣传员自愿效劳。民族主义的敌人工团主义者成了"战斗到最后一个人"这个口号的热情宣传者,社会主义传单用赞扬沙文主义的精神写成,等等。

意识"消失了"??
没有书报检查制度和机会主义者的背叛的 帮助??

也是小资产者!

**遁词，
逃避机会
主义者所
起的作用!**

?

　　民族主义在 群众 中突然爆发的(它的力量我们谁
也没有预料到)原因究竟何在呢? 也许,正像某些人所
认为的那样,全部不幸在于国际的思想不够强大有力,
人们对帝国主义在世界范围的发展认识不够? 这个原
因是否在于智力水平低下(改进解释工作后可以提高
它)? 因而,首先需要进行教育? 还是在于,在民族的
存在、不可侵犯性、繁荣和地位受到威胁(或者有人认
为它们受到了威胁)的**特定情况下**,民族感情会作为一
股任何理性都无法抗拒的自发力量起作用?

　　如果是前一种原因,那么,我们可以希望,通过改
进在工人阶级中宣传和传播关于帝国主义的本质等等
的知识的工作,我们将能唤起和巩固在任何情况下都
能保持住的国际主义感情。但是,如果是后一种原因,
那么,类似的宣传尽管仍然需要,但却不够。我们只有
创造出不允许民族感情像我们目前见到的那样疯狂发
作的条件后,我们才能使民族主义无害。

狄慈根!!

　　在往下论述之前,先让我们回忆一下 狄慈根 是如
何教我们理解因果性的。按照他的观点,原因——这
照例是先于现象而存在的东西。微风拂动地里的庄
稼。在这种情况下,我们称做原因的不是风,而是秸秆
的柔软。风把大树连根拔掉。现在主要原因是风的特
殊力量。一声枪响,10只鸟中有9只鸟飞走了,还有1
只待在树上。使鸟儿飞走的原因是枪声的力量。如果
只有1只鸟飞走了,而9只鸟待在树上不动,那么,原
因是飞走的鸟特别胆小。

　　现在让我们根据对因果性的这种理解来看一看有
组织的无产阶级在战争期间的行为。如果只是国际中
那些受教育最少的阶层屈服于民族感情,那么,我们就
确实有重大的理由认为,这个现象的原因是愚昧无知,
缺乏知识,等等。

**哈哈!!
那不是
机会主
义者?**

　　无疑,大部分英国工人首先属于受教育最少的阶

层。尽管英国无产阶级的战斗精神和斗争经验最近几年来明显地有了迅速的提高，但是它的绝大多数还没有意识到政治领域内阶级斗争的必要性，而这早已成为例如德国工人阶级的财富。其次，各国的改良主义者也是如此。每一个激进的社会民主党人，无论如何，应当像我一样，把改良主义者的思想方式（不是指某种个人的轻视）看做（除一系列其他原因外）他们对社会关系的实际发展情况了解得不够深刻的结果。

啊哈！！

　　但是，受民族感情、民族主义的浪潮吸引的不单单是，甚至主要不是修正主义演说家、英国工人群众和国际里的一般觉悟最低的集团。而反对这一浪潮的，也决不是比如像德国和法国的马克思主义者这些我们认为才能超众的人。民族主义潮流吸引了一切派别的群众和部分领导人，包括：绝大多数欧洲社会民主党人；大部分德国、法国、比利时和英国的马克思主义者；法国工团主义者，他们当中大多数人是反军国主义者；一部分俄国革命者，他们是沙皇政府的死敌。屈服于民族主义潮流的不仅有修正主义者弗兰克和桑巴，而且还有盖得这位坚决反对任何迁就资产阶级社会、参加资产阶级政府的行为的人；提出"宁要起义，不要战争"这个口号的瓦扬；还有像德·布鲁凯尔和德·曼这些比利时激进派的具有远见卓识的捍卫者；以及像海德门这样的阶级斗争的坚决、狂热的拥护者和像茹奥这样的革命工团主义者……

　　因此，引起民族主义狂热的主要原因，与其说是社会主义觉悟不够这个消极因素，不如说是人们在民族受到威胁的危险影响下产生的感情力量这个积极因素。一般说来，这种感情表现得强烈与否，与其说取决于工人的社会主义教育水平，不如说取决于敌人进攻他们的国家的威胁特别是入侵的威胁的严重程度。只要比较一下各国社会党的行为，我们就会相信这一点。

诡辩！！

模仿
考茨基

中立国家的社会党在自己的报刊上和党的宣言中一般都坚持国际的和阶级的立场,也就是把战争看做有关国家资本家阶级之间的斗争,并根据这种认识把工人的集体利益同战争对立起来。北美、斯堪的纳维亚、意大利等国的党就是按照这种精神发表意见的。英国工人阶级分裂了。它的极左翼(БСП)和人数众多的右翼(ЛП)怀有民族主义思想情绪,中间派(ИЛП)则相反,坚持国际社会主义观点。

诡辩!
那比索
拉蒂呢?

英国社会党[20]——约$^3/_7$反对沙文主义

那加起
来呢?

$$\left.\begin{array}{l}\text{独立工党[21]——约}^{99}/_{100}(??\text{而伦敦?})\\ \text{英国工党[22]——0}\\ \text{费边社[23]——0}\end{array}\right\}\left.\begin{array}{l}\text{总数不}\\ \text{超过}^1/_7\end{array}\right\}[24]$$

　　以此为根据,我们是否应当设想,上面提到的那些国家的工人的觉悟这样高,他们的国际主义的基础,比如说,甚至比德国、法国和比利时无产者的国际主义的基础还要牢固得多吗?我们知道,并不是这样。然而他们没有感到自己有这种危险。只要英国舰队还在海上称霸,英国工人阶级就还能允许自己的队伍四分五裂;其实这也就是英国工人阶级中甚至反德情绪最激烈的那部分人为什么也能热烈宣传阶级斗争的原因,——比如像《正义报》上经常所做的那样,——而且在关于参加战争的必要性问题上,他们也是同意统治阶级的观点的。这种情况之所以可能发生,是因为目前英国还不存在在本土同敌人打仗的危险。我们假定,英国舰队将被消灭;我想,在这种情况下,大批英国工人和形形色色的社会主义者都会万众一心地和无条件地支持政府,就像大陆上出现的情况那样,而且,他们甚至还可能参加政府(1)……

诡辩!!
绝大多数

×英国工党

————————————

(1)　一切都完全可能,——如果想一想独立工党多么勇敢当敌人站在国境线上的时候,除了一心想把敌人打败和把敌人赶走以外,就没有什么其他的想法了。

同志情谊的声音正在日渐消失,因为昨天的同志就是今天的敌人。国际主义正在消失;同胞的团结在意识中大放光彩,其余的一切都罩上了阴影。只有团结是现实的和可以感觉得到的。各种恐惧心理一齐袭来:为自己的家园(1)、为妻儿担惊受怕,害怕侵略者的掠夺和破坏、残酷和野蛮。和恐惧心理一起产生的还有难以表达的愤怒和绝望。大家专心致志,竭尽全力,以制止这个最可怕的灾难。任何先见之明、知识、明辨是非的能力,任何由来已久的和根深蒂固的信念都无法抵挡这些可怕的事实。哪里能找到这样的男人或这样的女人,他们在像敌人入侵这样可怕的灾难面前,当自己周围的朋友和亲人被杀死,姑娘和妇女被奸污,城市和乡村被化为废墟的时候,能够把双手交叉在胸前心平气和地声明说:"这是我们的主子之间为争夺殖民地和销售市场,争夺势力范围而进行的斗争。它和我们工人没有关系。"希望工人阶级在某个时候能够说出类似观点的人忘记了,工人是人,而人不是在抽象思想的影响下行动,而是在担忧和愿望、希望和恐惧的影响下行动的……

> 撒谎;保护"妻子"是和投票反对拨款和对自己的**军官**开枪完全一致的。

> ‖注意

和坚决地坚持自己的国际阶级立场,—— 即使在这种情况下比较多的英国社会主义者也不会陷入民族主义狂热之中。除了没有现实危险这个使英国工人立场坚定的主要原因之外,在我看来还有第二个原因,这就是军国主义的势力在英国比较小这一事实。很明显,一个人军国主义思想愈严重,整个说来,在其他条件都相同的情况下,就愈容易被民族主义所陶醉。

> ×
> 不对!

(1) 也许会有人反驳我说,拥挤在大城市的兵营式住宅里的现代无产阶级不可能失去原来意义上的"家园"。不! 但是它可能失去自己的民房、自己的合作社建筑物、自己的集体财产。也许有人以为,比利时和法国北部的德军在被大火焚毁的城市里会保护好属于工人的一切建筑物?

> 庸俗的提法!

憎恨敌人,热爱祖国和自己的人民——这就是现在支配着他们的思想和行为的两种感情。热爱和憎恨现在完全充满了他们的意识。欧洲各国人民<u>爱国热情高涨的规模和力量</u>,与现代战争机器的破坏力和军事行动的波及面<u>成正比</u>,因而,也就是同战争将会带来的灾难的不断扩大的规模<u>成正比</u>。

不对!

*   *   *

而资产阶级的谎言呢?

诡辩!

问题的实质不在这里

<u>一切交战国都认为</u>,战争对它们来说,是对敌人进攻的反击。<u>它们的这个观点也对也不对</u>…… <u>任何防御同时也是进攻</u>,任何抵抗同时也是威胁,因此,任何真理同时也是谎言。正义和非正义是彼此分不开的……

四 反对军国主义和民族主义的斗争

特鲁尔斯特拉[25]也懂?

<u>没有国际团结</u>,工人阶级不可能获得胜利。只要这个团结,正像我们指出的那样,还取决于政府的对外政策和统治阶级的帝国主义利益的矛盾,无产阶级就不能达到夺取自己的政权和经济权力的目的。我们大家都懂得这一点。

正是

不,只要赶走那些坏蛋就行

如何恢复这一团结,使之不再会遭到破坏和消灭。<u>现在在社会主义运动有彻底崩溃的危险的威胁下</u>,工人阶级应当解决这一问题。如果它不能做到这一点,那么这个运动——它是世界上有史以来解放一切被压迫人民的最伟大的尝试——就会衰落和消逝,因为它将对自己丧失信心。

考茨基

某些社会民主党人以为,缔结和约以后,工人阶级就能随便回去完成自己自战争爆发以来被中断了的任务,并照旧进行自己的活动。对于他们说来,"民族思想暂时排挤掉国际思想",也就是所谓"<u>保卫祖国</u>"(实际上,正如我们已经说过的那样,这是同进攻别国不可分割地联系在一起的)把无产阶级卷入骨肉相残的战争,是一个痛苦的,但是不可避免的,并且在某种意义上是正常的插曲,它对社会党国际各国"支部"之间的相互关系没有任何影响,<u>也不要求社会党国际对自己的纲领和策略作任何改变</u>。这些社会民主党人议论说,每个国家的工人阶级参加<u>保卫自己祖国</u>的斗争是完全对的。因此,各国无产阶级没有什么可以互相指责的,战争结束后,它们可以共同继续进行反对资本主义的斗争,<u>好像什么事情也没有发生过一样</u>。

注意

考茨基

在其他社会民主党人(包括<u>本书作者</u>在内)看来,这种观点是<u>荒谬的</u>。对于他们来说,这个"插曲"也许是我们的旧方法和对军国主义与民族主义的旧观点的终结的开始,也许是社会党国际本身终结的开始。**而这个意义上的终结,只有在纲领和策略比过去更多地适应现代概念,适应由"帝国主义"这个词规定的世界运动和世界发展的情况下,才会到来……**

注意

[22—30] 工人阶级以自己的各平等民族在世界生产联合体中的和平合作的理想,来反对统治阶级的以暴力为后盾的帝国主义。工人阶级用国际意识,用全体无产者的同志情谊以争取所有的人的同志情谊的理想,来反对民族主义的欺骗。

<u>这个理想太脆弱</u>,不能在紧急关头唤起群众,或者哪怕是无产阶级的优秀部分甘冒生命的危险去为实现自己的理想和反对帝国主义的理想而斗争。之所以不能,原因不在于:当发生世界性冲突的时候,整个无产阶级会突然怀有帝国主义感情和用帝国主义方式思考;而在于:面对进攻和入侵的威胁,同他国工人团结的意识,国际同志情谊的

不是"理想"脆弱,而是机会主义者和**妥协派**"有点脆弱"

沙龙式的

意识，变成了<u>软弱无力</u>的 抽象 ，而和同胞们团结起来反抗进攻的感情控制住了个人的一切力量。国际信念被民族信念排挤出去了，因为直接的、活生生的、可以触摸到的、可以感觉到的、涉及一切生活条件，<u>实际上涉及生命本身</u>的利益，是同<u>民族利益联系在一起</u>的(1)。

　　由于国际主义思想没有渗透到无产者的内心深处，毫无疑问，这就容易使这种思想被排挤出去。至于它何以未能深入人心，这有一系列原因，尤其是社会民主党过去在把"国际的东西和民族的东西"对立起来的问题上所采取的动摇的、<u>不坚定的立场</u>(2)，换句话说，也就是无产阶级 在思想上的不成熟 。在这里必须把两样东西区别开来。

　　第一，是社会民主党关于热爱祖国和热爱民族同国际阶级团结精神是完全相容的学说。这一学说在 抽象 意义上讲 是正确的 。但是，它使工人阶级对下述情况没有足够的思想准备，即欧洲战争会引起这场可怕的冲突，在这场冲突中，这个真理将变成谎言。因为热爱祖国必定会意味着背叛国际无产阶级的团结精神。无产阶级对未来的冲突没有 作好 思想

左侧批注：

谎言！

那当然！！！
莫不是特鲁尔斯特拉先生们的"过去成熟"？

那巴塞尔呢？

_____

　　(1) 在那种地方，当战争发生的时候，由于某些偶然情况，国际同志情谊似乎是现实的和具体的，在这种地方，这种情谊起初同民族主义还是对立的。例如，我从报上看到，在德国人进攻比利时那天，<u>比利时</u>的<u>一个城市里</u>正在举行金银制品工业工人工会代表<u>国际会议</u>。一些比利时同志，包括中央工人教育协会书记昂利·<u>德·曼</u>在内，一听到反德骚动的消息，就急忙赶到开会地点去，以便帮助<u>保证德国同志</u>和奥地利同志的<u>安全</u>。这时，把这些同志当做他们的"敌人"的想法，<u>可能在他们看来还似乎是荒诞的</u>。

　　(2) 其他原因是：<u>由于贪图小小的物质利益</u>，工人运动"规模逐渐变小了"或"非政治化了"，革命意识和社会主义意识的觉醒不够，以及对用社会主义精神和反军国主义精神教育青年的工作关心不够。

是的，正是！

1+2+3=
机会主义
啊哈！
(1)
(2)
(3)

准备,这是以社会主义精神允许这一冲突发生的第一
个条件。

　　第二,是社会民主党关于保卫祖国从无产阶级观
点来看也完全容许的学说。但是,它没有向群众解释
清楚,在世界发展的帝国主义阶段上,纯粹的防御战实
际上是不存在的,所以,一旦欧洲发生大规模战争,就
不可能说,从一方来说,它绝对是正义战争,而从另一
方来说,它是非正义战争。社会民主党对新形成的局
势还研究、体验和思考得不够。它对各种事件与其说
在组织上准备不够,不如说在心理上准备不够,因此它
没有足够的力量来抗拒本能的威严召唤,在危险时刻,
本能促使互相威胁的民族彼此扑向对方,就像一大群
发疯的、嗷嗷乱叫的、有角的野兽一样。

　　从自己错误的悲惨经验中获得教训的社会民主党
战后在自己的宣传中,也就是在教育群众的工作中,应
当更有力、更尖锐得多地把反对军国主义和民族主义
的斗争置于首要地位,揭露民族的东西和国际的东西
之间的对立。

　　它应当教育工人阶级懂得,只要这个阶级还是最
软弱的阶级,也就是说,只要资本主义还继续存在,某
些国家之间的以及地球上不同部分的国家集团之间的
资本主义利益的对立,就可能引起世界大战的爆发。
必须意识到,只要无产阶级不希望它的阶级团结每次
都遭到破坏(因为这是它的主要财富,是它亲手缔造
的),那它就应当为此而牺牲另一种团结,即民族团结,
那是对自己的某种极其亲切的东西的可感觉到的亲近
和眷恋之情。这样,在阶级斗争的严峻、无情的时刻,
不得不再一次牺牲对父母和妻子儿女的眷恋之情,牺
牲对已经同人血肉相连的古老的崇拜和赞美的对象、
对神圣的世俗习惯和习以为常的观念的眷恋之情。我
不知道,社会民主党是否无论何时都能使无产阶级充

那巴塞尔呢?

对!

哈哈!!!
(休特古姆没
有思考吗?!

得到特鲁尔
斯特拉和休
特古姆的同
意了吗??
是吗??

注意

不依赖于特

分摆脱民族环境的影响，以至在关键时刻它的爱的天秤能够向国际团结一侧倾斜，但无论如何，它应当在这方面进行认真的尝试，而**目前在任何地方都还没有这样做过**。

社会民主党应当同傲慢的、侵略性的民族主义的精神进行不倦的、无情的斗争。它应当在凡是出现民族主义的地方起来反对民族主义，例如，在教育部门，就应从公立学校（在那里民族主义使无产阶级受到传染）起，直到大学（在那里民族主义使知识分子道德败坏）止。它到处都应当用社会主义的团结和同志情谊的理想去同为了少数掌权人的利益而征服和压迫群众的帝国主义理想相对抗。它应当揭穿教育中的"中立"思想，在凡是可以办到的地方，在家里和学校里，用社会主义精神去教育无产阶级的子女，特别注意一切可以唤起国际的思想感情的东西。在无产阶级的青年组织中，它不仅应当用社会主义精神教育正在成长中的一代工人，而且还应当使这些组织作好参加反对军国主义斗争的准备。它应该在年轻人对崇高的和大胆的感情和思想的敏感性还没有被迁就资产阶级社会的习气所钝化的时候，培养他们的勇敢和自我牺牲精神。它应当开导他们，正如从前某个时候，对于人说来，最主要的是，为了自己的部落或自己的神，自己的城邦或自己的国家而牺牲自己一样，现在最重要的是，为国际阶级团结献出自己的生命，为这个团结而牺牲——这是美好的、令人羡慕的命运，因为这是在为人类谋幸福。它应当竭尽全力去松开民族环境的影响的钳子，并把国际阶级团结由抽象变为活生生的现实，以便使每个国家正在成长的一代，年轻的无产者不仅在精神上，而且在肉体上也感到他们是自己在别国的阶级同志的兄弟。

对于军国主义，社会民主党在**任何情况下都应当**

彻底地和无条件地坚持"不给一个人和不给一分钱"的公式，并用 废除武装 的要求来代替它在纲领中提出的成立人民军队的要求，它这样做是出于以下考虑：**任何大规模武装**都会产生流血冲突的危险，并使这种危险永远存在下去[1]，而不管军队就其组织来说是否是民主的。

> ＜？

人民军队——从这个词在**资本主义社会**中所具有的唯一含义来理解，也就是把它理解为短期服役的、具有民主精神的军队，——不能成为 防止卷入 一场完全不是为了革命无产阶级的利益而进行的战争的保证。

> 问题完全不在这里［而内战呢?］

要知道，谁也不会怀疑，如果在当前这场战争中，比如说，法国破坏了瑞士的中立，那么，瑞士由于自己的人民军队，就会成为德国帝国主义的宝贵的盟友。人民军队和军国主义决不是水火不容的，这一点尤其已被瑞士党代表大会期间许多代表所采取的立场所证实。他们以比利时的遭遇为例子，不是企图证明，武装保卫中立会给小国带来极大灾难，而是相反，企图证明，瑞士需要强大的、装备精良的军队。这些同志从比利时发生的事情出发，反对奈恩代表所坚持的(责成议员投票反对军事预算的)反军国主义立场，等等。

> 胡说八道
> 　　和
> 乱七八糟。

但是，社会民主党以这种方式进行反对民族主义和军国主义的斗争，是否就充分地履行了自己的职责呢？它是否应当教育工人对自己的民族持漠不关心的态度，作为根绝民族感情的最可靠的手段呢？它是否

---

(1)　我可以完全同意 R. 屈伊珀尔在他的著名小册子《不给一个人和不给一分钱》中所列举的反对人民军队和赞成废除武装的论据。在我看来，他成功地证明了，只要社会民主党继续抓住人民军队思想不放，那么它就不能成为真正而彻底的反军国主义的党。相反，他认为，只要提出无产阶级的民族独立只有次要意义这种论据来说服无产阶级，就能防止战争。他的这套理论是对感情因素的力量估计不足。

> ??
> 白痴!
> 这不是空话，就是倒向哥尔特一边，中间道路是没有的。

应当教育工人说,破坏领土的不可侵犯性和兼并别国领土同无产阶级的阶级斗争毫不相干,并不涉及无产阶级的阶级利益呢?它是否应当就在目前这场战争的进程中论证新的观点,以便坚决划清它和资产阶级民族主义之间的界线呢?让我们来看一看,从类似观点中可以得出什么结论。这应当意味着,社会民主党对受到威胁的和被压迫的民族或民族集团的立场也就是社会党国际的对外政策,有了巨大变化。一旦这种变化完成,社会民主党今后就应当对弱小国家被征服的现象持消极的和漠不关心的态度。它应当容忍被占领国家或它们的部分领土被兼并的现象,而不试图进行抵抗或反对。简而言之,它将应当允许战胜的国家集团的统治阶级在签订和约的时候随心所欲地重画欧洲地图,而不考虑世界无产阶级的意志。

注意

如果在欧洲各国人民或这些国家人民的一部分遭到武力兼并的时候,工人阶级对此鼓吹采取不闻不问和袖手旁观的态度,那么它如何能够实现它反对殖民地政策的原则呢?要知道,就其实质来说,这个政策无非就是武力掠夺和兼并被占领土而已。所以,欧洲无产者应当容忍兼并行为难道还因为,加入更广泛更强大的国家联盟,从长远看,在经济上符合他们的利益吗?对于经济上落后的非欧洲的部落和民族来说,尤其如此吗?

对!

只要想一想这类荒唐的后果就会懂得,解决目前工人阶级面临的问题的办法,不能在完全否认民族性和对各民族的权利漠不关心的道路上寻找。一个力求帮助一切苦难的和受压迫的人民获得自己权利的党是不可能采取这种立场的。把征服别国人民和占领他们的领土看做不义的行为——这就是珍视自己的民族独立和不可侵犯性。

　　补充一句,这种立场纯属空想,而且极不策略。说它是空想,因为只要无产阶级还在民族现实的范围内生活和斗争,消灭同这种现实的联系是不可能的,民族感情不可能根绝,即使在无产阶级那里也办不到。说它极不策略,因为对被征服的人民运用民族冷淡主义原则至少应把被兼并地区的工人阶级变成坚定的、具有国际主义思想的社会民主党人,然而要知道,社会民主党正打算送他们去见鬼呢。这必然会给人造成社会民主党同他们的压迫者和征服者沆瀣一气的印象。很明显,"民族的东西和国际的东西"的问题是一个极其困难的问题,只要资本主义生产还在把民族的东西同国际的东西永远对立起来,这个问题的任何完全满意的解决都是不可能的。不管我们多么坚决反对一切民族主义,我们正在进行斗争反对任何压迫和任何兼并(遵循自己的原则,我们应当斗争)这一事实本身就包含着对民族原则的让步。在各国人民或他们的一部分相信他们的存在和他们的权利将受到尊重之前,当在某些国家,例如,在德意志帝国,民族集团还违反自己的意志被迫隶属于这个国家的时候,当在像奥地利和俄国这样的国家内,国家还在压迫和欺侮少数民族的时候,——社会党国际对把民族的东西和国际的东西对立起来的做法所采取的立场,在一定程度上将**不可避免地**是不彻底的和不确定的。它决不应当放弃自己的促进全世界无产者国际团结和一切政治单位重新和平联合的理想,同时它还应当要求被压迫人民或民族集团获得民族解放,并支持它们在这方面所作的努力。

　　民族主义狂热的基础是压迫。要反对民族

错误的论据,拙劣的辩护!

混乱

胡说八道!

主义狂热只有一种手段:**自由**,其他一切都是无用的。
关于民族独立对无产阶级来说只有次要意义等等的最
合乎逻辑的证明,都是没有说服力的。相反,它们反而
使不健康的民族主义变本加厉。社会民主党主张自决
和自治的言论,在那些感到自己受到压迫的人们当中,
过去和现在都是反民族主义的唯一的有效宣传。

但是,社会民主党在反对民族主义的斗争中不应
把小孩同脏水一起倒掉。这就是说,在这场斗争中,我
们应当无条件地反对统治阶级的民族主义,由于帝国
主义发展的结果,这种民族主义表现为掠夺性的和使
用暴力的,它侵犯其他民族的自由和践踏它们的权利。
我们应当进行坚决的斗争反对**任何形式**的军国主义,
因为它是帝国主义民族主义野蛮地、疯狂地逞凶肆虐
的工具。我们应当教育工人阶级懂得下面这个道理:
如果它的主子们由于力量占优势在民族感情和国际感
情之间引起了一场悲剧性的冲突,那么,工人的神圣职
责就是 抑制 民族感情服从国际感情的命令。但是,我
们不应把民族感情说成是盲目的错误观念,或者是应
受谴责的弱点,因为我们了解它是符合人类发展的当
前阶段的。我们不应当力求通过逻辑推理的办法扼杀
同民族群体,同它的语言、风俗习惯和法规密切联系的
感情,因为我们知道,这种企图会是徒劳无益的。我们
的任务是尽力**断绝同暴力的一切思想联系**。我们应当
向工人说明,我们的民族感情同统治阶级的民族感情
是两种不同的东西。我们的民族感情的特点是容忍和
热爱和平,这种感情不是别的,而是人喜欢自己的和性
质相同的东西的倾向同对别人的和不相同的东西的善
意态度的和谐结合。统治阶级的民族感情则像一头随
时准备向猎物扑去并把它撕碎的猛虎的感情。我们的
民族感情并不威胁任何人,它只要求自由、人人之间和
各国人民之间的平等、意识到自己是共同构成最高统

不是这样

一，即一个国际整体的部分之一。统治阶级的民族感情对一切人都是威胁，它力图用损害其他一切民族的利益的办法来加强本民族的威力，因为统治阶级的民族感情同它们的权力欲望，同它们贪得无厌的掠夺财富、取得经济政治优势的企图是不可分割地联系在一起的。因此，它是以暴力为基础的。无产阶级的民族感情则是同工人阶级渴望实现自由的个人和团体的兄弟般合作的志向联系在一起的。因此，它的特点是容忍和热爱和平。统治阶级的民族感情不能不依靠武力来保护自己。我们的民族感情之花只有在居住着废除了武装的、友爱的人民的世界上才能盛开。保证每个民族获得和平和不受阻碍的发展，以使别的任何民族都不能威胁它，——这就是社会民主党的愿望和任务。同样，保证每个人获得不受阻碍的发展，以使别的任何人都不能统治他，也是社会民主党的愿望和任务。无产阶级民族学说的出发点是向往一个摆脱了政治的和军事的暴力手段的世界，正像无产阶级的经济学说想象的世界是摆脱了建立经济统治的手段，也就是摆脱了资本集中的世界一样。废除武装对统治阶级来说等于放弃侵略性的、掠夺性的民族主义，相反，对无产阶级来说，这是它自己的爱好和平的和容忍的民族主义的实现。废除武装是消除帝国主义民族主义的唯一手段。它包含着国际团结再不会被任何新世界大战所破坏的唯一保证，因为集体自我保存的本能比起国际意识来将占上风。它将是这些思想愈来愈有力和深刻地渗入无产阶级意识的唯一保证，而无产阶级的团结将充分巩固，无产阶级的力量将充分壮大，以便埋葬资本主义。

接近，但是没有触及实质

注意

?

?

甜蜜的胡说八道！

五　无产阶级要求的和平

可见，无产阶级希望，战后各国之间将建立的关系应包含**持久和平**的保证,它对此事极为关切。如果下面这些要求得到满足的话,持久和平就会有保证。这些要求仿佛是无产阶级的阶级利益(实际上是人类的利益)所规定的东西的庄严宣告。

"有力的手段"＝弃权!!太妙了!

　　首先,在和平谈判期间,工人阶级应当坚决放弃一切牵涉到在有关国家之间买卖殖民地、掠夺、交换和瓜分它们的要求和行为。这是表明无产阶级同帝国主义政策毫无共同之处的最有力的手段。

　　每个国家的社会主义无产阶级都应当所谓眼不眨,手不抖地面对本国失去殖民地的前景。要知道,它一向反对任何征服殖民地和占领它们的行为。无产阶级关于殖民地问题的纲领的第一条应当是:在凡是可以办到的地方,把占领的领土归还给当地居民,而在办不到的地方则实行普遍自治(1)。

哎!

　　从正面来说,这应当是社会主义的和平纲领,这个纲领首先应当包含以下要求:在欧洲不应按照政治战略设想,而应按照民族传统并在人民的参与下重新调整疆界。

　　在各民族杂居的地区和区域,应当保证少数民族的自治、民主机构和民主权利:使用母语的自由,信仰自由,等等。有争议的领土,不应当再由外交家们大笔一挥就被交给另一个国家联合体;应当让居民自己通过全民投票的方式来解决他们愿意加入哪个国家的问题。

　　其次,必须确保,各国无须再互相防范,生活在害怕遭到邻居进攻的恐惧状态中。最近几十年,武装起

────────

　　(1)　对殖民地政策采取这种绝对否定的立场,同时也将是对国际工人运动的某些团体是否真的像我们当中有的人认为的那样已成为帝国主义团体的最好考验。如果是这样,它们将自行崩溃。

来的世界<u>实际上处于</u>每时每刻都有恶化危险的<u>潜在的</u><u>战争状态</u>,这个世界应由新的状况取而代之。<u>欧洲国</u><u>家联盟</u>(1)的产生应当是采取以下各项经济方针和政治方针的发展结果和终点:<u>废除一切秘密条约,对外政策</u><u>民主化</u>,通过在全欧洲和殖民地的领土上实行<u>自由贸易</u>的办法使各国在经济上接近起来。

　注意

哎!

为了消灭战争危险,必须履行这些要求。而如果战争的经常危险<u>消失了</u>,社会民主党就能<u>不受阻碍地</u><u>完成自己教育和组织无产阶级的任务</u>。持久和平意味着<u>无产阶级的力量不断增长和团结的不断加强</u>。战争则意味着<u>无产阶级的疏远</u>、<u>分裂</u>,它的团结被消灭。因此,战争<u>结束后,无产阶级应当</u>不惜力量、鲜血和生命去争取持久和平(2)。

哈哈!!
为了使社会
民主党高兴!!
庸人。

原来如此!
战争**结束**后,
付出生命!!

在考察国际无产阶级的共同行动如何才能实现这样的和平纲领这个问题之前,我想阐述一下从<u>激进社</u><u>会主义的观点可能提出反对用</u>废除武装的要求来代替成立人民军队的要求的基本论点……

六　恢复无产阶级的团结

[36—37]　无产阶级**真诚**希望一切人和各民族的联合

廉价

---

(1)　不言而喻,<u>废除武装</u>的措施一切国家都应实施。从无产阶级的观点来看,战胜国国家集团强加于战败国的限制陆海军的做法,是完全无益的和绝对不能接受的。它只能给极端民族主义的思想感情提供养料,从而播下新战争的种子。此外,这会助长战胜者的自大狂。正是战胜国的无产阶级应全力以赴反对这种单方面的废除武装。

(2)　也许有人会反驳我说,以上扼要提出的和平要求,根<u>本不是无产阶级的特殊要求,资产阶级</u>,例如,部分英国资产<u>阶级激进报刊</u>,也提出过那些要求中的<u>某些部分</u>。对此,我的回答是,只有无产阶级的意志才能赋予这些要求以现实的内容。提出这些要求的<u>资产阶级</u>和平拥护者根本<u>不能使它们</u>得到实现,挂在资产阶级国务活动家口头上的这些要求,不过是虚伪的口号而已。

革命者的
没有行动
的"意志"?
软弱无力
的回答!

辞藻　<u>体得到和平、自由、自治。</u>

　　在为了支持共同的和平要求而进行的争取和平的统一运动中把各国的社会主义工人团结起来——这就是当前历史摆在中立国社会民主党面前的明白易懂而又艰巨的任务。这是一项要求付出巨大的精力和勇气、忍耐和自我牺牲精神、决心和信心、掌握分寸和自我控制的任务。只有在各交战国的真正社会主义无产阶级无一例外地都提出共同的和平要求，从而重新团结起来的情况下，这一任务才能完成。然而，要重新团结起来，必须有一个条件即对交战国社会党立场的<u>任何批判，都将推迟到较为平静的时候</u>，那时过分的激动和紧张情绪将让位给健康的沉思和镇静。<u>一切相互指责和非难只会加深敌对情绪</u>，可能使无产阶级的团结长期无法恢复。这决不能导致赞成彼此的行动。同样，也应该暂时放弃调查次要原因，即调查所谓酿成世界大火的"导火线"，放弃查明哪国政府的罪行"最大"，或犯有"特殊"罪行。任何追查"罪魁祸首"的行动，任何在故意弄得扑朔迷离的外交诡计的迷宫中彷徨的行为，都会把无产阶级引上**资产阶级**意识形态的道路，都是对恢复无产阶级团结事业的致命威胁。

　　社会主义无产阶级**可以**而且应当只限于明确地发表以下声明：

　　第一，引起战争的唯一原因是，帝国主义的发展以及这种发展造成的军备竞赛和欧洲国家分裂为两大阵营，而且其中每一方都把另一方看做对自己的安全和实力增长的威胁。

　　萨拉热窝的谋杀事件是否被德、奥军事封建集团利用来发动战争？俄国在7月下旬实行的动员是否针对德国而掀起的？以比利时为一方，以法国和英国为另一方，它们之间是否签订了秘密条约？——所有这些对无产阶级说来，可以说，都只有次要的历史意义，

庸人!!

与无产阶级的和平纲领毫不相干。各国人民被 他们的
政府引入迷途了,受骗了。他们希望联合起来,以便不
再陷入这种境地。

注意

　第二,社会民主党也染上了战争狂热(oorlogsro-
es)这一事实,是国际从关于民族的东西和国际的东西
之间的选择问题的观点出发对战争所采取的(ingeni-
men)不彻底的立场的结果;国际没有充分意识到,承认
民族思想和国际思想有同等价值,**在帝国主义和疯狂
的军备竞赛时期**(tijdperk),不可能在工人阶级中造成
(kweeken)在关键时刻抵制民族主义欺骗(zwijmel)所
必需的共同的情绪(gezindheid)[1]。因此,无产阶级应
当把战争,还有自己本身的错误(falen)看做从深度上
和广度上来讲极其宝贵的经验,这个经验比半个世纪
的宣传更有效地向无产阶级揭示,这过去的种种预言
是不能令人满意的,不充分的和不完善的。

　只要社会主义无产阶级能够觉悟到这一点,那么
任何无益的激烈争吵,任何相互指责都不能阻碍团结
的恢复。那时,再不会有 对异端邪说的围剿 (ketter-
jacht),无论国际的哪些部分都不会因为没有对整体进
行充分的社会主义教育而受到 惩罚 (boeten)……

狂热

采取

时期
欺骗
情绪
错误

围剿异教徒
赎罪
大赦

原文是荷兰文　　　　　　　译自《列宁文集》俄文版第40卷
　　　　　　　　　　　　　　　　第339—363页

---

　(1)　当然,这样说,决不是指各国社会民主党以自己的错
误证明自己在内部都是同样软弱的。对于每一个不带偏见的
人来说,德国社会民主党投票赞成军事拨款一事是无产阶级
的民族主义堕落,它必定会引起其他国家社会党的仿效。法
国和比利时的社会党人需要具有几乎是 超人的 力量,才能在
这之后坚定不移地遵循国际主义理想。

卡尔·冯·克劳塞维茨《战争论》一书的摘录和批注[26]

（不晚于 1915 年 5 月）

克劳塞维茨的简历

((=康德主义者))[29]

摘自《全德人物志》[27]（第 4 卷）：**克劳塞维茨**。"**克劳塞维茨**于战后（即 1806 年以后）[28]时期，曾在柏林听基泽韦特尔教授讲课，他以极大的兴趣听讲。从克劳塞维茨在其纯理论著作中阐述自己思想时的方法中，还可以看到基泽韦特尔的辩证方法的痕迹。"（第 286 页）

卡尔·冯·克劳塞维茨将军
关于战争和用兵的遗著³⁰

《战争论》第 1 卷

1832 年于柏林^① **I**

第 XVI 页"……战争无非是国家政治通过另一种手段的继续……"³¹

第 28 页(第 1 篇《论战争的性质》,第 1 章《什么是战争》,第 24 节):

"24.　战争无非是政治通过另一种手段的继续"。

"由此可见,战争不仅是一种政治行为,而且是一种真正的政治工具,是政治交往的继续,是政治交往通过另一种手段的实现。如果说战争有特殊的地方,那只是它的手段特殊而已。军事艺术可以在总的方面要求政治方针和政治意图不同这一手段发生矛盾,统帅在具体场合也可以这样要求,而且作这样的要求确实不是无关紧要的。不过,无论这样的要求在某种情况下对政治意图的影响有多么大,仍然只能把它看做对政治意图的修改而已,因为政

---

① 列宁对克劳塞维茨的书的意见和摘录写在单独一本笔记本上,档案第 18674 号。在该书摘录中,列宁保留了克劳塞维茨的着重标记,但删去了脚注中的小小补充说明。——俄文版编者注

治意图是目的,战争是手段,没有目的的手段永远是不可想象的。"
(第 24 节全文)

|开始把客观的东西同主观的东西区分(分离)开来| 第 29 页:"但是,为了避免读者误解起见,在这里我们必须说明,战争的**自然趋向**只是指哲学的、纯粹**逻辑**的趋向,决不是指实际发生冲突的各种力量(例如作战双方的各种情绪和激情等等)的趋向……"

[[**在这前面**,克劳塞维茨说过:"战争的动机愈强,同民族的整个生存(das ganze Dasein)的关系愈大(第 28 页),战争目标(Ziel)和战争的政治目的(Zweck)就愈加一致,战争看来就愈是纯军事的,而不是政治的。反之,战争的动机愈弱,局势愈不'紧张',政治规定的方向同战争要素(即**暴力**)的自然趋向就愈不一致,因而战争离开它的自然趋向就愈远,政治目的同**抽象**战争的目标之间的差别愈大,战争看来就愈是**政治的**。"(第 28—29 页)

黑体是我用的

注意这一点:表象究竟还不是现实。战争愈是政治的,看来就愈是"军事的";战争**愈缺少**政治的成分,看来就愈显得是"政治的"。]]

"……现在我们再回到主要问题上来。即使政治真的在某一种战争中好像完全消失了,而在另一种战争中却表现得很明显,我们仍然可以肯定地说,前一种战争和后一种战争都同样是政治

的。"(第 29 页)

（第 27 节第 **30** 页）

"由此可见：**第一**，我们在任何情况下都不应该
把战争看做**独立的东西**，而应该把它看做政治的工
具，只有从这种观点出发，才有可能不致和全部战史 　∥ 注意
发生矛盾，才有可能对它有深刻的理解；**第二**，正是 　∥ 注意
这种观点告诉我们，由于战争的动机和产生战争的
条件不同，战争必然是各不相同的。"(第 30 页)

"因此，战争不仅是一条真正的变色龙，它的性质在每一具体
情况下都或多或少有所变化，而且，透过战争的全部现象就其本身
的主要倾向来看，战争还是一个奇怪的三位一体，它包括三个方
面：一、战争要素原有的暴烈性，即仇恨感和敌忾心，这些都可看做
盲目的自然冲动；二、概然性和偶然性的活动，它们使战争成为一
种**自由的精神活动**；三、作为政治工具的从属性，战争因此属于**纯
粹的理智行为**。

"这三个方面中的第一个方面主要同人民有 　∥ ！注意
关，第二个方面主要同统帅和他的军队有关，第三 　∥
个方面主要同政府有关。"(第 31 页)

对于战争的政治**灵魂**、本质、内容及"**人民的**"外貌，说得非常
中肯！

《战争中的目的和手段》（第 1 篇第 2 章）——消灭军队和征
服国家。这是**为了**什么呢？为了征服敌人的**意志**并使他同意签订
和约。

"……但是,随着和约的签订,很多可能在暗中
继续燃烧的火星就会熄灭,紧张就会趋于缓和,因为
一切倾向和平的人会完全放弃抵抗的念头,而这样
的人在任何民族中,在任何情况下都是很多的……"
(第33—34页)

注意
对!

"斗争本来是**敌对感情**的表现,但是,在我们称
为战争的现代的大规模斗争中,敌对感情往往表现
为敌对**意图**,至少个人与个人之间通常没有敌对感
情。尽管如此,决不是不存在敌对感情。在我们这
个时代的战争中,民族仇恨或多或少地代替了个人
之间的敌意,没有民族仇恨的情况是很少见的。即
使没有民族仇恨,最初没有激愤的感情,在斗争中也
会燃起敌对感情。这是因为:任何人根据上级的命
令对我们使用了暴力,都会使我们在反对他的上级
以前,先向他本人进行报复。说这是人性也好,动物
本性也好,事实就是如此。"(第122页)

仅仅是
"少见"??

……民族仇恨在**一切**战争中都存在……

第143页:

"战争是一种人类交往的行为

因此我们认为,战争不属于技术或科学的领域,
而属于社会生活的领域。战争是一种巨大的利害关
系的冲突,这种冲突是用流血方式进行的,它与其他
冲突不同之处也正在于此。战争与其说像某种技

术,还不如说像贸易³²。贸易也是人类利害关系和
活动的冲突。然而,**更接近**〈黑体是克劳塞维茨用
的〉战争的是政治,政治也可以看成是一种更大规
模的贸易。不仅如此,政治还是孕育战争的母体,　　　　注意
战争的轮廓在政治中就已经隐隐形成,就好像生物
的属性在胚胎中就已形成一样。"(第 143 页)

顺便提　　　　第 184 页"……**沙恩霍斯特**将军写了一本《手
一下:　　　册》³³,对**真正**的战争作了**最好**的叙述……"①(第
　　　　　　184 页)

在第 3 篇《战略概论》第 5 章《军队的武德(刚勇)②》中,克劳
塞维茨写道:

"……因此,不管人们多么煞费苦心地设想一个
人可以培养成既是公民又是军人,不管人们如何把
战争想象得具有全民的性质,不管人们认为战争的　　注意
发展同以前佣兵队长时期多么不同,他们仍然不能
抹杀战争这种事业的特殊性。既然如此,从事战争
的人只要还在从事战争,就永远会把同自己一起从
事战争的人看成是一个团体,而战争的精神要素,主
要是通过这个团体的制度、规章和习惯固定起来
的。事实上也确实是如此。因此,在我们坚决主张
从最高角度来观察战争的时候,如果轻视军队中可

---

① 黑体是列宁用的。——俄文版编者注
② 在手稿中,"刚勇"二字写在"武德"的上面。——俄文版编者注

能和必然或多或少具有的这种团体精神（Esprit de Corps），那是很错误的……"（第216页）

第6章《胆量》——也是第3篇。

谨慎和
胆怯　║　　"……在所有谨慎的人当中，有很大一部分人是胆怯的……"（第222页）

"……甚至是蛮勇，即毫无目的的胆量，也不能低估它，从根本上说，它跟胆量是同一种感情力量，只是表现为一种不受任何智力支配的激情而已。只有当胆量同服从背道而驰时……才是一种危害……"（第222页）

"在战争中，当指挥官的认识相同时，因小心怕事而坏事比因大胆而坏事要多千百次，这一点也许只要我们一提，读者就一定会同意……"（第223页）

注　意　║　　"当有了明确的思想，或者自制力占优势时，一切感情力量就会大大失去威力。因此，**指挥官的职位愈高，胆量就愈小**，因为，即使见解和理智没有随职位的上升而提高，客观**事物、各种情况**和**各种考虑**也仍然会从外部对他们施加频繁而强大的压力，**他们愈是缺乏个人的见解，就愈感到压力的沉重**。"（第223页。黑体是克劳塞维茨用的）

"指挥官的职位愈高，智力、理解力和认识力在他的活动中就愈起主导作用。胆量这种感情力量就愈被推到次要位置。因此在身居最高职位的人中间，胆量是很少见的，正因为这样，这些人身上的胆量就更值得称赞。"（第225页）

第1卷完。

《战争论》第 2 卷

1833 年于柏林

"……如果能把确定目的时的明智的节制同军队的这种努力结合起来,那么,就会出现既有谨慎和节制又有辉煌的打击的行动,这就是弗里德里希大帝在几次战争中令人钦佩的地方……"(第 10 页)

（战败者）
"复兴的
权利"。

"……一个陷入绝境的人,当他几乎不可能获得任何援助时,就会把他全部的和最后的希望寄托在精神力量的优势上,因为精神力量的优势可以使每个勇敢的人奋不顾身。于是他就把无比的大胆看做最高的智慧,在必要时,还会求助于冒险的诡诈。最后,即使这些努力都不能奏效,在光荣的毁灭中,也还能获得将来复兴的权利。"(第 11 页)

而现在呢?

"……根据一般经验,一个 150 匹马的骑兵连,一个 800 人的步兵营和一个 8 门六磅火炮的炮兵连,其装备费用和维持费用差不多是一样的……"(第 15 页)

哈哈!
妙极了!

"……战争与其说是随征服者一起出现的,毋宁说是随防御者一起出现的,因为入侵引起了防御,而有了防御才引起了战争。征服者总是爱好和平的(如拿破仑一贯声称的那样),他非常愿意和和平平地进入我国。但是为了使征服者不能得

逞，我们就必须进行战争，因而就得准备战
争……"（第167页）

"……虽然战区内单个居民对战争的影响，在
大多数场合像一滴水在整个河流中的作用那样，
是微不足道的，但是，全国居民，即使在根本不是
民众暴动的场合，对于战争的**总的影响**也决不是
无足轻重的……"（第170页）

"在大多数
场合"
注意
"即使不发
生暴动"

（特别是（例如）：向军队提供情报。第170—171页）

"谁嘲笑这些考察〈关于政治均势等等〉是空想，谁就是抛弃了
哲学上的真理。可是，尽管哲学上的真理使我们认识了事物的基
本要素之间的相互关系，如果不考虑一切偶然现象，企图从这种相
互关系中推论出能够支配每一个具体情况的法则，这当然也是不
恰当的。不过，谁要是不能超出在轶事趣闻之上（像一位伟大的作
家所说的那样），而是用这些东西来编纂全部历史，处处从个别的
现象出发，从枝节问题出发，而且只限于寻找最直接的原因，从来
不深刻地探讨在根本上起支配作用的总的关系，那么他的见解就
只能对个别事件有价值。对这种人来说，哲学对一般情况所规定
的一切，自然是不可设想的了……"（第174页）

"……产生战争因而也形成战争的基础的总的关系也决定着
战争的特点，关于这一点我们在以后研究战争计划时还要详细阐
述。这些总的关系使大多数战争变成半真半假的战争，在这种战
争中原来的敌对感情由于必须迂回曲折地通过各种错综复杂的关
系，以致变成只是非常微弱的因素……"（第197页）

"……而只是像在战争中的大多数场合所做
的那样，**不知不觉地通过迅速的判断**[34]〈黑体是原

（也不仅在
战争中）
注
意

‖　作者用的〉……"(第 202 页)

"……对这一问题的研究〈山地对战争的影响〉就像在折光镜前看物体一样,当物体向一定方向移动时,物体的影像愈来愈清晰,但不能随意地移动下去,只能到焦点为止,一超过焦点,就适得其反了……"(第 279 页)

(这种江河防御方法可以称得上"高雅的"……,但是)

妙极了!

"……但是,高雅的一般容易流于华而不实,而在战争中却不像社交中那样可以容许华而不实的作风存在。因此,采用这种高雅的方法的实例是很少见的……"(第 308 页)

((辩证法的
例子))

注　意
"更明确 =
更片面"……

"……统帅们在叙述他们的军事活动时所使用的'国土的锁钥'这一概念是有实际含义的,但其含义是不明确的,如果人们想把这一概念发展成为系统的理论,就必然要把这些极不明确的含义明确起来,这些含义因此就更片面了……"**35**(第 334 页)

第 23 章《国土的锁钥》

妙极了!
真妙!
大部分战争 =
只 不 过 是
监视

"……在大多数场合,最适于打开一个国家的门户的钥匙是对方的军队……"(第 338 页)

"无可讳言,绝大部分的战争和战局与其说接近于生死存亡的斗争,即至少有一方力求决战的斗争,还不如说接近于纯粹的监视……"(第 392 页)

"……地形要素有着头等重要的意义,所以

军队特别需要通常被认为是总参谋部所特有的
那种知识和活动。总参谋部一般说来是军队中
书写最多的部门,所以在各次战局的战史中关于
地形的运用就记载得比较多。同时,也产生了这
样一个相当自然的倾向:力图把运用地形的问题
系统化,并以历史上的个别情况作为根据,从中
找出在解决一般情况时适用的办法来。不过,这
种努力是徒劳无益的,因而也是错误的。即使在
这类比较消极和比较局限于某一地区的战争中,
各种情况也是各不相同的,必须有区别地对待它
们。因此,关于这些问题的最好的和最有说理性
的回忆录,也只能帮助我们了解这些问题,而不
能成为规定。这些回忆录事实上又成了**战史**,不
过这种战史涉及的只是这个战争所特有的某一
个方面而已。

　　"尽管总参谋部的这种活动(人们通常认为
这种活动是总参谋部所特有的)是必要的和值得
重视的,但我们必须警惕经常可能产生的不利于
整体的擅越职权的行为。总参谋部中最高人物
的重要地位,常使他们对其他人,首先对统帅起
某种支配作用,这样,就很容易产生一种有片面
倾向的思想习惯……"(第 428—429 页)

　　"……没有深入到军队的最后环节的、强制
性的、权威的意志,就不能很好地指挥军队,而

> 总参谋部＝
> 军队中书
> 写最多的
> 部门

> "总参谋部的
> 狭隘性"

> 好的领袖……
> 和对

部下的不信任

且,谁要是习惯于相信和期望部下总会提出好的主意,他就不能很好地指挥军队……"(第437—438页)

"……如果我们再总的看一看这个问题,就必然会认为,当进攻精神很微弱,双方对决战的要求很小,积极动机很缺乏,而相互阻止和抑制的内在牵制力量却很多时,就像我们在上面所设想的那样,进攻和防御之间的本质差别就必然渐渐消失。当然,在战局开始阶段,作战一方要进入另一方的战区,要在一定程度上采取进攻的形式,但是这一方非常可能而且往往会很快就把一切力量用来在敌人土地上保卫自己的国家。于是就形成了双方对峙的局面,这实际上是相互监视。双方都考虑如何不失去任何东西,同样也许双方都在考虑,如何为自己取得实际的利益。在这一点上,本来的防御者甚至反而能够超过他的敌人,弗里德里希大帝在当时就是这样……"(第443—444页)

进攻和防御之间的差别日渐消失

在敌国土地上保卫自己的土地

"……促使人们赋予战略机动以上述那种不应得的重要性的,正是战略机动的这个方面。首先,他们把这种技巧同统帅的全部精神活动混为一谈了,这是一个很大的错误。因为,如上所述,我们必须承认,在大规模决战的时刻,统帅的其他精神活动在起支配作用。这种支配力量即使主要来源于巨大的感受,来源于几乎无意识产生的和未经长时间思索的灵感，也仍然是军事艺术中的一个真正的公民，因为军事艺术既不是单纯智力活动的领域，也不是智力活动占支配地位的领域。其次，人们认为，战局中任何一次没有结果的活动的出现都同某一方甚至双方统帅的这种高超的技巧有关。实际上，产生这种没有结果的活动的一般的和最主要的原因，却经常存在于使战争变成这样一种赌博的总的情况之中……"（第447页）

人们就把这种赌博〈战略机动等等〉看做"〈军事〉艺术的顶峰"（第447页）：

战争＝赌博

变革·
法国革命

"这种见解在法国革命战争以前的理论界相当流行。法国革命战争突然打开一个同过去完全不同的战争现象的世界，这些现象在最初显得有些粗野和简单，但后来在拿破仑所指挥的战争中形成了一套最好的方法，带来了使所有人惊叹的成果。这时人们就想抛弃旧的方法，认为上述一切都是新发现和伟大思想等等的结果，当然也认为是社会状况改变的结果。此外，人们认为，旧的方法已经完全不需要了，也决不会再出现了。但是，在任何一种思想发生大变革时，总会产生各种不同的派别，这里也不例外，旧的观点也有它的卫护者。这些人把新的现象看做粗野的暴力行为，是军事艺术的总的没落，并且认为，正是那种平稳的、没有结果的、无所作为的战争赌博才应该成为军事艺术发展的方向。这种见解是如此地缺乏逻辑和不合哲理,以致人们只能把它看做概念的极端混乱。但是那种认为旧的方法不会再出现的人,也是考虑得不周到的。在军事艺术领域内的新现象中,只有极小的一小部分可以算做新发明和新思想的结果,而大部分则是新的社会状况和社会关系的改变所引起的。"(第447—448页)

注意 对!

"……在没有体系和没有真理机器的地方也是有真理的,不过,在大多数情况下,只有用熟练的判断和长期经验中得来的敏锐感觉才能认识这一真理,历史在这一方面虽然没有提出任何公式,但是,像在其他场合一样,却给**判断**提供了**锻炼**的机会……"(第451—452页)

真理不 "在体系中"

《战争论》第3卷

（注意。本卷只是**草稿**。）

第5页："……因此,战争中的进攻行动,特别是战略上的进攻行动,是进攻和防御的不断的交替和结合……"

第9页："……要占领什么地方,统帅很少能够、至少不是常常能够预先精确地予以规定的,这要根据事态的发展来决定……"

第93页："大多数战争好像只是双方在发怒,在发怒的情绪下拿起武器保卫自己和威胁对方,如有机会,也给对方以打击。" ‖‖ 在一切战争中,双方"都只是自卫"

在拿破仑时代……(战争)"具有绝对形态"(第96页)

[((第8篇)第2章:《绝对战争和现实战争》)]

"……战争可能成为一种有时很像战争有时又不大像战争的东西……"(第96页) ‖ (辩证法)

"在18世纪的西里西亚战争[36]时期,战争还只是内阁的事情,人民参加战争仅仅是被用做盲目的工具。而19世纪初,作战双方的人民已经是举足轻重的力量了。"(第101页) │ 18世纪和19世纪。不同。

战争性质的历史变化:鞑靼部族——古代小共和国——罗马——中世纪的诸侯——17世纪末和18世纪。

"在鞑靼人出征时,是**全体人民**参加战争,在古代共和国和中世纪,是**多数人民**——如果'人民'这一概念只限于指国家真正的公民而言—— ‖‖ 注　意

注　意　┃参加战争,但在 18 世纪的这种状态下,人
┃民**根本没有直接**参加战争,只是通过其一
┃般素质的优劣对战争有些间接的影响。"①
(第 111 页)

　(法国)革命改变了这一切。"战争突然又成为人民的事情"(第
116 页)"……全体人民以其固有的力量来决定问题了……"
(同上)

重要!
(有一点不确切;
是资产阶级的,
或许是全体资产
阶级的事情)
臣民的"干颈"　注
和"热情"　　意

　　┃"自从拿破仑出现以后,战争首先在
┃作战的一方,尔后又在另一方变成全体人
┃民的事情,于是战争获得了完全不同的性
┃质,或者更正确地说,战争已十分接近其
┃真正的性质,接近其绝对完善的形态。战
┃争中使用的手段已经没有明显的限制,这
┃种限制已经消失在政府及其臣民的干劲
┃和热情之中。"(第 118 页)

"各国人民参加了"
　"国内的变
　　化"(革命)
　　和"威胁"
　　……

　　┃"于是战争要素从一切因循守旧的桎
┃梏中解脱出来,爆发出全部自然的力量。
┃这是因为各国人民参加了这项重大的国
┃家事务。而人民所以参加,一方面是由于
┃法国革命在各国内部产生了影响,另一方
┃面是由于各国人民遭到了法国人的威
┃胁。(第 119 页)

---

① 这一段中的黑体是列宁用的。——俄文版编者注

"那么,上述情况是否将永远存在呢? 将来欧洲的一切战争是否将都是倾全国力量进行的,因而只是为了各国人民切身的重大利益才进行的呢? 或者,政府是否又会逐渐脱离人民呢? 这是很难断定的,而且我们也不想武断地作出结论……"(第119页)

	我们的目的:"……是想指出,各个时代有各个时代的战争,各有其特有的限制条件和困难。因此,尽管到处和时常有人企图根据哲学原理制定战争理论,每个时代仍然保留有自己的战争理论。	各个时代有"各个时代的战争"
注意	由此可见,在判断各个时代发生的事件时,必须考虑各个时代的特点,只有那些不在琐碎的细节上纠缠,而是去洞察大事件,深入了解每个时代的特点的人,才能对当时的统帅有正确的了解和评价……"(第119—120页)	为了了解统帅,必须考虑"各个时代的特点"

第一种情况:有利于一方等待时机(利于进行**防御**战)。第二种情况:如果未来不会带来什么好的前景,那就应当利用当前的时机(利于进行**进攻**战)。

"第三种情况(这也许是最常见的情况)是:双方都不能期待未来带来什么肯定的东西,也就是说,双方都不可能从未来的前景方面得到任何行动的依据。在这种情况下,应该采取进攻战的显然是从政治上来看处于进攻的一方,即抱有积极　　"政治上"

处于进攻的（注意**概念**）	动机的一方。因为他正是为了这个目的而进行战争准备的,无谓地浪费的一切时间**对他**来说〈黑体是克劳塞维茨用的〉,都是一种损失。"（第133页）
"政治目的的性质"对战争起着决定性的影响……	"……我们……已经承认,政治目的的性质、我方或敌方的要求的大小和我方的整个政治状况事实上对战争起着最有决定性的影响……"（第135页）
注　意	"欧洲政治中向来有一种惯例,即加入攻守同盟的国家承担相互支援的义务。但是,一个国家并不因此就必然与另一个国家同仇敌忾,利害一致,它们并不考虑战争的对象是谁和敌人使用多少力量,只是彼此预先约定派出一定的、通常为数十分有限的军队……"（第136页）

"……每一个国家都根据它可能冒的风险和可能得到的利益投入三四万人作为股金,而且表示在这次交易中除了这点股金外不能再承担任何损失……"（第137页）

战争与和平概念的"阶段","阶梯"	"过去那一种态度带有不彻底性,是不正常的,因为战争与和平在根本上是两个不能划分阶段的概念。但是,这种态度并不仅仅出于理性所不齿的纯粹外交习惯,而且也渊源于人类所固有的局限性和弱点……"（第137页）
注　意	"如果我们承认（其实也不能不承认）政治目

的对战争具有这样的影响。那么，这种影响就不再　‖
有什么界限了，而且我们甚至不能不承认还存在着
目的仅仅在于威胁敌人以支持谈判的战争〈黑体是
克劳塞维茨用的〉。"（第 138 页）

第　6　章

二　《战争是政治的一种工具》

（第 3 卷）（标题）（第 139—150 页）

最重要的一章　　　　"……这种统一体〈在"实际生活"中把相互
矛盾的因素结合起来的统一体〉是这样一个**概
念**：**战争只不过是政治交往的一部分，而决不是
什么独立的东西**〈黑体是克劳塞维茨用的〉。"
（第 139 页）

"当然，人们都知道，战争仅仅是由政府与政府、人民与人民之
间的政治交往引起的。但是，人们通常作这样的想象：似乎战争一
爆发，政治交往即告中断，就出现一种只受本身规律支配的完全不
同的状态。（第 139 页）

　　　　"与此相反，我们却认为，战争无非是
政治交往用另一种手段的继续。我们所以
说用另一种手段就是为了要同时指出，这
种政治交往并不因战争而中断，也不因战
争而变成某种完全不同的东西，无论使用
怎么样的手段，政治交往实质上总是继续
存在的；而且，战争事件所遵循并受其约束
的主要路线，只能是贯穿整个战争直到媾
和为止的政治交往的轮廓。难道还可以作
其他的设想吗？难道随着外交文书的中

断,人民之间和政府之间的政治关系也就中断了吗？难道战争不正是表达他们的思想的另一种文字和语言吗？当然,战争有它自己的语法,但是它并没有自己的逻辑。(第140页)

注　意

"因此,决不能使战争离开政治交往。如果离开政治交往来考察战争,那么,就会割断构成关系的一切线索,而且会得到一种毫无意义和毫无目的的东西。

"甚至当战争是彻底的战争,完全是敌对感情这个要素的不受限制的发泄时,也必须这样看问题,因为所有那些作为战争的基础的和决定战争的主要方向的因素,如我们在第1篇第1章中所列举的:自己的力量、敌人的力量、双方的同盟者、双方的人民和政府的特点等,不是都带有政治的性质吗？它们不是都同整个政治交往紧密结合而不可分的吗？同时,现实战争并不像战争的概念所规定的那样是一种趋向极端的努力,而是一种本身有矛盾的不彻底的东西;这样的战争是不可能服从其本身的规律的,必须把它看做另一个整体的一部分,而这个整体就是政治……"(第140—141页)

战争＝整体的
一部分
这个整体＝
"政治"

"……政治就把战争这个摧毁一切的要素变成一种单纯的工具,把要用双手和全身气力才能举起作致命一击的可怕的战刀,变

成一把轻便的剑,有时甚至变成比赛用的剑,政治用这把剑可以交替地进行冲刺、虚刺和防刺……"(第141页)

"……既然战争从属于政治,那么,战争就会带有政治所具有的特性。政治愈是宏伟而有力,战争也就愈宏伟而有力,甚至可能达到其绝对形态的高度。"

| 只有根据这一观点 | "……只有根据这样的看法,战争才又成为一个统一体,只有这样,我们才能把所有的战争看做同一类〈黑体是克劳塞维茨用的〉的事物,而且只有这样,在判断时才能有一个正确而恰当的立足点和观点,而这种立足点和观点是我们制定和评价大的计划时所应当依据的。"(第142页) | 注意 |
| 所有的战争=
"同一类的
事物" | | |

"当然,政治因素并不能深入地渗透到战争的各个细节部分,配置骑哨和派遣巡逻哨〈原文如此!〉,是不需要以政治上的考虑作依据的。但是,政治因素对制定整个战争计划和战局计划,甚至往往对制定会战计划,却是有决定性影响的……

"……在生活中最重要的莫过于准确地找出理解和判断事物所必须依据的观点并坚持这一观点,因为只有从一个〈黑体是原作者用的〉观点出发,我们对大量的现象才能有统一的理解,而且也只有观点的统一,我们才不致陷入矛盾。

"因此,既然制定战争计划时不能有两个或更多的观察事物的观点,例如忽而根据军人的观点,忽而根据行政长官的观点,忽而根据政治家的观点等等,那么,我们就要问:其他一切都必须服从的是否必然是**政治**呢?

> 政治是主要的吗?

"我们探讨问题的前提是:政治在它本身中集中和协调内政的一切利益,也集中和协调个人的一切利益和哲学思考所能提出的一切其他利益;因为政治本身不是别的,它无非是这一切利益的代表(对其他国家而言)。至于政治有时会具有错误的方向,会主要地为统治者的野心、私利和虚荣服务,这不是这里所要讨论的问题,因为军事艺术在任何情况下都不能作为政治的导师。在这里我们只能把政治看做整个社会的一切利益的代表。(第 143 页)

> 政治是什么?

> 注意
> 接近马克思主义

> 政治=整个社会的一切利益的代表

"……只有在战争是单纯由敌对感情引起的殊死斗争的情况下,才可以设想政治观点会随着战争的爆发而消失。然而,正像我们上面说过的那样,现实战争无非是政治本身的表现。使政治观点从属于军事观点,那是荒谬的,因为战争是由政治产生的。政治是头脑,战争只不过是工具,不可能是相反的。因此,只能是军事观点从属于政治观点。

> ……战争不是单纯由敌对感情引起的……

> "战争是由政治产生的"

"让我们想一想现实战争的性质,回忆一下在本篇第 3 章中已经讲过的,**我们首先应该**

> 黑体是原作者

用的 ‖ **根据由政治因素和政治关系产生的战争的特点和主要轮廓的概然性来认识每次战争**，而且时常——在今天，我们甚至可以说**在大多数**情况下——都必须把战争看做一个各个部分不能分离的有机的整体，也就是说，各个部分的活动都必须汇集到整体中去，并从整体这个观念出发。这样，我们就会完全确信和明白，借以确定战争主要路线和指导战争的最高观点不能是别的，只能是政治观点。(第 143—144 页)

注　意 ‖ "从这一观点出发历史也就比较容易理解了……(第 144 页)

"……简而言之，军事艺术在它最高的领域内就成了政治，当然不是写外交文书的政治，而是打仗的政治……(第 144—145 页)

"……一般的经验也告诉我们，尽管今天的军事非常复杂，而且有了很大的发展，战争的主要轮廓仍始终是由内阁决定的，用专门的术语来说，只是由政治当局，而不是由军事当局决定的……"

例如：18 世纪末军事上的大变革[37]，其原因何在呢？

注意 ‖ "很明显，法国革命对外所产生的巨大影

注意 ‖ 响，与其说是由作战的新手段和新观点引起的，不如说是由彻底改变了的国策和内政、政府的特点和人民的状况等引起的。至于其他各国政府未能正确地认识这一切，企图用惯用的手段同那些新的和压倒一切的力量相抗衡，这都是政治的错误……"(第 148 页)

"……因此，我们可以说，法国革命所取得的 20 年胜利，主要

是反对这次革命的各国政府的政治错误的结果……"(第149页)

　　"……的确,战争本身在本质上和形式上也发生了一些重大的变化,这些变化已经使战争更接近其绝对形态,但是,这些变化并不是因为法国政府已摆脱了政治的羁绊而产生的,而是因为法国革命在法国和全欧洲引起了政治的改变而产生的。改变了的政治提供了不同的手段和不同的力量,因而使战争产生了在其他情况下难以想象的威力。(第149—150页)

对!

　　"因此,就连军事艺术的实际变革也是政治改变的结果,这些变革不但远不能证明两者〈军事艺术同政治〉是可以分割的,反而有力地证明了两者是紧密结合的。

　　"我们再重复一遍:战争是政治的工具;战争必不可免地具有政治的特性,它必须用政治的尺度来加以衡量。因此,战争就其主要方面来说就是政治本身,政治在这里以剑代笔,但并不因此就不再按照自己的规律进行思考了。"(第150页)(本章完)

战争="以剑代笔"的政治

　　"……如果有人说有些国家确实在逐次打击下被征服了,也就是说,时间——防御者的护卫神——对防御者起了不利的作用,那么,我们说进攻者逐次打击的企图完全落空的例子比这种例子要多得多。只要回想一下七年战争的结果就可以明白这一点,当

时奥地利人力图从容不迫地、小心谨慎地达到目的,结果完全失败了。"(第 181 页)

————

下面一段**不是**从《战争论》,而是从《……讲授军事课的材料》[38]中摘录的。

注意

政治上和战略
上的"防御战"

注意
对!

> "……所谓防御战,在政治上就是为维护本国的独立而进行的战争;在战略上就是仅在为了抗击敌人而作好准备的战区内同敌人作战的战局。不管在这个战区内进行的会战是进攻的还是防御的,都不改变防御战的含义。"(第 247 页)

————

克劳塞维茨的著作摘录完毕。

————

译自《列宁文集》俄文版第 12 卷
第 392—443 页

对格·季诺维也夫
《和平主义还是马克思主义
(一个口号的不幸)》一文的修改意见[39]

(不晚于 1915 年 7 月 11 日)

请将这一页退我

(这一页的反面我还有用)

对您的文章的意见:

文章的基本思想**很有意思**,但如稍加改写,效果会很好。

第 1 页——№1《论同来自社会主义内部的对工人运动的资产阶级影响作斗争》。

——№2——"所谓的社会主义的"……

第 2 页——№2——"**口头上的反对者**"

第 3 页——№1——加上:"因为承认战争时期的阶级斗争而**不承认国内战争,这是说谎、欺骗……**"

若干处:在正文中有时保留"社会和平主义",而在标题中则是"资产阶级和平主义",并且在某个地方说,这是一码事。

第 9 页——№1——"无论如何不"改为"绝对不"。

第 9 页从"有人说"开始——改写这一段。就在这个论据中,我们的言论派的"加邦请愿"[40]也已经清楚了。去见沙皇,也是

群众**比较容易明白的**。但这是**欺骗**。而说**不用革命**也能有
"美好的"(民主的)和平,**同样是欺骗**。

第9页倒数第1行删去"一个要求是非法的"这几个字,这带有向
托洛茨基让步的味道。说:我们过去善于接触加邦分子,现
在也要去参加争取和平的游行示威,但是我们要说**自己的
意见**,要**号召**从要求和平的**情绪转向革命**,而不是用美好的
和平的诺言去麻痹人们。

第10页№1 删去"问题不在这里"这句话。说:**社会民主党人托洛
茨基**及其同伙把**自己降低到神父**的水平。

　　№2 删去这一句。

第10页倒数第3行——改动这一句。

第13页——№1 加上:它是**空洞的**、毫无意义的,因为无论尼古拉
二世还是威廉二世**一般都赞成和平**。

注意　　决不能在报纸上给俄国工人留下没有翻译出来的德
文词句!! 这实在是一种最糟糕的崩得主义!!!
　　最好根本没有德文字,真的,最好没有。

译自《列宁文集》俄文版第39卷
第 149—150 页

对米·波克罗夫斯基
《战争祸首》一文的意见和
给波克罗夫斯基的信的草稿[41]

(1915 年 6—8 月)

第 1 页。和平条件(格雷[42]的)到底是**哪些**? 作者回避了**实质**。——

第 3 页。在对英国社会党**少数派**的评价中漏掉了**主要的方面**。——

第 3 页。"战争是**资本主义的发展步骤吗**?"

> 要知道,这个问题本身就是极为混乱的! **要看对于哪些国家**。

第 3—4 页。他扯到了罗马,是要公然撒谎:"帝国主义同现代资本主义**没有必然联系**"!!!

> 而按照逻辑来看,从作者的前提会得出这样的结论:帝国主义**从前就有**,只不过是**另一种类型**。

第 4 页。从希法亭那里摘来的引文的面比较窄，因此是错误的。

希法亭没有说，他是在这里下定义。

例如，希法亭谈得很多的资本输出就漏掉了。

第 4 页：忘记了英国同殖民地之间的特惠税率。

整个第 5 页和第 6 页

就是按照考茨基的说法也是不对的

（不能局限于注释，因为从中判断不出作者论据本身的错误）。

第 6 页末尾，注释之后，尤其错误："瓜分法国"是一回事，而"**侵占**

殖民地是另外一回事（1911 年在非洲）。

第 7 页——整页都是错误的!! 通篇是错误的。

作者不知道（什么是德国外交史上人所共知的情况，

例如，雷文特洛 [43] 的书，1888 — 1913 年），德国在

1908 年和 **1911** 年的情况

（1）　没有结束海军((和另外的))训练[还不

是时候]

（2）　还没有处于三年的"最后通牒"状态

等等。

第 9—12 页：只有此处（3 页）所谈的外交史是实事求是的，虽然

范围极为狭小。

不能刊登！

我认为要写信告诉作者：

（1）　外交史写得很出色，而且作为对亲俄派的反击，是极有价值的，——但是我们将把它登载在**我们的合法杂志**上（或文集上）——正在准备。

我们采用，谨致谢意，很高兴。

［为了合法性，只得稍加修改：请将结尾写得**更合法些**］……

同志式地提出建议（然后）——删去关于帝国主义的全部文字，或者同志式地争论一下。

译自《列宁文集》俄文版第 38 卷第 164—166 页

对亚·柯伦泰《谁需要战争?》一书的修改意见[44]

(1915 年 9 月 18 日和 26 日之间)

谁需要战争?

"英雄"。

[3]战争尚未结束,也还看不出它会结束。而世界上〈多少人已经〉[①]成了残废:〈缺手的、断腿的〉瞎了眼睛的、聋了耳朵的、被打成残废的……

发动欧洲战争、驱使人民去打人民〈一国工人去打另一国工人兄弟〉的人们说:这才是"英雄"。这才配得十字勋章! 他们将受到奖赏! 赢得尊敬![②]

但在生活中一切是另外的样子。[③]当"英雄"将回到自己的故乡〈自己出生的乡村或者自己的城市〉[④]时,就连自己的眼睛也不能相信:等待着他的不是"尊敬"和欢乐[⑤],而是新的不幸、苦难和失望。农村中出现破

---

① 原文是"已经有多少人"。——俄文版编者注
② 列宁的意见"去掉尊敬"显然指的就是这里。——俄文版编者注
③ 列宁建议将这句话改为:"但在生活中情况将完全不是这样"。——俄文版编者注
④ 在列宁的意见中这句话改为"乡村或自己的城市,连眼睛"。——俄文版编者注
⑤ 列宁的意见"去掉在乡下"显然指的就是这里。——俄文版编者注

产、饥饿……

如果"英雄"不是回到乡村,而是回到出生的城市,也不会感到好一些……

工人群众哪里会有时间、有空闲来照顾残废者? 每个人都有〈自己的事〉自己的操心事。而且一年到头都很紧张。生活费用天天上涨。战争! ……小孩患病,〈传染病、流行病〉同战争〈密不可分〉。妻子奔忙挣扎。她要为自己、为当家人①干活。而沙皇发给"英雄"的抚恤金呢?

[4]抚恤金多了吗? 难道对一只保全下来的脚只要一只靴子就够了吗?

……掌管国库的不是那些千百万在战争中②死去的"士兵英雄们",而〈仍然是那些〉老爷们:地主、厂主、官吏——沙皇的臣仆们。

……"和平的"时期将来临。人民将开始过从前那种事务繁忙的生活。那时候"英雄们"的情况又将如何呢?

残废了的上校们和将军们〈将坐上自己的小汽车兜风〉;他们还在战争期间就为自己操心了,捞了很多钱,冒领士兵口粮以中饱私囊…… 而那些得了十字勋章的残废士兵英雄们呢? 他们的命运将是怎样的呢?

难道真要到教堂门前的台阶上去乞求施舍吗? ……

拯救祖国的英雄的命运将不是美妙的,不是欢乐的,而是无权的,哪怕他胸前挂满了十枚十字勋章……

只要人民本身不能维护"英雄们",只要人民没有掌握政权,只要人民本身没有开始掌管国库,〈在这种时候,残废的英雄们是不能改善自己生活的〉。

为什么而厮杀?

[5]…… 〈资本家的报纸连篇累牍地散布关于战争的谎言,政

---

① 列宁的意见"去掉本人"显然指的就是这里。——俄文版编者注
② 原文是:"为祖国"。——俄文版编者注

府实行战争时期的书报检查,不准登载一句真话,工人阶级的优秀朋友被投入监狱。愚弄人民就像〉愚弄俄国士兵一样,当时曾硬要他们相信,去加利西亚是为了"土地"……

[6]……可是〈请看一看〉①有一种奇怪的现象:各国人民曾经和睦相处,凯撒和沙皇通好,彼此来往作客。〈各国资本家共同开办工厂和贸易公司,一起掠夺亚洲和非洲的殖民地,靠制造大炮和装甲舰大发其财。似乎有一种崇高的激情突然一下子使各国的所有帝王和所有资本家都失去了理智〉:让我们去"解放"邻国吧! 让我们在邻国传播法律和正义、平等和幸福吧!

去吧:德国人应把俄国从沙皇暴政下拯救出来,而法国人则应把德国人从凯撒政权下解放出来……

但是,只要细看一下,你就会看到,只要各地所有凯撒们和沙皇们平安无事,他们的政权就是稳固的。〈资本家们在战争中大发其财,供应一个卢布的军需品就可以"赚得"20至40个戈比,而这些军需品达数亿和数十亿卢布之巨。〉而那些突然得到"大国"关注的数十万、数百万公民却葬身在本国和别国的土地上。战争的原因是在于"解放"别国人民吗?谁还相信这些无稽之谈呢? 再举一个例子:英国人参战似乎只是一方面为了保护比利时,另一方面为了粉碎、消灭德国"军阀"——军国主义……

[7]现在英国的百万富翁们和强盗们已经成功地制服了反抗,开始实行强制性兵役制。

〈下述说法也是不对的〉:英国政府决定把别国从"军阀"的祸害中解放出来,而把同一种祸害强加给本国人民②! 不仅如此,德国的样板是这样适合英国政府的口味,于是英国政府仿效其他国家,决定也在工厂实行"战时体制":把工人动员起来,把他们置于军事统治之下,剥夺他们罢工的权利、保

---

① 原文是:"似乎"。——俄文版编者注
② 列宁的意见"去掉'你去弄清楚吧'"显然指的就是这里。——俄文版编者注

卫自身利益的权利,使他们成为国家的奴隶……〈不仅英国,在所有的交战国:法国、德国以及俄国,都在对工人实行这种真正的"军事奴役"。为一个铜板干活吧,忍受一切压榨和侮辱吧,要不然就上前线去跟"敌人"打仗吧〉……

检查一下:同是那种原因,同是那种引起向邻国发动战争的"祸害",这种"祸害"也在引进本国并在加强!……

谁是战争祸首?

[8]……但是,究竟谁是祸首?

您去问俄国人,他就会说:德国! 是它首先宣战,所以它是祸首。您去问德国人,他就会说:这不对! 这是撒谎! 我们德国人不想战争,我们一直在使谈判继续下去。而俄国政府首先宣布动员。所以俄国是祸首!……不对,俄国的"盟友们"大喊大叫地说,俄国政府之所以宣布动员,是为了回答最后通牒,回答奥地利政府向塞尔维亚提出的要求。祸首是奥地利。[①]

而奥地利却把责任推给俄国和俄国的后台英国。但把所有这些政府的关于战争的橙皮书、白皮书、红皮书、蓝皮书、灰皮书、黄皮书都拿来读一读吧,其中收集了书信、电报、政府"照会"(要求,〈想一想,如今正在交战的<u>大国</u>在最近几十年来如何千方百计地竞相掠夺中国、波斯、土耳其和非洲各国等等,你们就会明白〉一个事实:在战前许多个月里,在战前几年里,各国政府都在彼此耍手段,进行外交谈判,而暗中却在准备战争……

祖国在危急中!

[11]……〈正在交战的每一个"<u>大</u>"国,都在压迫很多民族。俄

---

① 看来,列宁的意见"第14页,倒数第7—8行删去:'您去试试弄清楚吧! 他们彼此推托。'"指的就是这里。——俄文版编者注

国压迫犹太人、乌克兰人、波兰人、芬兰人以及其他许多民族,德国压迫波兰人、丹麦人等等,英国和法国压迫殖民地的千百万人民。战争不是为了各国人民的自由,不是为了使用母语的自由和权利,不是为了保护有利于工人阶级的制度的完整性。不是的。战争是为了大国有"权"尽可能多地压迫别国的人民,尽可能多地掠夺殖民地。战争是强盗们为了分赃而进行的〉……

[12]〈曾经有过这样的时期,当时为了保卫"祖国",工人和农民曾经保卫母语免遭异族的压制,反抗农奴主和沙皇以保卫自身的自由,粉碎帝王的阴谋以保卫共和国。但是,现在甚至在最自由的国家里[更不用说俄国],资本家阶级把全部财富和整个政权都掌握在自己的手里,而在俄国[在压迫阶级中名列第一],贵族-地主-农奴主同资本家一道压迫人民。全世界的资本家现在结成了各种掠夺和压迫各国工人的联盟。资本家[唆使]一国的工人去反对另一国的工人,以便巩固自己对全世界工人的统治。资本家进行战争是为了分赃,为了用分裂工人的办法削弱工人。因此,那些说什么在当前战争中保卫自由和祖国的人,是在撒谎。为了保卫自由和权利,为了保卫工人阶级在这次战争中的事业,出路只有一条:世界各国的工人之间协调一致,共同进行反对资本家的斗争和争取社会主义社会的斗争〉。①

"如果我们被打败——将会更糟糕"

---

① 在这段增补文字之后还有列宁下面一段话:"第**26**页全部删掉,代之以增补的文字"。紧接上述引文之后列宁写道:"这段文字的后面接第28页(从第1行到末尾),而第27页、第29—30页**全部**删去。"从正文中可以看出,这些修改都被亚·柯伦泰采纳了。——俄文版编者注

"德国人是野兽。"

[14]……有人说:"德国人是敌人,德国人是野兽"…… 但是,让这样说的人回忆一下:在和平时期德国人什么时候表现得像野兽? 人总归是人,有人善良些,有人恶毒些,有人诚实些,有人虚伪些…… 那里的科学比我国发达,学问和知识更受到珍重。那里整个生活安排得比较好。俄国人还真该向德国人学习一些东西呢!〈每年都有数十万工人从俄国到德国去做工。他们看到,德国的工资比较高,人民比较富裕,教育程度比较高,可以自由出版报纸,不仅资本家、而且农民和工人都可以自由结社。〉

战争的原因。

[15]……战争是怎样引起的? 原因何在?

战争的原因是各式各样的:有时是为土地而战,为自己国土的自由而战。但是,当前的战争有本身的原因:这场战争是**资本主义**①的产物。称做资本主义经济的是这样一种经济:资本、工厂、土地在国内一小撮人之间进行瓜分,而其他人只有为了养活自己而出卖给老板(资本家、厂主、地主-私有者)的劳动力……

各资本主义大国,现在彼此交战的各国,都同样需要世界贸易市场和殖民地。而每个大国只是考虑如何〈通过外交欺骗手段和各式各样收买弱小国家的和附属国的政府及资本家的手段或者动用武力〉把其他国家的殖民地和市场夺到手……②

由于殖民地,由于大国对世界市场的控制,当代各大国之间的争吵正在白热化……

---

① 列宁的下列意见:"将全部附注删去,只留下它的**第一句话**,把这句话放**在'资本主义'**一词的**后面,**"指的就是这里。——俄文版编者注
② 原文是:"每个大国只是考虑如何通过世界的贸易竞争或动用武力把其他国家的殖民地和市场夺到手。"——俄文版编者注

[16—17]……资本主义各国之间的争吵并不是为了人民,而是为了资本家的利益。就是他们这些资本家-私有者把国家推上所谓殖民主义和"帝国主义"政策的道路……

而政府听从资本家的号叫,〈不能不听,因为政府本身就是由资本家和地主组成的,政府为他们服务,保护他们的利润和掠夺行为〉……

资本家、地主、银行家坐在自己的办公室里〈把供应军需品赚得的三倍利润装进自己的腰包〉①,并等待战争的结局。而人民在打仗,人民在死亡,人民在牺牲自己的生命……

怎么办?

[17]只要懂得战争的真正原因及其目的,就会出现另一个问题:现在该怎么办? 现在怎样来制止血腥的屠杀? 如何使人民在将来免遭资本家的新的冲突和争吵的祸害,免遭新的战争的祸害?

在找到这些问题的答案之前,必须弄清楚一点:只要资本主义存在,〈只要土地、工厂等等的私有制还存在,只要公民还被分成〉有产者和无产者、分成掌握国家政权的资本家和无权的雇佣工人,只要资本家为了自己的利润还在世界市场上彼此斗争,在这种时候,**战争是不可避免的**……

译自《列宁文集》俄文版第 17 卷
第 324—330 页

---

① 原文是:"吸着雪茄烟"。——俄文版编者注

帕·阿克雪里罗得
《国际社会民主党的危机和任务》
一书的摘录和批注⁴⁵

(1915 年 9 月 19 日以后)

赞成以"革命风暴"(14^①)来回答战争,**但是**在媾和问题上赞成同机会主义者、考茨基分子("毋庸置疑的国际主义"21)(公开

8、19、20、21、21、22、24

的国际主义者!!)保持一致——否则分裂,分裂和

8、19、20、21、21、22、(纷争和瓦解)、24、27、**26**、

"纷争"(verwirrungen)!!

25(党的统一在危险中)

"非正式的国际会议"(15)——像齐美尔瓦尔德这样的会议⁴⁶吗?——是为了克服正式政党接近的**心理上的**困难(15 末尾)!!((为了愚弄人民,口头上同王德威尔得、普列汉诺夫及其同伙作"斗争",实际上为他们"**效劳**"。))

---

① 这里的数字和以下的数字表示阿克雪里罗得小册子的页码。——俄文版编者注

赞成"革命气氛"(16),但反对革命策略!!

俄国社会民主党内民族"派别"是"软弱"的(17)……

["超人"21]

"列宁"对分裂的宣传"可能"(决不排除)也渗透到西欧社会民主党中来(20)

同上:**27**

(24)

同"分裂倾向"作斗争[实质=**帮助**列金之流、休特古姆之流、王德威尔得之流、普列汉诺夫之流**摆脱**]。

"群众心理的根本变化"(32)……

据说在下面两者中间抉择是不对的:或者动员无产阶级群众进行直接的革命斗争,或者从属于帝国主义(36)。**完全=卡尔·考茨基。**

国际主义问题并不等同于革命策略问题(37)……

37

民族主义成长了千百年(37)……据说不能"简单地"排除[也得千百年!!]……

"在这个社会的范围内"(39)为**"日常斗争的国际化**创造"客观条件(37)。**例如**,工人保险法((哈哈!))。

"国际化问题的""**重心**"(40)就是每天的国际化的发展;

　　　　　　　　　　日常的,平常的

"实际工作"。

要是我们处于社会革命的"前夜"(40),就像俄国1901年的情况那样(莫名其妙),——但这是"**乌托邦**"、"巴枯宁主义"(41)等等……

（45）"**仅仅**"谴责机会主义背叛等等（忽视"**深刻的**历史原因"）的这种批判是"**片面的**"和"**有害的**"。

译自《列宁文集》俄文版第 39 卷
第 151—152 页

在尔·马尔托夫《战争和俄国 无产阶级》一文上作的批注[47]

(1915 年 11 月 30 日和 12 月 21 日之间)

注意　[103]　……果然不出所料，对帝国主义风暴激发起来的革命精神来说，俄国是阻力最小的地点(locus minoris resistentiae)。因为俄国所处的社会政治发展阶段，并没有使国内各阶级之间的关系变得像西欧进入帝国主义斗争时期先进的资本主义国家中各阶级之间的关系那样僵硬……　帝国主义世界大战的第一个革命作用首先表现在：日益浸透帝国主义意图的俄国资产阶级走上了夺取政权的斗争道路。

不是第一个

　　当然，这一事实的革命意义本身并不大，而俄国资产阶级的这场斗争还可能以相当悲惨的失败而告终。不过，这场在世界危机的环境中发生并且受到殃及全国的巨大灾难的直接推动的斗争，应该成为有许多机会具有革命性质的大规模社会运动的发端因素。

　　[104]　因此，对于发生六三政变后的俄国来说，"大国主义"起到了民族-国家联合体 1848 年以后在德国所起的那种作用：一方面，它充当君主国的和贵族的现代化过程的旗帜，另一方面，它也充当从政治上把资产阶级团结为共同执政的阶级的一面旗帜……

不是那种

[107—108]　六三政变试验只有在它的基础上能形成强大的政治力量和经济力量,足以在"西方"帝国主义大国之间的对抗尖锐到极点时利用俄国的地理位置及其辽阔的幅员为它创造的一切有利条件的情况下,才能在历史上证明自己是正确的。

在指出这个唯一能把俄国新的资产阶级革命问题从日程上勾销的情况时,我们是把这种分析作为我们理解反革命时期俄国工人运动的任务的基础。我们拒绝把无产阶级的全部政策押在资产阶级革命这一张牌上,这场革命从它 1906—1907 年一度停顿的地方又在继续进行了。我们站在 1905 年革命的失败和业已开始的新旧俄国相互适应的过程所形成的立场上,提出"为公开的党而斗争"作为概括俄国无产阶级阶级斗争新任务的组织方面和策略方面的口号。但我们同时也反对把这个口号和新任务解释成似乎承认这条相互适应的道路是不可改变的,其成功是有保证的。至于在俄国工人运动中(而绝不像列宁和普列汉诺夫努力描述的那样是在它的同路人中),出现过把六三政变后的俄国向"普鲁士类型"的这种"无痛苦的"发展当成最终确定的和历史上有保证的趋势,那也不容置疑:这种趋势因工人阶级的战斗分子真诚地渴望为自身长期的政治建设和组织建设找到一个牢固的基础而增强了。但是这种趋势没有得到进一步的发展,在 1912 年八月代表会议上,为适应历史过程的两种可能结局,"孟什维主义"(或"取消派")的路线被确定下来了。——这次战争开始时,在一部分俄国"取消派"中表现出来的动摇和犹豫,无疑也再现了 1909—1911 年的那种倾向,即在俄国资产阶级通过帝国主义——不经过民族革命——走向使俄国欧化并解决俄国解放民族生产力的国内问题的尝试的历史性胜利的基础上预先建立俄国无产阶级的未来的倾向。虽然在这部分"取消派"中这种倾向的复活在大多数情况下都只限于提出"不反战"这一口号,但历史的戏弄却要求普列汉诺夫、阿列克辛斯基、约尔丹斯基(一定会胜利!)、芬-叶诺塔耶夫斯基这些在"同取消派的斗争"中赢得了不少桂冠的人负起使命,使这场战争进行到合乎逻辑的毫不留情的结局,并在实际上使无产阶级运动的命运和任务完全服从于资产阶级帝国主义-自由派试验的胜利……

[108]   在世界大战的头一年底,在交战的各个大国中,俄国成了唯一的一个战斗力被彻底摧毁、经济解体具有了灾难性质的国家,只有它的盟国还可能拯救它,使它不致由于战争的结果而遭到领土方面的肢解(如果还可能拯救的话),——当然,其代价是它要受盟国的全面奴役。萨宗诺夫—古契柯夫—米留可夫的俄国在第一次帝国主义决战中就落伍了,再次失去参与瓜分世界的重要竞争者的资格。

不是自然而然

这一结果自然而然意味着六三体制的破产,意味着它所建立的社会均势的破灭。1905 年以革命方式提出而被反革命所勾销的一切问题——政治、等级、民族、土地、财政和工人问题——现在几乎是自动地清清楚楚地摆在社会各界广大公众面前,而且是在军事失败的情况下、在国民经济濒于彻底崩溃的时候,摆在他们面前的。国内和平被破坏,在拯救"团结"的歇斯底里的喊声中,在战争正激烈进行时,在隆隆的炮声中,在有产者的阵营里,党派斗争和阶级斗争如火如荼地展开了。

[109]   俄国的国内和平在两个方面受到了破坏,这意味着六三体制的破产,因而也意味着通过一跃而跻身帝国主义国家行列的办法来避开资产阶级民族革命问题的企图的破产。

首先，资产阶级不得不<u>从君主国家、官僚和贵族那里</u> <u>争夺</u> "国防"的<u>组织者和领导者的职能</u>，而让这些社会集团保住这一职能是反革命同流合污的本质所在。

> 不是"争夺"，
> 而是<u>坐到旁边</u>

其次，资产阶级由于面临必须<u>提出自己参与政权的要求</u>，<u>不得不向广大人民群众发出呼吁</u>，掀起一场吵吵嚷嚷的社会的——杜马外的——宣传，通过自己党的、非党的和黄色的报刊，在基层人民群众中引起惊慌、不满和愤怒，把火柴放到一大堆易燃材料旁边，这些易燃材料由于贫困和生活无保障的情况日趋严重，生活费用日益昂贵，<u>由于失败造成的恐慌和国家秩序混乱</u>，在无产阶级、农民和小市民中早已堆积如山。

[110]　由于六三制度自取灭亡而必然出现的社会新高涨的时刻，其特征将首先是<u>工商业资产阶级</u>所起的<u>首创的和进步的</u>——在其他非无产阶级中——<u>作用</u>，我们根据对革命后发展的内部矛盾所作的分析，在几年前就已经指出了这一点。当时我们的论断在相当大一部分俄国马克思主义者中远远没得到同情。当时看来最不可思议的是，直接受六三政变集团庇护并被害怕无产阶级的反革命恐怖情绪所控制的俄国工商业资产阶级，有朝一日居然能够 领导 把各有产阶级和贫穷阶级联合起来的<u>民族运动</u>，并赋予这个运动以自觉**地夺取政权的斗争**的性质，因而正像笔者所说，这个阶级居然能够置身于"革命动力"之列。

[111]　……目前<u>在工商业资产阶级的领导下</u>，开始了反对沙皇制度和贵族、夺取政权的新的斗争……

[111—112]　各国资产阶级因事件进程被卷入夺取政

权的斗争,这就使它们陷入与自己的"军事"政策的出发点根本矛盾的状态中。为了国防的利益,它们同君主国和贵族缔结了"国内和平"。然而在一切国家中"国内和平"的真正实质是什么呢? 在资产阶级是统治阶级的国家里,实质是:为了防御,无产阶级无条件地把政权和军事组织的领导权让给资产阶级;而在政权和军事组织管理权掌握在特权阶层手中的国家里,实质是:资产阶级放弃对这些权力的觊觎。而当 俄国资产阶级 为了更好地组织对军队和国家的管理而开始夺取 政权 的斗争时,它由于放弃国内和平,无疑而且必然会破坏"国防"事业……

不正确

断章取义!!

[112—113] 我们这里 所谈的是一个阶级的统治者的作用被另一个阶级所真正取代。

　　因此,这种为了"社会内阁"的利益把运动纳入"不损害国防利益"的框框的打算该有多么可笑! 用一句法国谚语说,这种打算是想做煎鸡蛋而又不打破蛋壳! 说得确切些,当这种打算出自资产阶级的现实政治家时,它们并不可笑;因为这些政治家在大声喊叫"轻点儿,轻点儿,不要踩着防御!"时,他们主要操心的

注意

是他们的斗争所激起的人民的骚动可别侵犯到他们自己狭隘的阶级利益,或者像亚·伊·古契柯夫所说的那样,在同现存国家制度的斗争中可别触犯整个制度;人民群众在反对现政府的斗争过程中,可别形成对觊觎政权者本人有威胁的独立的政治力量。然而,普列汉诺夫们、布纳柯夫们和佐梅尔们[48]的行动更可笑,他们一本正经地、慷慨激昂地重复着工厂主、市长和地方自治局政治家们对工人的规劝:斗争吧,可是别让爱国主义的杯子中洒出一滴酒来! 对当局施加压力吧,可是尽量不要动用你们拥有的施加压力的主要手段——罢工! 你们与其罢工,还不如在造炮弹之余的空闲时

间去搞游行示威！要么，如果实在忍不住要罢工，那就利用休假日把耽误的工时补上吧！

[113]　……我们——孟什维克——在 1904 年就<u>以 1913 年反对"罢工狂热"的那种劲头</u>号召工人不要把上街游行看成唯一的拯救手段。

[114]　愈来愈多的边疆省被敌军占领，巨额赔款，<u>大片领土被公开或隐蔽地侵占</u>，都将直接地、令人痛心地触犯人民群众的尤其是无产阶级的利益。　　??

[115]　社会民主党在号召同现存制度作斗争的时候知道，就社会力量的对比来看最可能掌权的十月党人的、自由派的和其他任何**资产阶级帝国主义的**政府，为了同样的帝国主义和资本主义的利益（迄今为止，战争就是为了这种利益而进行的）将继续进行战争……　这样的政府和它背后的社会集团一手操纵的"民族防御"的目的，是反对无产阶级……这种民族防御利用了<u>人民群众力图摆脱强制性的兼并和赔款的合理愿望</u>，它将以唯有有产阶级才能利用的方法来实现……

[116]　社会民主党早在战争之前就了解这一切，因此才<u>"宣誓"</u>忠于斯图加特和巴塞尔<u>决议</u>；谁不了解这一点或随着这场战争的爆发<u>赶快忘记了</u>这个情况，他还有至少 15 个月的时间可以从显著的事例中看到，无产阶级和社会党人共同参加有产阶级领导的"民族防御"事业实际上意味着什么……　　注意

　　无论马上得到广大人民群众和军队的同情对革命党来说有多么大的诱惑力，无论不用**拙劣的策略**，或者，尤其是不用<u>胡言乱语（像玩"失败主义"把戏）来造成自己和人民群众及军队之间的鸿沟</u>对革命党来说有

多么必需,革命党都不应由于一时的胜利而忘记它为之服务的那个阶级的未来……　既然群众只有通过新的幻想,通过这些幻想被惨痛的历史经验揭穿之后才能站到我们这一边,我们就应该让那些已经站在我们后边的人民阶层免受这些幻想的影响,就应该反复向无产阶级说明我们所知道的全部真理,——就是说,<u>只要战争带有帝国主义的性质,无产阶级就不可能面临"保卫祖国"的任务</u>。

注意

[116—117]　<u>不言而喻</u>,假使本次危机能导致**民主革命的胜利**,导致共和国的建立,那么战争的性质就会**根本改变**……　但是一个从无产阶级领导的尖锐的革命斗争中直接产生并且反映了<u>小资产阶级和农民的一般民主主义利益</u>对资本主义资产阶级的狭隘的阶级贪婪的胜利(当然,是暂时的)的俄罗斯民主共和国,在战争中会代表全世界无产阶级都对其胜利感到关切的一方。因此如果这个假设能够成立,可以说,在需要时俄国无产阶级<u>一定会手持武器</u>,<u>保卫这个共和国使之不受外部敌人的侵犯</u>,就像它将保卫它免遭内部敌人的侵犯一样。

谎言!

不对

小资产阶级
沙文主义的
奴仆①

既然给自己描绘了这些——暂时还相当遥远的——远景,那就可以试着具体地设想一下,这场从革命中产生的俄罗斯共和国的"防御"战应该具有什么样的性质。这将是一场<u>名副其实的革命战争</u>,或者,说得确切一点,无产阶级必将使之具有革命战争的性质。

(1)

这就是说,第一,这场战争将不能不采取最革命的行动侵犯<u>私有财产</u>——至少是侵犯被革命打败了的贵族阶层的私有财产——的"<u>神圣</u>"权利。这就是说,第二,它抱定在各中欧君主国取得胜利的情况下捍卫 俄国 不

---

① 这句话,列宁写在第117页的下边。——俄文版编者注

受奴役的宗旨,它也一定会采取措施,防止这些君主国
的失败导致由俄国现在的盟国对它进行同样的奴役。
例如,很难设想,在俄国取得胜利的民主派能够原封不
动地保留对法国资本欠下的几十亿债务,为偿还这些
债务沙皇政府把俄罗斯人民几十年的劳动预售给了法
国资本;很难设想,不宣布**国家财政破产**而能在俄国爆　　(2)
发胜利的民主主义革命。这就是说,第三,无论是曾经
受到德国帝国主义企图侵犯的民族,还是谋求解放却
同<u>英国、法国或意大利等帝国主义</u>的利益相违背的民
族,<u>这些民族都具有民主自决原则</u>;俄罗斯共和国的革
命战争必定会为了这些民族的民主自决原则不受任何　　(3)
资本主义意图的限制而进行。

[117—118]　只要设想一下**这种**战争的情形——而
只有这种战争才能反映捍卫自己不受德国帝国主义侵
犯的俄罗斯共和国的历史进步性——就会提出一个
问题:这种使帝国主义战争转化为<u>民主-革命</u>战争的
做法同各个国家在世界性冲突中当前的相互关系是否
相容? 世界性冲突的整个性质难道没有向我们保证,
只要有一个国家<u>资产阶级民主派</u>获得革命性胜利,就
会立即破坏这种相互关系,这将把全世界**所有**资本主
义资产阶级联合起来竭力扑灭革命烈火,从而下面这
个问题本身对俄国无产阶级说来就不复存在了,即:
一旦民主派在俄国获得胜利,而德、奥又不愿意缔结
光荣的和约,俄国无产阶级是否需要**继续**进行针对中
欧各君主国的防御战争? 非常明显,在这种情况下,
问题就不是继续进行旧的战争,<u>而是进行全新的战</u>
<u>争</u>,而这种新战争和通常意义上的防御战争很少有共
同之处:将像法兰西第一共和国的革命战争那样具有
<u>进攻性</u>,或者说应当具有这种性质,因为毫无疑问,国
际帝国主义反动派的情况是决不容许民主派在俄国站

稳脚跟的⁽¹⁾。

[119] 不过,既然我们已经这么深入地谈到了我们的假设,我们就不能不把另一个使情况复杂化的因素纳入我们的构想。在军国主义和帝国主义反动派继续在全世界占统治地位的情况下,俄国的政治危机能够发展到我们谈过的那一步吗? 这种推测是完全<u>不可思议的</u>。许多日益深入广泛、只会把俄国引向民主主义共和国的革命动荡,不会不立即给与俄国结盟和交战的国家的人民群众留下深刻的印象,这些动荡大概还会成为这些国家中发生<u>人民运动</u>的推动力。而另一方面,如果战争形势不利于人民运动的发展,那么,只要

嘿,狡猾的骗子!

注意×

×
=无产阶级和农民的革命民主专政!

?

(1) 俄国**资产阶级**民主派掌权后,是否能进行这种革命战争,即把反对本国的农奴制的革命发展成为反对国际帝国主义的斗争? 这是<u>大可值得怀疑</u>的:无产阶级在试图把自己的革命盟友推上这条道路时可能遭受失败,这将意味着它同资产阶级民主派的决裂,意味着资产阶级民主派走上变"1793年的共和国"为"甘必大和克列孟梭的共和国"这条适应资本主义资产阶级利益的道路。——因此产生一个基本问题,就是俄国革命,作为把实际政权转交给<u>小资产阶级的和农民的民主派</u>的资产阶级革命,是否有可能取得历史上的全面胜利(在无产阶级支持下或在无产阶级共同掌权下——反正一样)? H. 托洛茨基同志在《我们的言论报》第 217 号上对这个问题作了绝对否定的回答,他并没有花力气去提出别的证据来加强他的论点的分量,而只是<u>重复公理似的</u>论断,这些论断旨在使读者能够接受"革命的工人政府,由革命无产阶级夺取政权"这一口号。如同 1905 年和 1906 年一样,托洛茨基同志也是从独特的目的论概念——民主主义革命**应当**在俄国取得胜利——出发的。然后,他着手分析各种社会力量并得出结论说,无论自由主义的改造还是资产阶级革命的转变都是不可思议的,因为资本主义资产阶级是反革命的,而"资产阶级民主派<u>不存在</u>"(即没有能力夺取政权)。**因而**,变革将由无产阶级来实现,而既然由它来实现,那它"<u>为什么</u>"要把政权让给其他阶级呢? 因而,"工人政府"……

盟国的和敌国的帝国主义势力以某种形式援助俄国已
受到根本动摇的"制度",也会使革命危机在俄国本国
的发展停顿下来。在这种情况下,**民主派尚在战争时
期**即可在俄国获得全面胜利的前景,即"防御"任务能
作为无产阶级革命任务的组成部分的唯一前景,未必
能成为现实。

[120]　由此可以得出结论说,如果在像我们所说的
"正向必然结局"发展的革命前景中提出"为防御而革
命"的口号(而在另一种前景中,社会民主党是 不会提
出 资产阶级革命问题的),这个口号就会失去具体历史
内容,就会是凭空虚构的……

　　因而,无产阶级在俄国掀起争取民主主义的决定
性胜利的斗争时,应该把它看成是无产阶级反对国际
帝国主义反动派的国际斗争的一部分;所以就应该把
它同反战斗争紧密联系起来,同争取"由各国人民缔结
的和平"的斗争(像组委会不久前印发的传单所说的那
样)、同争取由觉醒了的 各国人民 强使各交战国接受
的和平的斗争紧密联系起来……　　　　　　注意
　　　　　　　　　　　　　　　　　　　　　　??

[120—121]　不是为了民族防御的革命,**而是为了和
平的革命!** 俄国无产阶级当前的中心战斗口号应该是
为消灭沙皇制度和战争而召开全民立宪会议。

　　有人反对我们说:好。无产阶级同民主派一起促
成了立宪会议并着手建立共和国。新政府建议德国缔
结没有兼并的和约。帝国主义德国什么也不想知道,
而德国无产阶级尚未觉醒或者还没有强大到足以阻止
德军对俄国继续入侵的地步。那么,我们将和刚刚争
得的共和国一起保卫祖国吗?

庸俗之辈,"带
到"《我们的事
业》杂志[49]那
里去
　　注意

[122]　……马克思主义者完全不必求助于信仰。他

们中间那些经过这场纷争之后仍然是马克
思主义者的人,之所以不顾这场纷争而仍然
愿做马克思主义者,只是因为这场纷争以及
引起纷争的事实(无产阶级及其政党向帝国
主义投降)没有说服他们改变对马克思主义
关于无产阶级发展趋势的基本概念的信
念。不管遇到什么阻碍,不管遇到什么暂时
的退却,这些趋势都会把无产阶级引向国际
主义和革命斗争。因此马克思主义者会在
极度惊慌不安的混乱中预见到新的复苏和
高涨的开端,只要他愿意,他将能够把自己
的充沛精力用到那里去,以便在目前使国际
无产阶级四分五裂的互相矛盾的趋势之间
的斗争中,加强那些有前途的趋势。而这当
然是指目前受可能派的民族的趋势压制的
革命的国际主义的趋势。在此紧急关头,谁
如果受怀疑论的影响不能用两只脚踏上最
坚决地支持工人运动中目前受压制的国际
主义自发势力的道路,谁就只能在历史过程
中扮演消极旁观的角色;而如果他试图坚持
扮演政治活动家的角色,那就必不可免地会
滑进民族主义机会主义的泥潭。

注意

注意

[122—124]　俄国革命危机的起因,是由于失败而
引起的、在联合起来的有产阶级(他们借助于人民群众
的不满情绪)同一小撮当权派之间发生的冲突。由这
一冲突发展起来并已具有相当规模的运动,是由民族
防御思想统一起来的。

　　无产阶级当然应该支持这个运动,因为运动动摇
着旧政权,使之失去存在的基础。但是支持资产阶级
领导的运动,并不意味着让它牵着鼻子走。无产阶级

?　※

和社会民主党在拥护针对"背叛的政府"的战斗行动时，<u>并不拥护它的口号</u>。他们批评其中一<u>些</u>不明确的、没有充分理由的口号（"社会内阁"）；他们公开反对另一<u>些</u>与民主派利益相敌对的口号（"把战争进行到胜利为止"，"和德国强暴势力作斗争！""不许罢工！"等等）。

在自由-爱国主义运动打着<u>"防御"</u>的旗号还没有耗尽自己潜力，还没有给予现存制度以所能给予的全部打击的时候，社会民主党在力所能及地参加由这个运动所引起的各种冲突，<u>利用它们进行宣传鼓动</u>，号召工人群众<u>有效地抗议</u>反动派敌视这一运动的种种表现时，应该把自己工作的重点集中在<u>组织无产阶级的力量上</u>，因为将要展开的事件要求无产阶级付出全部革命精力……　　注意　注意

如果<u>组织工作的口号脱离了</u>无产阶级面临的那场<u>争取和平和争取民主</u>的革命斗争的任务，而要顺利地做好把无产阶级组织成为一支独立的政治力量的工作，那是难以想象的。据我们远在国外的判断来看，这种使组织工作脱离关于运动的一般口号的宣传鼓动的倾向，在俄国同志中是存在的。我们回忆一下<u>哥尔斯基同志在现已被查封的《晨报》第 1 号上</u>发表的一篇文章[50]。据我们对他的文章的理解，他建议决定是否参加军事工业委员会的问题<u>不以对"民族防御"事业的态度为转移</u>。他是出于这样的想法：可以原则上拥护"防御"和抵制哥列梅金的"委员会"，也可以反过来原则上反对防御，赞成工人们参加这些委员会。实际上，试图从组织上"利用"新立场的角度来解决这一问题而<u>把关于工人阶级在原则上和实际上对待"防御"的态度问题不予理睬，或者搁置一旁</u>，这不但不会使组织工人的工作变得容易一些，反而会对他们起涣散作用。在俄国历史上的革命时期即将来临时，工人阶级应该尽量清　　注意

楚地意识到,在革命进程中它将捍卫什么目标和用什么方法去捍卫,它应该了解,它把自己的力量组织起来是为了什么。现在表现出来的任何未经充分协商和考虑不周的行为,明天都会受到很厉害的惩罚。(*)

　　工人阶级的整个运动都应在为争取和平而斗争、为争取按民主方式消灭六三制度而斗争的思想的鼓舞下联合起来。因此,无产阶级应该把自己的力量组织起来并巩固自己的阵地,不要挤进、也不要去适应资产阶级领导的"民族防御"运动,而要把自己的国际主义任务和以国际阶级团结为目的的行动方法同这一运动对立起来。以豪斯托夫同志和斯柯别列夫同志为首的工人代表团在莫斯科反对生活费用过于昂贵的代表大会上就曾出色地做到了这一点……

　　实际上无产阶级群众是现在就会在国际主义的旗帜下沿着彻底革命政策的道路前进,还是会在失败造成的灾难的直接影响和他们周围那种"国家兴亡,匹夫有责"的气氛的压力下,打着"防御"的旗帜投入战斗,并在政治危机中发挥自己的作用(也许,只是最初),从而始终耽于爱国主义-民主主义幻想呢? 要知道,1871年公社战士也是在防御和"把战争进行到底"的旗帜下前进的。如果俄国无产阶级发生了同样的情况,当然这既不会抹杀俄国无产阶级在已经开始的危机中所起的作用的革命性质(这种性质是由俄国各阶级的相互关系决定的),也不会抹杀它的革命斗争的国际意义,而只会削弱它们。在这种情况下,先进的工人社会主义者只得在不脱离广大群众的斗争、不使自己和他们的运动对立起来的条件下在运动中执行自己的路线(像瓦尔兰、马隆和巴黎的国际主义者在 1870 — 1871

嘿,狡猾的骗子 不清楚

(*)　当关于军事工业委员会运动的结果完全证实了我们的担心的时候,文章已经拼版。

注意

年总的说来充满布朗基主义的爱国主义幻想的武装起义运动中所执行的路线那样）。正如鲁·希法亭所完全正确地指出的那样，也许马克思主义者在即将来临的历史时刻发生的带有世界战争的<u>可恶</u>烙印的事件中，不得不像1848年的"共产主义者"那样，再次把自己的作用归结为：在每个具体运动中，提出并捍卫无产阶级的共同的和经常的利益，而在当时这种利益却被它的局部的暂时的利益压倒了。

[125] 俄国社会民主党在政治危机刚一开始时愈是坚决地采取明确的<u>革命国际主义立场</u>，愈是明确地号召无产阶级把自己的全部政策建立在恢复国际阶级斗争基础上，它在这一危机的发展过程中的影响就会愈大，无产阶级就会愈可靠、愈迅速地抛掉种种幻想，并能在汹涌澎湃的俄国生活的海洋上高高举起<u>国际社会主义的红旗</u>。它在全民族的危机中就能愈可靠、愈迅速地捍卫住自己的阶级利益。

尔·马尔托夫

把一只腐烂的猫……烹调得有滋有味的第一流厨师。

译自《列宁文集》俄文版第40卷
第369—379页

茹尔·盖得《警惕!》一书和《用阶级斗争反对战争! 关于"李卜克内西案件"的材料》一书的摘录和批注

（1915 年底）

1

笔记的主要内容

茹尔·盖得:《警惕!》

《反对伪造、幻景和虚假的资产阶级改良。论战文章》,1911
年巴黎版。

（白拉克作序）

+

注意	《用阶级斗争反对战争》 （《关于李卜克内西案件的材料》）	注意

在这本笔记中:

第 1 页——大卫的发言

第3页——1914年10月2日李卜克内西的信

　　　　　1914年10月26日李卜克内西的信

第9页摘自1915年1月的发言

2

茹尔·盖得《警惕!》一书的摘录和批注[51]

盖得（文章）……《警惕!》……

"……几乎可以说欧洲大战时代已经过去了，但是还会有另外一些战争发生，并且它们每天都在发生，那就是争夺市场，争夺商品销售的战争……　从这方面来看，战争不仅不会消失，反而很可能连绵不断……这多半是资本主义战争，是各国资本家为了利润，为了争夺世界市场而让我们付出金钱和血的代价的战争。

请设想一下，在欧洲每个国家的资本家政府里，由社会党人指挥这种为了掠夺而进行的相互残杀！请设想一下，除了法国的米勒兰之外，英国的米勒兰、意大利的米勒兰和德国的米勒兰都把无产者拖进这种资本主义的**掠夺**而使之彼此攻打！同志们，我要问你们，那还有什么无产阶级国际团结？一旦米勒兰主义成为普遍现象，我们就不得不向一切国际主义'告别'，而成为**民族主义者**，可是无论你们或我，都永远不会同意做民族主义者。

（**1899 年法国各社会党组织全国代表大会**——正式速记记录的片断。）（**第 175—176 页**）[1]……

注意　‖　　　　　　　**《议会制和革命》**[2]

‖　　　‖　　　"……在我们国家里，选举斗争和革命斗争

---

① "（第 175—176 页）"这几个字是列宁写的。——俄文版编者注
② 从这里到茹尔·盖得《警惕!》一书的摘录末尾，是列宁摘写的。——俄文版编者注

不但不互相排斥,而且过去和现在都是一直互
相补充的:在我们国家里对任何政党来说,胜利
的起义仅仅是选举斗争的继续和结束……"(第
90页)

注意

　　(1894年11月10日《社会主义者报》[52])
紧接着这个句子写道:

　　"有人本来想在表示开端的投票和意
味着结束的起义两者之间制造对立(为什
么?打听也无用),可是始终未能如愿。
历史,我们的全部历史证明,在**合法性被
破坏**〈黑体是原作者用的〉之前,只要这种
合法性作为新思想、新利益在其发展时期
的防御武器,以及进攻武器,只要革命形
势还没有形成,总是一定要利用这种合法
性的。"(第90页)

注意

　　"但是,为了承认一种手段而否认其他手段而把它们分成合法
的和不合法的,和平的和强制的,这样划分**手段**〈黑体是原作者用
的〉是非常愚蠢的。"(第91—92页)

　　(第92页总罢工是反革命的)

───────────────

同上。

　　"在目前资本主义的**阶级的**〈黑体是原作者用的〉社会里,和平
和裁军对幼稚的和滑稽的人来说只是空谈,也不能不只是空谈。"
(1898年9月11日《社会主义者报》第184页)

　　《为什么》一文。

3

《用阶级斗争反对战争!
关于"李卜克内西案件"的材料》一书的摘录[53]

1 注意　　**用阶级斗争反对战争!**
　　　　　　　　关于"李卜克内西案件"的材料。

　　　　　　(共 88 页)(("作为手稿刊印"!))

　　　　　题词:"德国社会党人首先揭露了德国外交的错误;
　　　法国社会党人首先揭露了法国外交的错误。如果这种
　　　精神在国际关系方面占了优势,和平和权利就会得到保
　　　障。"饶勒斯,《人道报》(1905 年 4 月)。

　　第 3 页:1914 年 7 月 12 日在比利时边境上的法国的"埃斯科
河畔孔代"举行了要求和平的游行示威。李卜克内西也讲了话。
李卜克内西**写道:**"我忘不了这件事。"

　　1914 年 7 月 23 日奥地利向塞尔维亚发出最后通牒。摘自 7
月 24 日和 25 日《**前进报**》和其他报纸的引文都是对奥地利和德
国的谴责。**执行委员会**[①]的宣言(1914 年 7 月 25 日)——第 7
页——也……

　　1914 年 7 月 31 日和(8 月 1 日)"党内许多报纸的 180 度大
转变"(第 9 页)——引文"我们将履行自己的职责"(第 9 页:**许多
报纸**)。

　　　　　　第 10 页:"这里应该回顾两件事实:陆军

---

　　① 指德国社会民主党执行委员会。——俄文版编者注

大臣于 1913 年在帝国国会预算委员会会议上
的发言:社会民主党的反军国主义吓唬不了他;
在'反对沙皇制度'的幌子下,整个社会民主党
都会行动起来。还有一个德国显赫的国家官员
在战争爆发后说:'你看,我们反对沙皇制度的
口号不是终究起了绝妙的作用吗?'"

1913

　　德国的"白皮书"只字不提在给塞尔维亚发出最后通牒**之前**维
也纳和柏林的**谈判**,而这是最重要的(第 12 页)。

　　第 13 页:1914 年 12 月 5 日乔利蒂[54]的演说证明,奥地利早
在 1913 年 8 月就想发动战争了。**桑朱利安**(外交大臣)在 1913 年
8 月 9 日给乔利蒂的电报中谈到,奥地利想进攻塞尔维亚(摘自
1914 年 12 月 7 日《伯尔尼哨兵报》)

　　第 14 页:"甚至早在 8 月 1 日,已经从资产阶级报刊获悉,社
会民主党 8 月 4 日可能投票赞成军事拨款……" 8 月 3 日党团
会议…… "这时所谓党团的激进派的失败已经显示出来了。累
德堡、伦施、李卜克内西三位同志非常匆忙地(因为他们只有很少
的时间)写了一个简要的声明草案提交党团,该声明在末尾要求否
决军事拨款。"

　　大卫第一个发言主张投票**赞成**(入侵,反对
沙皇制度,倍倍尔的话)——第 15 页。

第 15 页

　　"顺便说说,那里有这样的记载:'我们不能
使自己同人民的情绪相对立…… 如果我们否
决军事拨款,我们的组织就会被消灭,被摧毁,
而投"赞成"票则将大大加强社会民主党的地
位……'"(第 15 页)

注意

2

考茨基!!

"……**考茨基**提出了关于筹措紧急军事拨款的问题,建议要求政府作出不怀任何征服意图的保证,如果政府作出保证,就投票赞成,如果拒绝,则投票反对。这一建议被一致否决。"(第15页)

注意

"……多数派只是焦急不安地听取了少数派代表的发言。关于停止辩论的建议很快结束了极度紧张的争论。"(第15页)。((**14**票反对;78票**赞成**。))

下流坯!!

"关于在高呼'凯撒[55]、人民和祖国万岁!'的时候要起立(和别人一起)的建议曾引起争论,但还是以压倒多数获得通过,同时他们指出,提到人民和祖国这已是一种让步。"(第15页)

同**政府**的谈判

"曾经……被告知,政府希望把声明中反对征服的条文写得缓和些,因为这一条文可能加剧英国干预的严重危险。人们迁就了政府的愿望。"(第16页)

!!

8月底,李卜克内西建议执行委员会(柏林的)召开反对兼并和要求和平的各种会议。"召开这类会议的建议遭到否决,理由是所谓担心同志们可能在会上发表赞成兼并的意见。"(17)

"文件"……　发表在《不来梅市民报》上的李卜克内西1914年9月3日的信中谈到,军事拨款的投票是排除了反对派的反对,经过"空前激烈的辩论"获得通过的(17)……

发表在许多报纸上的李卜克内西、克拉拉·蔡特金、罗莎·卢森堡和弗兰茨·梅林四人1914年9月10日的信中谈到，他们不同意休特古姆和理查·费舍的意见(第18页)。

李卜克内西1914年9月26日的信中(发表在许多报纸上)……谈到帝国国会党团的少数派，他说："我无须对你们说，他们(少数派)在任何情况下都不曾否认民族自卫权。"(第18页)"……甚至从最极端的民族的观点来看，我们的党团也是犯了非常严重的错误并承担了最大的责任"(第19页)，他说，因为我们的党团强化了敌人的战争狂热……

保卫祖国！！

"某某区"的"区执行委员会"的决议(1914年9月29日)要求党的执行委员会发表声明反对兼并，要求和平。

执行委员会的答复(1914年10月5日)是，这种决议"没有必要"，因为党的执行委员会正是("尽可能")这样做的。"某某区地方联合会主席扩大代表会议"的决议(1914年10月11日)同意1914年9月29日的决议，并且对党的执行委员会在《前进报》被查封这一事件中的表现表示遗憾。(第20页)

党的执行委员会答复(1914年10月15日)说，一切我们都在做，而你们不大了解情况。(第21页)

1914年10月2日，李卜克内西应邀参加党的执行委员会的会议。**交换信件：李卜克内西给党的执行委员会的信**(1914年10月2日)中说：我有权无论在比利时还是在斯图加特等地发表演说。

十

请看

下一页

"……我曾着重指出,我深信恢复国际只有在那种能够清除党团多数派观点的认识的基础上才有可能;注意:要创造一个不致连儿童都会耻笑的国际……"(第22页)

3

党的执行委员会1914年10月7日的**回信**谴责了李卜克内西在比利时、荷兰、斯图加特的行为。"……如果您认为自己负有从根本上重建德国社会民主党的使命的话,那么我们只好请求您延缓这一活动……"(到"在完全公开的条件下"讨论这一问题的时候)(第24页)

"**重建**"党

李卜克内西在1914年10月2日的信中**写道**:"……我声明,我深信德国的党如果不想丧失称为社会民主党的权利,如果想在世界人民心目中恢复目前基本上丧失了的威信,它应当彻底重建。我着重指出过,实现这一点所必需的斗争将十分艰巨,因为进行这一斗争不仅要像至今那样地、更激烈地反对政府和统治阶级,

注意

而且还要反对党的某些正式组织,反对党内日益强大的一种倾向,即反对今天使党在某种程度上成为政府的半官方工具的那些思潮(沙文

注意

主义、兼并问题、抹杀阶级斗争、领导青年等等)。"(第22—23页)

李卜克内西1914年10月10日**给党的执行委员会的信。**

"……党的执行委员会,例如党的执行委员会驻国外的代表为德国进攻比利时作辩护,他

们的所作所为事实上几乎同德国帝国主义的承
宣官一样;……党的执行委员会坐视党在小民
族主义和幻想主义的马祖里泥坑中愈陷愈深,
坐视党不作斗争就退出一个又一个阵地,一直
到奉命暂时公开放弃阶级斗争……"(第25页)

注意

"……它的(党的执行委员会的)超机会主
义政策……"(第26页)

注意

李卜克内西1914年10月16日**给党的执行委员会的信**……
休特古姆(在瑞典)和**扬松**赞成军国主义以及其他。

党的执行委员会1914年10月17日**给李卜克内西的信**……
信中说,您的"看法不正确"……

"到了和平的年代,国际会理解我们的立场,就像现在我们理
解其他国家的我们兄弟党的立场一样……"(第29页)

党的执行委员会1914年10月28日**给李
卜克内西的信**……　"在休特古姆同志根据党
的领导的建议去意大利之前,曾和他一起详尽
地讨论了向他提出的任务……"

休特古姆
受
委托!!

李卜克内西1914年**10月26日给党的执
行委员会的信**……　"……这时,甚至没有做在
反社会党人法施行期间常常做的那种出版其他
报纸来代替原来报纸的尝试"(第31页)……
(由于《**前进报**》被查封)"……立即开始了'交
易',在鸡叫三遍之前就投降了……"(第31页)

关于《**前
进报**》的查
封(和启封)[56]

"……当然是指帝国主义战争,即**这场帝**
国主义世界战争,这场战争本来早就要爆发,

4

注意

注意

!!

说得好!!

为了反对这场战争,我们从基本原则出发,曾经庄严地允诺在国际范围内贡献出自己的全部力量。恰恰是我们德国人有特殊的理由反对这场战争;迅速崛起的德国帝国主义从历史上看就是侵略成性的。在我们面前是一场德国奥地利的粗暴的、先发制人的,同时又是征服性的战争……"(第32页)

"……8月4日法国的投票……已经受到了我们党团决定性的影响,这些决定还在实际通过之前就被报界预先捅出去了;当然,我丝毫不想以此来为法国的投票作辩护……"(33)

"……如果宣言能够明确表达结束战争、国际团结、民族自决和反对各种兼并的意愿,这种宣言就会成为拯救的手段,会对全世界的无产阶级起解放的作用……""当然,这种政策会不同于**鲍威尔**同志的政策,他不愿意'失去政府目前对他的宠爱……' 也会不同于那种仍然深受'用大炮来保卫人民的权利'这一口号的影响,而且极其符合'通过摧残自己去争取胜利!'这句名言的政策……"

李卜克内西1914年10月31日**给党的执行委员会的信**再次提出了发表反对**兼并**的声明的要求。

1914年11月29日至12月2日党团会议　……场面激烈…… 大卫拥护多数派……

李卜克内西:"……因此,用国际阶级斗争反对战争被认为是

无产阶级在目前已经爆发的帝国主义战争中唯一可行的政策……"（37—38）

李卜克内西的**声明草案**（准备于 1914 年 12 月 2 日提出）：

"指的是旨在大规模掠夺的这场帝国主义战争，从德国方面讲尤其是这样……　也是指旨在镇压和涣散迅速增长的革命工人运动的波拿巴式的行径……　这不是德国的防御战争，也不是德国的解放战争。这不是为争取更高'文化'所进行的战争，因为'文化'相同的几个最强大的欧洲国家相互争斗，正是由于它们都是同样文化的即资本主义'文化'的国家。战争是打着民族和种族战争的欺骗性旗号进行的，而同时在双方营垒中所聚集的却都是杂乱不堪的民族和种族的混合体。"（38）

投票是在 **17** 票反对的情况下通过的……　"送来一封要求宣读的维克多·**阿德勒**的信，他恳求党团发表争取和平和反对破坏比利时中立的坚决声明，这封信毫无结果……"（40）

如同 8 月 3 日一样，把草案通知了政府和资产阶级政党（"如同 8 月 3 日那天通过的声明立即通知了资产阶级政党和政府一样，也对目前通过的声明采取了同一做法……"第 41 页）。资产阶级政党和政府希望（12 月 1 日）写得缓和些，但是当时"……12 月 1 日晚，旨在修改声明的诡计在党团内暴露后，党团内 20—30 名议员在霍赫的倡议下聚会，并且庄严决定，如果党团多数派屈从于资产阶级政党和政府的意志，就要正式出来反对，并在 12 月 2 日的全体会议上把 11 月 30 日所写的声明作为党团少数

注意!!

5

最后通牒

> 派表决通过的意见来宣读……　由于这种威
> 胁,事情就此结束……"(41)

第 41 页。**李卜克内西**的"投票理由书"(这份理由书交给了帝国国会议长,但未被他宣读,也未被收入速记记录)。

第 43 页。李卜克内西 1914 年 12 月 3 日给党团执行委员会的信(**党**的纪律更高,以及其他)。

第 44 页。党团执行委员会对李卜克内西的谴责(摘自 1914 年 12 月 3 日《**前进报**》)。

第 44—48 页。刊登在《工人领袖》上的弗兰茨·梅林、罗莎·卢森堡和卡尔·李卜克内西(没有蔡特金)的信。

48—50。几项决议:

<table>
<tr><td rowspan="4">注意</td><td>1914 年 12 月 20 日"甲地代理人"代表会</td></tr>
<tr><td>议,——1915 年 1 月 20 日"乙地选区"代表会</td></tr>
<tr><td>议,——1915 年 1 月 25 日"丙地选区"代表</td></tr>
<tr><td>会议</td></tr>
</table>

战争是帝国主义性质的和"波拿巴式的"(第 48 页),赞成民主的和平以及其他,反对投票赞成军事拨款……谴责破坏比利时中立的行为——"用阶级斗争反对战争"……

1915 年 2 月 2—4 日帝国国会党团的会议。

"……**列金**要求把李卜克内西**开除出**党团……"(51)

> "……埃德蒙·费舍证实,他和他所知道的
> 党团内另外至少 20—30 名议员已于 8 月 3 日
> **!!** 决定正式投票赞成军事拨款,来对付党团当时
> 可能采取否决军事拨款的决定;在这种情况下,
> 对李卜克内西的任何谴责都会是不公正的和虚

伪的。

"最后,爱德·伯恩施坦认为奉命投'赞成'票是不合适的,并且声明,他恰恰为李卜克内西的行为感到高兴……"(第52页)

……李卜克内西……(说)"……今天需要的是震荡和明朗化,而不是对某种中间路线的妥协……"(54)

很好!!

海涅和其他人谴责李卜克内西疯狂地仇恨德国;由于他对政府的攻击使德国的利益受到威胁……"(54)

"失败主义"……

"**李卜克内西**。'……用国际阶级斗争反对战争的政策正在发展;这个政策是可行的;为了德国无产阶级的利益它也是必需的。使这些利益受到威胁的,不是他李卜克内西,而是那些主张"战"到最后胜利这个已经被充分揭露的、近视的、非社会主义的口号的党内帝国主义分子。'"(55)"……过去资产阶级报刊对那些破坏纪律的改良主义者关怀备至,保护他们免受激进派所施加的'纪律约束'。现在资产阶级报刊却怒气冲冲、声嘶力竭地攻击破坏纪律的激进派。在现在党内修正主义领导正在发展的情况下,一些资产阶级报纸所作的庇护,在《柏林每日小报》一类报纸的要求中有了很能说明问题的和真实的反映,这类报纸要求尽快把替罪羊赶出社会民主党这个天堂,在那里政府的太阳是不落的……"(56)

很好!!

6

好

很重要!!

"如果说,我(李卜克内西)当时(8月4日)没有下决心一个人单独走自己的路,那么,对这件事,就没有人比我更加后悔,比我本人更早后悔的了……"(57)

哈哈!

"理查·费舍说,**列金**的那个不能容许的建议可能遭到否决,这件事将被李卜克内西作为党团的信任表决而加以利用,理查·费舍说了这些话以后,**列金**的建议撤回了……"(58)

第 59 页:**列金**对霍赫及其同伙的"**非正式的代表会议**"抱有怨言,而埃德蒙·**费舍**又一次承认他也参加了右翼的非正式的代表**会议**。

第 **61** 页:——1915 年 2 月 3 日谴责累德堡的行为。

"2 月初……   李卜克内西应征入伍……"

!!!

第 62 页:邦议会议员**胡埃、亨尼施**(和莱纳特)威胁说,如果**施特勒贝尔**发言拥护和平,就要和他辩论。"这种威胁阻止了施特勒贝尔的发言。"(62)(1915 年 2 月 23 日邦议会普鲁士党团的会议。)

第 65 页——1915 年 3 月 7 日**党的委员会**以 35 票赞成,5 票反对,**通过了**军事拨款;以 30 票赞成,10 票反对,**通过了预算**。

1915 年 3 月 8 日党团会议(100 亿预算)……   摘自 1915 年 3 月 18 日的辩论记录……

山岳派——
"中派"!!

"**武尔姆**警告党团不要做过头,因为工人群众反对党团策略的情绪正在增长;必须保持马克思主义的中派立场。① **大卫**责备武尔姆为否决军事拨款进行活动。有人插话说,霍赫和武尔姆的行为'不光明磊落'。**大卫**继续说:我们可能采取的反对立场会迫使政府采取极端措施。**列金**认为,霍赫—武尔姆的策略是'偷偷摸摸聚会制定的'。**休特古姆**不仅确信,按霍赫建议的精神发言没有意义(把100亿减少到50亿),而且确信,一旦政府指望在将来获得批准的100亿的要求遭到帝国国会的否决,政府就会不客气地解散帝国国会而自行其是。休特古姆根据帝国国会的这种无能为力的处境得出结论说,社会民主党不应当容许自己摆脱这种无能为力的处境! **霍赫**把大卫、海涅、休特古姆的政策称为民族自由主义政策;他不能不摆脱这种处境……"(67)

> "民族自由主义"政策

　　以77票赞成,23票反对,通过了100亿预算。李卜克内西和吕勒在帝国国会投了反对票。

　　第70页:1915年3月22日《**前进报**》:党团谴责李卜克内西和吕勒。

　　第**71—88**页:"从李卜克内西同志1915年1月在诺伊科隆所作的**一次演讲**的速记记录中,我们摘录如下……"

> 7

　　帝国主义("它在欧洲大陆上的主要体现者是德国"(71))的本质——力图扩张——比利时和法国(重工业)——小亚细亚等等。

---

① 见本版全集第27卷第125页。——编者注

　　　　　　　"面向人民群众的舆论的做法一下子就走过场了。群众的意见过去有谁知道,现在又有谁知道呢? 声嘶力竭地大喊大叫的疯狂的人群挤满街道,他们撕破每一个外国人或者看来像外国人的人的衣服并殴打他们,这群人本应引起每个社会民主党人的极端厌恶,而不应当做榜样。既没有出版自由,又没有集会自由,更没有机会接触人民! 即使很多人要求同意军事拨款:虽然社会民主党始终都会对群众的这种意见给予应有的注意,加以研究并用来作为自己的经验,但是不会不加批判地照这种意见办……"(73)

跟在"群众"后面?

　　　　　　　"……这些由于害怕组织'遭受破坏'而变成了爱国主义者的人,由于自己的浅薄的机会主义观点,不承认工人运动的基本实质和工人运动的力量和伟大的根源,因此,唯利是图、胆小怕事、内心软弱、对目标缺乏信心等占统治地位的大组织不是优点,而是障碍、不幸、负担……"(73)

很好!!

"……这些由于害怕而变成了爱国主义者的人"(在另一些地方称为"胆战心惊的爱国主义者")"往往是打着小投机商算盘的爱国主义者,是追逐美好前程、渴望以顺从来博得嘉奖的爱国主义者……"(74)

　　　　　　　"……他们(人民)今天是帝国主义者手中的工具,不过是用来达到资本主义目的的工具;

但又是最必需的工具和活的工具;这种活的、生气勃勃的工具蕴藏着一种危险的特点,就是它会举行起义反对那些利用它的人。如果过分戏弄它,它就会举行起义……"(75)

　　"……阶级斗争是当前的口号。阶级斗争不仅适用于战后。阶级斗争适用于战时。用阶级斗争反对战争……"(76)

"举行起义"

"……用阶级斗争反对战争……"

　　是否由于社会民主党的良好表现而得到"嘉奖",就能期待对内政策的"新方针"呢?……"当然!'新方针'是可能出台的。然而并不是由于戳穿了所谓'帝国联合会'的骗局,而是由于战争引起了绝对无法避免的民愤,使得工具们举行起义反对那些利用他们的人……"(79—80)

8

"起义"

　　他说,我不是说,战争是有利可图的买卖。我认为,战争是"可恶的买卖……"(80)　　……但是不论是战争还是和平,根据其趋向都是资本主义的"买卖"。

　　"……一个党,它对群众的狂热,对吵闹于街头的无知之徒,对政府的无耻的蛊惑宣传,对登载戒严预告的报纸等显然没有进行反击;一个党,它所以被称为瓦解了的党,只是由于它破坏了自己的原则;一个党,它在伟大的历史关头如此缺少坚定性,以致就坚固性来说,一个纸糊的房子同它相比竟成了军事堡垒,这样的党既不能得到那些人的信任(群众的信任),也不能

很好!!

得到这些人(敌人)的尊敬。'社会主义'春天的云雀,愈是企图在帝国主义冲突愈演愈烈的隆冬飞来飞去啁啁啾啾地对人民诉说迦南[57]在望的空想,就愈是如此。认为采取民族自由主义式的这种'直接行动'的方法就可以为无产阶级扫清道路,这就等于抛弃辩证唯物论的起码常识。

"民族自由
主义的"

无产阶级的敌人学会了以愚弄来战胜我们的本事。社会民主党应该挽回失去的威望,在斗争中挽回威望。如果社会民主党在战时就开始这场斗争,它是能够很快从根本上达到这个目的的。如果它把这场斗争拖延到战后,那么斗争对它来说将更艰苦,这是因为那时的斗争危险较少……"(82)

很好!!

注意　　　　……章节(演讲的)标题:《战争是**波拿巴式**
的行动》……

"的确,被压迫阶级相当多的时候看不到对外政策和对内政策之间不可分割的联系,而统治阶级却总是看到这种联系的。许多社会民主党人,甚至社会民主党中央机关的正式政策,在拥护战争时,表示希望通过拥护战争这一政策,比较容易地过渡到对内政策的新方针,同时表
注意　　　示担心采取相反的政策会使工人组织遭受破
为组织担心　　坏……"(82)

当 1910 年社会民主党人在复选中不断获得胜利时,教唆者大

喊大叫,要求搞"对外(国外)冲突",以压垮无产阶级。

（他说,请不要忘记**比辛的军令**——83）

"波拿巴主义有两种方法:一种是适当情况下行之有效的暴力,一种是收买……"(84)

章节的(演讲的)标题:《社会民主党在战争中的策略**原则**》(86):

"战争是政治("和平")通过另一种手段的继续"(86)"……我们在战前对导致战争的各种关系的估计是否正确？难道出现了另一些具有决定意义的情况,推翻了我们过去的意见？谁也不能对这个问题作肯定的回答。相反地,像现在这场世界大战,显然正是我们所预见的并且是事先反对过的那场世界大战。因而,如果说过去我们反对这场战争的立场是严肃认真地得到承认,在贯彻时又是考虑到了一切复杂的相互关系,那么就决不能放弃这种立场;如果我们竟然放弃它,那么就不要责怪人们说我们过去的反对立场是不正确的或不严肃的,是虚伪的,人们完全有理由作出这种结论。"(86)

注意

9

很对！

"……要么是战前和战争爆发后的反对立场,要么是和约缔结前和缔结后的**民族自由主义的政府的政策**。"(87)

民族自由主义的

"无产阶级对结束战争施加影响有条规律:只有通过阶级斗争才有可能。**社会民主党拥护和平的任何发言**——不论哪一种都一样——

1915年1月的讲演

和平和革命

> 只有在能引起国际反应的时候,才会有力量,而这种国际反应的力量又**总是同引起反应的那种革命力量相一致的**。但是各国社会民主党只有当它按社会主义原则说话并按社会主义原则进行反对军国主义和资本主义的斗争时,才有权以国际的名义说话和在国际方面活动。"(88)

(小册子的最后一句话。)

[笔记完]

译自《列宁文集》俄文版第 30 卷
第 139—179 页

对罕丽达·罗兰-霍尔斯特 《民兵制还是裁军?》一文的评论[58]

(1915 年 12 月底)

罗兰-霍尔斯特

罗兰-霍尔斯特的文章:《民兵制还是裁军?》(《新生活》杂志,1915年第 1 年卷第 324 页和第 365 页)。

> 注意:全文大部分甚至处处都是谈废除武装,而不是谈裁军……

罗兰-霍尔斯特文章的主要缺点是,把两种要求作为"公式"(第 326 页),作为"宣传的要求或者口号"(第 327 页),"二者都好"(第 326 页和第 327 页末)。

这样提问题是主观主义的、唯理主义的、唯心主义的(从哲学上说)。"两种要求在资本主义制度下"(在资产阶级社会里)"都不能实现"(第 325 页)!! 两种要求"仅仅"是宣传!!

但是,我们的宣传应该遵循**客观的发展**。客观的发展要**经过无产阶级专政**。马克思的科学社会主义与和平主义、无政府主义、机会主义等等的区别就在这里,而且**也恰恰**在这里,在这一点上。

罗兰-霍尔斯特没有考虑到的正是这一点。在"反对本国资本家阶级"的斗争中,人民军队"也许"(!!?? 仅仅? 第 324 页末倒数第 1 行)用得上! 仅仅是也许吗?

关于"保卫祖国"(第 329 页)问题的提法是不正确的——"任何时候都不能有任何借口"……

胡扯! 矛盾:第 365 页:"情况是意料之中的",国内战争也一样:"不过"(第 367 页)——可笑的"不过"——"不过"在这些情况下"人民军队"的"概念"就"转变为武装起义的概念……"

一团糟!

混乱的根源
(主观主义)

"如果想通过要求建立民兵制来反映下列愿望:在无产阶级革命时期,除了街头游行示威和群众罢工以外,武装起义也将起作用,这只能造成混乱。"(第367页)

噢,混乱!

> 这就是罗兰-霍尔斯特可笑的混乱和错误的要害。军队、军国主义是事实。国内战争也是事实。无论是前者,还是后者,都是历史事实,**几千年**的历史都说明了这一点。我们正是从事实出发,而不是从"愿望"出发,不是从"要求"出发。相反,"裁军"是纯粹主观主义的也只能是主观主义的愿望和要求,是完全脱离现实的。
>
> 罗兰-霍尔斯特在嫁祸于人。

译自《列宁文集》俄文版第 29 卷
第 484—487 页

关于马克思和恩格斯论
波兰问题和民族压迫问题的笔记[59]

（1916 年 7 月）

马克思和恩格斯论波兰问题(1866 年)。

马克思和恩格斯论民族压迫(1848 年)。

梯什卡:《工资及其他》(在末尾)。

几乎是空白的

马克思和恩格斯论波兰问题

1[①] 　　　　　《社会主义和工人运动历史文汇》
　　　　　　（第 6 卷）1915 年第 1 编（第 175—221 页）

<blockquote>
征求意见本

地址:卡尔·格律恩贝格博士教授先生。

维也纳　根茨巷 38 号。1 月 18 日
</blockquote>

马克思和恩格斯论波兰问题

马克思和恩格斯有关波兰问题论述的最详尽的汇总。

1847 年　马克思和恩格斯 1847 年 11 月 29 日在布鲁塞尔的演
　　　　说。[②]恩格斯,第 179 页:"……一个民族当它还在压迫
　　　　其他民族的时候,是不可能获得自由的。"

1848 年　马克思和恩格斯 1848 年 2 月 22 日在布鲁塞尔的演说
　　　　（赞扬 1846 年克拉科夫起义）。[③]

1848 年　同上。《共产党宣言》（支持那个发动过 1846 年**克拉科夫
　　　　起义**的政党）。[④]

1848 年　1848 年《新莱茵报》。[⑤]

1851 年　（5 月 23 日）恩格斯给马克思的信。[⑥]

1851—1852 年　（摘自**《纽约论坛报》**《德国的革命和反革命》）。[⑦]

---

① 列宁笔记的页码。——俄文版编者注
② 见《马克思恩格斯文集》第 1 卷第 694—697 页。——编者注
③ 参看《马克思恩格斯全集》第 1 版第 4 卷第 534—541 页。——编者注
④ 见《马克思恩格斯文集》第 2 卷第 65 页。——编者注
⑤ 参看《马克思恩格斯全集》第 1 版第 5 卷第 13 页。——编者注
⑥ 参看《马克思恩格斯全集》第 1 版第 27 卷第 283—287 页。——编者注
⑦ 见《马克思恩格斯文集》第 2 卷第 396—400 页。——编者注

1856 年　（1856 年 10 月 16 日）。马克思给恩格斯的信。①

1860 年　（《福格特先生》）。②

1863 年　（2 月 13 日）马克思给恩格斯的信(以及另一封信)3 月 24 日。③

1863 年　伦敦工人教育协会关于资助波兰起义的传单(据说是马克思写的)(痛斥"德国背叛"波兰,宣布"波兰独立",痛斥德国资产阶级的背叛,第 209—210 页,附录 3)……

1864 年　（11 月 25 日）。**国际总委员会的决议**。

1864 年　12 月 10 日。马克思给恩格斯的信。④

1865 年　1865 年 2 月 25 日,同上。⑤

　　　　（蒲鲁东曾反对波兰起义）

　　　　　注意第 194 页

1865 年　（2 月 5 日）马克思在《社会民主党人报》上论蒲鲁东在波兰问题上的"愚蠢的厚颜无耻"。⑥

1866 年　（1 月 5 日）**马克思给恩格斯的谈到波兰问题和蒲鲁东主义者的信**。⑦

1866 年　3 月 24 日 ⎫
　　　　3 月 31 日 ⎬　恩格斯在《共和国》周报上的三篇文章。⑧
　　　　5 月 5 日 ⎭

---

① 参看《马克思恩格斯全集》第 1 版第 29 卷第 76—77 页。——编者注
② 参看《马克思恩格斯全集》第 1 版第 14 卷第 397—754 页。——编者注
③ 参看《马克思恩格斯全集》第 1 版第 30 卷第 321—323、330—333 页。——编者注
④ 参看《马克思恩格斯全集》第 1 版第 31 卷第 39—42 页。——编者注
⑤ 同上书,第 82—87 页。——编者注
⑥ 见《马克思恩格斯文集》第 3 卷第 23 页。——编者注
⑦ 参看《马克思恩格斯全集》第 1 版第 31 卷第 172 页(最后一段)。——编者注
⑧ 参看《马克思恩格斯全集》第 1 版第 16 卷第 170—183 页(另见第 211—212 页)。——编者注

恩格斯:《工人阶级同波兰有什么关系?》

2　　　　恩格斯在《共和国》周报上的三篇文章标题是:

　　　　工人阶级同波兰有什么关系?(第212—[219]
页)①

　　在第1篇文章中谈到,蒲鲁东主义者在责备国际重复"波拿巴主义的民族原则"(第213页)②的同时,自己却在重复一切保守派**支持**俄国的论调。

　　　　　　　　在第2篇文章中提出的问题是:"'**民族原则**'究竟是什么呢?"

　　1815年改制欧洲地图,主要是为了俄国的利益。"无论是居民的意愿、利益,或者民族区分,都没有加以考虑。"(第214页)③

　　1821—1823年(意大利和西班牙),1830年(法国、波兰),1848年(+匈牙利)的民族运动。

19世纪的
"自决权"

　　　　　　　　"关于欧洲每一个大民族在一切内部事务上都有权支配自己的命运而不受邻邦的干预这一点,的确不会有两种意见,只要这种权利不侵犯别国的自由。事实上,这种权利是所有民族内部自由的基本条件之一。"(第214页)④

　　"欧洲各个大民族所享有的这种政治独立的

---

① 参看《马克思恩格斯全集》第1版第16卷第170—183页。——编者注
② 同上书,第171页。——编者注
③ 同上书,第174页。——编者注
④ 同上。——编者注

权利,已经为欧洲民主派所承认,那么工人阶级就尤其不能(214页)不(215页)同样予以承认。实际上,这只不过就是:承认各个国家的工人为自己要求享有独立的民族生存权利,也承认其他无疑具有生命力的大民族同样享有独立的民族生存权利。但是,这种承认和对民族愿望的同情,仅仅针对欧洲那些大的、历史上已清楚确定的民族,这就是意大利、波兰、德意志和匈牙利。而法国、西班牙、英国和斯堪的纳维亚,它们既没有分裂,也没有处在外国的统治之下,所以它们只是间接地同此事有关;至于俄国,只能说它是大量赃物的占有者,到清算那一天,它必须退还[=吐出;归还所攫取的]这些赃物。"①

工人阶级也**赞同**

3

俄国攫取了"大量的赃物"

拿破仑第三提出了"民族原则",以便体面地掩盖自己的对外政策(第215页)②。关于这一点恩格斯写道:"欧洲没有一个国家不是不同的民族(nationalities)处于同一个政府管辖之下。"——(法国的布列塔尼人;英国山区的盖尔人(高卢人?)。

"此外,没有一条国家分界线是与民族(nationalities)的自然分界线,即语言的分界线相吻合的。"

(比利时;德意志人的阿尔萨斯;德意志人的瑞士。)

"欧洲最近一千年来所经历的复杂而缓慢的

---

① 参看《马克思恩格斯全集》第1版第16卷第175页。——编者注
② 同上。——编者注

历史发展的自然结果是,差不多每一个大的民族都同它的本身的某些处于边远位置的部分分离,这些部分脱离了本民族的民族生活,在多数情况下参加了某一其他民族(people)的民族生活,以致不想再和本民族的主体合并了。"①(阿尔萨斯和瑞士的德意志人;比利时的法兰西人。)

"于是,政治上形成的各个不同的民族大都在其内部有了一些外来成分,这些外来成分构成了同邻邦的联系环节,从而使本来过于单一呆板的民族性格丰富多彩起来,这毕竟是一件大好事。"

"在这里我们就看出了,在'**民族**原则'与民主派和工人阶级关于欧洲各个大**民族**〈两个黑体都是恩格斯用的〉享有独立自主的生存权利的老观点之间是有区别的。'民族原则'完全不触及欧洲那些有历史地位的民族(peoples)的民族生存权利这个大问题,如果说它触及的话,那也只是要把水搅浑而已。民族原则提出了两类问题:首先是这些有历史地位的大民族(peoples)之间的分界线问题;其次是关于那些民族(peoples)的许多小残余的独立的、合理的民族生存权利问题,这些民族(peoples)过去都曾或长或短地活跃于历史舞台,后来终于被融入某

注　意

确切!

4

---

① 参看《马克思恩格斯全集》第1版第16卷第176页。——编者注

个更有生命力因而更能克服困难的较强大的民族之中而成为其组成部分。一个民族(peoples)在欧洲的重要性,它的生命力,以民族原则的眼光看来,是算不了什么的;在它面前,根本没有历史可言、也没有创造历史所必需的活力的瓦拉几亚的罗马尼亚人,同具有两千年历史、民族生命力丝毫未减的意大利人是差不多的;威尔士人和马恩人,只要他们愿意,他们就能——尽管这是荒谬的——像英格兰人一样享有独立的政治生存权利。整个是谬论。这一谬论披着讨人喜欢的外衣以便迷惑浅薄者的眼睛,它可以作为便当的漂亮话来使用,也可以搁置一边,看情况的需要而定。"

"……民族原则远非波拿巴为了支持波兰复兴而发明的,它不过是**俄国人为了灭亡波兰而发明的**…… 甚至此时此刻,俄国政府还在让代理人奔走于挪威北部和瑞典的拉普兰人中间,试图在这些游牧的野蛮人当中鼓吹'大芬兰民族'(nationality)的思想,即在欧洲的极北地区把'大芬兰民族'恢复起来——当然是在俄国的保护之下。被压迫的拉普兰人的'痛苦的呼号'在俄国报刊上响得很厉害——并非来自那些被压迫的游牧人自己,而是来自俄国的代理人,——是啊,让这些可怜的拉普兰人去学文明的挪威语或瑞典语,而不是只限于讲他们的野蛮的半爱斯基摩

注意
"对欧洲的
重要性" **5**

哈哈!

哈哈!

‖ 方言,这真是一种可怕的压迫!"(第 216 页)①

正在淘汰的克尔特语(在学校里这种语言已经没有了)……

"民族"(нация)

民族(народ)

马恩岛的民族(народность)(大约 5 万至 6 万居民)。

6
"东欧"和互相交错的情况

"说真的,民族原则只有在东欧才能够发明出来。在那里,一千年来亚洲人一次接一次的入侵有如潮涌,把大批大批的混杂的民族残余遗留在岸边,这些混杂的民族残余现在连民族学家也难以分辨清楚。在那里,杂居着土耳其人、讲芬兰语的马扎尔人、罗马尼亚人、犹太人,还有约十多个斯拉夫部落"(第 216—217 页)。②

第 3 篇文章。《民族理论(Doctrine of nationality)之运用于波兰》。

波兰至少是由四个"民族"组成的(波兰人,白俄罗斯人,小俄罗斯人,立陶宛人)……

关于俄国占领和瓜分波兰的概述……

"阶级战争"

"有人说阶级对阶级的战争是极端的革命,可是,将近一百年以前俄国在波兰就发动了这样一场战争,而且是一场非常典型的阶级战争。当时,俄国的士兵和小俄罗斯的农奴并肩

---

① 参看《马克思恩格斯全集》第 1 版第 16 卷第 176—177 页。——编者注
② 同上书,第 177—178 页。——编者注

去焚烧波兰领主的城堡,这只是为了给俄国的
吞并作准备;吞并一实现,还是那些俄国士兵
就又把农奴拖回他们领主的枷锁之下。"(第
219 页)①

1866 年(9 月)马克思**为国际总委员会**起草的**提纲**。

"……(C)德国工人阶级特别有责任在这个
问题上提出创议,因为德国是瓜分波兰的参加者
之一。"(第 220 页)②

	注　意
	"因为德国曾
	瓜分波兰"

1874 年恩格斯论波兰问题(《〈人民国家报〉
国际问题论文集》③)。 **7**

最后一个文件——马克思和恩格斯(＋拉法格和列斯纳)关于
1830 年起义五十周年的声明(**1880** 年 11 月 29 日)(第 220 页)④。

波兰人为欧洲革命进行的斗争(1848 年和
1871 年);波兰人"首先是它(无产阶级)的国际战
士"(第 204 页)⑤。因而:波兰万岁! **注意**

1892 年恩格斯写了《共产党宣言》波兰文版序言⑥……

---

① 参看《马克思恩格斯全集》第 1 版第 16 卷第 182 页。——编者注
② 同上书,第 223 页。——编者注
③ 见《马克思恩格斯文集》第 4 卷第 447—450 页和注 332。——编者注
④ 参看《马克思恩格斯全集》第 1 版第 19 卷第 265—267 页。——编者注
⑤ 同上书,第 267 页。——编者注
⑥ 见《马克思恩格斯文集》第 2 卷第 23—24 页。——编者注

《马克思的遗著》,第3卷

10①   《马克思的遗著》,第3卷

摘自《新莱茵报》。

《民族革命》

科隆,6月17日。

"……一个民族在它的整个历史过程中曾甘愿充当压迫其他一切民族的工具,这样的民族必须首先证明它现在已经真正变成了革命的民族。"(第109页)②

注意|"革命的德国本来应该抛弃自己过去的一切,特别是在与邻国人民的关系方面。它本来应该在自己获得自由的同时,也宣示让一向受它压迫的人民获得自由。"(第109页)③

11|科隆,7月2日……

"……现在,当德国人正在挣脱自己身上的羁绊的时候,也应当改变自己的全部对外政策。不然的话,我们自己新近争取的、几乎刚刚预感到的自由,就会被我们束缚在我们用来束缚别国人民的锁链上。德国将来自由的程度,取决于它让邻

---

① 第7、8、9页部分参看本版全集第54卷第836—840页和第847页。——编者注
② 参看《马克思恩格斯全集》第1版第5卷第95页。——编者注
③ 同上书,第95页。——编者注

国人民获得自由的程度。"(第 113 页)①

　　科隆,7 月 11 日……

　　"……正当德国人为了争取国内的自由而同本国的各邦政府展开斗争的时候,有人却唆使他们在这些政府的统率下进行十字军征讨,去反对波兰、波希米亚和意大利的自由,这是多么阴险狡诈的勾当! 多么荒诞的历史奇闻! 卷入革命风潮的德国想在外面寻找出路,即在为复辟而进行的战争中,在**为**巩固旧政权(而德国的革命恰好是**反对**这个旧政权的)的远征中寻找出路。只有同俄国的战争才是革命的德国的战争,只有在这个战争中它才能洗刷以往的罪过,才能振作起来并战胜自己的专制君主,只有在这个战争中它才能像那些要摆脱漫长而僵死的奴隶制枷锁的人民所应该做的那样,用自己子弟的牺牲去宣传文明,通过解放外国人民使自己在国内获得解放……"(第 114 页)②

12

注意

　　　　　　　　　译自《列宁文集》俄文版第 30 卷
　　　　　　　　　第 181—203 页

------

① 参看《马克思恩格斯全集》第 1 版第 5 卷第 178 页。——编者注
② 同上书,第 235—236 页。——编者注

关于瑞士社会民主党代表大会的 报纸的摘录和批注[60]

(不早于 1916 年 11 月 8 日)

1916 年 11 月 8 日《法兰克福报》[61]　　　　晚上版(第 310 号)

关于瑞士社会民主党代表大会
11 月 6 日苏黎世

"瑞士社会民主党人根本不像他们某些领袖所竭力表明的那样激进。他们根本不像有时依据决议可以想象的那样革命。在多数场合他们害怕在重大问题上过分仓促地作出决定,而且作为讲求实际的瑞士人,他们愿意执行实际的政策,甚至他们不得不同资产阶级共同行动,尽管他们在理论上也反对采取这种共同行动。

在苏黎世代表大会上他们本来应当表示拥护昆塔尔代表会议,本来应当——如果一切按照极左派的意愿来做的话——声明完全同意昆塔尔代表会议的一切决定和宣言,宣布同'社会爱国主义者'即同交战国的绝大多数的社会党人彻底决裂,他们本来应当欢迎从李卜克内西到弗里德里希·阿德勒这些'为新国际而奋斗的先进战士',保证在思想上和物质上支持交战国的'革命运动'。这些,他们一点也没有做。他们认为把所有这些微妙的事情推迟到明年春天紧急代表大会去解决是最合适不过的。赞成这样决定的有131票,反对的有84票;因而将近三分之二的代表完全清楚地认识到,他们无保留地同意昆塔尔和齐美尔瓦尔德决议,因此也就预先决定了本来应当在春季代表大会上决定的军国主义问题。这三分之二代表大概今后也将坚持这样的观点:任何国际都不应放弃保卫祖国的原则。

苏黎世社会民主党人提出的、其内容是尖锐批评国民院中社会民主党党团的提案被通过了。这就造成激进派胜利的假象。这个决议指出,党团没有表现出必要的坚定性和原则性;党团成员在决定一些主要政治问题时往往同资产阶级的派别协同投票。因此,代表大会要求党团反映广大革命群众在阶级斗争中的利益,不能为了'暂时的成就'抹杀自己的原则要求。代表大会责成——社会党的专政的原则实际上就表现在这里——所有区选举委员会'在未来国民院选举中只能提出那些在议会中将按代表大会决定的精神发言的候选人'。因而社会党代表的任何本人信念和个人意见都被压制了,他们变成仅仅是说话机器和表决机器。要知道,党的领袖格罗伊利希曾经说过,在现今条件下凡是不受党内主流派的拥护者欢迎的人,往往有被迫害的危险,所以他坚决要求每个拥护党的纲领的党员有言论自由。在瑞士社会民主党人中间还有这样坚定的人,所以应当认为,**并不是每个人都服从这项决议的**。

其实,代表大会本身就已拒绝了这项决议。本来应当解决赞成国家直接税的倡议问题,而整个问题在于,社会民主党人是仅仅把这种国家直接税列入自己纲领中,还是**答应**支持(即使是部分地支持)联邦委员会提出的财政改革纲领。阶级斗争的鼓吹者**格里姆**要求在纲领中专门列入征收直接税的条文,因为这是把新群众吸收到党内来的一种很有效的手段。但是,不得不在革命姿态和实际工作之间作抉择的代表大会,最终赞成积极的纲领。**胡贝尔**的决议案被通过了,而格里姆本人在提出补充意见以后甚至也同意这项决议案。决议案的开头是这样写的:'瑞士社会民主党声明愿意参加推行国家财政改革的工作。首先应该实行国家的直接税。'资产阶级青年激进派也坚信,尽管存在一切不容争辩的困难和阻力,这(=直接税)是必要的。

'代表大会现在最终宣布**格吕特利盟员**不能留在党内。对这种纯粹用强制手段分离出去的做法可以感到遗憾,但不应当劝告格吕特利盟员一个劲地忙于自立门户。要知道,问题不在于名称;他们作为普通成员回到大党来,比仍然作为小宗派能更加有效得多地维护自己的主张。代表大会实事求是地慎重地解决瑞士财政改革问题本身,其实已经是温和的格吕特利派的胜利,而且大概可以认为,温和的格吕特利派在明年春天讨论战争问题时也一定会说出自己有分量的话。'"(**全文**)

1916 年 11 月 8 日《新苏黎世报》[62]第 1783 号。第二次上午版。

"社会民主党代表大会"……

> **!**
>
> "……**格里姆**公然维护这样的观点,即认为工人应当关心的不是使国家改革健全起来,而仅仅是使自己的状况得到改善。然而**胡贝尔**(罗尔沙赫)却坚决地并令人信服地主张工人参加财政改革,即主张制定一个完整的纲领。他考虑了克勒蒂的意思以后,表述了最终被包括格里姆在内的代表大会的代表一致通过的决议草案,格里
>
> **!!**
>
> 姆对该决定提出了最后的补充……"

11月8日《新苏黎世报》第**1783**号（第二次上午版）。

从弥勒专题报告中摘出的关于社会民主党代表大会的报告说：

"……由卢塞恩代理人组成的所谓委员会——其实它本来应当由国家大经济联合会选出——取得了根本不能令人满意的结果，尽管有5名工人代表（原文如此!!?），他们提交了阿劳社会民主党纲领[63]，想要把改革首先建立在征收直接税的基础上，即建立在工作能力的基础上……"

注　意

从弥勒的报告可以看出，机会主义者想要成为讲求实际的人；要等候时机并"及时地"推动关于直接税的倡议，以便战胜以**劳尔**为首的**仅仅**拥护间接税的人。

（卢塞恩的劳尔博士和尤利乌斯·弗雷博士主张提高关税）……

注　意

译自《列宁文集》俄文版第39卷
第171—174页

关于瑞士工人运动问题的
报纸的摘录和批注[64]

（1916 年 11 月底）

1916 年 8 月 22 日《格吕特利盟员报》[65]

社会民主党和瑞士的财政政策。

"巴塞尔州顾问、十分令人瞩目的《国家财政改革和瑞士联邦预算改革问题》一书（该书于去年在'格吕特利'书店出版，售价为 2.50 法郎）的作者豪泽尔博士同志，在他刊载在巴塞尔《前进报》上的文章中写道：

'前几天在时事述评中报道说，8 月 6 日星期日在苏黎世召开的党的执行委员会会议就瑞士财政改革的问题通过了**格罗伊利希—格里姆**的建议。这个建议认为，在对高额收入实施联邦直接税以前，工人阶级反对任何消费税和任何加重社会负担的专卖权。'

!　'……很遗憾，在我们党内，如果把个别的尝试除外，至今还没有对财政问题进行过详细的、实事求是的而不是宣传性的讨论，一些重大的问题，不是几个仓促拟定的党代表大会的宣言和关于组织创造性运动的决议所能解决得了的。遗憾的是，现在未必适合进行富有成效的讨论。如果谁呼吁要温和一点和在理智上加以克制，谁就马上会遭到恶语中伤，说他是渐进主义者和

沾染上资产阶级习气的现实政治家，——在这种情况下，任何人都不愿意提出忠告。尽管如此，目前我怎么也忍不住要提出警告。**郑重地宣布实施固定的联邦直接税还是不够的**。我们本身愈是清楚地了解到实施这种税收的途径上存在着什么样的障碍（而不是对此视而不见），我们就愈容易逐渐地排除它们。因此，我反对在上述建议中提出的**捣乱政策**。 !!

　　这里不是详细阐述整个瑞士财政问题的地方，而且这也不是我的意图。我只想提醒大家要警惕这样一种看法，认为只要有了一纸**决议**，即由一个**没有多少真才实学的**政治顽固分子按现在惯用的药方**炮制出来的**反复要求实施联邦直接税的决议，就能奏效。在任何情况下只能持这样的一种观点：社会民主党人根本用不着站在现在的资本主义国家的立场上去参与解决税收问题，他们应该采取明确的立场，而不必顾及所谓国家利益。但是，不管这一点听起来多么激进，它毕竟是根本错误的，不是马克思主义的，并且显露出合理的看法中的不足，或者只是一句空话，用来掩饰自己，回避很不愉快的任务和逃避提出实际建议的责任，因为这项任务要困难得多……’” !

《格吕特利盟员报》

　　1916年7月15日——关于苏黎世大会和格里姆声明的报道。格里姆引用自己的提纲回答了**普拉滕**的直截了当的问题（他，格里姆，“本人”在战争问题上“采取什么立场”）。

《格吕特利盟员报》的编辑部按语：

!‖

!

"（格里姆的）提纲现在已经发表。但是我们**并不认**为，持有'**保卫祖国的义务是陈旧的观点**'因而必须全面裁军这种主张的代表会对这个提纲感到满意，尽管提纲篇幅很长。军国主义和保卫祖国对我们瑞士来说是两码事。在提纲里对前者谈得很多，对后者却谈得很少！

普拉滕同志仍然会问：你究竟采取什么立场？"**66**

（报纸查看到 1916 年 7 月 1 日止）

1916 年 8 月 9 日《**格吕特利盟员报**》：

★
注意

关于**印花税**（"印花税最初是**普夫吕格尔**同志在国民院提出的"）的社论——（顺便提到）向州的**火灾保险机关**付款的收据也应当交纳印花税。**67**

!‖

!!‖
注意

就在这里举行了有 **115** 名来自全瑞士的工人全权代表参加的**苏黎世大会**（1916 年 8 月 6 日）……   **格里姆**的报告和他的制止**物价飞涨的措施**决议（**报纸的两个改革栏**，例如："组织水果的供应和禁止水果的出口"或者"组织社会工作"等等）。**68**

★摘自同一篇社论：

!!‖

!!‖

"……在这里我们将坚定不移地忠于这样的口号：取消对劳动人民的任何附加税和间接税！……""拒绝这个要求无疑将在这里和那里（即在瑞士和各交战国）引起革命，并将是席卷全球的那种革命……"

1916 年 11 月 4 日《**工人未来报**》(第 19 年卷，1916 年第 45 号)。

社论**反对**意大利社会党参加协约国社会党人代表会议。

《格吕特利盟员报》

1916 年 9 月 13 日。1915 年 12 月 31 日**工会联合会**会员人数——**64 972**。[69]

1916 年 9 月 11 日——普夫吕格尔的战争问题提纲。[70]

1916 年 9 月 2 日——军事长官关于休假的答复(不能令人满意)。[71]

1916 年 8 月 22 日——格罗伊利希和格里姆关于财政改革的决议(**在党的执行委员会里**)和**豪泽尔**的文章(巴塞尔)。 ‖ 注意

豪泽尔博士同志(原文如此！):《国家财政改革》(2.50 法郎) ‖ 注意

摘自巴塞尔《**前进报**》上他的文章的引文。

1916 年 8 月 18 日。弥勒关于战争问题的提纲。[72]

1916 年 8 月 15 日和 16 日：关于财政问题的两篇文章。[73]

8 月 11—14 日。舍雷尔论战争问题。[74]

1916 年 11 月 10 日《**民权报**》。

(社论)施泰因曼博士(《**琉森日报**》)欢迎社会民主党代表大会的决议并赞成**烟草专卖**……(＋印花税)……

据说，**大家**对社会民主党的条件(最初是直接税)保持沉默。

卢塞恩全权代表会议**反对瑞士的直接税**……**75**

---

10 月 19 日《民权报》(第 2 版)：以 **20** 票对 **12** 票。《苏黎世邮报》有条件地**赞成瑞士的直接税**76

↗《**苏黎世邮报**》写道："当时瑞士的直接税将　‖ 注意
成为给国家留下的唯一出路。"

1916 年 10 月 16 日《民权报》(第 2 版)。

{由 35 人组成的委员会在 1916 年 10 月 **10—14** 日举行了会议。}

以 20 票对 **6** 票((六票))否决了直接税(!)

　　　　　　　"关于对期票、有价证券、保险费支付收据和运费单

! ‖ 据实施瑞士**印花税**问题没有遇到""任何阻力"。

‖ 烟草专卖——部分用于"社会目的"。

22＋12——票77。

1916 年 8 月 8 日《**格吕特利盟员报**》的社论：

"制止物价飞涨的措施……"

"瑞士无产阶级**反贫困**委员会(社会民主党、工会联合会等)今天的特别会议提出了最长的声明(= 请愿书?)：《致**联邦委员会**》。

"……贫困……已达到不可忍受的地步；它在广大的阶层中引起了绝望的情绪……""相当大的一部分居民已经由于缺乏食物而受苦……"

((而理由：……"只有吃得好的工人……才能在工业　‖ !!
部门这样地工作,使工业部门能够经得住竞争……""我　‖ !!
们不想要不可能得到的东西……"**78**

1916 年 8 月 7 日《**格吕特利盟员报**》。社会民主党执行委员
会会议(8 月 5 日)——**43 人**(!!)。一致通过**格罗伊利希—格里
姆**的决议:参加**79**

1916 年 7 月 31 日。关于**批判国民院**中的社会民主党党团的
文章。**80**

1916 年 7 月 27 日。关于格里姆辞职的社论(挖苦)。**81**

1916 年 7 月 22 日。联邦委员会委员**莫塔**赞成包括"在有限
的期限内"实施**瑞士直接税**的财政改革……**82**

‖　　1916 年 7 月 **14—17** 日。格里姆的(战争　‖
‖　　问题)提纲,**注意**:1916 年 7 月 15 日《格吕特利　‖
‖　　盟员报》关于这个提纲……**83**　　　　　　　　‖

1916 年 9 月 2 日《**民权报**》。社论《**反动势力**》"……反动势力
的风暴席卷全国……"**84**

1916 年 9 月 5 日。社论:《我们的主战派》。

(《**新苏黎世报**》这样写道:)"目前在瑞士有一些人,　　‖ !!
组成一个力求战争的派别。"

"我们有一个主战派……"**85**

1916 年 9 月 8 日。普夫吕格尔的(战争)提纲。**86**

1916 年 9 月 11 日。《在戒严状态下》(社论)。

"……瑞士总司令部""任意违背和不尊重联邦委员会的
意志……"**87**

1916 年 9 月 12 日。(在瑞士的)《军人政权的统治》……

（社论）。**88**

1916 年 9 月 23 日。"在希尔斯的袭击……"

1916 年 9 月 26 日。明岑贝格关于这一事件的声明。**89**

1916 年 9 月 28 日。格罗伊利希 关于他退出格吕特利联盟 的公开信（没有评论）。**90**

1916 年 9 月 30 日。《民族危机》（社论）。

《巴塞尔消息报》（原文如此！）写道：

注意　　"战争情绪日益高涨以及战争正在逐渐蔓延到我国这样一种精神气氛……"（是）"……事实"**91**

1916 年 10 月 10 日。H. 申克尔论战争问题（提纲）。**92**

1916 年 8 月 18 日。弥勒的战争问题提纲。**93**

1916 年 8 月 10 日。（反贫困委员会的）制止物价飞涨的声明。**94**

1916 年 8 月 8 日。格里姆（8 月 6 日）关于物价飞涨的决议。

1916 年 7 月 26 日。格里姆的辞职。**95**

1916 年 7 月 14 日。**格里姆**的提纲。**96**

《五金工人报》**97**1916 年第 8 号（1916 年 2 月 19 日）——反对把"党内争吵"带到工会中去（**编辑部按语**）。

第 11 号（1916 年 3 月 11 日）。**格罗斯皮埃尔**反对拉狄克之类的"理论家"和他们的"革命空话"等等的文章，不了解工人生活。

（模糊的、空洞的概念——群众行动）……

"神话般的群众……""不能完成革命……"同**没有组织**的群众一起不能完成等等，等等。

第 23 号。第 24 号和第 **26** 号。

第 17 号。第 18 号。第 14 号（1916 年 4 月 1 日）。《**帝国主义**》一文（反对哥尔特）。

第 **18** 号。M. N.（纳希姆松?）

第 17 号。（4 月 22 日）

布·反对格罗斯皮埃尔,工会应该成为"……战斗的组织,而不是改良主义的救济联合会……"

第 **22** 号＋第 **21** 号——反对**布**·（据说"革命者"的论战比民族的中伤更有害!!）

（J. D—n?）……《**一个实际工作者的理论**》（一文）（反对"同拉狄克接近的革命者"）

第 **35** 号对《**政治和青年**》一文的编者按语:据说,年青人应该学习,**不要像在苏黎世那样教训人!!!**

①《**法兰克福报**》（1916 年 11 月 8 日,晚上版）关于"**格吕特利联盟**"的通讯

"党代表大会现在最终宣布**格吕特利盟员**不能留在党内。对这种纯粹用强制手段分离出去的做法可以感到遗憾,但不应当劝告格吕特利盟员一个劲地忙于自立门户。要知道,问题不在于名称;他们作为普通成员回到大党来,比仍然作为小宗派能更加有效得多地维护自

---

① 这里的文字是按第 20591 号笔记原文刊印的。该笔记是书写纸笔记,其中一半是笔记,另一半是记录的关于瑞士的统计资料。——俄文版编者注

己的主张……"

"……大概可以认为,温和的格吕特利派在明年春天讨论战争问题时也一定会说出自己有分量的话……"

（1916年10月2日《格吕特利盟员报》）

格罗伊利希（就这个问题）于1916年9月26日发表的公开信。[98]

"……党的执行委员会确实不能胜任自己的任务并且过分地受了急性人的影响……　格吕特利联盟中央委员会退党后,仍坚持它想实行的'实际的民族政策'……　为什么它留在党内时不这样做呢? 为什么它几乎老是要我一个人去同极端激进派作斗争呢? ……"

1916年瑞士《**五金工人报**》第38号(1916年9月16日)。

通讯记者I.H.的文章——巴塞尔:《工会和战争问题》:

"……工会应该有责任关心使党有原则地和明确地解决战争问题。在现在,同军国主义作最坚决的斗争和拒绝保卫祖国;在将来,进行裁军和实行社会主义……"

((转载于1916年9月15日《格吕特利盟员报》第216号))

"**编辑部按语**"[99]转载如下:

"工会本身不应该致力于复员问题,也不应该致力于裁军问题……　在这样一个时刻,'工人没有祖国'这个说法是完全不恰当的,因为现在全欧洲绝大多数工人同资产阶级肩并肩地在前线跟本国'敌人'奋战已经两年了……　一旦瑞士遭到外国侵犯,我们也会不得不经历同样的情况……"

同上，第 40 号(1916 年 9 月 30 日)。**埃·特·** 的文章《评论》。作者最坚决地谴责帝国主义战争和"唯工会主义"，他说：

"我们正在遭到使自己本身充当资本主义护士角色的危险……"

第 41 号(1916 年 10 月 7 日)**编辑部**撰文**反对**，引证施内贝格尔同志的权威意见。施内贝格尔(1904 年)在卢塞恩发表意见，反对工会参加"政治运动"，并宣称自己是反对"无限狂热地改造世界"的人。

"……工人阶级的大多数是以事实为根据的。"

《**法兰克福报**》(1916 年 11 月 8 日，晚上版)谈到这个问题(瑞士的财政改革)：

"……资产阶级青年激进派也坚信，尽管存在一切不容争辩的困难和阻力，这(＝直接税)是必要的……"

"……党代表大会实事求是地慎重地解决瑞士财政改革问题本身，其实已经是温和的格吕特利派的胜利……"

《**新苏黎世报**》(1916 年 11 月 8 日第 1783 号，第二次上午版)："生气的"格里姆"变得温和些了"(补充的建议)。

《**琉森日报**》(1916 年 11 月 8 日；第 264 号)：

"尽可能避免关于财政措施的任何争论，这无疑是只会受到欢迎的。从这个观点来看，在上个星期日社会民主党代表大会的决定也是可喜的，在决定中表示党准备在解决改革问题时进行积极的合作……"

"……社会民主党人从而揭露了《哨兵报》的谎言。这个报纸不断地责备别的党，说它们不善于推动改革。"

《巴塞尔前进报》[100]

F.S.(1916 年 11 月 9 日):"一些人持这样的一种意见,认为我们的任务就是千方百计挽救国家这条小破船免遭沉没。为了达到这个目的,就不应该坚持'生硬的'原则。另一些人则维护另一种观点,认为对我们来说主要的不是国家,而是工人阶级的利益,党和它在议会中的代表们的一切活动只应服从于无产阶级的阶级利益。党代表大会明确地赞成后一种观点。"

F.H.(豪泽尔)。(1916 年 11 月 12 日)

"……我们大家都赞成原则上要求对私有者征收重税,以作为群众间接税的补偿。我从来没有提过别的意见……"我们要达到(我们的目的),"不是用捣乱的办法,而是用苏黎世决议所说的办法,即坚定不移地捍卫工人的利益,但也准备进行必要的协商。"

F.S.(1916 年 11 月 14 日)

"……F.H.同志不止一次地被《新苏黎世报》之类的资本主义报纸提出来作为社会民主党在税收问题上的榜样……"

《格吕特利盟员报》(1916 年 8 月 9 日)(以革命相威胁)

"……我们将坚定不移地忠于这样的口号:取消对劳动人民的任何附加税或间接税……拒绝这个要求无疑将在这里和那里(即在瑞士和各交战国)引起革命,并将是席卷全球的那种革命……"

关于 1916 年 8 月 **6** 日大会的一篇文章:有 **115** 名来自全瑞士的工人全权代表。格里姆的报告和决议。(两个改革栏!)

《格吕特利盟员报》(1916年7月15日)论格里姆的提纲：

"(格里姆的)提纲现在已经发表。但是我们**并不**认为,持有'保卫祖国的义务是陈旧的观点'因而必须全面裁军这种主张的代表会对这个提纲感到满意,尽管提纲的篇幅很长。军国主义和保卫祖国对我们瑞士来说是两码事。在提纲里对前者谈得很多,对后者却谈得很少。普拉滕同志仍然会问:你究竟采取什么立场?"

译自《列宁文集》俄文版第17卷第12—31页

在瑞士社会民主党关于战争问题的提纲和决议草案上作的修改和批注[①]

(1916 年 11 月底—12 月初)

1. 在罗·格里姆的提纲上作的批注

格里姆关于战争问题的提纲

1. 资本主义在其发展的帝国主义形态中,迫使民族国家越出原先的疆界,这是由于:在经济方面,民族经济进入世界市场;在政治方面,帝国主义国家为了保障自己的统治阶级在世界市场上的势力而订立同盟和协定。这些变化造成个别国家在经济上和政治上的附属关系,这种关系正在消灭民族独立的原先的基础,使民族独立变得徒有其名。

2. 在这一发展过程的影响下,所谓的防御战的性质改变了。资本主义国家所进行的战争只不过是资本主义掠夺政策的一种特殊形式。它的性质绝对不是取决于那些导致爆发战争的表面原因、外交纠纷和声明。正如臆造的防御战的面具常常只不过是掩盖侵略欲望和掠夺目的那样,防御的必要性也同样常常只不过是遭受攻击的一方过去的掠夺政策的结果。不论在哪种情况下,都谈不上维护民族的独立或保卫文明的交往,而归根到底问题只是在于资本主义利润赃物中

---

① 提纲见本版全集第 28 卷第 216—218 页。——编者注

的份额。当工人们以为他们是在保卫祖国而互相残杀的时候,实际上他们是在为本国资本主义剥削者的利益而流血。

3. 对小国的无产阶级来说同样如此。在那里,所谓保卫国家的性质在两个方面起了变化。

即使是小国,虽然没有能力奉行独立的帝国主义政策,也必然受到帝国主义政策的影响。由于在经济上处在从属于世界市场的地位,它们在政治上只不过是各个强国的帝国主义棋盘上的小卒子。甚至在一些小国的统治阶级没有把自己的物质利益和本国的政策同这个或那个强国集团的意向直接联系在一起的那些地方,它们即使在和平时期也是被迫服从各帝国主义强国的意志和命令,在战争时期尤其如此。在这种情况下,小国的中立政策的有效程度只限于它不同这个或那个强国集团的利益发生矛盾的范围之内。然而,这样一来,小国的民族独立就终止了;它们成了各帝国主义政府及其外交家手中的工具。

4. 根据世界大战最近的发展情况和经验,即使从纯军事方面来看,小国的国家防御也是办不到的。现代的军国主义比任何过去的军队无疑要求更多的手段。在各国人民的军事斗争中,常备军是远远不够的。它的地位正在被所谓的人民军队、国家有组织的动员所取代。每一个只要能拿起武器的男人都必须应征和动员起来。此外,各种武器的作用也发生了根本的变化。在现代战争中,重炮就其重要性来说超过了所有其余各种武器,从而对技术、经济和财政方面的战争准备提出了比过去高得多的要求。

小国不可能参加已经加剧了的竞争,这种竞争是现代军国主义的特征。为了有效地保卫国家,它们既缺乏必要的大量兵员,也缺乏技术、经济、财政资源和手段。即使小国的民族独立不是完全徒有其名,它们的军队靠本身的力量也是不能保卫它们的。在它们的国家遭到进攻的情况下，它们就会被迫依附这个或那个强国或者某个帝国主义国家集团以取得援助。这样一来，小国在战时的表决权也就被剥夺了。在危急情况下作出关于准备和使用军事、财政斗争手段的决定的，不是它们的参谋总部，不是它们的政府，而是小国向之寻求帮助的那些国家的机构。小国的无产者以为是在保卫自己祖国的时候，却是在为已经联合起来的帝国主义强国的利益而牺牲自己。

5. 军队的特殊民兵性质和该国的民主国家制度丝毫不能改变这些事实。至于军队的民兵性质在现代军事发展的影响下日益消失，按等级建立的国防组织和民主之间的矛盾由于阶级矛盾的日趋尖锐而愈益深化，那就不用说了；即使是享有倡议权和全民投票权的阶级国家的民主也不是人民自由决定权的保证。在武装中立时期，政府的军事和政治独裁会取代议会的责任和民主的监督，而在严重的危急关头，民主就会完全被取消，同时民族自决权、人民自由决定战争与和平的权利也会被废除。对自决权的要求正在变为幻影，即使它在国家的民主宪法中获得表面上或形式上的实施，它仍然不能作为无产阶级参加所谓防御战的辩护理由。军国主义和战争，不管前者表现的形式如何，不管后者进行的目的何在，都不能作为保卫小国的独立自主或保持小国的中立的手段。军国主义和战争对于小国的切身利益就像对于大国的人民一样，是一种经常的危险，而且在为了准备战争已经造成了巨大牺牲（这种牺牲必将由人民的下层阶级来承担）以后，还以死亡、屠杀和毁灭来威胁小国。

6. 保护小国免遭这种危险的唯一手段是各国人民的长期的国际协议。这种协议不可能是资产阶级的和平主义意向的成果，也不可能是各资本主义国家之间

只反对资产阶级的和平主义，不

进行外交交易的结果。正如当前的世界大战特别明显地表明的那样，在资产阶级的社会制度下，决定是由强者的权力作出的，在必要时一切法律的原则都会为这一权力而牺牲。只有建立在社会主义信念上的、通过不懈地共同反对统治阶级的斗争联合起来的工人国际，才能为各国人民之间的长期的和平协议奠定基础。

反对社会主义的和平主义!!

7.经济关系的均衡发展以及在不小程度上由于战争而在欧洲所有文明国家里加强了的资本主义集中，正在日益创造这个国际的前提。但是，为了使社会主义国际完成自己的历史任务，无产阶级无论在和平时期还是战争时期，都要把工人的国际团结置于同本国剥削者的民族团结之上，并把一切力量投入争取实现社会主义的群众革命斗争中去；这些力量的使命是给全世界以和平、给人类以在文化和社会方面达到平等博爱的可能性。

8.由于这些原因，瑞士社会民主党在同战争危险和同战争作斗争方面的任务如下：

(a)国际方面：支持一切旨在建立生气勃勃的、积极活跃的无产阶级国际的意向。承认并准确执行这个国际以必要的程序为参加国际的所有政党和组织将要作出的一切决定。

废话!

(b)国内方面：为消灭一切形式的军国主义而进行原则斗争。为反对沙文主义、民族主义和青年军训而进行斗争。无论在和平时期还是战争时期，原则上拒绝一切战争要求和军事拨款。社会民主党的代表有责任本着这种精神在国会里进行活动。

好!

9.作为整个无产阶级阶级斗争的一部分的这种斗争，如果还不足以消除瑞士被卷入战争纠纷的危险，那么，社会民主党，在其他被卷入战争的国家的社会主义无产阶级同时行动的条件下，在制造军需品的工人和

???
??

胡贝尔和施内贝
格尔以及迪尔?

运输人员的群众性罢工的支持下，要准备掀起反动员和普遍拒服兵役的广泛运动。党的机关在这种情况下应当同全国的工会组织一起采取必要的措施。

2. 对罗·格里姆的提纲的意见

(1)[101]

格里姆的提纲

格里姆的提纲(共9条),注意:

第1条——帝国主义超出了民族国家的范围。各国的帝国主义同盟。民族独立——徒有其名。

第2条——防御战也是掠夺战。保卫祖国=保卫资本家剥削者的利益。

第3条——对小国来说也同样如此。它们=各帝国主义政府手中的工具。

第4条——即使从军事观点来看,小国保卫祖国也是办不到的。　　　　　　　　　　　　　　——?

小国的无产者在为帝国主义集团的利益而死亡。

第5条——民兵(尤其在民兵变坏的情况下)和民主不能防止这种情况。**自决**变成了谎言。

第6条——唯一的手段——**各国人民**(原文如此!)的国际协议。但不是由于**资产阶级**(原文如此!)的和平主义意向的成果。不是在资产阶级的社会制度下。只有建立在社会主义信念等等之上的工人国际才能奠定长期的和平的基础。

第7条——工人的国际团结高于民族的团结。为实现社会主义而进行群众革命斗争。

第8条——对瑞士社会民主党来说：

（a）国际方面：支持一切建立生气勃勃的、积极活跃的无产阶级国际的意向。服从它的决定。

（b）国内方面：为消灭一切形式的军国主义而进行原则斗争。为反对沙文主义、民族主义，反对青年军训而进行斗争。无论在和平时期还是战争时期，原则上拒绝一切军事拨款。

第9条　如果这种斗争还不足以制止战争，那么，社会民主党"在其他被卷入战争的国家的社会主义无产阶级同时行动的条件下"，采取坚决的、为军事工业的工人**群众性罢工**所支持的反动员的行动，普遍拒服兵役，开展运输工人的罢工。党的机关在这种情况下同工会一起行动。

========

1. 帝国主义状况。——2. 帝国主义战争。——3. 瑞士加入帝国主义集团的一方。——3. 保卫祖国者的资产阶级谎言。——4. 在这场和正准备着的帝国主义战争中，瑞士拒绝保卫祖国。——5. 投票反对拨款。——6. 国际同盟反对社会爱国主义者。——7. ①

（2）

（格里姆）提纲②

第1条　一般来说！对于一切国家！"从属关系"。

----

① 用铅笔写的这一段没有写完。列宁在下面对格里姆的提纲的字母数作了统计："格里姆的提纲 94 × 2＝188＋3＋22＝213行 × 44＝9 400个字母。"——俄文版编者注

② 在军事问题委员会工作期间，曾有一份我们所不知道的以格里姆的提纲为基

第2条　"保卫祖国"=实际上(工人)为资本主义剥削者的利益而流血(也是一般来说!)

第3条　——"对小国"来说**也**同样如此

"小国没有能力奉行任何独立的帝国主义政策"??

3。

第4条　——在军事方面是办不到的(??)

第5条　民主和民兵也不能改变这种……

第6条　反对"资产阶级的和平主义的"(?)意向……

第7条　国际的团结高于民族的……

第8条　——**瑞士**社会民主党((最后是瑞士!))

(a)国际方面……"支持一切建立生气勃勃的无产阶级国际的意向……"

(b)国内方面……反对**军国主义**的原则斗争……**拒绝一切拨款**……

第9条　"如果这种斗争……还不足以使瑞士免遭这场战争的危险(？大概不行!!),那么,社会民主党就要　　??准备在其他被卷入战争的、处于战争威胁之下的国家的社会主义无产阶级同时行动的条件下,发动反动员的全面行动和拒服兵役……发动群众性罢工……　……党的机关在这种情况下有责任同全国的工会组织一起采取必要的措施"(完)。

————————

————————

础的提纲草案。这份草案大概得到委员会多数委员的认可。由列宁手抄的这份印件也就是针对这个提纲的,其中有列宁所作的修改,它指明提纲应本着怎样的原则进行变动和加工。——俄文版编者注前**七**(7)点是"一般来说"的!!

而第**6条仅仅**反对"资产阶级的"和平主义!!

第8条国际方面

第**9**条

(3)

格里姆等人的草案

第2条　"两个集团和中立国家的"……**这场**战争……

第3条　及以下,不仅"不自愿地"。同时也"自愿地"=

(α)瑞士资产阶级的帝国主义利益。

(γ)瑞士政治中的反动转变。

第6条　——"非正义的"太弱。雇佣奴隶制或诸如此类的东西。

第7条　——资产阶级的以及社会主义的=(和平主义的)

第7条　最后,由于制止物价飞涨等,**现在已经**开展的革命斗争,其目的是进行社会主义革命=夺取政权,剥夺银行和所有的大企业、建立有组织的社会主义经济。

以卡尔·李卜克内西的精神支持国际革命的阶级运动和群众运动(以及为反对社会爱国主义的社会主义而进行的斗争)。

第8条　只有推翻资产阶级才能避免现在的战争,也才能避免一切战争。

3. 在弗·普拉滕的决议草案上作的修改和批注①

(1)
关于战争问题的决议

［近几十年来以资本权力异乎寻常的增长为特点的经济发展扩大了民族的经济领域,使它们超出了本身的政治疆域,导致了世界经济的形成、各国被相同利益联系在一起的资产阶级的意向的产生、军事的和世界性的统治,从而导致了帝国主义。

战争是用暴力的方法来克服在资本主义和平扩张基础上产生的、用和平手段消除不了的那些障碍的行动。］②

*

目前的战争是争夺世界的政治统治和经济剥削的帝国主义战争,即争夺销售市场、原料产地、投资地区的战争,简而言之,就是扩大民族利益范围的战争。

为了欺骗人民,统治阶级把每次战争都冒充为保卫祖国的战争。在这种词句下面,始终掩盖着用暴力手段推行的帝国主义政策。

*

无产阶级参加〈帝国主义〉战争,意味着无产阶级自愿地服从它的剥削者的利益和目的,从而意味着停止阶级斗争、承认国内和平、切断它同世界无产阶级的

---

① 普拉滕的决议是用打字机打印的,列宁用铅笔作了批注,加了着重标记,画了线,作了修改。——俄文版编者注

② 这里和下面方括号内的字句被列宁删掉了。——俄文版编者注

联系,并潜伏着严重的后果[自相残杀,从而否定国际的团结]。①

*

但是,军国主义也是有产阶级维持非正义的经济秩序和法律秩序的最强大的武器。军国主义敌视人民,表现在驱使人民反对正在为改善自己命运而进行斗争的本国劳动者阶级。因而对军国主义意向的任何积极支持和各种消极纵容都意味着加强敌人的实力。所以,无产阶级应该拒绝承认军国主义及其作为虚构的保卫祖国手段的作用,并要求彻底消灭一切形式的军国主义。‖ 这后一点只有用消灭资本主义的方法才能做到,因为资本主义是一切新战争的根源。[因此,无产阶级反对战争和军国主义的斗争首先是反对资本主义制度的斗争]〈社会革命正在导致资本主义制度的灭亡〉。一切资产阶级的和平主义或社会主义的和平主义[关于]〈反对〉军国主义和战争的言论,如果不承认彻底消灭现存的社会制度的任务,就是乌托邦,只能起引诱工人阶级离开反对军国主义基础的严肃斗争的作用。

这一斗争会在无产阶级的国际组织〈和行动〉中,[以及在采用各种适当的手段同一切形式的军国主义进行不懈的斗争中]得到最强有力的支持。

*

因此我们要求:

1.拒绝"保卫祖国"[和维护国内和平]的义务。

4.[3.][1.]2.[广泛地]〈组织群众性的革命行动〉:全体工人阶级[反动员]的行动:采用〈集会、游行示威〉拒服兵役和总罢工的方式。

---

① 列宁在这里打了一个记号,但没有增补文字。——俄文版编者注

2.[3.]无论在和平时期还是战争时期,拒绝一切战争要求和军事拨款。

3.[4.][如果已经作了动员,则要求复员,并为此进行斗争。]

3.[4.]5.加强反对军国主义和为它效劳的民族主义、沙文主义倾向的原则斗争,有计划地向工人阶级剖析军国主义并向士兵阐明他们在军队中的作用。

（2）

战 争 问 题

1916 年 11 月 30 日

列宁

(1)鉴于<u>世界大战已经证明:资本主义政府能干出哪些罪行</u>,它们如何用虚构的事实欺骗无产阶级而得以迫使无产阶级积极参加这场杀戮和破坏;这就使社会民主党有责任重新考虑自己对待军国主义和战争的态度。

很好

(2)原先有条件地认为军国主义及其作用是阶级斗争的工具的这种看法正在被否定,而<u>彻底消灭军国主义这种纲领性的要求则正在得到认可</u>。这一原则性的要求是以军国主义抱有极有害的目的为依据的。

(3)军国主义是私有者阶级维护非正义的经济秩序和法律秩序的最强大的工具;军国主义敌视人民,表现在驱使人民反对本国的无产阶级。在这里就清楚地表明了军国主义损害无产阶级的阶级性质。在任何情况下,工人阶级将始终<u>采取无产阶级阶级斗争的最有力的手段</u>来进行反对这种作用的斗争。

(4)作为反对所谓"外部敌人"的斗争手段的军国主义,同样是敌视人民和反对文明的。保卫国家的私有阶级的利益和用战争手段来实现政治经济的贪欲,无论在任何条件下都不能得到无产阶级的赞许和支持。

?

如果社会民主党承认在**某些条件**下进行战争的必要性,它也就应该承认军国主义,就有责任力求使军国主义尽可能地趋于完善,并使全民军国主义化。由此应该投票赞成军事预算,制造更好的武器,允许青年军国主义化等等。

利用军国主义来反对外部和内部敌人是以现代社会的阶级政治为基础的。广大群众,尤其是无产阶级,除了他们的经济、政治和个人的权利遭到侵犯之外,是不可能指望从利用军国主义中得到任何东西的。

从无产阶级的阶级观点来看,两种目的应当同样受到谴责,并责成社会民主党为彻底消灭军国主义而进行最坚决的斗争。

保 卫 祖 国

保卫国家可以被认为是:

(一)反击对本国领土的侵犯;

(二)出于军事战略的考虑,向敌人进攻,以便把战场转到敌国去;

(三)保卫经济秩序的利益和追求政治经济的目的。

防御将始终是以往的政治和经济的产物,无产阶级作为现存社会制度的反对者,任何时候都不能同意防御,以免堕落成为自己的压迫者的代理人角色,以免极其严重地损害自己的本身利益和背叛自己的国际阶级团结。

注意

所谓的"保卫祖国"是用来愚弄人民的欺人之谈。这是为代表数量不多但却是统治人物的利益打掩护。

很好
注意

在历史上,防御意味着对侵犯领土的反击,即对扩张领土的企图的反击;意味着对现有的经济利益的保护,即对扩大经济利益的企图的保护。防御始终意味

着只是用集中的形式来表现<u>背叛性的</u>和平政策。<u>一切</u>　　很好
<u>战争都是政治</u>通过暴力手段(军国主义)<u>的继续</u>。军国
主义的双重性质的特征表现在:它既是私有者的阶级
工具,又使无产阶级变成战争和军国主义的死敌。

（3）

战争和军国主义

1916 年 11 月 30 日

　　战争不是自发的事件,<u>更正确地说,是和平时</u>　　很好!
<u>期资产阶级政治的集中表现</u>。它是用暴力方式来
扫除障碍的行动。战争的原因和发生只能联系到
开战前力求推行的政治来进行研究。这种情况向
我们表明,战争只是政治通过其他手段的继续。

　　当前这场世界大战是争夺经济势力范围和政治霸　　很好
权的斗争。它是帝国主义战争,是为了争夺在政治上
和经济上剥削世界,争夺销售市场、原料产地、投资地
区等等而进行的。它是资本主义发展的产物,资本主
义的发展把全世界联合成为世界经济,并容许在利益
上彼此矛盾的各个民族国家的资本主义集团的存在。

　　因此,无产阶级只有在追求经济目的方面同本国
的资本家的想法一致,它才会自愿参加战争。这就意
味着停止阶级斗争、放弃争取社会的社会主义化的意
向、承认国内和平,从而就意味着无产阶级的阶级斗争
的破产。暂时为资本主义的意向效劳会导致社会帝国
主义,从而导致宣布民族团结,宣布资本利益同劳动利
益的一致性(张伯伦主义)。

诺布斯

保·伦施关于民族自决权和兼并的文章的摘录和批注[102]

(1916 年)

保尔·伦施博士:《关于自决的蠢话》(《钟声》杂志第 8 期。1915 年 12 月 15 日)。

"……小资产阶级的心血来潮"(第 465 页)——据说就是"裁军"

"小资产阶级空话"(同上)据说就是"裁军的怪论"

就是"劳动的权利"等等。

例如,恩格斯在 1849 年 2 月 14 日《新莱茵报》上论"民主的泛斯拉夫主义"①(第 466 页)时写道,"自由一词代替了这一切",单单"关于自由的无条件要求","脱离实际的荒诞的抽象概念"——

于是伦施说:"关于自决权的空谈"据说也就是这样"脱离实际的荒诞的抽象概念……"(467)

恩格斯当时写道:"这种不顾各族人民的历史状况和社会发展阶段而硬把他们联合起来实现各族人民的普遍兄弟联盟的理论……"(467)

接着是**反对**"巴枯宁关于匈牙利人和德意志人对南方斯拉夫

---

① 参看《马克思恩格斯全集》第 1 版第 6 卷第 322—342 页;下面几处的摘录参看第 324、326、333 等页。——编者注

人使用骇人听闻的暴力的说法"。——恩格斯在这方面究竟是怎么说的呢？

"在欧洲几大君主国一般地说已经成为历史必要性的时代"，德意志人和马扎尔人把这些弱小民族联合成为一个大的国家，"从而使这些民族能够参与历史发展……"把这称为"罪行"据说是可笑的。"而波斯人、凯尔特人和基督教日耳曼人还不如捷克人、奥古林人和奥地利边防军马队吗？"(467)

‖(1)

‖(2)

伦施得意地说，"马克思和恩格斯对'自决权'的观点就是如此！"(第468页)并说，谨向"《前进报》编辑部中缺乏认识的社会党人"作介绍。

"实际上，空谈自决权在本质上是同社会主义不相容的……"社会主义是局部依靠整体的思想……

个人主义的理论创造了"自决"……他说，想实行自决的是"民主的最凶恶的敌人"(470)，例如，拿破仑第三。

"1859年的经验(拿破仑让人民对尼斯的合并进行投票的滑稽戏，据说：伯恩施坦在为**埃里蒂埃**写的后记中对这出戏进行了"讽刺")是专制制度完全可以接受的，甚至俾斯麦起先也曾打算在丹麦战争以后侵占的省份内模仿这一做法。"(470)

　　|参看恩格斯关于这一点的论述　**注意**|　‖注意

接着是谈"**幼稚的**"(472)自决等＝"小资产阶级美梦"(同上)。如何**在实际上**实现这一点(第473页)？例如，在巴尔干？各民族混合体等。

不，我们不应当

　　　　　　　　　　"为了某一朵'娇嫩的民族鲜花'（如恩格斯
　　　　　　　　　所说）而破坏迄今为止作为历史进步体现者的
注意 ‖　　　文明大民族存在的条件"（473）等——"甘心做
注意 ‖　　　沙皇制度和反动势力的驯服助手的"弱小民族。

　　而现在塞尔维亚……一些进步的中心强国对于到达海洋的兴
趣……

　　社会民主党是"小州经济"（474）的**敌人**……

　　阿尔萨斯—洛林对法国社会党人来说，只是"摆脱困境"（同
上）的尝试。

　　　　　　　　　　德国需要**阿尔萨斯和洛林**（476），因而
　　　　　　‖ **"社会民主党党团""从自己的关于阿尔萨** ‖
注意　　‖ **斯—洛林问题的八月提纲中完全删去关** ‖
　　　　　　‖ **于自决的空谈"** 是"**十分正确的**"。（476） ‖

　　他说，恩格斯在 1891 年写道，**在社会主义的法国和社会主义
的德国**之间不可能"**产生**"阿尔萨斯—洛林问题。"**误解会立即消
除**"——他说，在无产阶级获得解放以前，可以等一等（476）。

　　　　　　　　　　　══════════

　　同一作者，《社会主义和过去的兼并》（1916 年 1 月 1 日《钟
声》杂志第 9 期）。

　　"反对兼并？"（494—495）他说，对这一口号须作"马克思主义
的批评"……反对任何**占领**？

　　　　　　　　　　马克思和恩格斯主张"欧洲民主"，反对"废
"**联系**"‖ 除武装、民族**自决权**、不要**任何兼并**"这类空
注意　‖ 话。（496）

　　马克思和恩格斯把英国称为一场全世界大战中的"反革命"力

量。《新莱茵报》(《遗著》第 3 卷(1848—1849)第？页①)说,全面战争将击溃"**许多反动民族**"(497)……

　　同上,恩格斯的文章:"他们竟要求我们和欧洲的其他革命民族保证反革命势力可以直接在我们的大门口肆无忌惮地存在……" ‖ 注意

　　"他们竟要求我们在德国的中心建立一个反革命的捷克国家,让……的俄国前哨部队楔入德国、波兰和马扎尔人的革命力量中间,并摧毁这些革命力量……　对于那些……关于博爱的悲天悯人的空话,我们的回答是:憎恨俄国人,过去是、现在仍然是德国人首要的革命激情……"②(497—498) ‖ 注意

　　他说,**1859 年**恩格斯在《**波河与莱茵河**》中写道,疆界的改变(在欧洲)归结为一点,"这就是应当愈来愈多地让那些大的、有生命力的欧洲民族拥有由**语言和共同感情**确定的真正的自然疆界"③……(弱小民族则应当被合并;一旦修改欧洲政治地图,**德国**就应当获得自己的一切权利)…… ‖ 注意

伦施接着写道:

---

① 参看《马克思恩格斯全集》第 1 版第 6 卷第 207 页。——编者注
② 同上书,第 341—342 页。——编者注
③ 参看本版全集第 28 卷第 17—20 页。恩格斯这段引文参看《马克思恩格斯全集》第 1 版第 13 卷 298 页。——编者注

诡辩的范例!!

　　"顺便说一下,奇怪的是,正是那些今天还一再津津乐道'无产者没有祖国'这句话的同志在目前的世界大战中唯一关心的,似乎就是使每个无产者都有独立的祖国,并且无论如何要竭尽全力阻止任何一个'祖国'从世界地图上消失。"(499—500)

妙论!!

　　"但是工人阶级的利益并不要求'每隔3英里就有一个新"国家"',而自决权的理论实际上却会造成这种局面"(500),他说,例如庞大的经济体等——((摘录完))。

译自《列宁文集》俄文版第30卷
第118—127页

在美国社会主义工人党第十四次代表大会通过的关于向社会党提出的统一原则和形式的决议上作的批注[103]

（1917年1月）

请退回　　　　　　　　　　　　　　　　　　　列宁

　　　　　　　　　　　　　　　　　　　　　　　于1917年1月

　　社会主义工人党[104]举行了第十四次全国代表大会，接受社会党[105]提出的以下建议：选派5名代表同社会党5名代表会晤，以研究和筹备（如果可能的话）两党的统一……

　　代表大会责成社会主义工人党的代表在统一问题代表会议上要求：

　　1.统一所必需的最低的必要条件……

　　　　B.在政治行动方面：

　　声明赞成在社会主义旗帜下进行工人阶级的<u>革命的政治行动</u>，在候选人或社会主义原则方面　　**不清楚**
不作任何妥协或让步……

　　　　D.在军国主义和战争方面。

　　承认并声明证实以下事实：……

4. 接受国际宣布的如下原则：<u>在目前国际资本主义发展的晚期阶段</u>，所谓民族防御<u>就是</u>犯时代的错误；未来统一的党正式否定这个民族防御理论，坚定地站在阶级斗争的立场上，承认世界无产阶级<u>没有它能称之为自己国家的国家</u>，因而也没有它所应予**保卫**的国家，而只有它想要**获得**的国家和世界，即从各该国和全世界资本家阶级那里夺取的国家和世界……

{{ 良好的意愿！但在理论上是幼稚的。
没有一点儿马克思主义。
天真的胡说

下面列举了若干原则和政治观点，就其全部或部分来说，两党在目前看来是不会对此取得一致意见的，而这些原则和政治观点是社会主义工人党代表在即将举行的统一问题代表会议上必须维护的。

社会主义工人党按自己的倡议保留公开维护那些不会被统一问题代表会议接受的原则和政治观点的权利。

最高要求

？天真！！
一团糟。
什么是
民主？
政治国家！！

1. 声明资本主义<u>政治国家制度</u>——在这种制度下，政府由选出的或委任的政治区域或地理区域（区、州等等）的代表组成；<u>在社会主义制度下必须代之以工业民主</u>——其政府由各工业部门的同志所选出的工人组成，以领导生产、调节生产和分配财富……

译自《列宁文集》俄文版第 39 卷
第 175—176 页

在 1918 年 1 月 8 日(21 日)
党的会议上作的摘记[106]

1

辩 论 摘 记

(1918 年 1 月 8 日〔21 日〕)

奥博连斯基：

列宁的两个基本论点：

　　(1)"继续"战争；

　　(2)知识分子的爱国精神；

列宁："农民的、小资产阶级的和平"

　　"农民专政"……

(注意)不是**立刻**的……"**渐进**"

……"德国士兵不会进攻"……　我相信它(这个神话)。而

德国的卡列金分子呢？

康布雷[107]——"列宁本人(?)曾指出过。"

不需要(英国人和法国人的)物质援助……(没有协约国的援

助我们也行)[108]……

与德国交战情况下的**国内**战争状态：　　　　　‖‖ 注意

‖‖‖   例如卡列金战线。

德国起义迫近：我赞成列宁过去的立场[109]。

"我赞成停止谈判，赞成**在前线的国内战争状态**……   反对德国帝国主义的革命状态。"——

托洛茨基:

革命战争是不可能的。但是德国人无法进攻吗?

"……就后果来说，我们在一个月内损失很大"……继续采取拖延策略……

‖‖‖   "结束战争状态，复员军队，**我们回家**去建设社会主义的俄国……"   ‖‖‖

去南方反对拉达吗? **协议已经达成。**[110]

进攻会造成极大的困难……(25%认为会进攻)。——德国人只提出初步和约……

如果他们提出别的条件呢? 不应当进行鼓动吗?

‖‖‖   **道义上的有利局势**:在道义上对**全世界工人阶级**是问心无愧的。

注意 ‖‖‖   "如果进行革命战争，我们就会被推翻，这是十分明显的。"

我们不给粮食，但是德国人不是傻瓜，他们会强迫我们交粮……

洛莫夫:

"瓦解德奥军队"，这就是我们的斗争形式……

我们将向德军证明，打仗是不应该的……

农民专政——这是列宁所希望的"庄稼汉的和平"……

列宁认为考茨基及其同伙的声明享有极大威望。**111**

客观形势就是这样：不需要和谈……

普列奥布拉任斯基：

"成为疲惫不堪的士兵的思想家……"在对外和**对内**的政策方面都……

"……革命不能在前线保卫自己，已经失败了……"

……"纯技术"问题，两个团、零星部队……

哪里不能自卫？

应该相信，我们是不可战胜的。**法国大革命的例子**……

从技术上看无法进攻："冬天"，没有路……

"同德国帝国主义妥协"（普列奥布拉任斯基）……

普列奥布拉任斯基：

"不可能有妥协的办法……"

三种观点。①

加米涅夫：

"我们出卖波兰"，等等。**112**

雅柯夫列娃：

"缓和几乎不可能了"，我们将高举着旗帜光荣地牺牲。

"……一切都是为了在欧洲爆发国际革命……"

---

① 根据记录特点可以判断，下面有关加米涅夫和雅柯夫列娃的摘记是过了一些
　　时间以后补写上的。——俄文版编者注

2

对 1918 年 1 月 8 日(21 日)
党的会议上的辩论的归纳

(1918 年 1 月 8—11 日〔21—24 日〕)

托洛茨基:
· · · · ·
"革命战争是不可能的"……   但是德国人无法进攻吗?

"结束战争状态,复员军队,我们回家去建设社会主义的俄国"……

拉达(和德国帝国主义的)协议已经达成。

25%认为德国人会进攻……

如果德国人提出更苛刻的条件呢? 不应当进行鼓动吗?

"道义上的有利局势……"

"在道义上对全世界工人阶级是问心无愧的……"

"如果进行革命战争,我们(即我们的政府)就会被推翻,这是十分明显的。"

我们不给粮食,但是德国人不是傻瓜,他们会**强迫**我们交粮。

"革命战争"拥护者的论据:

| **"不是立即进行革命战争"**

| **"德国士兵不会进攻……"**("我相信这个'神话'")

Z "农民专政","农民的、小资产   〔护国派的见解
级的、庄稼汉的和平"   也是如此〕

Z "渐进"

Z "**向右**"一步,同右派……

‖ "**与德国交战情况下的国内战争状态**"

‖ "反对德国帝国主义的革命状态"

‖ "我赞成列宁过去的立场"(奥博连斯基)

---

8 "瓦解德奥军队,这就是我们的斗争形式……"

Z "疲惫不堪的士兵的思想……"   在革命战争

　‖ "……在对内和对外的政策方面也   中技术不能

　‖ 同样……"   解决问题。

　‖ "……革命不能在前线保卫自己,

　‖ 已经失败了……"

　‖ "……法国大革命的例子……"

Z "同德国帝国主义妥协"……

译自《列宁文集》俄文版第 11 卷
第 41—44 页

关于拿破仑第一对德战争史的笔记[113]

（1918 年 2 月）

1

关于尼·卡列耶夫《西欧史》一书
（第 4 卷第 8 章）的提纲式笔记

（1918 年 2 月 24 日以前）

1807 年 7 月 8 日**蒂尔西特**和约

（拿破仑第一和亚历山大一世签订的）

（俄国在（1806—1807 年）战争中曾经援助过普鲁士，在这次战争以后）。

普鲁士一半以上的领地被掠夺了。原先由拿破仑第一所立的全部君主得到了承认[第 146 页]。

1799 年以前的"革命战争"[第 136—137 页]。

1800 年至 1815 年——拿破仑的历次战争……[第 138 页]。

1800 年奥地利把伦巴第割让给拿破仑第一[第 138 页]。

吕内维尔和约 1801 年 2 月 9 日拿破仑第一和奥地利签订的和约（**吕内维尔和约**）[第 138 页]。

（在德国的 50 个帝国城市中，只有 6 个维持原状）[第

139 页]。

1802 年英国也同法国媾和了……[第 140 页]

1803 年——再次与英国交战……[第 140 页]

1805 年拿破仑第一同德奥的战争(奥斯特利茨,1805 年 12 月 2 日)[第 141 页]。

1806 年 6 月 12 日①拿破仑第一同许多德意志国家签订的和约(它们与拿破仑第一的同盟)[第 143 页]。

1806 年至 1807 年拿破仑第一同普鲁士的战争[第 143 页]。1806 年 10 月 27 日拿破仑第一已在柏林[第 145 页]。

俄国曾经援助普鲁士。1807 年 1 月 2 日拿破仑第一在华沙[第 146 页]。

蒂尔西特和约。1807 年 7 月 7 日至 9 日蒂尔西特和约;普鲁士丧失二分之一的领地……[第 146 页]

普鲁士偿付巨额赔款,在未交清之前,要供养法国的驻军,**拿破仑第一成了德国的全权统治者**……[第 147 页]

拿破仑第一使自己的弟兄登上欧洲各国的王位(约瑟夫一世安排在西班牙,等等)[第 150 页]。

1808 年 9 月 17 日至 10 月 14 日拿破仑第一和亚历山大一世在爱尔福特会晤:使德国蒙受更大的屈辱……[第 151 页]

1808 年——受英国支持的西班牙起义[151 页]。

1809 年——奥地利发动战争[第 151—152 页]。

1809 年 5 月——拿破仑第一已在维也纳[第 152 页]。

1809 年 10 月 14 日**申布伦**(或**维也纳**)和　‖

---

①　这里日期大概是笔误。在尼·卡列耶夫的原书中是 7 月 12 日(第 143 页)。——俄文版编者注

注意　　　 ‖ 约[第 152 页]。奥地利失去许多土地(萨尔茨堡、的里雅斯特,等等)。

1810 年 7 月拿破仑第一兼并了荷兰(然后又兼并了汉堡和不来梅以及其他城市)(+罗马+的里雅斯特)。

拿破仑第一要求"盟国"提供辅助军队和军费①……[第154 页]

法兰西帝国的最大面积:法国的国界离柏林 200 俄里。[第152—153 页]。

(拿破仑第一的对手只有英国和俄国)……

拿破仑第一的统治使欧洲走向革命。从 1812 年起,拿破仑第一的军事势力开始衰落[第 153 页]。

拿破仑第一在俄国(1812 年)和在德国(1813 年)被打败后,在法国(1814 年)也被打败[第 153—154 页]。

拿破仑统治的法国:+比利时+荷兰+不来梅+汉堡+热那亚+罗马+的里雅斯特[第 153 页]。

2

拿破仑第一对德战争史摘记[114]

(1918 年 2 月)

吕内维尔和约。

1801 年 2 月——拿破仑第一和"神圣罗马帝国"签订的……

---

① 从"拿破仑第一要求"起的这句话是作为脚注增添到手稿中的。——俄文版编者注

　　　　巴伐利亚和符腾堡正在加强自己的力量,以便同
　　　　德国奥地利抗衡。

普勒斯堡和约。

1805 年 12 月 26 日法国和奥地利签订的。

　　　　根据 1805 年 12 月 15 日签订的条约,普鲁士与
　　　　拿破仑第一订立攻守同盟。

1806 年 6 月 12 日[①]**在拿破仑第一的保护下**建立了莱茵同盟(参加
　　　　莱茵同盟的有巴伐利亚、符腾堡等等 16 个南部和
　　　　西部的德意志国家)。这些国家有义务提供辅助
　　　　军团及其他等等[第 141—143 页]。

在拿破仑第一对普鲁士作战之后签订的蒂尔西特和约(1807 年 7
　　　　月 9 日)(拿破仑第一同亚历山大一世及萨克森等
　　　　等结成同盟)。

　　从这时起,除奥地利外,**整个德国都处于**
(普鲁士)法国的附庸地位。德国军队参加拿破
仑第一的远征,同时还学习军队的组织方法
等等。

| 注意:交付赔款和大陆封锁使德国破产等等。 |

　　　　　　　　　　译自《列宁文集》俄文版第 11 卷
　　　　　　　　　　第 49—51 页

---

① 此处大概是笔误,在尼·卡列耶夫的原书中是"7 月 12 日"(第 143 页)。——
俄文版编者注

尼·布哈林等人在
俄共(布)第七次代表大会上关于
战争与和平问题的发言的摘记[115]

（1918年3月7日）

［1918年3月7日］

布哈林：

（一）　喘息时机

（"总共几天"）

（二）　我们党的动摇使人民、无产阶级和军队心灰意冷。

［对！究竟是谁动摇了？是中央委员会，而在中央委员会里又是谁动摇呀？就是你们这些"左派"朋友吧！］

（三）　生活是支持我们的，因为战争**一定会到来**（布哈林）……

它能不能得到长时间的喘息时机？

它会在什么时候撕毁条约？

我们迁就、让步、叛卖、妥协到什么时候？

"投降"、"难堪的和约"。

（乌里茨基）

布勃诺夫援引左派给中央委员会的声明[116]

我们在布列斯特-里托夫斯克的政策没有错（拉狄克）

"我们",左派,一贯正确!
布哈林正是这样的老手

注意"要咬紧牙关,暗中
准备力量"

（拉狄克）

(四)分析分歧的阶级根源

粮贩?
疲惫的农民?
**而社会革命党人、孟什
维克、立宪民主党人呢?** ①

托洛茨基

彼得堡的撤退——是
一回事;修复铁路——是
另一回事。(托洛茨基)
……

"我们出卖乌克兰……"
我们是否将同乌克兰或同
斯温胡武德签订和约?

可能拖延的时间不超
过两个月

"这将是名副其实的
叛卖。"
（如果我们与温尼琴科签
订和约)[托洛茨基]
比较拉狄克的发言:**既没
有任何的可耻**,也没有丝
毫的叛卖。

"……可耻、屈辱、卑鄙……"

---

① 参看本版全集第34卷第24—31页。——编者注

梁赞诺夫:"列宁是让出
空间以便赢得时间"

[1918年3月8日]

"在最近的将来会不会发生战争……"

(蛊惑的说法:决不能送去任人宰割)

和约使我们在全世界人面前蒙受"耻辱"

布哈林:"请你们去问任何一个军人"

译自《列宁文集》俄文版第11卷
第62—63页

在最高国民经济委员会同资产阶级合作社工作者就合作社工作问题达成的协议草案上作的批注[117]

(1918 年 3 月 21 日或 22 日)

草　　案

1. 合作社组织在其各自的活动地区内,根据平等原则为全体居民(不分社员和非社员)服务。

2. 每个一级合作社(或其分社)为一定的地段服务。

注:工人的阶级合作社(根据它们的申请)可以例外。

3. 在每个地段范围内活动的只能有两个合作社:全体居民合作社和工人的阶级合作社。

4. 合作社代表参加中央和地区的国家供应机关,而国家对私营商业企业的领导权(直至把它们收归国家管理等)属于这些国家供应机关。

5. 合作社应采取措施,以便尽快吸收全体居民加入合作社组织(对社员的股金不付股息)。[**最好能取消**[……]①**入社费**]。

6. 本条例由合作社组织按照同国家(粮食)供应机关达成的协议贯彻执行。

——————————
① 此处被钢笔涂掉一词,无法辨认。——俄文版编者注

7.按照同国家供应机关和工业领导机关(中央纺织工业委员会、粮食人民委员部等等)达成的协议,在居民中分配个人消费品的技术性工作逐步移交给合作社。

8.随着供应合作社的产品得到保证以后,也许会着手实行凭证给劳动居民发放工资的办法,劳动居民有权凭证从合作社领取一定的消费品。

9.采取措施,保证居民所得到的用于购买个人消费品的纸币能通过合作社回流到国库。

全俄工人合作社委员会:欣丘克、

奥德诺布柳多夫、别洛乌索夫。

中央工人合作社:达维多夫、

科切托夫①(**布尔什维克**)。

莫斯科市与郊区工人合作总社:叶戈罗夫、

布列夫达。

中央消费合作总社:泽尔海姆、科罗博夫。

最高国民经济委员会经济政策委员会

米柳亭、拉林。

1918年3月21日(一致通过)。

三个机构:

苏维埃

(1)[国家]和市政府

(2)合作社:

(1 200万社员)

(3)私营机构

译自《列宁文集》俄文版第18卷
第260—261页

---

① 在"科切托夫"的后面不知是谁用铅笔写了"合作社"一词的批语。——俄文版编者注

对关于消费合作社的法令草案的修改

（1918 年 4 月 10 日）

1.消费合作社组织在各自的活动地区内，为全体居民服务。

合作社向社员和非社员出售产品，均增收[有]①5%的特别附加款：向社员增收的 5%的附加款，满一年后发还社员或记入其股金；而向非社员收的附加款则满一个月后每月上缴地方国库。凡供应居民商品的机关和私营企业，必须从总周转额中抽出 5%上缴地方国库。②

2.愿意加入消费合作社的收入低的人，交纳最低入社费(不超过 50 戈比)。这些人的股金允许用从 5%的购货附加款中扣除的办法筹集。

[列宁的修改稿]

注：对关于收入低的情况
的申请的审查办法，
由地方工③农代表苏维
埃确定。

3.每个一定的地区或地方由各自的消费合作社及其分社为它服务。

[合作社工作者的修改稿]

注：[愿意加入消费合作社的
人的收入低的情况]由地
方④和农民代表苏维埃
确定。

3.每个[一级]消费合作社[或]
其分社为一定的地区或地方
[服务]。

---

① 方括号内的字是列宁勾掉的。——俄文版编者注
② 在人民委员会记录和法令定稿中，第 1 条第 2 段作了如下修改：
  "所有供应居民消费品的商业企业向国库交纳其周转额 5%的特别税。消费合作社社员免交此税；在年度决算核准后，他们可从自己的合作社收回他们购货总额的 5%的款项。"根据人民委员会记录草稿判断，这个修改是伊·埃·古科夫斯基作的。——俄文版编者注
③ 在"工"字后面应加上"兵"字。——俄文版编者注
④ 后面一词辨认不清。——俄文版编者注

4.在每个地方、地段范围内进行活动的只能有两个消费合作社:全体公民合作社和工人的阶级合作社。["经有关合作总社批准后,进行合作社登记。"]

5.中央或地方苏维埃政权机关,尤其是供应机关规定的关于分配产品等的定额,私营商业企业和合作社组织均须遵守。

6.[①]消费合作总社的代表参加中央和地方的国家供应机关的工作。这些机关规定私营商业企业的经营条例并有权将它们收归国家管理。

注:合作社中央机关认为相当
　　于总社的[合作社性质的]
　　消费合作社,在这方面也
　　享有此类总社的权利。

7.私人资本主义性质的商业企业和工业企业的业主和领导人,不能担任消费合作社管理委员会的成员。

8.凡在各自的地方(见第4条)能将全体居民联合起来的那些合作社组织,将在税收上予以优待。优待办法另行规定。

9.本条例的实施办法由合作社组织在国家供应机关的领导下确定。

5.[配给品分配的强制]定额[由国家机关和市政]机关[规定],合作社组织[在分配产品方面受上述机关监督]。

6.消费合作总社的代表参加中央和地区的国家供应机关,而国家对私营商业企业的领导权(直至把它们收归国家管理等)属于这些国家供应机关。

7.[经营]私人资本主义性质的商业和工业业务的[人员],不能[参加]管理委员会。

8.凡在各自的地方[(地区、地段)]能将全体居民联合起来的那些合作社组织,将在税收上予以优待。

9.本条例由合作社组织按照同国家[((粮食)]供应机关达成的

---

① 尼·巴·布留哈诺夫对合作社工作者修改稿的第6条作了如下书面修改:"消费合作总社的代表有权参加国家供应机关的工作。"列宁对此又作了修改。正文中刊印的列宁的修改,经人民委员会会议通过作为法令的定稿。——俄文版编者注

[协议]贯彻执行。

[规定私营商业企业的经营条例]①

10.随着供应合作社的产品得到保证[以后],应着手实行凭证给劳动居民发放工资的办法,劳动居民有权凭证从合作社领取一定的消费品。

[列宁的补充]

11.[国家供应机关批准]。按照同最高国民经济委员会的协议,粮食人民委员部[批准]规定合作社报表的形式和期限,以及对合作社、对私营商业企业的监督和检查的形式,[特别是]尤其是对它们向国库上缴其周转额5%税款的监督和检查的形式。

[12.消费合作社应将自己的进款交入[并存入]国家银行,自己的现金储备也应存入国家银行。]②

[+存款不受侵犯和取款完全自由+人民银行(直至完全合并以前)[在这方面被认为是国家银行,也有权收存合作社的现金。]

12.消费合作社应全面协助苏维埃政权,使私人和机关所有货币资本和流动资金均存入国家银行[并拥护就此问题所颁布的现行通令,本身在……之后立即实行这一措施],消费合作社本身在同财政人民委员部共同确定使它们能自由支配属于它们的资金的必要保证和优待办法之后,立即对自己的资本和流动资金采取这一措施。

---

① 这原是列宁用钢笔写的,大概在他第2次审阅时用铅笔删掉了。其他各条都是用铅笔写的。——俄文版编者注
② 此处列宁删掉这一条的末尾,写上:"+索柯里尼柯夫"。下面刊印了保存下来的对第12条的修改稿(有索柯里柯夫的签字),这个修改稿同人民委员会记录所记的这一条的修改稿以及同法令的刊印稿完全一致。由于合作社工作者的坚持,在"国家银行"后增加了:"或人民银行"。——俄文版编者注

$$\underline{\underline{13}}$$

＋第13条①。苏维埃政权机关，根据②消费合作总社技术管理机构的发展情况，按照国家供应机关和最高国民经济委员会的委托，并在它们的协助和它们的监督下，吸收消费合作总社参加产品的采购、储备、加工和生产。

译自《列宁文集》俄文版第18卷
第265—269页

---

① 列宁重新写了这一条，代替阿·伊·斯维杰尔斯基写的那一条。起初列宁想把这一条修改为："消费合作总社应根据自己技术管理机构的发展情况[在供应机关的协助下，在他们的协助和监督下]，按照**国家**供应机关和最高国民经济委员会的委托，并在它们的协助和**它们的**监督下，进行[商品]**产品**的采购、储备、加工和生产。"——俄文版编者注

② 此处列宁留下了空白，用相应的画线表示此处引用阿·伊·斯维杰尔斯基的一条中下面一句话："根据它们技术管理机构的发展情况"。——俄文版编者注

对关于惩治受贿的法令草案的修改¹¹⁸

（1918 年 5 月 8 日）

1. 在俄罗斯社会主义联邦苏维埃共和国担任国家职务或社会职务的人员（例如：苏维埃政府的公职人员，工厂委员会、住宅委员会、合作社管理委员会和工会理事会等机关和组织的委员或职员），利用进行其职权范围内的活动或协助进行其他部门公职人员职权内的活动而犯有受贿罪者，应**判处**不**少于 5 年的徒刑，服刑期间强迫劳动**［并没收其全部财产］。

……
……

4. 有下列贿赂行为者从严惩处：(1)利用职员的特权；(2)利用职员渎职；(3)敲诈勒索^①。

5. 如受贿者或行贿者［或犯有此种未遂罪者］属于有产者阶级，利用贿赂来保持或牟取与所有权有关的特权，则应没收其全部财产；而罪犯本身应指派干最繁重、最令人厌恶的社会劳动^①。

批准

列 宁

译自《列宁文集》俄文版第 21 卷第 224 页

---

① 这里分别有列宁的批注"＋第 5 条"，"＋第 6 条"。——俄文版编者注

在莫斯科市党代表会议上作的摘记[119]

（1918年5月13日）

1

对尼·布哈林的补充报告的摘记和
对格·索柯里尼柯夫的发言的摘记

（（他们"**赤手空拳地**"占领））

如果我们**致力于**组织工作(补)……"完全集中"在组织工作上——危险的前景……

（外部告急的"警钟"）

"**我党的弊病：没有路线**"

"早产的左派社会革命党人"　　　　列宁＝父辈[120]。

……在十分之九的问题上意见是一致的[121]……

(1)国有化——重工业？

(2)在苏维埃政权下的国家"资本主义"？

> 如果我们想要撕毁布列斯特和约,那么,不太光彩的外号就会是名副其实的了……

《国家与革命》

小册子及其"中心"

列宁**没有**援引其他的论据[122]

索柯里尼柯夫："我非常高兴"，因为列宁在中央委员会不是那样说的……

"国内政策很好，但不能防卫……"

德国"是中立力量"。

"公开的、大规模的准备"

  "自我完善"

"清楚地、明确地向德国政府提出要求"[123]……

2

辩 论 摘 记

奥博连斯基。

瓦·希·支持

洛西茨基的调查表(1917)[124]。

取消商业国有化

［古科夫斯基同志(右派)］

列宁接近《新生活报》

雅内舍夫

"差一点——碰壁……"

把列宁和普列汉诺夫相提并论

我不是列宁信徒……

"找到了一位少女"——这是蛊惑的宣传

来回折腾图拉的一个庄稼汉

导致"在自己党内的"独裁……

我们愈烧得旺——愈像虾那样后退。

这样就把乌克兰人、芬兰人和所有人分离出去[125]

布哈林号召学习军事

布哈林：

说我从事过有关**伊万诺沃-沃兹涅先斯克**的组织工作[126]

"第二次战争"

(斯图科夫)

如果列宁击败他们

"蛊惑人心地"

罪恶地扩大

王牌同
……
……①

非常
错误

关于国家资本主义的"复杂问题"……

"金融资本专政"

不是这一点使我们分裂的

---

① 有两个词无法辨认。——俄文版编者注

而我们无力使革命免遭覆灭

我们要剥开资本家的外衣

工人们对中央和将军们感到不满……

取消国有化……

叶梅利扬·雅罗斯拉夫斯基：
"我们被迫撕毁布列斯特和约"

叶梅利扬·雅罗斯拉夫斯基：
"这是意识到完全软弱无力的工人阶级的策略"

"政策的两重性"

叶梅利扬·雅罗斯拉夫斯基：
"布列斯特和约提供的喘息时机完全结束了……"

叶梅利扬·雅罗斯拉夫斯基
这是唯一的储备……

因为这是从白卫军手中夺来的唯一的储备

柯伦泰：
"无神论的调子……"

译自《列宁文集》俄文版第 11 卷
第 85—88 页

对关于组织贫苦农民和
对贫苦农民的供应的法令的修改[127]

（1918 年 6 月 8 日）

（草　案）

第 1 条

普遍建立乡和村贫苦农民委员会，由地方粮食机关[在工人、农民和红军代表苏维埃的协助下]在粮食人民委员部总的领导下组织之。所有工人、农民和红军代表苏维埃应对贫苦农民委员会予以全面协助，其全部活动应严格符合本法令的一切规定。

第 2 条

[乡和村贫苦农民委员会的委员可由土地少的人和没有使用雇佣劳动的人担任。][1]

"除确系拥有剩余粮食或其他食品、拥有工商企业、雇用长工或使用雇佣劳动等的富农和富户外，所有农村居民，无论是当地的还是外来的，都可以不受任何限制地选举或被选入乡和村的贫苦农民委员会。

注 1：使用雇佣劳动而所经营之经济不超过消费土地份额者可以选举或被选入贫苦农民委员会。

---

① 在人民委员会材料中保存下来的一个抄本里，莉·福季耶娃写上了人民委员会通过的修正案。修正案上有批注：左边是："注 1 和注 2"；右边是："见弗·伊·的修正。"新修订的这一条文全部载入人民委员会记录。——俄文版编者注

　　注2:村和乡贫苦农民委员会委员担任工作,不从国家经费中领取报酬。"

第3条

　　乡和村贫苦农民委员会的工作范围如下:

　　(1)[在贫苦农民中间]分配粮食、日用必需品和农具;

　　(2)协助地方粮食机关没收富农和财主的余粮;

　　(3)乡和村贫苦农民委员会也可承担其他任务。

第4条

　　[乡和村贫苦农民委员会的选举程序、它们的活动和相互关系,由省粮食机关会同工人、农民和红军代表苏维埃根据当地条件确定。]

[5]第4条

　　供应粮食、日用必需品和农具是乡和村贫苦农民委员会的职责,供应的对象由贫苦农民委员会自行确定[应征得县粮食机关同意]。

　　注:乡和村贫苦农民委员会经县粮食机关的同意通过的与此有关的决议,如果同贫苦农民的组织的基本目的相抵触,可由[省]粮食机关予以撤销。

第5条

　　乡和村贫苦农民委员会的全部活动在地方粮食机关的直接监督和领导下进行。

[6]第6条　　　　　　　　第6条①

　　由[县]地方粮食机关[根据省粮食　　地方粮食机关按现有储备和

---

　　① 第6条的表述代替原草案中经过修改的[6]第6条和[7]第8条。——俄文版编者注

关规定的原则]建立的粮食、日用必需品和农具的专门[储存]储备[交乡委员会管理。]

[分配事宜按本法令的原则交乡委员会管理。]

居民的需要程度所建立的粮食、日用必需品和农具的专门储备交乡贫苦农民委员会管理。

[7]第 8 条

按现有储备和居民的需要程度[而建立的粮食、日用必需品和农具的储存]交乡贫苦农民委员会管理。

注:对于村贫苦农民委员会拟定的并经乡贫苦农民委员会批准的[贫苦农民]分配名单,县粮食机关可以提出异议。

[9]第 7 条

粮食、日用必需品和农具,由村贫苦农民委员会按照自己拟定的、并经乡贫苦农民委员会批准的名单,根据下述优待条件[在贫苦农民中间]进行分配。

[10]第 8 条

粮食、日用必需品和农具,按照省粮食机关拟定和批准的标准进行分配,并须严格遵守粮食人民委员部的供应总计划和省粮食机关规定的标准。

注:供应贫苦农民的口粮的数量可按消费地区对粮食的需要程度及没收富农和财主的粮食的进展情况,由省粮食机关在分配的不同时期加以变更。

[11]第 9 条

在粮食人民委员发出特别指令以前,粮食分配[原则]办法暂作如下规定:

(a)从今年 7 月 15 日前全部没收富农和财主的、并送交国家粮食储备的余粮中,按规定的标准免费供应贫苦农民的粮食,其费用由国家负担。

(b)从今年 7 月 15 日以后(至迟到 8 月 15 日)没收富农和财主的余粮中,按规定的标准供应贫苦农民的粮食,要按固定价格的 50%收款。

(c)从 8 月下半月没收富农[和财主]的余粮中,供应贫苦农民的粮食,要按固定价格的 80%收款。

[12]第 10 条

(1)[在粮食人民委员部发出特别指令以前]暂规定下列分配原则。

(3)日用必需品和最简单的农具由乡委员会通过村委员会[根据下列原则]实施分配:

(a)在 7 月 1 日前全部没收富农和财主余粮[以及所有剩余农产品]的[地方]乡中,日用必需品和最简单的农具,要按规定价格的 50%售给贫苦农民。

(b)在 8 月 15 日前没收富农和财主余粮的[地方]乡中,日用必需品和最简单的农具将按规定价格的 75%售给贫苦农民。

(c)在 8 月下半月没收富农和财主余粮的[地方]乡中,日用必需品和最简单的农具将按规定价格的 85%售给贫苦农民。

第 11 条

为了组织[集体收割庄稼]共同耕种土地和收割贫苦农民的庄稼,复杂的农具交乡贫苦农民委员会支配,而且在乡和村贫苦农民委员会将大力协助粮食机关没收富农和财主余粮的地方,使用这类农具不应索取报酬。

第 12 条

为了实施本法令,按实际需要拨给粮食人民委员部必需的经费,数额不限。

译自《列宁文集》俄文版第 18 卷
第 110 — 114 页

对俄罗斯社会主义联邦
苏维埃共和国宪法草案的修改[128]

（1918 年 6 月 28 日和 7 月 3 日之间）

俄罗斯社会主义联邦苏维埃共和国宪法

第 1 章
总　　纲

× 1.俄罗斯社会主义联邦苏维埃共和国境内的全部政权属于联合成各级代表苏维埃**即工人、农民和红军代表苏维埃**的全国劳动居民。

……

×× 8.随着其他各国社会主义苏维埃政权的建立,俄罗斯社会主义联邦苏维埃共和国将与其组成社会主义联邦苏维埃共和国的统一联盟。

　　　×苏维埃政权或另一种无产阶级政权。

　　　×

第 2 章
关于地方苏维埃及其代表大会的职权

……

× 12.地方苏维埃及其代表大会按自治原则保障居住在其所辖地区内的劳动居民的民族文化权利。

× ‖ 要详细拟定
‖ 必须保证少数民族享有平等和各种权利。

……

14. 凡是准许第13条第1部分所指出的那类人参加选
举并享有被选举权的苏维埃,或者破坏上述选举条
例的苏维埃,一律剥夺其选派代表参加代表大会的
权利。

× ×这太轻了:应当解散它们。

第3章
关于俄罗斯社会主义联邦苏维埃共和国
中央政权机关的职权范围

俄罗斯社会主义联邦苏维埃共和国中央政权机关直接
管理如下事务:

……

(2)统一规定关于俄罗斯社会主义联邦苏维埃共
和国国籍的取得和丧失、关于定居和居住权、关于外国
人在共和国境内的各种权利、移民和迁徙权。

……

(5)同外国交往、宣布战争和缔结和约。

译自《列宁文集》俄文版第21卷
第267—268页

对关于不容许亲属在苏维埃机关
共同供职的法令草案的修改[129]

(1918 年 7 月 20 日)

第 1 条　从本法令公布之日起,[三亲等以内的]血亲和姻亲不能在同一中央机关或地方苏维埃机关中任职,今后也不能任用[处于公务上互相从属的地位]。

[第 2 条　在苏维埃机关某一部门同一科室内,凡有三亲等以内的血亲关系或姻亲关系者,不得两人以上的亲属在一起任职,即使他们不处于公务上互相从属的地位。]

第[3]2 条　自本日起两周内,苏维埃机关的所有领导人,都应从他们负责的部门中解除那些违反本条例第 1 条[和第 2 条]的职员的职务。

第 3 条　……

译自《列宁文集》俄文版第 21 卷
第 225 页

在阿·哥尔茨曼《为恢复国民经济而斗争》提纲上作的批注[130]

（1919 年 4 月 25 日）

3.在工资问题上,这一政策表现了对所谓"平均主义"倾向的支持,这种倾向不仅使企业的工人同技术人员的工资接近,而且使工厂固定的熟练工人与外来的非固定工人的工资接近。

4.工资的"平均主义倾向"在群众中相当根深蒂固,这种倾向目前主要表现为非熟练工人力求通过硬性地提高固定工资率来增加自己的工资,他们的这种做法并没有受到企业管理机关的抵制。

5.与此同时,熟练工人和高度熟练工人(他们在工厂中大多起着企业的核心作用并且通常是提拔为行政和技术干部的后备力量的)则力求通过提高劳动生产率来增加自己的工资。

6.这就说明了这样一个事实:正是熟练工人阶层首先提出并首先开始贯彻"按高生产定额付高工资"的口号和劳动报酬奖励制(计件制和各种奖励制)的口号。

7.由于当局不想使严格的工业纲领同粗工的愿望相对立而执行了"工人的"政策,所以上述两种倾向,即(1)生产中半农民分子想通过寄生的方式来增加工资的倾向和(2)企业中技术先锋队的倾向之间的斗争的结局,到目前为止是有利于前一种倾向的。

……

×?　　14.就管理方法本身来说,半农民和粗工的专　　×作者忘记了"半

农民和粗工"同样需要时间学习。而且他们正在学习。

政导致了:(1)用市民大会表决的原则来决定生产方面的技术和行政措施;(2)完全否定用科学方法建立起来的、同生产核算和充分利用机器与人力相联系的劳动组织。

……

16.为了同上述现象作斗争,或者更确切些说,为了同经济的彻底衰退和对苏维埃政权日益增长的政治上的不满情绪作斗争,必须首先解决一个问题:在生产中,我们打算依靠哪些分子呢?

×依靠群众,通过先进分子教育他们。

17.这一问题只能这样解决:我们决定依靠工人阶级中同生产相联系的、并为创造新的和完善的生产方法而斗争的产业工人。　　×

……

21.应该用先进工人阶层的工业纲领和生产方法来抵制农民分子破坏生产的一切倾向;应该用苏维埃政权的威望来巩固先进工人阶层的地位。如果先进工人阶层的地位稳定了,粗工的要求就会自行终止。

22.为了实现上述各条,必须采取下列初步措施:

(1)在企业管理问题上废除多数和少数的原则。

对

在两名(或一名)无表决权的工人"政委"参加下。

(2)实行由主管厂长管理工厂的个人管理制,主管厂长对总管理委员会全面负责,并定期(1—2周一次)向工厂管理委员会报告工作。

对

(3)有权不经任何机关的预先决定而解雇职工。当然,被解雇者的申诉权仍然有效,但申诉书只能送交工会的地方分会。

对!

(4)实行由厂长负责的奖励制,但附有下列条件:奖金应按因提高生产率而获得的产品的成本节约基金计算。

对

(5)奖励工资的原则不仅适用于工人,也适用于所有低、中、高级(领导)行政人员和技术人员;不仅在工厂范围内实行,也在中央机关实行……

23. 由于生产中的产业工人在实行上述各条（见1—15条）原则的过程中分散了，为了吸引他们回到企业中来，必须采取下列初步措施：

(1)扩大熟练工人和高度熟练工人同粗工的工资差别。　　‖　这一点不对

(2)设立特别奖金，以奖励生产方法和工作方法的改进。　　‖　这一点对

(3)尽力从高度熟练工人中选拔初级行政技术人员(调整员、指示员、设计员、组长等等)，给他们发附加工资。　　‖　对

24. 由于在革命过程中不仅熟练工人分散了，而且选拔新干部的工作也停顿了，因而必须在工厂里根据新的原则建立学徒制，国家一方面奖励送子弟进企业当学徒的人，另一方面也奖励那些为培训学徒作出成绩的工人和工长。　　‖　这一点对

……

★

我认为，实际结论大部分是可以接受的。作者只是忘了应该**稍微细心地**用先进工人的影响去教育和提高"粗工"。

列　宁

4月25日

★

李可夫、托姆斯基、施米特同志：

请传阅并请提出你们的意见，哪怕是三言两语。

列　宁

4月25日

译自《列宁文集》俄文版第24卷
第25—27页

在全俄工会中央理事会
文化部主任的来信上作的批注[131]

（不晚于 1919 年 8 月 1 日）

……最近两个月来,我在整顿我们一些剧院的组织工作和管理工作方面费了不少精力和心思。在这里我向您声明,根据<u>小人民委员会</u>通过的法令正在<u>进行</u>的剧院<u>国有化</u>,是对巨大的文化事业的摧残,是对大量财产的侵吞。

?
??

第一,在这样短的期限内(<u>8 月 1 日以前</u>)实行国有化是不可思议的……

……

第三,为了让<u>教育人民委员部戏剧司现任领导人</u>主持此项工作,戏剧司本身需要进行彻底改组……

我的结论是:<u>剧院国有化应当暂缓</u>(到明年)<u>实行</u>……

最后,我要最……坚决地请求您:为了社会主义革命的利益,在未同熟悉业务的人,至少在未同<u>尤仁</u>(国家小剧院的老功勋演员,<u>现被该剧院全体职工选为剧院的领导人</u>)和<u>斯坦尼斯拉夫斯基</u>(莫斯科艺术剧院领导人)商谈之前,不要签署法令;他们两人不仅是第一流的戏剧家,<u>而且对苏维埃政权是十分忠诚的</u>。

我还请您不要相信 <u>6 月 16 日</u>举行的群众大会是反革命大会的谣言……现有速记记录,从记录中您可以看出,反对苏维埃政权的只是群众中<u>偶然出现的一个发言人</u>,是一个同剧院没有任何关系的<u>无政府主义</u>

者，<u>而我</u>作为大会的主席制止了他的发言。还有一个
<u>不愉快的发言</u>（这个发言<u>不讲分寸</u>，但决不是反革命
的），<u>反对教育人民委员部戏剧司的某些工作人员</u>，这
个人的发言我也制止了……

★

谢列布里亚科夫：

　　加尔金同志：难道在进行国有化吗？我们不是撤销法令了
吗？是怎么回事？请答复！

列　宁

译自《列宁文集》俄文版第 24 卷
第 162 页

在《德国共产党(斯巴达克联盟) 土地纲领》上作的批注[132]

(1919 年 7 月以后)

……

二

? ‖‖

大农业企业是<u>一贯雇用他人进行劳动以谋取资本主义利润</u>的企业。小农业企业则是或者完全不雇用他人，<u>或者仅以这样的方式(即按工人的生活方式或工作性质来说，他们和主人及其家庭成员同样是家务劳动的参加者)雇用他人进行劳动</u>的生产单位。

中农呢？
没有谈到

三

注意 ‖

任何作为大企业经营的大地产，<u>连同牲畜和农具</u>及其所属的工业企业和流动资本，由社会主义国家<u>无偿地收归国有</u>。这种大地产成为社会主义社会的公有财产。

……

五

在每个大农业企业中，由固定的农业工人、手工业者、职员和从事家务的家庭成员组成**地产委员会**。

六

在所有大农业企业的一个共同中心领导下,地产委员会根据协作原则负责经营。

七

地产委员会在共同中心所规定的范围内负责:

1. 招收和解雇工人。

……

二十一

从事小农经济的劳动者,包括从事家务的家庭妇女,组成地方**小农委员会**。

不剥削他人劳动力的、居住在农村的小手工业者和小商人也可参加小农委员会。

《《　地方小农委员会又与同属该乡的**地产委员会** 　　　　注意
以及居住在农村的产业工人联合组成**村委员会**。

……

二十九

地方地产委员会、小农委员会和村委员会按经济区联合起来,最后在全国范围内联合起来。

这些委员会中的每个组织从本组织的人员中选出**执行委员会**,该执行委员会在各委员会监督下处理日常事务并有权吸收专家参加工作。各农业委员会的最高经济机关是农业工人委员会和小农委员会的中央代

?

表大会。这个代表大会从自己的人员中选出**中央农业委员会**作为执行机关。中央农业委员会是中央国民经济部门的组成部分,并与中央国民经济部门共同制定农业总条例。

……

译自《列宁文集》俄文版第 24 卷第 215—217 页

关于俄国社会主义革命
成熟问题的意见[133]

（1920 年初）

"……您同考茨基进行了争论[他的主要论点]。考茨基的主要论点是俄国社会主义革命尚未成熟。事实说明了什么呢？一年多过去了。布尔什维克对付不了投机商人。农民，大批的、千百万农民，既有富裕农民，也有中等农民，还有相当多的小农，他们进行投机倒把，"自由"买卖，不按固定价格出售，不卖给国家。布尔什维克没有整顿好机构，没有战胜官僚主义。官僚主义反而战胜了你们。你们的优秀工作人员已疲惫不堪，经常发生大规模的酗酒等等情况。下层消极，上层酗酒。这就是俄国社会主义革命尚未成熟的证明。事实不容歪曲……"

> 薄弱的阶层……
> 过度疲劳了……
> 扩大。"指靠群众"？不具体。

> 粮食人民委员部和投机倒把。自由出售？直接和间接地倾向于自由出售。"小市民习气"。
> 我们也有过胜利。不是一下子取得的。

　　即使**俄国**彻底失败,也不能作为反对的论据。

　　然而并没有彻底失败,而是正在进行艰苦的斗争。

译自《列宁文集》俄文版第 24 卷
第 212—213 页

在《经济生活报》所载
尤·拉林一篇文章上作的批注

（1920年3月20日）

工会和总管理局
（给五金工会中央委员会的报告提纲）

1. ┃工人┃联合会的内部结构……

……

3. 十月革命使联合起来的无产阶级从资本家的雇佣奴隶变成了 以无产阶级国家政权为代表的工业的主人：雇工阶级成了┃企业主┃阶级……

工会？

这算什么话！
蠢话！

译自《列宁文集》俄文版第35卷
第113页

在谢·古谢夫《经济建设的当前问题》一书上作的批注[134]

(1920年3月17日和29日之间)

列宁的一本

谢·伊·古谢夫

经济建设的当前问题

……

在高加索方面军和高加索

方面军预备集团军党的代表会议上

通过的谢·伊·古谢夫的报告提纲

(a)＋电气化
计划

(b)＋电气化

(1)统一的经济计划应分为几个经济时期,而对每一个时期应按以下顺序提出一项基本经济任务:(a)恢复运输业,组织运送,建立粮食、燃料和原料仓库;(b)加紧发展燃料和原料的开采、粮食的生产、运输的发展等的机器制造业;(c)加紧发展生产日用消费品的机器制造业;(d)加紧生产日用消费品。

统一的经济计划应坚定不移地贯彻执行,并应成为党围绕经济生活问题和劳动动员问题而将要展开的鼓动工作的中心。

(2)对实现经济时期的基本任务不是附属性的一切生产部门,只有在它们的工作不妨碍执行主要任务时,才能维持下去。对实现基本任务是附属性的生产部门,应当根据实际需要加以发展。因此,统一的经济计划应当提出的不是各生产部门和各地方国民经济委员会根据中央和地方机关的订货所制定的生产规划的总和,而是恰恰相反,统一的经济计划应当确定每个部门生产规划的规模。

(3)熟练工人的动员、职业教育、劳动动员、劳动大军的使用以及共产党员的动员,应当同每个经济时期的主要任务相适应;而且共产党员应当事先受到专门训练,为此∨应当在中央委员会下面设立一个专门机构……

∨由中央委员会协助在有关人民委员部下面设立

……

(6)各省、县、乡执行委员会下面应分别组建模范劳动旅、团、营和连,它们既为地方需要服务,同时又是常备军,队伍将根据劳动义务制为地方需要而动员起来的人员补充。

＋首先耕种红军战士和劳动集团军战士以及贫苦农民的土地

译自《列宁文集》俄文版第35卷第114—115页

在奥托·鲍威尔《世界革命》一书上作的标记[135]

（不晚于 1920 年 4 月 27 日）

……

大不列颠。

战争使它的两个最强大的对手遭到了毁灭：战争摧毁了俄罗斯帝国和德意志帝国。整整一个世纪，大不列颠的政策都是由于害怕沙皇帝国一贯扩张，害怕它不断向君士坦丁堡、波斯湾和印度边界进逼而确定的。在这场战争中，英国参战时是站在俄国一边的，现在当战争接近尾声时，俄国崩溃了：波罗的海沿岸出现了几个受英国保护的新国家，西伯利亚脱离了俄国，英国占有了沙皇帝国在外高加索的遗产。君士坦丁堡现在飘扬着英国国旗，英国在波斯再没有对手了，再也不会有任何一个俄国团队向印度边界逼近了。<u>俄国的国民经济遭到了国内战争的破坏</u>；在今后许多年争夺世界霸权的角逐中，英国再也不用害怕俄国的竞争了。同俄国一起垮台的是英国另一个比较年轻的对手。日俄战争以后，英国同俄国约定全力对付迅速崛起的德国帝国主义；现在连德国也同俄国一起拜倒在英国脚下了……

随着英国地位的提高，英国**海外自治领**的地位也提高了。战争形势使加拿大和澳大利亚、南非和新西兰大发其财；这些国家的参战加强了它们对自己力量的认识，使它们能够谋求在不列颠帝国范围内，进而再在世界范围内分享统治权；由于欧洲遭到毁灭和破产，有几百万移民，几百万宝贵的劳动力涌进这些国家。诚然，自治领的崛起，产生了不列颠世界帝国难以解决的**立宪问题**。这一问题因战时的贫困和沉重负担引起的<u>印度的动乱</u>而变得更加复杂。但是盎格鲁撒克逊的团结精神在战争时期却以出人意料的力量表现出来了；因此，可能的是，只要英国的统治阶级对群众运动和群众需求作出明智的、及时的让步（目前，英国的统治阶级<u>在印度</u>的治理上进行了<u>广泛的</u>、<u>深思熟虑的改革</u>，这恰恰又一次表现了这种让步），它<u>还是可以长期</u>应付立宪问题的。这样，由于战争而产生了一个强大的、遍及世界五大洲的联邦帝国，这个帝国能够长期保证英国人无可争辩地居于世界的领导地位。

……

在德国 1870—1871 年战胜法国以后，卡尔·马克思准确地预言说，从现在起国际工人运动的重心将由法国移到德国。盎格鲁撒克逊各国在世界战争中的胜利，将**使国际工人运动的重心从欧洲大陆移到英国和美国**。世界经济的发展将在英国和美国的领导下进行，经济生活的形式，进而社会制度的形式都将由英国和美国来决定。**资本与劳动之间的阶级斗争的结局和关于未来的社会制度的问题，将由大不列颠和美国（它们在今后将统治世界并决定世界经济的命运）来决定，而不是由战败国，不是由俄国**、匈牙利、德国来决定。<u>毫无疑问</u>，战争所引起的整个国际经济生活的大动荡，开创了社会革命时期；我们确实处于真正的世界革命的第一阶段，在这一革命进程中，资本主义将在全世界崩溃，而让位于一种前所未闻的、人所不知的新的社会生活形式。但是，如果我们想对世界社会革命迅猛发展的进程、对革命的方法和目的有一个正确的认识，并

哈—哈！……

根据这种认识正确地规定我们自己的任务,那么,我们就不要因对东方革命的<u>充满矛盾的进程</u>感到惊诧而把目光<u>仅仅</u>盯住东方;我们应当关注西方,而且要比我们最近几年来在俄国革命强大影响下所做的更加关注。在西方,资本的经济实力和政治实力现在比以往任何时候都更加集中,因此有可能经过<u>不那么充满矛盾</u>、不那么吸引我们、不那么满足<u>我们迫不及待的心理</u>,然而决不是不那么激烈的战斗来最终决定资本主义世界的命运。

2.盎格鲁撒克逊各国的社会发展

俄国、德国和奥匈帝国的革命是**战败**的结果,是因战败而"士气沮丧的"军队瓦解和内部崩溃的结果。军队的崩溃使旧统治者失去了维持他们政权的工具;由于士兵对四年半来使他们遭受战争灾难的历届政府怒不可遏、<u>对</u>四年半来压迫和欺骗他们的那些<u>领导人</u>怒不可遏,才使革命取得了胜利。由于士兵渴望回家,希望革命能够结束战争,才使布尔什维克在俄国取得了政权,才摧毁了德国和奥匈帝国的军事君主制度。由于打了败仗的、从前线溃退的军队要求结束战争,才使东欧和中欧爆发革命;在那些军队**打了胜仗**并在胜利后可能全部复员的国家里,<u>是否可能也发生同样的、类似的</u>革命呢?

在11月签订停战协定时,协约国军队的士兵希望迅速回家。但是,和平谈判一个月一个月地拖延下来,想迅速回家的希望落空了,协约国军队的士兵也就不耐烦了。有的地方已经发生了哗变。如果协约国的各国政府还要把复员拖延很久,那恐怕连协约国军队的士兵也会忍无可忍,协约国军队也会崩溃,革命也会在

战胜国里发生。但是，一周前还是很有把握的这个希
望现在却十分渺茫了。德国签署和约后，各协约国就
可以把自己相当大部分的军队迅速复员。这样就可以
消除威胁协约国各国政府的那种极大的危险：在东欧
和中欧引起革命的那种原因，未必能在战胜国也引起
革命。

在战争时期，俄国、德国和奥匈帝国

同世界市场的联系被切断了。

由于在中欧缺乏粮食和原料，在俄国缺乏生产工具、生
产资料和运输工具，使人民和军队陷入了极度贫困和
长期挨饿的境地。饥饿迫使人民群众走向革命。当军
队转到饥饿的示威者一边时，彼得堡的饥民暴动便发
展为革命。饥饿在德国和奥地利破坏了军队的纪律，
并推动了人民群众的起义。在协约国则完全没有发生
过类似的情况。对它们来说，整个战争期间，海上通道
是敞开的，从海外国家运进食品畅通无阻；虽然这些国
家的人民群众在战争年代所能得到的口粮供应大大少
于和平时期，但是同中欧和东欧相比，这些口粮供应仍
然是多得无可比拟的。甚至在战时，他们也没有缺少
过面包、肉类、牛奶、黄油和干酪。现在，在战争结束以
后，战胜国就能够很快进一步改善本国人民群众的饮
食了。因为只要动员一结束，只要英美军队一撤离欧
洲大陆，目前还在运输军队、运输军粮和军需品的船只
马上就可以腾出吨位；到那时，就不再缺乏把世界各地
的粮食储备运往西欧各个中心的交通工具了。饥荒曾
经迫使东欧和中欧走向革命；而西欧和美国则没有发
生过饥荒，现在，在战争结束以后，就更不会发生可能
引起革命的那种饥荒了。

东欧和中欧各国的崩溃引起了可怕的

失业现象。

在俄国和德国,在奥地利和匈牙利,工厂因为缺乏煤炭和原料而纷纷关闭;几百万失业者的悲观失望进一步燃起了革命的火焰。诚然,即使在战胜国,从前线回来的工人也不能立即找到工作。<u>但那里的失业现象未必会长期继续下去</u>。随着战争的结束,那里可能很快就会出现世界上前所未有的繁荣景象。在战时,企业主没有更新过自己的机器和自己的全部设备,没有维修过自己的厂房和经营用房;在生产设备不断损耗的同时,企业主钱柜里却积累了大量资本,这些资本现在应该花在更新生产设备上了。只要不再缺乏劳动力、运输工具和原料,<u>正常的资本流通立刻就会恢复</u>;战时中断了的货币资本向生产资本的转化将开始非常迅速地发展。到处都将开始建设、投资、添置新设备:对机器、工具、仪表、建筑材料的需求将急剧增长。对殖民地地区(这些殖民地地区必须重新加以组建)的重新划分和新出现国家的即将建立,更将大大地提高对生产工具的需求。与此同时,战时受到节制的对消费品,主要是对衣服、内衣、鞋子和住房的需求将急切地要求得到满足。这样一来,首先在战胜国,<u>大概再过几个月</u>,<u>一个工业蓬勃发展的繁荣时期就要开始</u>。工业的繁荣将迅速吸收大批失业者,并为前线回来的人提供工作。这样一来,在战败国不断激起革命洪流的<u>这个革命发展源泉</u>,在战胜国<u>不久即将枯竭</u>。

尽管如此,战胜国当然也面临着非常难以解决的经济问题。法国和意大利就很难利用即将到来的繁荣,因为这两个国家的重要工业区都被破坏了。它们相当部分的资本已经消耗掉,国家财政负债累累。因此不能排除这种<u>可能性</u>:罗曼语国家的严重经济动荡将会<u>引起</u>最终可能爆发为革命的社会<u>危机</u>。但是,对那些起最大作用的,拥有全世界所需要的资本、原料、粮食和船舶吨位的国家,情况恰恰不是这样,即<u>对英国和美国</u>,情况恰恰不是这样。这两个国家的领土没有作过战场,它们的**资本**不但没有遭到战争的破坏,反而因战争**增加了**。它们作为战争的真正的胜利者,也将成为利用战后繁荣的最大的受益者。它们依靠巨大的<u>工业高涨</u>,将能<u>轻而易举地解决战争所提出的经济、财政和社会问题</u>。这两个国家没有爆发俄国式或德国式革命的任何前提。

　　但是,尽管难以相信盎格鲁撒克逊各国在今后几年会发生内战、实行无产阶级专政和暴力共产化,然而认为各盎格鲁撒克逊世界强国现在就可以轻易恢复和平时期的社会秩序,认为它们的社会生活在一场战争大动荡之后将回复它在 19 世纪时的风貌,那毕竟是荒谬的。实际上,

大不列颠

这个典型的个人主义的资本主义国家,<u>从布尔战争时起就已经经历着</u>
　　一个迅速而非常深刻的社会变革的过程。
……旧的贵族的和大资产阶级的领导退出了舞台,新一代的两党领袖完全放弃了个人主义的资本主义经济政策的传统观念,迅速而坚定地把国家引上了**对经济生活实行强有力的国家调节**的轨道。正当联合主义反对派发展保护关税、国家鼓励工业和农民垦殖的纲领时,执政的自由党向全国提出了广泛的民主改革和冠冕堂皇的社会立法。战争极大地加速了这一进程。"劳动风潮"在战时也接连不断;车间代表、刚刚成立的**工厂委员会**成了<u>反对保守的工会官僚</u>的无产阶级的新的中心;工党从一个内部联系松散的工会的联合组织变成了具有社会主义改革纲领的统一的政党。英军统帅

部的重大措施只有同工会协商后才能实行。这些措施首先是实施普遍义务兵役制、取消关于适合完成某项生产作业的行会证书、使工厂的组织适应战时需要。在所有这些问题上,国家都应当同工人组织协商。工人群众的自我意识大大地提高了……

……而全国各个部门的企业主和工人,都应在**工业议会**这一整个工业的最高自治机关中联合起来。这样,英国的整个工业应当进行改革并置于民主国家的有效影响之下;这样,应当保证工人参加对整个工业的管理。这是工业生活实行和平的、逐步民主化和社会化过程的开端。这一过程虽然并不排除私人企业主,但是却迫使私人企业主一方面同在他企业中干活的工人分享自己的权力,另一方面要服从也有工人群众参加管理的民主国家的有效监督。

× × × ×

19 世纪上半叶英国从封建国家向资产阶级国家的过渡,不是像比如法国那样采取剧烈革命的形式来完成的,而是统治阶级在大规模的群众运动的压力下不得不同意在那里采取的一系列迅速的、连续不断的彻底改革的结果。那里的王权和贵族制没有像在法国那样被废除,而只是迫不得已地同意对自己的政治权力和经济特权加以愈来愈大的限制,这就逐渐地动摇了他们的社会地位,并且终于将王冠和贵族爵位降低为简单的标志和装饰品。看来,与此完全相适应的是,20 世纪上半叶,**英国从资产阶级制度向社会主义制度的过渡**,应当**首先**不是通过**流血的国内战争**,不是通过剧烈的革命战斗,而是通过在工人运动压力下进行的循序渐进的改革来完成。由于实行这些改革,私人企业主虽然不会消失,但是,他们将既受到自上而下的民主的、由选民中无产阶级多数管理的国家的监督,又受到自下而上的组织起来的无产阶级的监督,这样一来,私人企业主就变成了普通的社会工具。

?

!!

　　但是事态的这种发展,使战争结束时成为世界统治者的盎格鲁撒克逊各国同那些战败国之间产生了尖锐的**矛盾**。这些战败国<u>由于各族人民在战争中的失败而在国内爆发了国内战争</u>。<u>在盎格鲁撒克逊各国</u>,民主化和社会化不是通过国内战争,而只是在罢工、竞选和议会权力发生动摇的压力下<u>实现的</u>:不是采取突然摧毁,而只是通过逐步改造经济生活的传统资本主义形式实现的。而在东欧和中欧各战败国,资产阶级和工人阶级之间公开的国内战争正在导致无产阶级用暴力夺取政权,正在尝试突然地用暴力去推翻资本主义制度。盎格鲁撒克逊各国同东欧和中欧各战败国之间的矛盾,<u>将决定世界革命最近时期的事变过程</u>。

3.战败国的社会革命

　　革命首先在**战败**国实现了民主,在这里,革命给<u>工人政党</u>带来的即使不是独裁,也至少是对国家生活的**政治领导**。在战争时期,群众备受压迫、一贫如洗、陷入极端困境、疲惫不堪,现在他们希望政治变革会迅速改善他们的

经济状况。

但这种希望是注定要落空的。整个工农业生产机构因四年半的战争而遭到破坏;由于缺少煤炭和原料而停工;国内的产品不足以满足本国的需求,也不足以用本国的产品换取国外的原料和粮食;由于整个国际信贷制度的动荡不定,只有在十分苛刻的条件下才能获得少量的外国贷款;由于国家预算出现了巨额赤字,不得不每周增加纸币的流通量,因而纸币的购买力下降,商品价格必然不断上涨;——在这种情况下,要迅速地改善人民群众的经济状况简直是不可能的。<u>受尽贫困折磨</u>而义愤填膺的<u>群众不能了解</u>自己遭受<u>灾难</u>的真正原因。有些现象实际上是战争破坏了世界经济的结果,

而群众却认为是腐朽的政治制度引起的后果。他们对民主失去信心，迫切希望无产阶级的**专政独裁**能够给予他们全民的**民主**自治所不能给予的东西。

战争使社会面临两个重大问题：一方面，国家**负债累累**，整个国家机器变成了一个从人民群众身上榨取数以亿万计的赋税并将其转交给国家的债权人的庞大工具。因此，民主首先面临下述任务：利用高额的**所得税**来减轻军事债务的负担，减少人民向国家的债权人交纳的极其沉重的赋税。另一方面，战争重新组织了全部经济生活，它将整个国民经济置于半官僚主义、半资本主义的**中央机关和军事同盟**的指挥之下。军事经济组织的统治使全体人民难以忍受。但是，恢复"自由贸易"，既同国民经济的客观需求相矛盾（在毁灭性的战争旋风过后，国民经济特别需要有计划的领导和恢复经济），也同工人群众的精神需求相矛盾（工人群众日益提高的自我意识已经不再能屈从于私人资本，并拒绝为私人资本干活）。这样一来，民主就承担这样一个任务：通过**创造性的改革工作**，把官僚-**资本主义的军事社会主义改造和发展成为民主的社会主义**。但要实现这个纲领，即征收所得税和实行社会化，正遇到巨大的困难。资产阶级进行消极抵抗，小资产阶级和农民千方百计地阻碍实行各种必要的措施；因旧政权被粉碎而复活的分离主义使中央政府简直无法进行集中的、有效的工作；旷日持久的和谈迫使急需的改革推迟。只要还没有缔结和约，国家就不能恢复固定的国界，信贷制度就不能完全恢复稳定，国民经济就不能重新纳入必要的范围，这些改革也就不可能实行。但是，急需的改革因受这些事实的压力而推迟得愈久，对民主行为能力的信念就愈加动摇，就会有更多的群众只指望从无产阶级专政那里得到拯救。

只有缔结**和约**，才能使国民经济活跃起来，使生产

和国际商品交换得以恢复,使粮食和原料的供应得到
改善,从而进一步提高劳动人民群众的生活水平。而
且也只有在缔结和约之后,才能着手进行巨大的改革,
征收所得税和实行社会化,所有这些措施如果在缔结
和约之前去实行,那就会遇到各种难以克服的障碍。
因此,**只有在缔结和约之后**,**民主才能显示出自己的行
为能力**,也只有在显示出这种行为能力之后,民主<u>才能
够顶住布尔什维主义的进攻</u>。当然,只有在和约缔结
之后,真正使民主**能够**采用它自己的方法,即采用对实
<u>施改革进行有计划的立法</u>的方法来解决战争所提出的
问题,只有在这种情况下,民主才能做到这一点。如果
战胜国的<u>帝国主义</u>要强加给战败国这样的和约:掠夺
战败国大部分的国民财富;使战败国对战胜国除了承
担军事债务外,还要承担一大笔新债;非用暴力干预就
不能解决战败<u>国</u>人民的迫切的经济问题——那么,毫
无疑问,战败国的民主事业就会**遭到失败**,战败国的人
民就会被一种不可抗拒的力量引向

使用暴力解决

自己的社会问题**的道路**。

　　我们想用<u>高额的所得税</u>收入来清偿我国所负担的
庞大的军事债务。这是可以在<u>经济生活</u>不发生严重动
荡的情况下<u>做</u>到的。而在缔结和约之后,实行了<u>民主</u>,
也可以<u>做</u>到这一点。但是,如果协约国在圣热尔曼正
在炮制的那个和约真的要强加给我们,如果我们真的
被迫<u>签署</u>向我们提出的未经重大<u>修改</u>的和约草案,那
么,毫无疑问,我们就绝对不会有用所得税来清偿军事
债务的任何可能性。如果原先的大帝国的**全部军事债
务**或者哪怕是它的绝大部分的债务由一个小小的贫穷
的德意志奥地利负担;与此同时,如果德意志奥地利公
民在后继国的**财产**直接被**没收**,从而使德意志奥地利

的税务支付能力,即它所能征收到的所得税总额减少一半以上;除此而外,如果我国还要替那些财产在后继国将被没收的本国公民承担**赔偿**责任,这就是说要在军事债务上再增加数以亿万计的新债;最后,如果**国籍权**的调整几乎使每个德意志奥地利资本家都能用改入捷克、波兰或者南斯拉夫国籍的办法来逃避交纳所得税的话,那么,毫无疑问,要用所得税(不管这种所得税有多高)的收入来清偿国债是根本不可能的。那么,毫无疑问,我们就只剩下了**一个**摆脱我们难以忍受的债务负担的办法,即不管我们愿意与否都不得不采取的办法,因为清偿这些债务远不是我们的经济资源所能负担得了的;那么,毫无疑问,直接的公开的

国家财政破产

是根本无法避免的。

国家财政破产的最简单形式就是干脆**停止支付国债**,首先是停止支付国债的利息。但是,这样的破产立即会引起最可怕的后果。这不仅会使把自己的财产投入战时公债的大资本家破产,**而且也会使最小额的证券持有人破产**。因为和国家同时立即破产的还会有银行、储蓄银行、保险公司和社会救济机关、孤儿信贷机构和贷款银行,因为它们拥有的大部分资金是国家债券。这样一来,把自己的储蓄存入银行、储蓄银行或贷款银行的每个小资产者和农民就会失去自己为数不多的款项;每个为自己作了人身保险的官员和职员,每个因不幸事故或因残废而有权领取津贴的工人,都会丧失自己的这种权利;所有的孤儿都会受到剥夺(因为他们所继承的遗产由国家管理)。显然,**任何民主都不敢对穷人和最穷的人实行这种肆无忌惮的剥夺**;只有采用恐怖手段迫使不幸者沉默的右的或左的**专政**,才能采取这种肆无忌惮的干涉行动——只有反革命或无产

<u>阶级专政</u>才能这么做。

　　然而,事情决不可能仅仅限于停止支付国债的利息。由于银行破产,大多数企业主将会失去自己的**流动资本**,他们就再也不能经营自己的工厂,国家就不得不直接接管工厂,以防止整个工人阶级即将发生失业。国家之所以不得不这样做,还有其他一些考虑。因为既然连最小额的证券持有人都被剥夺了,那么,从心理上来讲,简直不可能让大工厂主和大地主安安稳稳地享用自己的财产。既然把自己的资产存入银行或储蓄银行的最小额的存户的利息都被剥夺了,那么,给那些用财产入股或作为抵押,投入企业或作为抵押贷款的人保留财产就已经是完全不可能的了。国家财政破产会以不可抗拒的力量导致不付赎金立即剥夺**所有的财产**,导致对所有的财产立即实行"共产化"。但民主是不能这样干的:**如果战胜国一定要强加给我们必然使国家财政破产的和约,那么,苏维埃专政,即布尔什维主义将成为经济上不可避免的必然产物。**

　　诚然,国家财政破产也能够**以另一种形式**表现出来。国家可以继续向自己的债权人偿付债务,并通过发行愈来愈多的**纸币**保证自己在这方面所需要的资金。随着纸币的流通量的增加,纸币的价值、纸币的购买力也就愈来愈下降。在克朗有充分保证的情况下,国债无论高达几十亿克朗,都是可以承受的。不用说,采取这种破产的形式,国家的债权人也就遭到了剥夺。他们所得到的正是他们应该得到的那些克朗,但克朗本身却大大贬值了,使债权人在国民收入和社会劳动产品中所占的份额降低到最低限度。初看起来,这是国家财政破产比较缓和的一种形式,因为在这种情况下可以避免信贷机关的倒闭;但实际上这种隐蔽的国家财政破产最终引起的后果,同国家公开宣布停止支付所引起的后果完全一样。因为在货币不断地、迅速地贬值的同时,是物价同样不断地、同样迅速地上涨,是生活费用的日益昂贵。生活费用的昂贵将迫使工人、职员和官员的各个阶层提出愈来愈多的经济要求。而这就意味着社会将因层出不穷的、声势浩大的争取提高工资的斗争而不断发生动荡,意味着各种社会矛盾和社会紧张状态不断加剧,直到最后,各种和平的民主工作、各种有机的经济恢复都将不可能实现,民主将被尖锐到极点的阶级矛盾所毁灭,而无产阶级专政将会重新成为唯一的出路。

民主想利用所得税来清偿军事债务。它想使生产部门一个个地社会化,逐步地通过完全赎买的和平途径,又通过立法途径,逐步废除被剥夺的资本家所得到的赎买债券。只有通过这种途径,由战争所引起的困难的经济问题,才能在不发生严重的社会动荡、不发生对社会生活的暴力干预的情况下得到解决。但是,如果将强加给我们的是一个必然使国家财政破产的和约,那么,这个合法的和平途径对我们来说就行不通了。**如果所得税的收入总额已不足以用来整顿国家财政,所得税就毫无意义了**。国债一取消,通过赎买实行社会化就不可能了。在这种情况下,革命必然会沦为专政,沦为恐怖手段,沦为强制没收财产,沦为流血的国内战争。和约如果把无法偿还的债务强加给我们,就会使我们陷于国家财政破产;**而布尔什维主义**,正像弗里德里希·阿德勒不久以前在维也纳工人委员会中所说的那样,**无非是国家财政破产的一种政治形式**。

战争使盎格鲁撒克逊各国取得了世界统治地位,在这些国家,我们所能期待的是经济生活旧形式的逐步民主化和社会化,而不是同资本主义突然的、彻底的决裂。同时,战争促使战败国走上革命的道路,而战胜国强加给战败国的和约却能将这场革命引向同资本主义的彻底决裂,引向用暴力手段立即建立社会主义制

度的大胆尝试。但是,<u>如果战胜国还保留着资本主义</u>
<u>经济</u>,那么,在没有战胜国的粮食、原料、船舶和贷款便
无法生存并且一直受战胜国支配的极其软弱无力的战
败国里,<u>社会主义能坚持下去吗</u>?

4.布尔什维主义的历史作用

共产党人把苏维埃专政看做世界革命最终的、**完**
美的形式,而不是世界革命的暂时阶段。他们认为,苏
维埃专政"将扼杀"资产阶级,将消灭各种生产资料私
有制,将消灭社会划分为有产者阶级和无产者阶级的
现象,将建立社会主义制度。等到这一切都做到了,整
个国家也就消亡了;因为在已经没有压迫阶级和被压
迫阶级的地方,国家政权也就不再需要了。苏维埃专
政在一个国家的建立,将以自己的榜样导致苏维埃专
政在其他国家的建立:<u>几年以后</u>,资本主义将在全世界
被打败。

毫无疑问,在所有战败国中,必然对无产阶级专政
产生强烈倾向;但无产阶级专政能否真正达到共产党
人所希望的那种**结果**,则完全是另一回事。历次革命
的历史表明,革命的客观的历史效果常常与革命首倡
者和体现者的主观想象、意图和愿望截然不同。

<u>无产阶级</u>要建立自己的独裁并使其他一切阶级隶
属于自己的<u>企图</u>,<u>首先会引起</u>

国内战争。

<u>甚至在俄国</u>,只有在对各反革命阶级的<u>长期</u>的流血战
争中,才能维持共产党的专政;同科尔尼洛夫之流和卡
列金之流、邓尼金之流和高尔察克之流进行的这场战
争已经持续了<u>一年半以上</u>,现在还<u>看不到尽头</u>。如果
布尔什维主义传播到中欧,那么,布尔什维主义在那里

?

就不得不经受更加艰难得多的、流血更多的国内战争；因为在那里同它相对抗的将是比俄国<u>人数更多</u>、更善于反抗的<u>资产阶级</u>，而主要的将是更加自觉、组织得更好、更加保守得多的<u>农民</u>。但是国内战争破坏国家的生产力，使工业不能重建，运输不能恢复，农业不能复兴。它给建设无产阶级国家和组织社会主义生产造成难以克服的困难。一般地说，由于国内战争，特别是由于农民的消极抵抗而引起的混乱，使苏维埃不可能**供养大城市**；甚至连欧洲最辽阔、土地最肥沃的农业区的主要城市莫斯科也在<u>挨饿</u>，<u>甚至连</u>位于盛产粮食和牲畜的匈牙利平原的首都布达佩斯，<u>现在的供应也不如维也纳</u>。由于同样原因，目前各苏维埃共和国的工业生产已处于停顿状态；由于不可能组织好原料和辅助材料的运输工作，俄国大部分**工厂关闭了**，部分工人回到了农村，部分参加了红军。

然而，只要苏维埃专政能够用本国产品来勉强满足对粮食和原料的迫切需要，它就能够维持下去。但是有些国家，例如德国和德意志奥地利，如果不从海外各国

运进粮食和原料

便无法生存，对这些国家的苏维埃专政来说，就会出现更大得多的困难。为了养活我们的居民，为了使我们的工厂和铁路不致停顿，我们要从海外各国进口粮食、油脂和肉类，从捷克斯洛伐克和波兰进口煤炭，从世界各国进口原料。而所有这些货物我们只能**赊购**，因为初期我们还不能出口什么东西，也无法为进口的货物付款。至于贷款，我们也只能从那些战后拥有资本的屈指可数的国家，即主要从英国和美国取得。但英国和美国的资本家不会向一个不能给他们必要**保证**的国家提供贷款。<u>他们不会向一个正在大打国内战争的国</u>

家提供贷款。他们不会向今天用这个法令、明天用那个法令来废除私有制和取消私有者权利的国家提供贷款。**苏维埃共和国不能从居于世界统治地位的资本主义各国取得贷款，从而也就无法向本国居民供应粮食，向本国工业供应原料。**结果是：群众愈来愈穷，饥荒加剧，整个经济生活愈来愈混乱。

这样一来，即使在较好的情况下，即使资本主义国家不向无产阶级专政进行公开的战争，而只是拒绝给它贷款（因为它不能向资本家提出充分的保证），——即使在这种情况下，苏维埃共和国也必然会面临难以克服的**困难**，这些困难将使它简直不可能建成社会主义社会。但一切情况表明，事情并不仅限于此；资本主义世界强国将会对任何一个苏维埃共和国发动公开的

进攻，

正像他们对俄国和匈牙利所做的那样。实际上，资本主义强国认为每个苏维埃共和国的存在都是对它们的利益的威胁。战败国是战胜国的债务人；因此，战败国的国家财政破产、它们停止债务偿付、它们剥夺私有财产等就成为拒绝向战胜国交纳其强加的赋税的一种尝试。其次，战败国的苏维埃专政以自己为榜样，也使邻近的小国（波兰、捷克斯洛伐克、南斯拉夫和罗马尼亚）的资本主义制度受到威胁，而战胜国是把这些小国作为自己的附庸国、作为自己的经济势力范围和自己的政治威力的支点而建立起来的。而无产阶级专政从东方愈来愈向西方、向愈来愈多的欧洲国家的传播，终究将破坏意大利、法国和比利时的资本主义制度，这样一来，也就会妨碍偿还盎格鲁撒克逊各国借给这些同它们结盟的国家的不可胜数的几十亿的贷款。因此，苏维埃共和国的存在本身就已经同拥有世界霸权的那些

国家的统治阶级的切身利益发生矛盾了；因此，这些国家力求**用封锁来扼杀**苏维埃共和国，通过向反革命分子提供物质援助来破坏苏维埃共和国，以至**用武力**来摧毁苏维埃共和国。诚然，资本主义世界强国同无产阶级苏维埃共和国之间的不可避免的冲突本身，就在深化那些还保持着资本主义的国家的社会发展，因为英国工人阶级被英国统治阶级对苏维埃共和国的进军所激怒，而英国资产阶级为了把英国工人阶级吸引到自己方面来不得不因此作出让步，为了安抚英国工人并驯服他们，就要加快英国本身的民主化和社会化的进程。但是，另一方面，外来的进攻使苏维埃共和国的严重局势急剧恶化；如果像俄国这样比较不依赖外国和**难以从外面攻破**的**大农业国**还可以击退资本主义强国的进攻，那么，像德国和德意志奥地利这些没有美国的粮食和原料、没有美国和英国的贷款、没有美国和英国的船舶便无法生存的**工业国**，将会迅速地不可避免地被这种进攻摧毁。

国民经济被本国的国内战争破坏，资本主义国家拒绝提供贷款和原料，加上外国资本主义强国的武装进攻，这就使苏维埃共和国**不可能改善**

工人群众的经济状况。

因此，工人群众原来对无产阶级专政的那种欢欣鼓舞很快就被痛苦的**失望**所代替，这种失望的矛头所向是反对苏维埃专政，反对苏维埃专政的这样一些必然的表现：如实行恐怖手段，取消罢工的权利，取消出版和集会的自由以及招募红军，等等。无产阶级专政最终导致无产阶级反对独裁者的**起义**。1917 年 10 月在俄国，1919 年 3 月在匈牙利，整个无产阶级确实是拥护专政的;而目前,无论在俄国,还是在匈牙利,<u>广大的无产阶级各阶层无疑都已转而反对苏维埃共和国了</u>,独裁者的恐怖手段现在不仅用来对付资产阶级和农民,而且也用来对付持反对立场的无产阶级各阶层。无产阶级专政受到外来的压迫,遭到国内资产阶级与农民的猛烈攻击,<u>而且被受穷挨饿和厌战的无产阶级的愈来愈广泛的各阶层所背离</u>,它最终变成纯粹的**军事专政**,这种专政只能靠用铁的纪律组织起来、用经济特权加以巩固的红军的刺刀来维持。但是,不能在刺刀下生活这个古老的真理,对苏维埃共和国也是适用的。一旦无产阶级对专政的结果感到失望,愤而反对日益加剧的饥荒和新的战争,苏维埃专政就要完蛋,而代替红军的军事专政的将是

反革命的军事专政。

　　共产党人自己非常明白,如果苏维埃专政不能推广到**战败国**之外,<u>它就要毁灭</u>。但他们认为,战败国的专政会很快引起**战胜**国的革命,他们并且把自己的希望全部寄托在这一点上。<u>这个希望是靠不住的</u>。即使社会革命真的越过战败国的范围扩展出去了,即使<u>它席卷了法国和意大利并在整个欧洲大陆取得胜利了,——即使如此,这也挽救不了共产主义</u>。因为**全部经济实力**现在都集中在盎格鲁撒克逊各国,集中**在英国和美国**:只有这些国家才拥有整个欧洲所必需的**原料、粮食和船舶**,而在这些国家,恰好 缺乏 革命的先决条件。战败的、被削弱了的、处于从属地位的国家的社会革命,在碰到取得了胜利和统治世界的那些国家的资本的不可动摇的实力时,<u>不可避免地要遭到失败</u>。

　　但是,如果无产阶级专政只是世界革命伟大进程中一个**暂时的**阶段,那么,这仍然是一个**不无意义的**阶

段。战争使社会担负了庞大的**债务**；为了维持创造社
会财富的实际生产力，债台高筑，票据和借据成堆。在
这种上层建筑十分庞大而沉重，以至已经无法用民主
的 合法 手段加以拆除的地方，必然出现布尔什维主
义。布尔什维主义正在废除所有这些票据和这些借
据。等到以后布尔什维克制度垮台时，被它破坏了的
那些东西仍然恢复不了。社会卸下了战争遗留给它的
难以承受的债务重担，在一场具有毁灭性和破坏性、但
也具有净化作用的风暴过后，将能着手恢复自己的经
济生活。布尔什维主义不能建成社会主义社会；但是，
当国家被阻碍它复兴的难以承受的重担弄得疲惫不堪
时，布尔什维主义能够成为解除这个重担，从而使未
来的

复兴

成为可能的**铁扫帚**。

　　布尔什维主义是1793年**雅各宾主义的**继承者。
雅各宾党人夺取了政权以后认为，巴黎的劳动人民依
靠恐怖手段能够永远建立一个自由平等的社会，并以
自己的榜样能够把所有其他的国家吸引到同一条道路
上来。但是，他们大失所望。雅各宾党人没有能建立
起一个自由平等的千年王国，其他国家也没有效法他
们的榜样。但是雅各宾党人虽然未能如愿以偿，可是，
他们的统治却达到了他们意料之外的另一个目的：他
们的恐怖制度，按马克思的名言，用铁扫帚扫除了封建
制度的一切残余，从而为他们垮台后建立新的资本主
义的法国的大厦奠定了基础。同样，布尔什维主义也
不会达到它所追求的目的；它不会建成共产主义制度
的千年王国。但是，在难以承受的战争后果和难以接
受的和约条件给社会留下了有灭顶之灾的后患的地方，

布尔什维主义的暂时的统治会清除这种后患并<u>**清理基**</u><u>**地**</u>,只有在布尔什维克制度垮台后才能在这个基地上用<u>有计划的、民主的工作方法</u>建立起新的社会制度。

5. 社会民主主义与共产主义

……在 1848 年,革命**再次**掀起,这一次它蔓延到整个欧洲大陆,直到俄国国界,这次革命虽然遭到暂时的失败,但却为欧洲 1859 年、1864 年、1866 年和 1870 年的战争和美国的国内战争所实现的那些伟大的变革奠定了基础。这个时期的成果是:<u>资产阶级-议会政体</u>普遍地代替了封建专制政体,在德国、意大利和匈牙利建立了新的民族国家,消灭了阻碍资本主义发展的一切封建的和行会的限制,废除了欧洲的农奴制和徭役制以及美国的黑人奴隶制。

……

世界大战开创了新的革命时代:

无产阶级革命的时代。

世界大战极大地提高了工人群众的自我意识和他们对资本主义社会的要求;同时它也极大地**破坏了**生产力,使整个社会遭到破产,从而使社会不可能满足工人群众增长了的要求。因此,战争使所有<u>国家的</u>**阶级矛盾**<u>**极端尖锐化了**</u>,极大地加强了工人群众对资本主义制度的反抗。随着战争而来的是:战败国的社会革命,以及战胜国的大规模的群众运动和力量对比的变动。在和约缔结之后,经过一段时间,这个进程可能会**暂时停止**。一方面,战胜国即将到来的工业繁荣会使工人群众人心安定,并使革命过程的发展暂时停止,——完全像 40 年代末随着加利福尼亚金矿的发现和大规模的铁路建设而来的工业繁荣,使 1848 年革命的发展暂时停止一样。另一方面,战败国的社会革命会碰到战胜

国在实力上还未动摇的资本主义制度这种障碍,而当
战败国的社会革命碰上这一障碍时,就会被反革命取
而代之,——完全像 1649 年、1793 年和 1848 年革命以
后反革命随即到来一样。但是,随着战争而来的工业
繁荣,几年以后会以新的大崩溃和严重的工业萧条而
告终:这是资本主义经济不可抗拒的规律。和平虽使

×　革命进程的发展会暂时中断,但它不会长期持续下去;
在整个东欧和东南欧,从战争中产生的这样一种政治
制度,它不可能牢固,它必然会引起各民族之间新的严
重冲突,从而引起资本主义国家的整个体系新的严重
动荡。而恰恰是那个经过战争成为世界统治者的国
家,恰恰是大不列颠,在更遥远的将来会遭到极大的危
险。的确,战争严重地动摇了伊斯兰国家和印度从历
史上遗留下来的整个制度,特别加剧了早在 1905 年就
出现在伊斯兰世界和 3 亿人口的印度王国的革命骚
动;印度、埃及和阿富汗的运动预示着将来要爆发各族
人民的起义,而不列颠世界帝国就是在征服各族人民
的基础上建立起来的。这样,资本主义世界已经再也
恢复不了安定的局面了。**世界社会革命的伟大进程将
在一次又一次新的危机、战争和革命中发展起来,直到
资本主义被打败为止。**

　　在社会革命这个伟大的、具有世界历史意义的进
程中,

布尔什维克的苏维埃专政

只是一个在时间和地点上**有限的阶段**,完全同雅各宾
党人的恐怖制度只是资产阶级革命 80 年进程中一个
在时间和地点上有限的阶段一样。布尔什维主义还不
是世界革命,而只是世界革命的**暂时形式和暂时阶段
之一**。当我们懂得世界革命的伟大进程的形式是如此
丰富多彩,它的各种表现受到地点和时间的制约;当我

们懂得世界革命是比天真地简单化了的共产主义理论所设想的更为长期的、在时间和地点上更需要加以区分的进程时，我们就会毫不困难地确定我们对待布尔什维主义，或者说对待共产主义（它现在通常这样自称，给自己起了这个更加古老更加伟大的名字）的态度。

　　资产阶级认为，布尔什维主义是一些不安分的人（"所有这些人大部分是外来户、外国人"）给和平国家带来的极端**疯狂**和罪恶。这是不正确的。布尔什维主义是**饥饿不堪、陷于绝望的群众的一种反应**——在强加给国民经济的负担庞大到已经无法通过合法的改革、而只有通过暴力干预才能摆脱时，这种反应是不可避免的。但是，另一方面，布尔什维主义并不像共产党人所认为的那样，是解放无产阶级**唯一可能**的形式；它不是建设社会主义社会最合适的方法；在某些国家，在某些时期，布尔什维主义可能是不可避免的，因此，从历史意义上讲，它对于**消灭**资本主义遗产也可能是必要的，但是它不能完成有计划地建设社会主义社会这个伟大的事业。因为它的王国是**暴力**王国，而在暴力统治的地方，创造性的、建设性的工作是不可能有什么成效的。

……

译自《列宁文集》俄文版第 24 卷
第 217 — 253 页

在尼·布哈林《过渡时期经济学》一书上作的批注和评论[136]

（1920 年 5 月）

第一部分

转化过程的 一般 理论

什么???"一般"？
好像斯宾塞??

1920 年于莫斯科

序

[5] 本书的任务是要推翻那种通常的、庸俗的、仿佛是马克思主义的概念，如对伟大的科学共产主义奠基人所预言过的那种崩溃的性质的概念，以及对资本主义社会向共产主义社会 转变 过程的性质的概念……

谢天谢地，总算不是"转化"，也不是一般地说，而是说明了什么向什么转变!!

[5—6] ……[无产阶级]在建筑未来社会的基础。而且它是作为阶级的 主体 、有组织的力量来建筑这个基础的…… 人类为资本主义制度的 缺陷 付出了惊人的代价。而只有像无产阶级这种 普罗米修斯 阶级，才能肩负起过渡时期那种难忍的痛苦……

?? 比阶级"还重要"！

?

哟!!

不待赘言，马克思的方法是作者的指南针，这种方法的认识的价值直到现在才有了巨大的增长。

只是"认识的价值"?? 不是反映客观世界的价值?"羞羞答答的"……不可知论！

第 一 章
世界资本主义的结构

......

[7]　**理论**政治经济学是关于以**商品**生产为基础的社会经济的科学,也就是关于**无组织的**社会经济的科学……　马克思……在其商品拜物教的学说中给理论经济学作了一个光辉的社会学的导言……　其实,只要我们来研究有组织的社会经济,那么政治经济学中的一切基本"问题"就都消失了……

> 两个不正确的地方:
> (1)定义比恩格斯的倒退了一步;[137]
> (2)商品生产**也是**"有组织哟!的"经济!

[8]　……因此,资本主义商品社会的末日也就是政治经济学的告终。

> 不对。即使在纯粹的共产主义社会里不也有 Iv＋m 和 IIc 的关系吗? 还有积累呢?

总之,政治经济学是研究**商品**经济的……

这个社会经济的**范围**有多大,空间特征又怎样,对纯理论来说,完全是无所谓的。正因为这样,马克思才嘲笑那种被德国爱国主义教授们所赏识的所谓"国民经济学"。同样地,对抽象理论来说,关于谁是某种经济的主体问题,是比较次要的……

> 不仅如此!
>
> 正好**不是**因为这样

现代资本主义是世界资本主义。这就是说,资本主义的生产关系统治着全世界,并且用坚固的经济联系把我们这个行星上的各个部分联结在一起。在我们这个时代,社会经济是世界经济的具体表现……

> 不是全世界

[10]　……现代资本主义的结构是这样的,即集体资本主义组织("国家资本主义托拉斯")是经济的主体。

金融资本消灭了资本主义大国内部的生产无政

> 不仅

没有"消灭了"

?

府状态。

[11]   ……特别是,把<u>社会</u>分工过去理解为并且<u>现在</u>还理解为各个<u>企业</u>间的分工……

[12—13]   ……我们要把三种竞争加以区别。

(1)我们把同类企业间的竞争看做**横向的竞争**。这里在竞争中表现出来的无政府状态,不是由于社会分工而产生的。

哟!

(2)我们把不同类<u>企业</u>间的竞争看做<u>**纵向的**竞争</u>,这些企业的分别存在表明了社会分工的事实。

玩弄定义

(3)<u>最后</u>,我们把联合企业即联合各个不同生产部门的资本主义单位所进行的斗争,也就是把**社会**分工转变为**技术**分工的资本主义单位所进行的斗争,看做**联合的(混合的)竞争**……

S

[14]   ……资本主义的"国民经济"从**不合理的制度**转变为**合理的组织**,从无主体的经济转变为经济的主体。这种转变是由金融资本主义的发展以及资产阶级经济组织和政治组织的结合造成的。同时,无论是整个资本主义生产的<u>无政府状态</u>,还是资本主义商品生产者的竞争,都根本没有被消灭……

S

?

暴力的?("**更重要**")**不是**"**因此**",也不"**在这里**"。殖民地**在帝国主义以前**,甚至**在工业资本主义以前**就有了。

[15]   ……随着纵向的和混合的竞争而来的是**直接的**|力量的|**压迫方法**。**因此**,世界金融资本制度必然会引起帝国主义竞争者的**武装斗争**。**帝国主义的基本根源也就在这里**。

玩弄类比。有时,"**独立**"国家的**成立**意味着帝国主

[16]   从战争的结果中,我们看到了与从危机的结果中看到的同样的现象:生产力遭到破坏,同时中小世界集团被消灭(<u>独立国家的灭亡</u>),并且产生了靠牺牲正

在灭亡中的集团而成长起来的更加巨大的联合体。｜义的加强。

[17]　……现代的世界经济不仅是**商品**经济,而且是**资本主义**商品经济。这种经济不同部分间的矛盾有**两个**主要方面:一方面是各企业间的无政府关系;另一方面是 |作为| 阶级社会的社会的 |无政府| 结构……

为什么还要用这个"**作为**"??!?

第 二 章

经济学,国家政权和战争

……

[19]　任何阶级社会都是生产为这个社会某一部分所支配的剩余产品的机制。这种剩余产品可以采取价值的形式(例如,资本主义经济),或者可以只是产品(奴隶占有制经济)。但是,无论哪种情况,都是剥削的过程。现在我们提出一个最一般的问题:<u>这种剥削过程怎么可能产生</u>? 这种包含着巨大内部矛盾的制度怎么可能存在? ……

　　答案是清楚的。如果这种制度存在,那就一定有某种<u>附加的因素</u>存在,**以巩固分裂了的社会**,镇压(肉体上"粗暴"的,思想上"精致"的镇压)被压迫阶级的反抗。总之,为了保持这种制度,不仅需要有管理物的,而且主要需要有管理**人**的**组织**。这样的组织就是**国家**。

　　|但是| 不应该认为,国家是某种**凌驾于社会和阶级之上**的东西。任何超阶级的东西在社会中是不存在的……　由此可见,国家组织或许仅仅是、**完全是统治阶级**的组织,或者像恩格斯所说的"国家是有产阶级用来防御无产阶级的组织……"(1)。

不妙的"**但是**"……

————————

　　(1)　**弗·恩格斯**:《家庭、私有制和国家的起源》1889 年第 3 版第 138 页① "政治只不过是保存和扩大财产的永世不

————————

　　①　见《马克思恩格斯文集》第 4 卷第 192 页。——编者注

非常好!

[21] ……国家组织是最广泛的阶级组织,它积聚了全部阶级力量,集中了各种机械的镇压工具和迫害工具(1),使统治阶级组织成**一个阶级**,而不是组织成阶级的一小部分或小小的集团……

**"社会现象的本质特征"……
不好!**

[22] 对马克思来说,一切社会现象都是历史性的,马克思正是从社会现象的历史规定性中来探索社会现象的**本质特征**的…… 国家的"本质"并不在于国家是集中的机构,而在于这个集中的机构体现了各个阶级间的一定关系,即统治的、政权的、奴役的和压迫的关系,这个机构将随同阶级和最后的阶级统治形式——无产阶级专政一起**消亡**(2)。

**洛里亚[138]
与此毫不相干。
应当指出,在这一点上,甚至相当聪明的资产者(德尔布吕克)[139]也比考茨基之流、奥托·鲍威尔之流理解得好些。**

变的方法和手段。"(阿基尔·洛里亚:《社会制度的经济基础》1903年巴黎第2版第362页)

(1) 对照**汉斯·德尔布吕克**:《政府和人民的意志》第133页。"归根到底,真正的力量是在什么地方呢? 真正的力量在于武器。因此,对国家的内部性质来说,具有决定意义的问题始终是军队属谁所有的问题……"

(2) 社会民主党完全歪曲了这个观点。本书作者早在战争初期,就在许多登载在报刊上的文章中着重提出了这个观点,如在荷兰的《论坛报》(《新奴隶制》一文,1916年11月25日及以后几日)中,在挪威的左派机关刊物《阶级斗争》中,在不来梅的《工人政治》杂志中;最后,还在《青年国际》杂志(瑞士)以及纽约《新世界报》的一些论战文章中…… 读者可以从**列宁**同志的《国家与革命》中看到对本问题的出色阐述以及精选的马克思和恩格斯的有关论著的引文。一些资产阶级教授,像社会民主党人一样,也不懂得马克思的共产主义学说。例如,**阿道·瓦格纳**写道(《从国民经济学角度论国家》。政治学词典),社会主义"国家"具有"最高级"(in höchster Potenz)国家的一切特征,因为现代国家的阶级性质只不过是"胡作非为"的产物(完全和柏姆-巴维克所说的一样,按照他的看法,放高利贷是"胡作非为";至于利润,在社会主义国家中也将仍然存在,将在它的农村里滋长。**耶利内克**(《关于国家的一般学说》)也是像**瓦格纳**那样来"理解"马克思的。只不过他对

[24]　但是，如果战争是国家的职能，<u>是行动中的国家政权</u>，另一方面，如果作为机构的国家本身是巩固和扩大一定生产关系的手段，那么很清楚，战争也就首先执行这种"工作"……　要回答关于战争的"实质"问题，就必须历史地提出这个问题，就像提出国家问题一样。这样，我们就会得到一个类似的回答，即从<u>社会学的观点</u>来看，战争是再生产那种产生战争的生产关系的手段……

哟！

哟！这简直像一个化学家在化学教程第 24 页上谈"自然历史观点"一样。什么观点可以来反对这种观点呢？心理学的？过于简单和不确切。

[25]　……每一种生产形式都有它相应的一种国家形式，<u>而每一种国家形式都有同它完全相适应的一种战争形式</u>。

不止一种

　　我们来举几个例子。假定我们这里是奴隶占有制经济。那么国家只能是奴隶主的国家，<u>而这个国家的战争只能是扩大奴隶占有制的手段</u>，是扩大奴隶占有制生产关系再生产的手段。西班牙、荷兰、法国等国的所谓殖民战争就都是<u>商业资本主义国家的战争</u>……　当<u>工业</u>资本及其国家组织为争取销售市场而斗争时，战争就是要"落后的"世界服从工业资本的统治……

有时是摧毁这个制度的"手段"（这个词不恰当）

[26]　社会主义战争是阶级战争，应当把这种战争同普通的国内战争区别开来。<u>后一种战争不是原来意义上的战争</u>，因为它不是两个国家组织之间的战争……

哟！啊！真要命!!作者过分喜欢玩弄概念，认为这就是"社会学"，以致造成极大的混乱……

———————————

"暴力论"感到了神秘的惊慌，并且宣称，"它的实际后果不是巩固国家，而是破坏国家"（第 175 页），这个理论为"<u>不断革命</u>开辟了道路"……

!!

第 三 章
资本主义体系的崩溃

……

[27]　世界资本主义 体系 各个不同部分间的冲突，表现为这个体系生产力的增长同它的无政府生产结构间的冲突，这是……国家资本主义托拉斯的冲突。被历史提到日程上来的客观需要是组织世界经济，即把**无主体的**世界经济 体系 变成经济的**主体**，变成有计划起作用的组织，变成"目的论的统一体"和**有组织的** 体系 ……

[28]　……在各个国家资本主义托拉斯的**狭小范围**内，战争的第一阶段是资本主义生产关系内部**改组**的阶段，使这个 体系 中互相斗争的**各部门**变成有计划的和有组织的……

[33]　这里[在帝国主义国家。——俄文版编者注]，有组织联系的形式在其具体构成上是不同的；它们的职能性质各有区别，这里我们可以看到**有计划的组织**，正在成立各种新的、稳定的生产技术单位（把以前许多生产联合体集中起来的强制性的托拉斯、国家垄断等等就是例子）；这里也有普通的"**调节**"（例如强制性的购销合同）；最后，这里还有更低级的组织过程的因素——**规定标准额**[(1)]，后一情况可以用规定价格作例子……

[33—34]　……银行资本渗入工业，促成了各企业的结合（造成联合托拉斯的"合并"等等）。因而在这种情

注意　(1)　这些术语是按照**亚·波格丹诺夫**同志所用的含义使用的。**140**　参看他在《无产阶级文化》杂志上发表的论无产阶级文化倾向的文章以及他的《普遍组织科学》一书。

况下,组织过程就从流通领域走向了生产领域。之所
以产生这种情况,是因为流通过程是整个"总过程"的
一个组成部分,是再生产过程的一个组成部分,而再生
产过程对本身的各个部分和阶段来说,具有"强制的规
律性"(1)……

[39]　……在这里[战争时期。——俄文版编者注]我
们看到的不是扩大再生产,甚至也不是简单再生产,而
是日益严重的**生产不足**。这种过程可以说是**消极的扩
大再生产**。从经济观点来看,这也是战争。因此,实际
进行的过程是**消极的扩大再生产**……

哟!

真要命!

[42]　……阶级 首先 是一些人的集团,这些人在生产
过程中被共同的条件和共同的作用,以及由此产生的
在分配过程方面的全部后果所联结起来……

? 阶级首先是
一些"人的集
团"(说得不
正确),这些
人在社会生
产制度中的
地位是不同
的,甚至一个
集团可以把
另一个集团
的劳动攫为
己有。

[43—44]　资本主义是对抗的、矛盾的 # 制度。但
是,把社会分裂为两个基本阶级的阶级对抗,则到处都

极不确切。
对抗和矛盾完全

　(1)　**亚·波格丹诺夫**同志对于战争时期的
全部组织过程只愿看到"配给证",即只愿看到
在生产力倒退的基础上产生的规定标准额的过
程。实际上,规定标准额的过程从它的意义来
说是无比深远的。这里,生产力的倒退完全不
排斥资本主义组织形式×的进步。就是在"正
常时期"也有这种情况,正是危机时期,生产力
暂时的倒退也带来了生产的加速集中和资本主
义组织的产生。当**恩格斯**谈到辛迪加和托拉斯
时,也犯过这种(有所不同)错误。这种错误现
在是不该重复的。

在哪里?

× 马克思在谈到**社
会化**时谈得**比较朴
实**(没有"术语"、"体
系"和社会学等新
奇名词),也**更正
确**。作者提出了
有价值的**新的事
实**,但用"社会学
的"烦琐哲学把马
克思的理论弄坏
了,是巴尔霍恩式
的修正[141]。

不是一回事。在社会主义下,对抗将会消失,矛盾仍将存在。

哟!

真要命!

×有点过分 谁证明得过多……① ♯这(下一句话)并没有"相反"的意思。

说得对

非常好,假使不用"联系形式"而

在不断地进行。因而,资本主义结构<u>是一元论的对抗或是对抗的一元论</u>。

我们所说的社会是一些在实物状态下的因素构成的制度……

[46]……1918—1920年欧洲经济的具体情况清楚地表明,这个崩溃时期已经到来,并且没有 任何 ×迹象显示旧的生产关系制度将要复活。 相反 ♯。一切具体的材料都表明,瓦解的因素和各种联系的革命破裂的因素正在逐月增长。这在理论上是完全可以理解的。事实上,分裂为不同阶级的资本主义社会,只有在市民社会的心理具有所谓普遍意义的时候才能存在;换句话说,只有当资本主义社会的最重要的生产力,即整个工人阶级还默然"同意"执行**资本主义**职能的时候才能存在。这个前提一旦消失,资本主义社会就不可能继续存在了。

[47]……"无产阶级夺得国家政权"就是**破坏**资产阶级的国家制度和**建立新的**国家制度,可是,瓦解了的旧的**因素**一部分被摧毁了,<u>一部分却重新结合起来</u>,形成了新的**联系形式**……

生产关系的转化过程远不那么清楚。这里,那些在关于政治变革的理论方面占主要地位的概念是非常有生命力的。这方面的典型是**鲁·希法亭**的论点,他说,只要无产阶级掌握了六家银行("首脑"),就会使全部工业受无产阶级所支配,**因为**在金融资本主义生产关系下,银行是生产技术体系——"全部机构"的组织枢纽。**经验**证明,这样的事是不会发生的,因为实际上

---

① 列宁这里用的是一句成语:"谁证明得过多,谁就什么也没有证明。"——俄文版编者注

掌握银行只是破坏了资本的指挥权力。为什么？问题很简单,因为银行是在独特的、**信贷金融**关系的基础上"管理"工业的。这里的**联系形式**是信贷联系的形式,它恰恰在无产阶级掌握银行时被**破坏了**……

说得通俗一些,那就更好。

[48—49] 人的**技术**等级的瓦解是在消极的扩大再生产过程的一定阶段产生的,这种瓦解也正在影响生产力的状况。生产力和生产关系是在社会劳动组织的一定制度中**一起**存在的。因而,随着"机构"的瓦解必然会产生**生产力**的继续**下降**。这样,就**大大加速了**消极的扩大再生产过程。

　　从上述的分析中可以看出,在正在崩溃的(旧的、资本主义的)关系的基础上,不可能有资本主义空想家所梦寐以求的任何的"工业复兴"。唯一的出路是制度的下层环节、资本主义社会的基本生产力即工人阶级在社会劳动组织中占有统治地位。换句话说,只有共产主义建设才是社会复兴的前提。[(1)]

哟!

　　……但是现在我们可以肯定,旧的资本主义制度是不可能恢复的……

这取决于无产阶级"在正在崩溃的关系的基础上"(啊,了不起的用词！了不起的"社会学"！了不起的组织科学！)能够做到什么程度,使这些关系完全崩溃。

────────

　　(1)　**格里涅韦茨基**教授在他的书[142]中像一个资本主义的辩护士所应当的那样看问题,他的智力视线没有超出辛迪加分子的"世界观",并且完全是从资本主义生产关系的观点来看问题的,认为这是人类生活的永恒的和普遍的范畴。将来的思想史专家会觉得,最伟大的社会变革时期的资产阶级学者的特点,竟是患有这种真正的夜盲症,简直令人可笑。

非常好!

第 四 章
共产主义建设的总前提

……

[52]   ……必须在旧社会的**生产关系**中寻找新社会的因素。换句话说,必须这样提出问题:资本主义社会的哪<u>一种生产关系</u>一般说来可以成为新的生产结构的**基础**?

[53]   在《资本论》第 1 卷第 24 章著名的第 7 节(《资本主义积累的历史趋势》)中,马克思提出了**两个基本因素**:**生产资料的集中和劳动的社会化**,这些因素是和资本主义生产方式同时发展起来的,并在其内部……

(1)   嘿,谢天谢地!

(2)   终于用人类的语言代替了"组织的"隐语!结束得好,一切也就都好。

哟!又来了!或许是"社会的"而**不是**组织的观点吧?

分散

[56]   从这个<u>社会组织</u>的观点来看,资本主义社会的"成熟"是非常清楚的……   这里可能有两种情况,也只有两种情况:或者是劳动的社会化**在技术上**使任何具体的社会构成有可能实行计划组织;或者是劳动的社会化的过程很微弱,劳动很"分裂"(像马克思所说的"zersplittert"),以致**在技术上**根本不可能实行社会劳动过程的合理化……如果对**国家**资本主义来说,资本主义"成熟了",那么对共产主义建设时代来说,它也成熟了。(1)

不是社会的

(1)   社会妥协主义理论的无限的<u>社会的</u>卑鄙性,正好在于这些理论和国家资本主义"妥协",反对社会主义,它们**在口头上**三番五次地承认社会主义,但没有实际行动。

在尼·布哈林《过渡时期经济学》一书上作的批注和评论

共产主义建设的特殊问题不在于没有社会劳动的基础,**而在于各个分裂了的社会阶层的新的结合,首先**在于**技术知识分子**的加入新的制度。但这是另一方面的问题,我们将在下面加以分析。

??
为什么
首先??

[56—57] 许多仿佛是马克思主义派的有学问的和没有学问的中伤者,把整个资本主义制度的巨大震荡(我们认为整个资本主义制度是崩溃了)作为反对社会主义的论据。⁽¹⁾这种观点的逻辑基础是对**辩证的**×、在矛盾中发展起来的过程的完全无知。世界大战,革命纪元的开始等等,**正是我们谈到的这种客观上"成熟"的反映**。因为这种非常紧张的冲突是极度增长的对抗的结果,而这种对抗是在资本主义制度内部不断反复和**发展**的。它的震荡力量是资本主义发展程度上相当准确的指标,是资本主义生产关系的外壳完全不能适应生产力的继续发展的可悲表现……认为没有崩溃,没有社会平衡的破坏,没有流血的斗争就能过渡到社会

×"**辩证的**"过程。正是这样!而不是类似波格丹诺夫那样的烦琐哲学^①。作者把这一过程和波格丹诺夫的概念的烦琐哲学(概念的游戏)放在**一起**(而且放在第二位)。但放在一起是不行的:二者必择其一。

非常对!

对!

————————

(1) 首先是**考茨基**。战前他"期待"当时"没有成熟"的崩溃。战争时期他叫大家反对革命,因为国际是"和平的工具",在大炮声中无法行动。战后,他叫大家反对社会主义,因为崩溃使"国力衰竭"。不用说,这是一整套说法。

非常对!

————————

① 这个批注是列宁用普通铅笔(同写前面的批注一样)写在书的末尾的,并且指明要把它移到第 57 页。——俄文版编者注

主义,那只是可怜的改良主义空想。[1]

只能是在实践上证明"不可能"。作者没有**辩证地**提出理论与实践的关系。

[58]   既然资本主义生产关系的瓦解是真实的,<u>从理论上又证明它们的恢复是不可能的</u>,那就产生了一个必须解决的两难中作出选择的问题:"文明的毁灭"还是社会主义……生产-技术-社会阶层破裂的时代总的说来还保持着无产阶级的统一,**而无产阶级首先并且最早体现了未来社会的物质基础**。这个在革命进程中具有决定意义的基本因素,只有一部分瓦解了。另一方面,它正在异乎寻常地团结起来,重新受教育,组织起来。俄国革命及其相对软弱的无产阶级提供了这方面的<u>经验的证据</u>,而俄国的无产阶级是组织力量的真正取之不竭的贮藏所。

注意,对!

这已接近于辩证法。

社会主义的"数学概率"在这种条件下变成了"实际的确实性"。

非常对!

……必须**建设**社会主义。现在的物质资源和人力资源只不过是包括整整一个巨大**时代**的发展的**起点**。

像前一章里我们所看到的那样,在资本主义瓦解的时代,资本主义是无法拯救的,<u>因为</u>社会的基本生产

\#

力,即工人阶级,<u>拒绝</u>执行自己资本主义的、创造资本的职能。社会主义建设的基本前提是这种创造资本的

\#

| \#用词不当 |

职能转化为**社会劳动的**职能。这只有在无产阶级占统

---

(1)   ……**恩格斯**的下列预言是饶有兴味的:"……但是,这种保护关税本身,只不过是最后的、全面的、<u>决定世界市场霸权</u>的工业战争的准备。所以,每一个对旧危机的重演有抵消作用的要素,都包含着更猛烈得多的未来危机的萌芽。"(《资本论》第3卷下册第27页注8)[1]

---

① 见《马克思恩格斯文集》第7卷第554页。——编者注

治地位的时候,即无产阶级**专政**的时候,才有可能。[(1)]

[59]　只有无产阶级从被剥削阶级转变为统治阶级的时候,才有可能恢复劳动过程,即社会再生产。

　　在这些范围内和在这一基础上,摆在无产阶级面前的任务,总的来说,在形式上,即不管过程的**社会内容**如何,在进行消极的扩大再生产时,是同摆在资产阶级面前的任务一样的,即节省一切资源,有计划地加以利用并尽一切可能加以集中。衰竭是战争和瓦解时期生产过程的连续性遭到破坏的结果,从社会-组织的技术观点来看,这种衰竭正好**要求**过渡到社会主义的生产关系。只需要提出一个一般性的问题:怎样能够有一个哪怕是相对平衡的制度,或者确切些说,怎样能够创造一些**向这种平衡运动的**条件,以便了解集中的和 形式上 社会化的经济的绝对必要性……

"我的"波格丹诺夫式的"概念的烦琐哲学"是"我的"主要敌人。

用词不当

‖??

[67]　……创造剩余价值的过程转变[在无产阶级专政下。——俄文版编者注]为有计划地满足社会需要的过程**表现在生产关系的** 重新配置 **上**,尽管生产等级制度的一些东西在形式上还保存着,但整个这种制度的性质却根本不同了,有了辩证地否定资本主义结构的性质。同时,这种制度既然在破坏着等级的**社会阶层**的性质,也就能导致消灭整个等级。

（??

　　……技术知识分子**在暂时事实上退出生产过程后**,占统治地位的无产阶级和技术知识分子就**相对稳定地**共同存在。技术知识分子只有从他们的集体头脑中清除了那些积累起来的旧关系才能坚定地归来。因而,**按照晦涩的赫拉克利特的全部规则**,内心获得新生的知识分子正在进入新的社会-技术大厦……

与此有什么相干?

(1)　资产阶级教授们写的大量关于"社会化"的"著作",当然都避开这个基本问题……

不仅他们。

[70]   工人阶级有下列组织：**工人代表苏维埃**，它由争取政权的工具转变为政权的工具；**共产主义革命的党**，无产阶级行动的鼓舞力量；**工会**，它由同企业主作斗争的工具转变为管理生产的机构之一；**合作社**，它由同中间商作斗争的工具转化为国家总分配机构的组织之一；**工厂委员会**或类似的组织（在德国是"工人委员会"，在英国是"工人委员会"和"车间代表委员会"），它们由工人同当地企业主作斗争的机构转变为总的生产行政管理的辅助性基层组织。

这些组织以及在它们的基础上**专门建立起来的崭新的组织网**，构成新机构的组织骨干。

[71]   在这种条件下，我们看到的首先是**工人组织的职能的辩证变化**。非常清楚，随着统治关系的**重新配置**，也不能不是这样，因为掌握国家政权的工人阶级也必然要成为**生产组织者**的力量……

非常好！

第 五 章
社会转化过程中的城市和乡村

……

[73]   "一切发达的、受商品交换制约的分工的基础，都是城乡的**划分**。可以说，社会的全部经济史，都是<u>建立</u>在这种对立的运动之上的。"**143**

用词不当。是分离

[75]   生产基础的缩小，在这里[即在存在着消极的扩大再生产过程的农业中。——俄文版编者注]反常地表现为农业的货币"**赢利**"的提高……

为什么不用不带引号的收益？

[76]   然而，最重要的差别是这个最重要的生产部门的**经济结构**。这一结构的特点是经济形式的极端**多样性**，这反映和表现出**劳动社会化程度比较低**……

非常好 ‖

[77]   资本主义怎样解决这个任务[把农业纳入国家

资本主义体系的任务。——俄文版编者注]呢?

两种办法:第一,**部分大生产单位国家化**;第二,**通过流通过程间接调节生产过程**。

……因此,第二种方法,即通过**调节流通过程或组织分配**来调节生产的办法,具有更大的意义。国家粮食垄断制、农产品配给制、产品义务交纳制、固定价格、工业品有组织的销售,等等,等等,——所有这一切,归根结底是要生产朝国家化**方向**发展。在这里,我们看到了更为落后的发展形式,看到了<u>组织</u>过程的开始阶段,正像在工业中一样,这个过程的出发点正是流通过程(科奈尔、瑞恩[144]、辛迪加)……

看来,作者想说:"社会化的过程",但他的话**没有**表达出**这个意思**(别的意思又没有)。

[78]　……农产品"自由贸易"的体系从根本上被破坏了。诚然,农业的特殊条件,中小商品生产经济的巨大比重也在这里造成了很大的困难,这在"非法的""自由"市场上、投机的黑市交易(德国人叫做 Schleichhandel)中表现了出来……

投机活动

[78—79]　在国家资本主义时代可以看出城乡间的这类联系:(1)信贷货币的、金融资本主义形式的联系(主要是通过银行系统);(2)国家和公社的组织机构;(3)城乡间部分通过和借助于组织机构、部分不通过这些机构而进行的最实际的交换过程……

补充:排列居第三,重要性居第一

……**社会经济分裂为两个<u>自主的</u>领域:饥饿的城市和拥有相当数量的无处销售的"剩余"产品的乡村**——虽然乡村中生产力遭到了部分的破坏……

[80]　在这里[在乡村。——俄文版编者注]一眼就可以看出下列情况:在"乡村"相对的稳定和拥有相当数量的产品的情况下,农业生产内部关系的瓦解过程<u>一定进行得慢得多</u>;另一方面,既然在这里存在着资本主

非常对!

义大工业所没有的那种多样性的经济结构,那么,转化过程的形式本身在这个过程的一切阶段都会不同于我们在前面几章中分析过的那个过程。

我们先来谈谈资本主义大经济。在这里,联系的破裂过程同工业中所发生的情形最为相似。然而,在形式上有某些不同。<u>第一,在这里,这一过程比在城市里要进行得慢些</u>。这是因为在农业中,在生产消费资料的地方,工人阶级的消费不足表现得并不那么尖锐……

补充:是在西欧,不是在俄国(而且是**在无产阶级胜利以前**的西欧)

[80—81] ……城市和工业无产阶级组织的影响,提供了一种外部推动力来加强独立发展的过程,归根结底,资本主义生产关系的破裂,即按照工业中的那条路线发生的破裂是不可避免的……(1)

暂时的必然性

[82—83] ……就**本身**说,如果离开全部其他经济复合体,<u>这种联系[乡村中的生产联系。——俄文版编者注]的破裂也包含着回复到更为原始的形式的可能性</u>,因为在这里积极的力量正是小私有者的分散的劳动,而不是无产者的社会化的劳动……

现在发生一个问题——**怎样能够取得新的平衡**:一方面是农业本身**内部**的平衡,另一方面是**城乡间**的平衡。

这个问题是决定人类命运的问题,因为它是一个**最重要**、**最复杂**的问题。(2)

---

(1) ……**考茨基**是对的,他[在他的小册子《农业的社会化》(1919年柏林保尔·卡西雷尔出版社版)中。——俄文版编者注]接着提出警告,反对在农业工人中**瓜分**大田庄。<u>但是反对"罢工狂",这就等于向**普鲁士大地主**卑躬屈膝</u>……

(2) **考茨基**说得对,他写道(《农业的社会化》。序言,第12页):"土地问题,对于我们来说,不仅是一个最复杂的革命问题,而且是一个最重要的革命问题。"然而,考茨基的整个不幸也正是在于他恰恰看不见和不懂得问题的全部**复杂性**。

恰恰是术语用得不正确:不存在非社会关系的阶

[83]　……无产阶级专政必然伴随着**无产阶级的组织起来的趋势**和农民的商品无政府趋势之间隐蔽的或比较公开的斗争……

应该说:无产阶级的**社会主义趋势**和农民的商品**资本主义趋势**之间。在这里放上组织起来一词,在理论上是不正确的,这是从卡尔·马克思向路易·勃朗倒退。

[83—85]　显然,只有城乡间"新陈代谢"的实际过程才能是城市起决定作用的牢固而稳定的基础。因此,**工业中的生产过程的更新**,工业在其社会主义 格式 中的复兴,是较为迅速地使农村卷入组织起来这一过程的必要条件。

哈、哈、哈!!错得惊人的术语!愈深奥,理论上就愈不正确。

　　但是,既然工业的复兴本身要受生活资料流入城市的制约,那么,这种流入的绝对必要性,**无论如何是十分明显的**。这种最低限度的"平衡",只有靠(一)**留在城市里的部分资源**和(二)**国家-无产阶级的强制**才能达到。这种国家的强制(没收余粮、实行实物税制或采取某种其他形式)在经济上**是有根据的**:第一是直接的原因——农民自己希望发展工业,从工业得到农业机器、工具、人造肥料、电力等等;第二是间接的原因——无产阶级的国家政权是防止大土地占有者、高利贷者、银行家、资本主义国家等等的经济压力卷土重来的最好手段。可见,在这里,国家强制并不是杜林式的"纯粹暴力",从这一点说,它是遵循着一般经济发展

必要的

非常好。

在他看来,各个社会集团的阶级斗争的基本的"使情况复杂化的"因素是不存在的。他所以有这种观点,从逻辑上看,在于他不懂得资本主义社会的生产关系同时也是**社会阶级**关系和技术劳动关系。

级关系。应该说得更简单更正确些(在理论上):他忘记了**阶级斗争**。

不仅形式上 >

不仅形式上

说得对！

对，而且比"无政府状态"要好。

"社会学家"布哈林在最后（在第84页）把"社会学家"这个词放到含有讽刺意味的引号里，这很好！好极了！啊，啊！这是**不让工人读带有未经翻译的引文的书**[145]——多么不了解"社会阶级关系"！

的主要路线前进的因素。[(1)]由于工业无产阶级依靠着<u>形式上</u>社会化的（由无产阶级实行国家化的）大经济，所以它也就直接组织着**生产**过程。缺乏农具也可能刺激部分农户在生产上联合起来（农业公社、协作社、劳动组合）。但是，对于**小生产者**的主要的群众来说，要使他们加入有组织的机构，主要还得通过**流通领域**，即<u>形式上</u>采取实行国家资本主义制度时的办法[(2)]……

[86—87]　……在城市，为经济形式而进行的主要斗争[在夺取政权以后。——俄文版编者注]**正在**以无产阶级的胜利而**结束**。在乡村，如果是就战胜大资本主义来说，那么这一斗争正在结束。但同时这一斗争——通过其他形式——正在**复活**，其表现为如下两者之间的斗争：一是<u>体现着社会化劳动的无产阶级要实行国家计划</u>，一是体现着分散的私有制和市场自发势力的农民要保持商品 无政府状态 ，进行猖獗的投机活动。既然简单商品经济不过是资本主义经济的胚胎，那么上述两种趋势的斗争实质上就是<u>共产主义同资本主义之间斗争的继续</u>……

————————

（1） "社会学家" 考茨基绝对不懂得这一点……

（2） "由于小生产占优势，它（即社会化。——尼·布注）无论如何首先应该是较多地调整城乡间的**流通过程**，较少地组织**生产**"（考茨基，上引书第9页）。

　　这种情形怎样影响到农民的合作机构的命运呢？很明显，这里的情况同工业中的情况是不一样的。合作机构可能萎缩（在城乡交流这种联系日益减弱的情况下）；它可能遭到破坏（在富农在乡村占优势的情况下和富农同无产阶级的斗争尖锐化的情况下）；它可能被吸收到一般社会主义分配组织中去而逐步得到改造（在产品交换的实际过程得到更新和城市起决定性的**经济**作用的情况下）。因此，<u>在这里，机构的完全瓦解在理论上不是必然的</u>。

关于托拉斯的"完全瓦解"是"**必然的**"这种说法和想法（像作者常做的那样）是不正确的。

第 六 章
生产力、革命的消耗和技术革新

……

[87—88] ……而一切**结构上的**平衡，即各种社会集团之间、社会体系的成员之间的平衡，其稳定性取决于**社会和外界之间的**一定平衡，取决于其性质由社会物质生产力的发展程度所决定的平衡。

这个术语故意用集团等字眼来代替阶级，不是向带引号的"社会学"倒退吗？

[88] 马克思在《哲学的贫困》中写道："如果想**一般地**根据分工来说明特殊的劳动工具即机器的产生，这是同历史有明显的矛盾。机器正像拖犁的牛一样，并不是一个经济范畴；机器应当**算做生产力**（黑体是我用的。——**尼·布**·注）。不是机器，而是以应用机器为基础的工厂才是**经济**（黑体是我用的。——**尼·布**·注）范畴即社会生产关系。"[146]

算做并不是等同于

　　显然，马克思这里所谓生产力是指生产中物的和个人的因素，<u>根据这一点</u>，生产力范畴就<u>不是经济范畴</u>，

恰恰没有"根据"，因为"个人

的"(不确切的名词)不是"技术的"。

而是技术范畴。另一方面,我们从他那里还可以找到生产力的另一定义。在《资本论》第1卷和第3卷里,马克思经常使用的"生产力"这个名词,意思和"社会劳动生产率"完全一样(1)……

[89]　洛贝尔图斯提出要严格区分这两个概念["生产力"和"生产率"。——俄文版编者注]。他在自己的著作《社会问题研究》中写道:"必须把生产力同生产率严格区分开来。生产率是指生产力的功效或有益效果。如果10个工人工作改为20个工人工作,或者1台有一定工作能力的机器改为2台同样的机器,那么生产力就提高了1倍;如果10个工人生产了迄今一直由20个工人生产的东西,或者如果1台机器的价钱并不比另1台高,效益却比另1台大1倍,那么生产率就提高了1倍。劳动在这里也是最后的尺度。较大的劳动量就是较大的生产力;用同样的劳动量生产出较多的产品就是生产率的提高。"这种对问题的提法,相当清楚地表明了生产力的概念"不明确"的原因;原来,这是一个介于技术和经济之间的**边缘性**的概念……

这比第88页要好些

[89—90]　……因此我们可以说,生产力和社会劳动生产率是同一个数学 ✳ 量 $\dfrac{M}{a+b}$ 的两个方面,这里 M等于产品总量,按有用之物的随便什么单位(能量的量或别的什么,在这里都无所谓)来计算;a和b是社会劳动的单位,其中a是死劳动的单位,b是活劳动的单位……如果我们需要给生产力下一个社会学的定义,我们可以说它是社会的**技术体系**,是社会发展的积极

✳ 这种数学连怀疑也不值得。毫无用处。

哈哈!

─────────────────

　　(1)　参看《资本论》第1卷大众版第451、541—543页以及其他各页;第3卷上册,这里对平均利润率作了分析。例如:"随着劳动生产力的提高,表现一定价值从而一定量剩余价值的产品量也会提高。劳动生产力的增长愈快,剩余价值所囊括的消费资料和积累资金就愈多。"(第539—540页)**147**

不切题

的可变"因素"。

[94]　……资本主义社会生产力的发展是靠生产力的不断耗费换来的。这种耗费（"竞争的消耗"）是整个资本主义体系向前发展的必要条件。因为在动态平衡这一链条上的每个新环节都是在更高级的形式上，在集中过程的基础上复现这种平衡的。

也必须用这种观点来考察**战争**，因为战争不过是在一定发展阶段上的一种竞争方法。这是**国家资本主义托拉斯之间联合的竞争**的 方法 。因此，战争的消耗就本身来说不过是集中过程的消耗。既然这些消耗并不导致资本主义体系的破产，从整个资本主义体系的角度来看，它们就起着积极的作用……

不是一般的，不是任何的

不确切

[94—96]　……向新结构即生产力的新的"发展形式"过渡，如果不使生产力暂时下降，那是不可能的，这应当是不言而喻的。正是在发展生产力方面起过巨大积极作用的一切革命的经验表明，生产力的发展有时是靠生产力的巨大耗损和破坏换来的。既然说的是革命，情形就只能这样(1)。因为生产关系的"外壳"即人的劳动机构的"外壳"是在革命中"被炸毁"（wird gesprengt）的，这就意味着而且不能不意味着再生产过程的破坏，从而也就是生产力的破坏。

美国 1870 年同 1860 年人口普查相比[148]。

如果是这样（绝对是这样），那么，首先必须明白，**无产阶级**革命必然伴随着生产力的极大衰落，因为任何一次革命都没有把**破坏**旧关系和按新方式**改造**旧关系进行得这样深，这样透。然而，恰恰从**发展生产力**的角度来看，无产阶级革命是客观的必然性。这种客观的必然性是由于经济外壳同生产力的发展已经**不能相容**而产生的。**世界的生产力同社会的国家民族结构不**

对！

(1)　美国的国内战争所引起的破坏是人所共知的，但这场战争大大推动了资本主义的发展……

第 94 页

相容,于是矛盾就用战争来"解决"。战争本身是同**基本生产力**——工人阶级的生存不相容的,所以矛盾只有用革命才能解决,真正地解决。[1]

只有社会的基本生产力工人阶级[2]才能**拯救**这个社会并推动它进一步发展。但是,工人阶级只有作出牺牲才能做到这一点,牺牲之必不可免,是由于以**资本主义资产阶级**为体现的、正在破裂的资本主义"外壳"进行反抗造成的[3]……

[97—98]　革命的一切**实际**消耗都归结为**再生产过程的缩短**和生产力的下降。这些消耗按**形式**可分为下列几项:

（1）　**列·克里茨曼**同志(参看他的论文《生产力的发展和无产阶级专政》,载于《无产阶级专政两年》文集,最高国民经济委员会版第70页)十分正确地说:"但是无产阶级和其他生产力(机器、材料等等)不同之处是,无产阶级是用愤怒来回报威胁它的破坏。危机时期就是在无产阶级中间激发革命义愤的时期。**资产阶级想用破坏无产阶级劳动力的办法来减少耗费和制止属于资产阶级的生产力的闲置状况以及靠牺牲无产阶级来消除资本主义生产方式的无政府状态所引起的危机,而无产阶级革命本身不过是无产阶级对资产阶级的这种企图的反抗。**"(黑体是原作者用的)

非常好!

（2）　参看**卡·马克思**《哲学的贫困》第140页:"在一切生产工具中,<u>最强大的一种生产力是</u>革命 阶级 本身。革命因素之组成为阶级,是以旧社会的怀抱中所能产生的全部生产力的存在为前提的。"[1]

注意

注意
作者在第**88—90**
页及以下各页都
"**忘记了**"这一点
参看第**88—90**页

（3）　从这个观点看,"**谴责**"工人阶级及其政党造成破坏是荒谬绝伦的。因为正是工人阶级才是<u>使社会能够恢复元气</u>的力量。"旧制度"的反抗——这才是应对过渡时期的破坏"<u>负责的罪魁</u>"。

对!

---

① 见《马克思恩格斯文集》第1卷第655页。——编者注

　　I. 生产要素在物质上的消灭……

　　II. 生产要素失去专门技能……

　　III. 生产要素之间联系的解体……

　　IV. 重新分配生产力，把它们转到非生产性消费方面。在这里，首先必须指出是为国内战争和阶级的社会主义战争的需要服务。在革命过程发展成**世界**革命过程的情况下，国内战争会转化为阶级战争，无产阶级方面进行这个战争的是正规的"红军"……

> 参看恩格斯在谈论殖民地的一封信（1882年）中讲到"破坏"的那一段话。**149**

[99]　……后一原因[即战争。——俄文版编者注]所造成的生产力的下降，是同生产力的"革命的"下降联系着的：战争和革命这种资本主义体系所引起的爆发，在社会转化过程中是连结在一起的。(1)

> 用词荒谬、**不正确**，模糊了由阶级夺取国家政权这一事实。

[101]　在这里[在革命的最后阶段——技术革新阶段。——俄文版编者注]，开始时必须经历一个"社会主义原始积累"的时期……(2)

[102]　但是，从废墟上成长起来的社会主义，必然应该是从**动员活的生产力**开始的。这种劳动动员是社会主义原始积累的基本要素，而社会主义原始积累是对资本主义原始积累的辩证否定。它的阶级实质不在于为剥削过程创造前提，而在于在**消灭**剥削的条件下恢复经济；不在于对一小撮资本家施行暴力，而在于**劳动群众进行**自我**组织**。

　　……在资本主义体系瓦解过程发生的同时，活的

> < 哟!!

---

　　(1)　……[101]当然，所有这些先生[资产阶级经济学家。——俄文版编者注]只看到"工人阶级的懒惰"，而没有看到企业主的怠工……

　　(2)　**弗·米·斯米尔诺夫**同志提出的名词（在《〈真理报〉周刊》上）。

> 非常糟糕。模仿成年人使用名词的儿童游戏。

劳动力不仅被消灭或失去专门技能,而且使它完全**脱
离**劳动过程。因此,非常明显,无产阶级着手恢复再生
产过程的时候,应该从动员脱离了生产过程的力量开
始……

动员和
"社会化"

这个问题应
该多谈一点

[103]　……取消生产资料私有制,取消专利"权"
和商业秘密,统一计划等等,使向电力过渡成为
可能。

第 七 章

过渡时期的一般组织形式

……

国家资本主义是
没有**股票**和**托拉
斯**(也许还没有
垄断)的资本主
义,这样的定义
未必正确。作者
没有提供无论是
具体的还是经济
的实质。

完全对!

糟糕的定义。其
中没有必要的东
西。而"合理化"
也并不总是这
样。"资本的统
治"和"对抗性"
是一个东西。资
产阶级专政过去
是(现在也是)**在
国家资本主义
以前。**

[106—109]　我们现在来谈国家资本主义。我
们可以看到,国家资本主义是十分特殊的和纯历
史的范畴,虽然其中也有"社会的合理性"和"反盲
目求利倾向"。因为国家资本主义同时是一
种——最"完善的"——**资本主义**的类型。资本主
义制度的基本生产关系,是占有生产资料的资本
家和向资本家出卖自己劳动力的工人之间的关
系。在考察国家资本主义结构时决不能荒谬地抛
开这个基本的阶级特征。从社会力量的对比来
看,国家资本主义是资产阶级的**对数还原的**(自乘
的)权力,在这里资本的统治达到了顶点,委实到
了骇人听闻的地步。换句话说,**国家资本主义是
在表现为资产阶级专政的资本的统治下,在对抗
的社会关系的基础上的生产过程的**合理化。

由于<u>国家资本主义</u>是资产阶级<u>国家</u>同资本主义托拉斯的结合体,所以显而易见,在原则上排除这种可能性的无产阶级专政下根本谈不上任何"国家资本主义"。

这是同义反复

无产阶级国家在其存在之初,**在**"剥夺剥夺者"**以前**要调整资本主义托拉斯的活动,要"合理地准备"这种剥夺,以便保持一切"机构"的完整,在这种情形下,"一般"说来是可以提出国家资本主义这种形式的可能性问题的。如果这种体系是可能的,那么这就不会是国家资本主义,因为后者是以资本主义国家的存在为前提的。这不会是资本主义制度的最高表现,而是革命发展中的某种<u>过渡阶段</u>。但是这种形式**是不可能实行的** ×,因为实行这种形式,是建立在非常流行的幻想之上的——似乎无产阶级不触犯一切资本主义机构的资本主义童贞,就能够"掌握"它们,而资本家老爷们也能够甘心情愿地服从无产阶级政权的一切命令。

对!
×夸大其词。
如果**先有**四五个最先进的大国的工人完全取得胜利,在两三个小国里是可能的

因此,这里是以**事先排除**任何平衡的那种条件下的平衡状态为前提的。[(1)]

可以称之为国家社会主义(如果这个术语没有被通常的使用所糟蹋)的 社会主义 专政体系,是国家资本主义的辩证否定、对立面…… 在国家资本主义体系中,经济的主体是**资本主义**国家,是集合的、**集体的资本家**。在无产阶级专政下,经济的主体是**无产阶**

哼!!

作者滥用"辩证否定"这个**词**,**不先**用事实来**慎重**地加以证明,就不能用这个词。

---

(1)　见尼·**列宁**《政论家短评》,《共产国际》杂志第9期。[①]

---

①　参看本版全集第38卷第148—159页。——编者注

#民族的，而
  不是集体的

？？？？
怪论))

对比没有成功

非常好！(

非常好！

#

国家，是集体的有组织的工人阶级，是"组织成国家政权的无产阶级"。在国家资本主义下，生产过程是落入资本家阶级之手的剩余价值的生产过程，带有把这种价值变为剩余产品的趋势……   无产阶级专政体系使任何剥削都成为不可能的事，因为它把集体的资本主义所有制及其私人的资本主义所有制形式变成了集体的无产阶级"所有制"。因此，尽管形式上有相似的因素，但在这里本质上是截然对立的。(1)这种对立决定了上述两种体系的一切职能的对立，虽然它们在形式上是相似的。例如，在国家资本主义体系下，普遍劳动义务制是对工人群众的奴役；相反，在无产阶级专政体系下，劳动义务制不过是群众的劳动自我组织……

[110]   ……在国家资本主义结构中，国家强制的一切形式都是压榨，它保障、扩大和加深剥削过程，而在无产阶级专政下，国家强制是建设共产主义社会的方法。总之，形式上相似的现象在职能上的对立，在这里整个地取决于组织体系在职能上的对立，取决于组织体系的对立的阶级特征……(2)

（1） 第108页开始的注释的末尾，引自奥托·诺拉特的报告《社会化的实质和道路》[109]……   然而取消关于"发挥力量的手段"，即关于阶级斗争和阶级的问题，使问题的整个提法都模糊不清了。

（2） 顺便说说，社会民主党庸人们对共产党提出的种种"责难"，都由于不了解这种情况。这些先生顶多也只是反对"霍屯督人的道德"，从而在共产主义同资本主义野蛮之间建立原则上的"平等"。事实上，难道"民主派"能够否认狼和羊有"平等的生存权"吗？要知道，这是在破坏神圣的正义呀！

[110—112]　从资本主义向社会主义的过渡是通过无产阶级的集中起来的强大力量——无产阶级专政的杠杆完成的。借以完成这一过渡的一系列措施，通常是用"社会化"这个术语(1)来表示。从以上所述就已清楚，这个术语并不十分确切。如果社会化是指整个劳动过程满足社会需要，即全社会这个体系的需要，那么，这种"社会化"在资本主义范围内也曾经有过。

正是！

?）

马克思所说的"社会化劳动"正是这个意思……　因为在国家资本主义同共产主义之间的过渡时期，自觉的经济的主体不是"全社会"，而是有组织的工人阶级，无产阶级。可是，既然我们考察的是整个过程，从强制实行剥夺开始直到无产阶级专政消亡（这也是一个过程），那么，无产阶级同全体社会工作者之间的区别就会愈来愈小，最后完全消失。这样也就给"社会化"这个术语找到了根据(2)……　很明显，既然在过渡时期经济主体是组织成为国家政权的工人

恰恰不是这个意思‥

什么地方？什么时候？作者没有准确地说出来。

正是！

??

丝毫没有"给"混淆人的生的"过程"和死的"过程""找到了根据"！

----

(1)　用这个术语来代替"剥夺剥夺者"和"没收"，是国际妥协主义思想的特色。这样做是为了便于论述由于声名狼藉的"整体论"而产生的"社会化"，也就是把资本的国家政权的措施也归到"社会化"中去。可着重参看埃德蒙·费舍的著作。

对！

(2)　奥托·鲍威尔在他的小册子《通往社会主义的道路》中把社会化和国家化对立起来，把社会化看做由工人、职员和官吏为一方，消费者为另一方，作为中立力量的国家为第三方的这三者的代表所组成的机构的联合；在其他措施中，有一项是把工厂出租给农业合作社（即辛迪加）。关于专政的问题，没有像必要的那样提出来；国家是"一般的民主"……

阶级,那么生产社会化的基本形式就是生产的**国家化**
或**民族化**(1)…… 如果不像资产阶级科学界的代表所
做的那样把国家机构看做具有<u>中立的神秘特性</u>的组
织,那也同样必须认为,国家的一切职能都带有阶级
性。由此可见,必须把**资产阶级**民族化和**无产阶级**民
族化严格区分开来……

说得好!

正是如此!

[113] ……所谓"地方自治"的体系在**任何阶级**社会
(从而在存在着国家的社会)里,不过是统治阶级的国
家组织的地方机构的组成部分……

正是!

第 八 章

无产阶级专政下的生产管理体系

……

没有说到点子
上。利润也是
满足"社会"需
要的。应该说:
在这种情况下,
剩余产品不归
私有者阶级,而
归全体劳动者,
而且只归他们。

[114] 在资本统治下,生产是剩余价值的生产,是<u>为
利润进行的生产</u>。在无产阶级统治下,生产是为抵补
<u>社会需要进行的生产</u>。

???
这不是混淆,而
是**历史事实**。作
者"忘记了"资本
主义制度下的典
型国家就是民族
国家(+殖民地,
但这与这个问题
无关)。

———————

(1) 后一个术语当然是非常不确切的:首先,<u>它混淆了</u>
"民族"("整体")同国家即统治阶级的组织……

[115]　……甚至极其错误地把所谓"个人制度"同阶级统治**对立起来**。相反地，在<u>各种条件的一定配合下</u>，阶级统治恰恰在<u>个人制度上</u>可能得到最合适的表现……

对！只是"个人制度"这个词不确切。它只有次要的意义。用词不当。

[116—117]　……人的技术-劳动关系同时也是社会关系。因此，同经济机构完全陷于混乱(这时企业中没有任何组织基础)的情况相比，工人基层机构在工厂"夺权"，即使从"纯生产"的逻辑来看，也是好事，夺权从它在一般历史过程中的作用来看，具有无可估量的重要性。因为只有用这样的办法才能使作为组织基础的工人阶级深入到生产过程中去。按实质来说，这里的任务是经济上的**战斗**任务：<u>在经济生活的一切领域加强作为统治阶级的工人阶级</u>……　<u>旧的瓦解，新的粗具轮廓</u>——这就是上述的生产管理形式。

这就是实质。作者应该在"**统治阶级**"这个概念上多谈一谈。

在这里，同军队中进行的过程作类比是恰当的……

非常好！

[118]　……在军事领域中，发展是以巨大的飞跃进行的，整个过程表现得更剧烈、更凌厉，<u>也可以说更革命</u>……

哼，哼！？？

[118—119]　……在无产阶级统治下，强制和镇压的因素起着巨大的作用，<u>非纯粹的无产阶级分子</u>以及无产阶级中间不觉悟或半觉悟的分子的<u>百分比愈大</u>，这种作用也就愈大。在这种情况下，居民的"军事化"[(1)]——首先是在军队组织中——乃是**工人阶级进行自我组织和工人阶级组织农民**的方法……

---

(1)　实际上，"军事化"之类的名词在这里是完全不适用的，因为无论无产阶级国家的军事组织还是军事形式的工业组织，在这里都具有完全不同的意义。"红色军国主义"，实在是一个野蛮的词组。但是语言的贫乏和"习惯"迫使我们用了"军事化"这个名词。

加上：反对庸俗的（"社会民主主义的"）和平主义。

第 九 章

过渡时期资本主义的经济范畴

......

"社会制度","社会形态"——没有**阶级**和**阶级社会**的概念,所有这些都不够具体。①

辩证法包括历史性。

对。比较一下前面说得不确切的地方。

∨几乎,大约,差不多,从长远前景和长期观点来看。←

[126]　**客观的社会**观点确认社会重于单个的经济主体——个人。它不把个人看做一个"原子",一个孤立的鲁滨逊,而看做社会制度的一部分。"孤立的一个人在社会之外进行生产,就像许多个人不在一起生活和彼此交谈而竟有语言发展一样,是不可思议的。"(1)……

[127]　**辩证历史方法**是从社会的特殊历史形式中去观察社会的,而对社会发展的一般规律,则从它们的具体表现中加以考察,把它们看做只在该社会形态的历史界限内发生作用的一定社会形态的规律……

[127—128]　马克思从理论上掌握资本主义生产关系体系,是从**这个体系的存在这一事实**出发的。这一体系既然存在,那么,不管它是好是坏,**社会需求总会得到满足**,至少人们不仅不会死亡,而且还会生存、活动和繁殖。在社会分工——商品资本主义社会是以此为前提的——的社会中,这意味着整个体系应有一定的**平衡**。要生产必需数量的煤、铁、机器、印花布、麻布、粮食、糖和靴子等等,等等。要生产这些东西,就要相应地花费必需数量的人的活的劳动,拥有必需数量的生产资料。这里可能有各种各样的偏差和摇摆,整个体系正在扩大,正在复杂化,正在发展,处于运动和摇摆之中,但是总的来说,它处于∨平衡状态中……

---

(1)　见卡·马克思《导言》第 XIII 页。②

---

①　列宁这个批语是对原文第 126 页和第 127 页讲的。——俄文版编者注
②　见《马克思恩格斯文集》第 8 卷第 6 页。——编者注

[130]　从平衡的<u>角度</u>来观察社会制度,并且是一个不合理的、盲目的社会制度,当然同前定和谐**150**毫无共同之处,因为它是从这个制度的存在这一**事实**出发的,也是从这个制度的发展这同一**事实**出发的……

这非常好。但是说"必然有一定的比例"是不是比说"从平衡的**角度**"更确切些?是更确切些,正确些,因为前一种说法是客观的,后一种说法却为哲学上**从唯物主义向唯心主义的动摇行为**打开了方便之门。

[130—131]　……任务就是要分析**社会**制度的改造情况。在这里:(1)集体的、集合的、**自觉的**经济的主体——无产阶级国家及其全部从属的机构正在发展;(2)由于保留着无政府状态的商品体系,所以也保留着市场的不合理的、盲目的"命运",即<u>仍然保留着社会的</u><u>自发势力</u>,但这种自发势力日益受到定型的、有社会自觉的中央的调节影响;(3)最后,既然存在着瓦解社会联系的因素(如闭塞的自然经济单位的形成),那么一方面,它们的活动就会受到经济环境的"掣肘"×(这些因素本身的内部改组是社会进展的职能);另一方面,它们会日益被吸收到建设过程中去,经常受到无产阶级国家经济组织的计划性的影响(劳动义务制、各种各样的实物赋役等等)。这样,即使个别因素正在脱离社会生产过程,但它们仍然处于经常受影响的范围之内,它们本身在受到人们从**社会**生产体系角度所进行的<u>考察</u>♯;即使在最隔绝的时候,它们作为社会吸引的对象,作为新社会制度潜在的组成部分,<u>在理论上是很</u><u>有意思的</u>♯。

正是如此!

瓦解因素受到掣肘……哟!

×为什么不简单一些:"它们受到了限制"? 啊,学院主义! 啊,伪古典主义! 啊,特列季亚科夫斯基**151**!

♯用词不当。"波格丹诺夫"的术语错误出现了:**主观论**,唯我论。问题不在于谁"考察",对谁"有意思",而在

于不取决于人
们的意识。

"方法具有另外
一种音调。"布
哈林学会了一
种**愚蠢**的音
调。这里不是
"音调",也不是
"逻辑",而是**物
质的东西**。

尽管客观的社会方法的意义仍然保持着,但这种方法却具有**另外一种逻辑音调**。在分析商品资本主义类型的社会结构时,一切规律性都带有**自发的**规律性的性质、"盲目"力量的性质,因为整个社会生产过程是不合理的。在分析过渡时期的结构时,情况就不同了,因为这里的社会经济过程正在日益**合理化**。

|?|

②不是"它",
不是"观点"

物质生产观点|总的说来|也是必须遵循的。然而,

②

|它|正在发生重要的改变,并受到限制。**第一**,生产过程本身的长短并不是事先规定了的……

[132—133]　**第二**,生产过程可能会大大缩短,有些地方可能会**中止**。既然社会没有死亡,这就会由其他方法来补偿:(1)比较经济地分配以前的(纯资本主义的)生产周期中的**剩余**,——这里消费过程脱离了生产过程,变得同后者不可相比了;(2)从农村**强制地取得**农产品(这里与"正常"情况不同的地方在于,这种取得只有一部分是直接以经济方法为基础的;因此,进入再生产周期的,只有"国民经济"的一半);(3)以非生产性方法取得产品(战利品,基地仓库的易手,等等)。

不对。过去**资产
阶级**通过法庭、
收税人等实行
"强制"(参看马
克思关于**法兰西**
的论述 **152**,而不
仅是关于俄国的
论述)。现在无
产阶级更直接地
实行强制。作者
忘记了"社会阶
级"关系。

不仅仅是"表
面",也不仅仅
是"现象"的

第三,由于生产过程脱离了消费过程,所以甚至在保持自由市场的地方,消费的动机就在现象的**表面**显露出来了。

辩证历史的方法不仅不应受到限制,而恰恰相反,应该提升到第一位。正在形成的新关系的形式,它们

同旧关系的互相交错,有时是异常奇妙的结合,——所有这些使过渡时期的生产关系成为一种复合体。再则完全可以理解,提出形式经常变化的<u>原则</u>和<u>过程</u>可认识的原则的辩证历史观点,在分析各社会阶层正像地质层那样异常迅速变动的时代时,<u>理应</u>特别<u>强调</u>。政治经济学"范畴"的相对性,是非常<u>明显</u>的。

> 从这句话可以非常清楚地看出,在被波格丹诺夫的折中主义毒化了的作者看来,辩证"观点"只不过是许多同样重要的"观点"之一。不对!

　　平衡公设是无效的。应该把平衡看做制度(如果它将存在的话)应该达到,但也可能达不到的一种状态。在生产与消费之间,在生产的各部门之间(附带加一句:在一个制度的成员之间)是没有比例的。因此,把适用于平衡状态的范畴、概念和规律移用于过渡时期,是根本不正确的。对这一点可以反驳说,既然社会没有死亡,那就存在平衡。但是这种说法只有在我们考察的那段时期是一个<u>极长的过程</u>的情况下,才会是正确的。没有平衡,社会是不能**长期**存在的,是要死亡的。但是这同一个社会制度能够在某些时候,处于"不正常"状态,即不平衡状态。在这种场合,某种**相对的平衡**♯是以部分**破坏这个制度本身**为代价换来的(因为我们没有非生产性补偿,而且从长远前景和长期观点来看也不可能)……
……

> ？？

> 在俄国是(＞)3年!

> 正是如此!但它**永远**是相对的

> ♯由此清楚地看出,"平衡公设是无效的"这句话是**无效的**。

　　现在我们必须来看看政治经济学的某些基本概念,以便弄清它们在被考察时期内的适用程度。因为"观念、范畴<u>也</u>同它们所表现的关系一样,不是永恒

> ×

> ×这是一个确

切、简明、不矫揉造作的辩证**唯物主义**的表述。布哈林的折中主义和这是多么不同啊！

的。它们是历史的、暂时的产物。"(1)……

对！

[134—136] ……只是因为在**生产无政府状态的基础上存在着经常的而不是偶然的社会联系**，商品才会成为一个普遍的范畴。因此，当生产过程的不合理性消失的时候，即当自觉的社会调节者出来代替自发势力的时候，**商品就变成产品而失去自己的商品性质**。

不确切：不是变成"产品"，而是另一种说法。例如变成一种不经过市场而供社会消费的产品

这些词联在一起是不协调的。

价值是在我们有**正规的商品生产**的时候出现的。这里必须要有通过交换建立**无政府状态的联系**的**经常的形式**，而不是偶然的形式。这里也必须要有**平衡状态**。价值规律不过是商品无政府③制度的平衡律。从这个观点看来，例如象牙同串珠的交换（这里正像马克思所说的，交换实际上是欺骗）显然不是价值的交换。并不是任何一种交换都是**商品交换**（如小孩子们交换笔，或无产阶级国家在城乡间实行**产品交换**）。另一方面，并不是每一次商品交换都是**价值的**交换（例如在"自由市场"上按"不合理"的价格进行的交换并不是价

（1） 见**卡·马克思《哲学的贫困》**①，在那里，这一思想还有另一种表述："经济范畴只不过是生产的社会关系的理论表现，即其抽象。"②

---

① 见《马克思恩格斯文集》第 1 卷第 603 页。——编者注
② 同上书，第 602 页。——编者注
③ "无政府"一词被列宁打上叉删掉了。——俄文版编者注

值的交换,虽然它是商品交换)。可见,**价值这一商品资本主义制度处于平衡状态时的范畴,最不适用于过渡时期,因为在过渡时期商品生产在很大程度上正在消失,((那里不存在))平衡状态**①……

对!

　　……**在无产阶级专政制度下,"工人"领得的是社会劳动口粮,而不是工资。**

对! 而且说得很好,不矫揉造作。应该发扬这一点(去掉几十页的各种"观点")

　　既然我们是说新的生产周期,那么**利润范畴以及剩余价值范畴**也同样正在消失。然而,在"自由市场"和投机活动等等还存在的情况下,就还会有投机取利,这种投机取利的活动规律和它在正常资本主义制度下不同。这里起作用的是商人的**垄断**地位,这种地位能为他从其他领域吸进大批产品……

对!

第 十 章

过渡时期"超经济的"强制

……

[138—139] ……关于从封建主义向资本主义的过渡,马克思写道:"这些方法一部分是以最残酷的暴力(auf brutalster Gewalt)为基础,例如殖民制度就是这样。但所有这些方法都利用**国家权力**(Staatsmacht),也就是利用集中的、有组织的社会暴力,来……促进从封建生产方式向资本主义生产方式的转化过程,缩短过渡时间(die Uebergänge)。暴力是每一个孕育着新社会的旧社会的助产婆。暴力本身就是一

注意
"定义"
真妙

---

① 列宁把布哈林原文中"那里不存在"几个字加上了双括号,并改动了"平衡状态"一词的词尾,从而使意思变为:因为在过渡时期商品生产和平衡状态在很大程度上正在消失。——俄文版编者注

"范畴",因素不是更确切些吗?（暴力——力,俄文说起来不太好。）

种经济 力 (ökonomische Potenz)。"(1)

……另一方面,这种革命的暴力在建立了新式的"集中的暴力",即起着经济变革的杠杆作用的、改变社会的经济结构的新阶级的国家以后,应当积极帮助新生产关系的形成(2)……   这种力量并不是某种超经验的神秘的东西,它是正在完成变革的这一阶级的力量,是这一阶级的社会威力。因此完全可以理解,这种力量的大小首先取决于<u>这一阶级的组织程度</u>……

应该加上:
(1)取决于数量;
(2)取决于在国内经济中的作用;
(3)取决于同劳动群众的联系;
(4)取决于这一阶级的组织性。

[139—141]   在从资本主义向共产主义的过渡时期,革命的阶级、新社会的创造者是无产阶级。无产阶级的国家政权、无产阶级的专政、苏维埃国家,是摧毁旧

----

(1)   见**卡尔·马克思**《资本论》第 1 卷第 680 页(大众版)。①

(2)   考茨基和鲍威尔之流对"不管它来自何方的暴力"都表示不满和反感……   "真正社会主义者"的这种庸俗和懦怯的特点也是党内关系的典型。马克思说,"<u>这些老太婆的特点就是,他们企图抹杀和掩饰一切真正的党派斗争</u>"。(转引自**梅林**的著作第 1 卷第 92—93 页。)②这难道不是那些"公正的"、"中立的"、"独立的"理论家的真实写照吗?

非常好!

----

①   见《马克思恩格斯文集》第 5 卷第 861 页。——编者注
②   参看《马克思恩格斯全集》第 1 版第 27 卷第 491 页。——编者注

的经济联系和创造新的经济联系的因素。"原来意义上的政治权力,是一个阶级用以压迫另一个阶级的有组织的暴力。"(1)由于这个政权是对付资产阶级的"集中的暴力",它本身就是一种**经济**力量,这是一种摧毁着资本主义生产关系的力量,把生产中的物质骨骼转交给无产阶级支配,并逐步把生产中非无产阶级的生产成员放到新的社会生产关系的体系中来。另一方面,

非常好!

这个"集中的暴力"也部分适用于**内部**,是**劳动人民进行自我组织和对自己实行强制的纪律**的因素……

对!

占统治地位的无产阶级,在其统治的初期会遭到下列各方人士的反抗:(1)寄生阶层(过去的地主、各种各样的食利者、同生产过程很少关联的资产者-企业主);商业资本家、投机商、交易所经纪人、银行家;(2)从上述阶层中招募来的、不从事生产的行政贵族(资本主义国家的大官僚、将军、主教等);(3)资产阶级的企业主-组织者和经理(托拉斯和辛迪加的组织者、工业界的"强人"、大工程师、同资本主义世界有直接联系的发明家等);(4)老练的官僚——文职的、武职的和教会的;(5)技术知识分子和一般知识分子(工程师、技术员、农艺师、畜牧学家、医生、教授、律师、记者、大多数教师等等);(6)军官;(7)很富裕的农民;(8)城市的中产阶级以及部分小资产阶级;(9)僧侣,甚至下级僧侣。

所有这些阶层、阶级和集团,都**必然**在金融资本的代表人物的政治领导下和将军们的军事领导下,积极向无产阶级进行斗争……　随着无产阶级在这一斗争中日渐取得胜利,随着它的力量在社会革命力量的基

对!

无产阶级的力量在无产阶级专政

---

(1)　见**卡·马克思和弗·恩格斯**《共产党宣言》。①

---

①　见《马克思恩格斯文集》第2卷第53页。——编者注

的周围——不能
这样说

对！

本结晶体——无产阶级专政——周围的日益团结起来，敌对阵营里经济上有用的和非寄生的集团的旧心理开始迅速瓦解。应该考虑到这些人，把他们集合起来，安排到新的位置上去，放到新的劳动领域中去。只有无产阶级国家的起强制作用的组织，才能做到这一点。这种组织能加速吸收这些对新制度也有用的成员的过程，首先是吸收技术知识分子的过程。不言而喻，没有强制性的压力就不可能比较有计划地、合乎社会需要地使用这些力量。因为还存在于这类人头脑中的旧的心理残余（部分是个人主义心理，部分是反无产阶级心理），使他们把合乎社会需要的计划理解成对"自由个性"权利的严重破坏。因此，国家施加的外部强制在这里是绝对必要的。只有在发展过程中，在对这些阶层不断进行再教育的过程中，随着他们的阶级变形，随着他们直接变成社会工作者，强制因素才会愈来愈少……　在革命初期同他们进行直接的斗争，为他们安排条件，使他们能够做有利于社会的工作，而不至于危害共产主义建设事业；合理地安置这些力量，对他们采取根据其心理状态不同而分别对待的正确的**政策**——归根到底，要做到所有这一切，其先决条件是"批准"保卫形成过程中的①共产主义社会的"集中的暴力"。

对！))

这个词用得
恰当！

成长中的

然而，强制不仅施加于过去的统治阶级和同它接近的集团。在过渡时期，它以别种形式既施加于劳动人民本身，也施加于统治阶级本身。对这一方面，我们必须作更详尽的分析。

对！

问题不在于"前
提"（这是思想方
面的），而在于**物**

[141—144]　在过渡时期，不能以阶级的完全单一性为前提来限制对问题的分析。在研究资本主义机制的抽象规律时，无须探讨每个阶级内部的分子运动和这些"实际总和"间的细微差别。在那里，作为某种整体

---

① "形成过程中的"一词被列宁勾掉，代之以"成长中的"。——俄文版编者注

的东西,它们是比较单一的。但把这种观点——在对"纯粹资本主义"作抽象的理论分析时,这种观点是完全正确的——移用来分析形式极易变化的,具有所谓一般的动态特性的过渡时期,那是一个**极大的**(方法论上的)[①]错误……

质方面:没有这样的完全单一性。

对!

　　……如果从阶级内部存在着许多阶层这个观点来看这个过程[对无产阶级进行革命教育的过程。——俄文版编者注],那么可以把这个过程看做使<u>工人阶级的中下层不断接近其先锋队</u>的过程。这也就是使"自在的阶级"变成"自为的阶级"。忏悔的老爷对"人民"的看法是具体地把"下层阶级"每一个成员理想化。无产阶级的马克思主义的看法所依据的是实际存在的事实。

非常好!

　　……<u>无产阶级的先锋队积极率领其他人</u>。它是一个觉悟的、行动<u>谨慎</u>的、善于进行组织的部队。它把表示同情的中间阶层<u>争取过来</u>,这个阶层本能地"同情"革命,但不能清楚说明目标,确切地指出方向……　在发展过程中,在先锋队和这一非常广泛的阶层之间**没有**界限。相反地,一批又一批的新生力量不断地被吸收到先进阶层中来。这一过程也就是使阶级成为阶级的那种内部的结合。除了表示同情的中间阶层外,还有漠不关心的阶层以及所谓自私自利者阶层。但是,教育过程也包括他们:无产阶级的先锋队在发展,人数在增加,它们在吸收愈来愈多的本阶级的各阶层,而这个阶级也愈来愈成为"自为的阶级"。

对!

　　如果我们稍稍从另一个方面来探讨这个问题,那么就会发现大致有这样一些集团:工业无产阶级的核心,即同农村脱离联系的、典型的、长期从事工业的工人阶级的核心;工人贵族,他们有时同资本的利益有极

----

　　① 括号是列宁加的。——俄文版编者注

其密切的联系(特别是美国、德国和英国的熟练工人,
几乎所有国家的印刷工人,等等);定期进入和离开工
业领域的季节工人;有一点私有财产(小房子、有时还
有土地等等)的工人;同农村有联系、有时还种地的工
人;在战时才成为工人,未经资本主义训练,有时是从
小市民、手工业者和商人等中招来的工人;由资本主义
国家根据社会政治标准专门挑选出来的工人(如铁路
员工中的某些阶层);农业工人、纯粹的雇农和半雇农,
等等,等等。结果出现了一幅工人阶级<u>各类人物</u>的"生
活"以及他们的社会"意识"的五彩缤纷的图画。<u>显然,
在这些集团中也有完全被资本主义腐蚀了的集团</u>,它
们有非常狭隘的利己主义的和"自私自利"的欲念……
甚至团结成一个革命党即共产党的无产阶级先锋队,
也在自己的队伍里规定这种**强制性的自我纪律**,这个
先锋队的许多组成部分在这里不大感觉得到这种纪律
的存在,因为这种纪律与他们的内在动机是一致的,但
不管怎样,这种纪律是存在的⁽¹⁾……

正是如此!

对!

对!   ……在**过渡时期**,工人阶级的主动性是同强制同
时存在的;这种强制是作为自为的阶级的工人阶级为
自己的各个部分规定的……

[145]   ……在无产阶级专政下实行劳动义务制和国
家分配劳动力的办法,表明整个机构已有较高程度的
组织性,整个无产阶级政权已比较巩固。⁽²⁾

? 应该说:要
根据党的倡议
受到比……

对!

(1)   在苏维埃俄国,<u>根据党的倡议</u>,共产党员犯了罪要比
"普通人"受到更大的处罚。

(2)   俄国孟什维克反对在无产阶级专政时期实行强制手
段的哀号,同资本家关于工会破坏劳动自由的哀号完全一样,
因为工会在罢工时布置纠察队,不让资本家利用工贼。大家
知道,资本家集团正是在保卫劳动自由的口号下干出最无耻
的勾当的。

在资本主义制度下,是以"整体利益"的名义维护强制的,而事实上这是为了资本主义集团的利益。在无产阶级专政下,强制才<u>第一次</u>真正成为<u>大多数人</u>为自己谋利益的<u>工具</u>。

对!

[146]　……如果大农(富农)竭力反对无产阶级专政的各项措施,那么无产阶级的"集中的暴力"就应给富农的旺代 [153] 以(<u>或大或小</u>)有力的打击。但是中等农民群众,甚至部分贫苦农民群众是<u>经常动摇的</u>。他们时而仇恨资本家地主的剥削,这种仇恨把他们推向共产主义;时而又受私有者(而在闹饥荒的年代**还受投机者**)的情感所支配,这种情感把他们推向反动派的怀抱。他们的私有者情感的表现,就是反抗国家的粮食垄断,<u>渴望自由贸易(这就是投机活动)</u>,渴望投机活动(这就是自由贸易);反抗劳动义务制并反抗国家为制止经济上的无政府状态而采取的所有各种形式的措施……

"最"
(而不是或大或小)

对!

对!

总之,对过去的**资产阶级集团**来说,无产阶级专政所实行的强制是异己阶级所实行的强制,这个阶级同它所强制的对象进行着阶级斗争;对非富农的**农民群众**来说,无产阶级所实行的强制,<u>就农民是私有者和投机者这一点而言</u>,它是一种阶级斗争;就农民不是剥削者而是劳动者和资本主义的反对者这一点而言,它是团结农民、组织农民劳动、教育农民和吸引农民参加共产主义建设的手段……

对!

从更广的角度来看,即从更大的历史范围的角度来看,无产阶级所实行的各种形式的强制,从枪决直到劳动义务制,不论其名称如何新奇,都是<u>把资本主义时代的人改造成为共产主义的人的方法</u>……　　无产阶级专政在初期表现出资本主义世界最令人注目的分裂,而在建立了某种平衡以后,**它又重新开始把人类集合**

正是!

非常好!

‖ 起来……

这一章很出色！①

第十一章
世界革命过程和世界共产主义体系

1914—1918年的
战争的必然性，
不仅仅由于这些
原因（×）。

1914 — 1918 年
的"战争"，但不
是 1911 — 1912
年的"战争"。
院士忽视了特殊
的区别。

对！
＃正是：在垄断
资本主义时期
（一般说来，作
者经常忘记这
一点）。

并不是金融
资本主义组
织，而是金
融资本主义
中的资本主
义组织。

注≫
意

……

（×）　（×）

[148—150]　……各资本主义国家相互之间的全面联
系和相互依赖——它们都成了**整个体系**的组成部分这
种状况，——<u>必然会引起**世界**性的战争</u>。

……在世界经济的条件下发生的<u>战争</u>，意味着某
个地方的平衡遭到破坏，它必然会使**整个体系**受到巨
大的震动，变成世界战争……

……因此，总的可以说，这些体系的稳定性是同
<u>国家资本主义组织的程度高低成正比的。没有这种稳
定性，资本主义甚至在历史交给它的这段时期内也活
不下去</u>。与国家资本主义形式有关的这种稳定性，既
包括生产方面，也包括（社会）②阶级方面。然而，只有
当一般资本主义＃关系处于一定的"成熟"阶段时，国民
经济的国家资本主义形式本身才可能产生。在其他条
件相同的情况下，生产力愈发展，<u>金融资本主义组织愈</u>
强大，新资本主义<u>垄断</u>关系的总和愈发达，这种形式就
愈完善。一个国家愈落后，愈是农业国，生产力愈不发
展，金融资本主义的经济组织愈薄弱，这种形式就愈不
完善。但是不仅从经济结构和社会结构的角度来看，
而且从技术生产的角度来看，在一场巨大冲突中最稳

---

① 这一批注列宁写在第十章的末尾。——俄文版编者注
② "社会"一词被列宁加上了括号，并打上叉删掉了。——俄文版编者注

定的体系,应当是具备帝国主义战争所需要的<u>最发达的技术</u>的体系。这种**技术**在军事上具有决定性的意义…… 资产阶级的**社会力量**在那个同资本的经济组织结合在一起的国家政权中的**集中**,给工人运动造成了很大的阻力。因此,世界资本主义体系的崩溃,是从<u>最薄弱的</u>、国家资本主义组织最不发达的国民经济体系开始的。

对?

不对:是从"**比较薄弱的**"体系开始的。没有一定程度的资本主义,我们是什么也办不成的。

[150—151] ……另一方面,正因为我们面前是一个**无政府状态的**世界体系,它的组成部分"在世界经济中"处于特殊状态,这正好给"伟大的"帝国主义体系造成了剥削殖民地的可能性。而在这一个基础上又造成了另一种可能性,即帝国主义"祖国"和工人阶级之间#暂时"利益一致"的可能性……

对!
#应该说:和工人阶级上层分子之间

……但是另一方面,在无产阶级取得胜利以后,<u>容易取得这次胜利的原因就辩证地变为产生巨大困难的原因了</u>……

对!

[152] 因此,如果我们在世界范围内来观察革命过程,就可以得出下面一条总的原理:**世界革命过程是从世界经济体系中那些发展水平最低的部分开始的**,那里无产阶级比较容易取得胜利,但新关系的形成却比较困难;爆发革命的速度同资本主义关系的成熟和革命类型的程度高低成**反比**。

冒险了:
× 应该说"不是从最高的"——和"不是成正比的"

×

……历史向帝国主义表明了自己不幸的过去,这种不幸的过去以令人震惊的真面目突然出现在"胜利者"的面前[(1)]。

---

(1) ……帝国主义体系崩溃以后,才**迫使**帝国主义者热衷于在世界经济的统一范围内搞合作……

非常好!

[153—154] ……整个资本主义世界正大踏步地走向崩溃,虽然它试图在自己身上注入新的生命。生产力在下降。生产关系在瓦解,在遭到破坏。在各生产部门之间没有经济平衡,而且平衡的破坏具有愈来愈尖锐的形式。社会①阶级的平衡也不存在,情况正在导向决定性的冲突…… 工业资本主义时代的资本主义制度是自发过程的体现,因为这里的关系是完全没有调节的;不自觉的"市场"起着自觉的调节者的作用…… 无产阶级国家和资产阶级国家之间的相互关系,在它们的军事冲突中,在**阶级战争**中(在这里旧的军队在瓦解)表现得最明显,因为整个发展进程使资本主义基础上的社会平衡变得不可能了。

非常好!

用词不当

[154—155] 资本主义体系瓦解的最大因素,是帝国主义国家同它们的许多殖民地之间的联系的瓦解。所谓"民族国家"在战前时期就已经是一种 最纯粹的 虚构。事实上,实际存在着殖民政策的主体,即帝国主义国家,它们是一个复杂的体系,有坚强的核心和从属的外围;也存在着这一殖民政策的客体,带有不同的**色彩**和不同程度的从属性…… 归根到底以武装力量为靠山的国家的联合,曾经起过决定性的作用。因此,随着资本的国家政权的瓦解,必然会开始出现帝国主义体系的瓦解,殖民地的脱离,"大国"的分裂,独立的"民族国家"的分离……

不是**最纯粹的虚构**,而是一种不纯粹的形式。违反"辩证唯物主义"就是在**逻辑上**(而不是在物质上)**跃过了**几个具体的阶段。

作者忘记了:(1)最强大的帝国主义国家是从民族国家中产生的;(2)在殖民地也正在形成"民族"国家。

---

① "社会"一词被列宁打上叉删掉了。——俄文版编者注

……殖民地起义和民族革命<u>是伟大世界革命过程</u>的<u>组成部分</u>,这个过程正在转动世界经济的整个车轴。因为客观上这里存在着资本主义生产关系总瓦解的因素,这种瓦解使无产阶级革命和工人阶级专政<u>易于取得胜利</u>……

正是如此!

[156]　……资本主义体系已经开始了的瓦解、它的异常混乱、新发生的许多摩擦等大大加强了分权的倾向,因此,资产阶级正在崩溃。<u>瓦解的自发势力超过了资产阶级的组织家的理性</u>……

（非常好!

　　世界无产阶级专政就这样在逐渐发展着。随着无产阶级专政的发展,资产阶级的反抗日益削弱,最后,剩留下来的资产阶级复合体及其所有的组织大概会全部投降。(1)

[156—157]　……但是,一旦无产阶级取得了<u>决定性的世界胜利</u>,无产阶级国家制度的增长曲线就会开始急剧下降。因为国家政权的主要的和基本的任务,如镇压资产阶级的任务,将会结束。外部的强制规定会开始消亡:首先消亡的是最尖锐的外部强制工具——陆军和海军;其次是惩罚机关和镇压机关系统;再其次是强迫性的劳动等等……

是不是倒过来说:开头是"再其次",然后是"其次",最后是"首先"?

　　总的评论＝一桶蜜里掺了一勺焦油。

_____

　　(1)　<u>在这样的情况下</u>,(这种情况显然决不能算做典型的),<u>机构不会全部瓦解</u>,而在社会转化的典型场合这却是必然的。

对!

第33页注2①是幼稚的,几乎是孩子般的幼稚,布哈林"是按照亚·波格丹诺夫同志所用的'含义'使用了'这些术语'"————而他不想一想,波格丹诺夫这些术语及其含义是以他的**哲学**,即唯心主义的和折中主义的哲学为"基础"的(院士作者会原谅我用这个可笑的、学究式的词)。因此,作者就很经常地,甚至非常经常地陷入与辩证唯物主义(即马克思主义)相矛盾的玩弄术语的烦琐哲学(按其哲学基础说来是不可知论的、休谟—康德主义的)的泥坑,陷入唯心主义("逻辑"、"观点"等等,**没有认识到它们是从物质**,是从客观现实中产生的)的泥坑等等,正是从这里产生了许多**理论上的**(为什么要企求"**一般理论**"?)谬误、学术上的垃圾、学院派的蠢话。如果作者在再版时能够删掉副标题,删掉二三十页烦琐的话和不自觉地、唯心主义地(在哲学意义上)、折中主义地玩弄术语的地方,增添二三十页**实例**(就从他所引用的丰富的经济文献中寻找好了),这本书就会变得十分出色了。那时,本书臃肿的、不健康的开头就会**健康起来**,消瘦下去,因有骨骼的支撑而坚强起来,反马克思主义的脂肪就会减少,这样,就为本书的出色的结尾更巩固地"打下了基础"(哈哈!)。

当作者独自倒立的时候显得非常可爱、活泼,也没有学究气。但是,当他盲目地模仿波格丹诺夫的"术语"(其实**根本**不是"**术语**",而是哲学错误),为了装腔作势,为了显示学院气派,而在自己的书中先是频频倒立,然后翻身立地的时候,恰恰显出了学究气,显得不得体。

我——希——望——在——再——版——的——时——

---

① 即本书第280页脚注(1)。——编者注

候……**154**

在第 131 页和第 133 页上，马克思主义和"波格丹诺夫"的区别是非常"突出的"。

1920 年 5 月 31 日

科学院的评价：这本出色的书的出色的质量，有某些不足之处，因为它们受到了下述情况的掣肘：第一，作者以翔实的、即使是简短的实际材料来为自己的公设提出充分的论据不够，虽然他掌握的材料是很齐全的。更多的实际论据会消除该书在"社会学"观点上，或者确切些说在哲学观点上的缺陷。第二，作者在活动中对经济过程又观察得不够具体，常常陷入侈谈名称——"技术用语"——"玩弄概念"的泥坑，他没有了解到，许多不恰当的表述和术语都渊源于哲学，它们在"深思"的幌子下走上了哲学唯心主义或不可知论（常常是不作考虑、不加批判地从别人那里抄来的），而决不是唯物主义。我希望，以后本书再版时能消除这些不大的缺点。再版这本书对我国读者很有必要，并能为科学院带来更大荣誉。我们对科学院表示祝贺，祝贺它的院士写了一部辉煌巨著。

1920 年 5 月 31 日

译自《列宁文集》俄文版第 40 卷
第 383—429 页

在詹·麦克唐纳《议会与革命》一书上作的批注¹⁵⁵

（不晚于 1919 年 7 月 18 日）

一

民 主

还在战争消除人们头脑中通过信念更替而产生的循序渐进的进步思想，并代之以用暴力夺取政权的思想以前，作为反映民意的工具的议会和代议制政府已经开始引起人们的不耐烦了；而且经过分析，甚至连民意本身也被认为并不存在了。<u>1820</u> 年《<u>不列颠百科全书</u>》补遗中刊印的<u>詹姆斯·</u>米尔关于<u>政府</u>的条目，表述了议会激进派的信念。这个信念非常简单。<u>它的论点是：只要给人民以选举权，议会就能符合人民的愿望。</u>"如果社会本身就是这个选举团体，那么社会利益与这个团体的利益就是一致的。"统治阶级的一切利己主义将会消失，因为这些统治阶级本身都将消失。这就是赞成民主的论据……

1820 ‖

……由于社会主义运动所提出的问题的复杂性，由于社会主义运动必须经历人的行为尚未探索过的领域，由于社会主义运动缺乏经验而不得不作出种种假设，因此在所有运动中，唯有社会主义运动在努力实现理想时任何时候都不应失去现实的立足点，在争取进步的努力中任何时候都不应失去平衡。朝圣的人不会为追逐蝴蝶而成天东奔西跑；他们靠太阳和星辰找到自己的道路。所以，不要因为<u>舆论</u>常常迷惑我们，不要

因为一些不诚实的人被选上高级职位,我们就从国家
向全国基尔特或者从议会向苏维埃 飞奔 。
……

二

革命的民主

　　在议会代议制政府有成效地履行职责的道路上困
难是很多的,而且必定是很多的;这些困难一定会使那
些具有深刻的政治理解力和明确目标的人感到愤怒和
沮丧。对待许多规章制度,所能做的最好是原谅它们
的缺点,而不是证明它们是正确的;但同时应指出,在
证明这些规章制度是正确的以前,它们应当怎样进行
改革。

　　民主 既包括没有固定见解、没有明确目标、没有
一定政治方向的 群氓 的被动性,也包括知道自己要
达到什么目的并确信自己知道如何达到这一目的的
一些集团 的能动性。凡是同舆论打交道并通过舆论进
行活动的人,总是要遇到严重障碍的。目前,我们所了
解的群众正是他们表现最坏的时候,这些群众不是一
些有头脑的人,而是一些感情用事的人;他们的"意见"
就像兴风作浪的大海,而不像沿着固定河床向前奔流
的江河;他们的行动带有示威的性质,而缺乏思考;他
们为各种号召、口号和漂亮的词句所激动,他们由于感
情比较单纯而容易受人煽动。在像我们这样的时代,
群众的心理仍然是原始时期的基本心理,他们的逻辑
基础与其说是属于社会分子的内聚力赖以发展的理性
范畴,不如说是属于社会分子的内聚力得以形成的本
能范畴。所以,他们可以为最高尚的、道德上的理想主
义所感动,同时也可以为最盲目的热情所激动。他们
既可以宽大到荒谬的程度,又可以如野兽般地残酷;他
们轻举妄动,不负责任;他们看不见矛盾和前后不一致

不是民主,
而是**资本主义**

甚至:**在像我们
　　这样的
　　时代!**
　　胡说八道
小市民总是把资
本主义所造成的
一切往群众身
上推。

的现象,因为感情不是理智的延续过程,而只是对瞬息即逝的、暂时的影响的反应而已;他们处于一种持续的自我陶醉状态之中。

但是在战争期间又怎么能不是这样呢？战争期间往往发生许多合理的和革命的变化,但只有在战争本身已经结束时,这些变化才能显示出自己的力量。我们应当仔细区分战争心理的各个连续的阶段。战争是在原始人群的感情的基础上进行的,这时,理智变成一种危险的东西,必定受到煽动性的、欺骗性的报刊的抑制,受到保卫国土法令的压制;这时,来源于和平文明的品德成为一种弱点,必须使之败坏或者在炽热的火焰中烧毁。战争是同一切属于文明的东西相矛盾的,只有造成一种文明前的心理,才能进行战争。如果说在上次选举的情况下进行的选举会再现原始村落欢迎其满身刺有花纹的武士凯旋的群众大会的场面,那么有谁会感到惊奇呢？主教、教授和乡下佬都同样为隆隆的鼓声激起的精神所支配。我们会看到,他们跳着舞,围裙、帽子和头巾随风飘动,他们用生硬的英语表达他们巢居的祖先的狂热激情。这就是事情的实质。但这是会过去的,目前的经验不应当看做正常的经验,或者作为建立新形式的政府的理由;同样,战争引起的破坏性的情绪也不应当带到和平时期去完成重建任务。这种情绪不可避免地决定我们的和约,但是,正如对居于统治地位的民主的缔造者一样,我们对和约应抱极大的怀疑。和约始终是战争的呼声,它不去触动战争所造成的条件,并推测(就像道格拉斯·黑格爵士所说的那样),"今后"还将爆发战争。这是由于人的

#

小资产阶级
和平主义者 ⟩

在资本主义制
度下,决不会 ⟩

注意 ‖‖‖

≠不是受到许多**法令**,受到和平时期**所有**"法令"的压制吗？

道德本性的软弱造成的，这种软弱迫使人信赖武力。但是，战争引起的情绪不需要带到国内事务中来，它不会产生任何具有永久的建设性价值的东西。

不是由于资本主义吗？

　　然而，即使在平时，在我们所知道的民主最有效地发挥作用的时候，也从来没有实现过米尔关于警觉的社会，即选举一个"其利益与这个社会利益相一致"的团体的梦想。大部分起决定作用的群众是不会为自己着想的；他们因种种微不足道的原因而分道扬镳；他们将为满足自己今天的欲望而牺牲明天的利益；他们为华而不实的东西所诱惑；当他们的代表人物出现在他们面前时，他们没有足够的能力来判断这些人物。群众在缓慢地、异常缓慢地掌握理解力和思考力，不过已经有了发酵剂，只要我们改变我们的教育方法，不再满足于我们的学校培养出千百万学会阅读只是为了使自己成为毫无价值的、精神空虚的刻板的呆子，只要我们赋予我们"品行端正的"人民比那些使我们今天大部分的资产阶级情趣低下、愚昧无知的生活理想更高尚一些的生活理想，那么这种发酵剂是会更快地发挥作用的。

注意

注意

　　如果大量选民对社会福利没有任何概念，除了选举所引起的那种激情之外没有任何政治兴趣，那么政治上的多数不过是积极的少数的一时产物，而这个少数如果能够成功地用通货那样招人喜爱的口号来体现自己的目标，是可以得到很大支持的。在精神货币由个人在他自己的造币厂里铸造出来以前，它总是价值不足的。因此，争取多数是一种艺术。近几年来，由于创办了捏造消息和执行向读者封锁消息的政策的报纸，由于党派机构过多和建立了政客职业团体，明智的政治见解的发展在很大程度上受到阻拦，而竞选艺术多半已成为一种欺骗。党派利益——由于滥用——已经形成一种势必降低政治决定的价值的情况。对健康

注意

注意

注意

!!　的社会生活构成危险的不是职业政治家,而是<u>职业政客</u>;我们所面临的祸害与其说是愚蠢的陪审团,还不如说是审判制度本身,这种制度妨碍陪审团了解真相,使他们不去考虑证据,只想从他们那里得到一个根据虚假材料作出的判决。<u>只要能自由行动和认真讨论</u>,<u>理性就会获胜</u>,<u>但选举方法却有意要阻止这一点</u>。这就

注意　是<u>真正的祸害</u>,它<u>可能成为反议会制的理由</u>。这就是可以用来证明下列论点为合理的现象,这个论点说:<u>在</u>

注意　<u>选举时多数是资本主义少数的产物</u>;通过民主的方法,我们只能引起社会上的表面变化,<u>民主从来也不可能</u><u>拯救自己</u>,<u>就像沦落贫民窟的居民绝不可能去建造华</u>

注意　<u>丽的房屋一样</u>。我并不同意这个结论,但是所提出的支持这个结论的论点<u>倒是有力的</u>。

　　这里我暂且不提这个论点,而来研究一下推动这个没有固定的政治信仰、却为我们提供议会多数的群众的更为合法的影响。

　　詹姆斯·米尔在我已经引用的条目中写道:"如果代议制机构不是由社会上那部分其<u>利益不能与社会</u>

注意　<u>利益不同</u>的人选举出来的话,那么,社会利益<u>势必成</u><u>为统治者利益的牺牲品</u>。"米尔认为,这样的失败是不可能的;否则,"人类的前途是可悲的"。现在我们知道,政治上的争论<u>几乎全是围绕着"社会利益"究竟指</u><u>什么这个问题进行的</u>。简单的、外行的经验解答不了这个问题。如果问选民,他们是怎样联系他们自己的需要来理解国家利益的,那么1000个选民会作出

注意　1000种不同的回答。<u>对"社会利益"的这些政治观点</u><u>是怎样形成的呢</u>?

　　在知识界中间,对"社会利益"的政治观点(首先)

???　是由于(合理的)见解和利益而形成的。"社会利益"不是一种静止的概念,而是一种变动的概念。每个现存的社会都会产生建设性批评的理性运动(就像资本主

义产生社会主义那样），这种批评力求改变和改造社
会，因此，社会历史就成了犹如岩石的沉积那样的循序　　哈——哈!!!
渐进的变化的纪录。这种建设性的理性的演进运动就
同社会的两大保守势力——习惯与利益——发生冲
突。但是，利益从来不是统一的。既有社会理想主义　　注意
者用于建设性目的的无产者的利益，也有同习惯结成
同盟以维持现状的有产者的利益。在正常情况下，这
种冲突是通过辩论、向多数人呼吁、工会活动、立法、教
育进行的，于是就发生了缓慢的变化，而现状总是在进
行顽强的抵抗，这常常意味着：一旦发生某种变化，制
度就去适应它，但制度本身并没有改变。革命的力量　　注意
就这样地增长着，直到最后思想和需求的新制度变成
像装在现状这个旧瓶里的新酒为止，而问题在于：瓶子
会破裂吗？如果社会组织像旧酒瓶一样，那它一定会
破裂；但是，不管(社会)是否运用自己的权力，它无疑　　×
有本领连同它的酒一起更换它的　瓶子。它会这样
做吗？这正是政治行动派和革命派之间的争论问题。
政治行动派说，革命思想随着它本身的发展而改变社
会结构；革命派说，社会结构十分牢固，只有明确的革
命行动才能改变它。

　　目前我们正处于革命时期。战争总是对社会现状　((　注意
的破坏。它迅速地产生新的社会关系；它使和平时期
的各种思想和习惯受到新的批判；它赋予各阶级和各
种利益以新的社会价值，并使最下层阶级由于被证明
自己有用而受到重视[1]；它表明，每个社会内部都存在　　注意
着利益冲突，这种冲突在民族危急时刻就有造成破坏

_____

　　(1)　见阿斯奎斯先生的演说，他在演说中宣称，由于妇女　　))　!!!
生产军需品，所以他就成了妇女选举权的拥护者。

　　　×"如果只是""社会"="瓶子"？

的危险;<u>战争搅动一潭死水</u>,不让它再保持平静;战争把<u>反对</u>和不满<u>变成破坏性的力量和革命的方法</u>。因此,在战争时期,资本主义这个社会统治力量就受到了挑战。<u>劳动者不得不成为全国范围内的伙伴</u>(即使许多劳动者的代表满足于这种伙伴关系中的次要地位,或者把他们自己的作用置于由他们所推进的运动的利益之上,这都不会影响实际上已经发生的情况);劳动者在车间里的地位不得不认为不能令人满意;<u>劳动者对资本主义的从属地位必定被看成是对国内安定的威胁</u>;资本主义唯利是图的本性已成为对社会的危害;由国家控制矿山和铁路已证明是必要的;像煤炭委员会所进行的那种调查已成为可能;<u>地主和资本家大规模掠夺国家财富的事已在易于激动的公众</u>(他们在行动之前是不大犹豫的)<u>面前揭露出来了</u>。这就是战争已经造成的局面。

　　这种对习惯的破除和对**现状**的震撼之所以造成了<u>革命形势</u>,不是因为它们使鼓动家无所约束,而是因为它们唤醒了善于思考的人的理智,引起了另一些人的恐惧,激起了更多的人的渴望,<u>还因为它们使人民懂得:言论和思想都应当立即付诸行动</u>。<u>但是,我们知道,这一切都将过去</u>。这是暴风雨后的一瞬间,那时自然景色中的每根线条都清晰可辨,<u>空气中充满了生机</u>。然而迷雾又将弥漫,习惯使我们看不清善与恶;冲突的利益和理由都了解这一点。自觉的劳动者所面临的问题是:能否不失时机地利用这个机会,<u>使革命形势在有机的社会变革中体现出来</u>?或者说,资本主义和剥削制度在巧妙地时而给予,时而又取回,一面撤退,同时又坚守阵地的时期以后,过了几个月又像他们曾经是旧局面的主人那样,忽以新形势的主人出现呢?<u>劳动者眼看着他们在坐失良机</u>,如果他们赶紧利用这种时机,<u>他们能信赖民主方法吗?</u>

注意
注意
注意
注意
注意
!!
注意
注意

　　现在我要回过头来谈谈我在前一两页留下的关于民主的讨论。多数不过是少数的追随者，而目前当权的少数维持他们的政权，是靠他们掌握的报刊，靠习惯的保守势力，靠劳动群众(天生的)消极性，靠人们的堕落。而这种堕落是依靠酗酒、赌博以及使他们看不见自己实际需要的各种诱惑来保持的。这样，资本主义就居于更有保障的地位，因为它是现存的社会形态，而且因为它的财富及其他影响控制着决定群众政治行动的情绪和动机。这样，议会政府就变成了资本主义的机关，并将始终是资本主义的堡垒。它的用语撷自政府的资产阶级的观念。所以，要实现真正的社会变革，就要求革命。概括起来讲，这就是统治俄国革命思想的列宁所宣传的学说。在革命过程中，资本主义制度应当消失，"资产阶级民主的全部思想和词句"也应当随之消失。如果做不到这一点，革命形势就会消失，人民将仍旧受束缚。

注意

注意　不是"天生的"，而是"社会的"。①

1）　这是关键
2）

关键

　　这个学说和方法所包含的革命不是一种新思想的革命，而是劳动者所采用的、并使之满足自己需要的资本主义方法。资本主义认为多数是消极的，是接受少数的思想和意志的，所以它推行镇压的政策，这种政策是资本主义依靠自己的财富和对现存制度的经济控制来实现的。因此，资本主义制度下的民主是资本主义的民主。现在我们所实行的是资本家的专政。革命的劳动者同样认为多数是消极的，它采取革命的政策，以消除资本主义的影响和赋予民主一种与工人阶级相适应的形式。这是资本主义搬起石头砸自己的脚。这是资本家转而采取招募雇佣劳动者加入自己的队伍的方法。这是劳资之间的对抗，这种对抗由于劳动者从资本主义武库中取到了武器而处于紧要关头。于是资本

注意

注意

————————
　　①　这里有列宁的如下批注："见下页"。——俄文版编者注

家没有别的对策,只好以武力对付武力,以物力对付物力;只好让邓尼金向列宁猛扑过去,这倒不是因为列宁坏或者邓尼金好,而只是因为必须击溃列宁。<u>由于同</u>

注意 ‖‖

<u>样的原因,劳动者倒向列宁一边</u>,这不是因为他们赞成列宁所做的或所主张的一切,而是<u>因为列宁正在进行</u><u>他们的</u><u>战斗</u>,还因为他们并未深受那些谴责列宁执行暴政等等罪名的影响,他们知道,<u>谴责者本身也在犯同</u>

注意 ‖‖

<u>样的罪行</u>,不过这些人是以<u>更狡猾的方式或者习惯上所能接受的方法</u>在干就是了。

但是,社会主义者的立场应当清楚地加以说明。<u>我们很清楚</u>,下述论点有多少真理:<u>资本主义在用上述方法制造和保持其多数</u>;<u>积极的少数在制造舆论</u>;<u>社会结构的改变将极其迅速地引起习惯的改变</u>,而且至少

注意 ‖‖

将很快地得到多数的消极默认。我们不承认批评俄国革命的那些资本主义的评论家有权谴责俄国的无产阶级专政,不只是因为他们的言论表现出对问题的极其<u>愚昧</u>　<u>无知</u>,而是因为<u>他们自己的行为和方法剥夺了</u><u>他们批评的权利</u>。但是社会主义者应当坚持一种比资本主义镇压观点更为广泛而深刻的观点。<u>依靠群众的无产阶级民主是不可思议的</u>,因为群众的政治作用只<u>是接受某些处于统治地位的少数的图章</u>。这种情况的前景实在是<u>可悲</u>的。列宁本人在<u>几天前</u>(1919 年 7 月)

1919.7

刊登在《<u>人道报</u>》上的致匈牙利人的信中①也承认,专政的过渡时期应当延长,在这期间,社会主义应当从资本主义脱胎出来。他说:"从资本主义过渡到社会主义需要一个很长的过渡时期;改造生产是一件困难的事情;我们需要时间来改变一切生活条件。"<u>仔细考虑一下这些话的意思,就知道这是一种(不祥之兆)</u>。如果在专

————————————

① 见本版全集第 36 卷第 374—378 页。——编者注

政时期,新秩序要靠暴力、书刊检查、镇压来保卫,那么这个专政不可能是短暂的专政,<u>它必定是社会演进中的一个漫长的阶段</u>。假如让这个专政同它所控制的国家的内部力量进行较量,那它就生存不下去,它的短暂存在就是<u>连绵不断的内战</u>。任何一个<u>社会主义政党都不能长期容忍这种状况</u>。反对派里不仅会有反革命,<u>而且会有革命内部的人</u>。我们也看到,由于俄国在经济结构的复杂性方面远远不如我们,列宁的重建任务<u>比我们的任务要轻易得多</u>,所以,俄国的过渡时期要比我们的短得多。要使这种以暴力保持政权的尝试得以实现,除非<u>由某个外国来威胁革命</u>,从而使所有的革命派别联合起来;他们联合起来,不是为了拥护这个专政,而是为了抵御迫在眉睫的侵略。<u>协约国正是这样消除了革命阵营中严重分歧的威胁而帮助了列宁。它们阻碍了专政转变为民主,他们为打击这个专政所采取的手段反而加强了这个专政</u>。

!!!

(!!!

‖‖注意

　　我认为,俄国的前景是<u>二者必居其一</u>。莫斯科政府可能垮台,<u>由于协约国的压力和资本家花费了大量的金钱使它失败,这个政府最终可能被推翻</u>。但是,据我们所能看到的,<u>与半年前相比</u>,<u>目前</u>这种情况不见得会发生。可能发生的倒是:莫斯科政府将改变自己的立场,正如它已经做的那样。它将放弃自己的绝对纲领;它将承认,为了保持革命热情以完成自己的首要任务,它把自己的问题想象得太简单了,把自己的社会主义的天国设想得比实际存在近得多;它将采纳它目前拒绝的观点和方法(<u>有些它已经这样做了</u>),并将开始<u>演进革命和民主教育的事业</u>。这样,革命的成果将是:它使社会主义者得到了对社会进行经济变革所必需的政权。政府将回过头来,在被革命破坏了的地方重建社会组织,并将着手实行<u>社会化</u>的政策,实行的方案同社会党一旦在威斯敏斯特执政时我们将采取的行动方

‖(1

2) 案一样。不过,这时经济上的变化将不是由专政来实现的,专政将只能维护革命秩序,而不能改造社会。

注意 ‖‖‖ 　　根据我列举的理由,把民主的群众称为资本主义的群众的这种评定是正确的;然而由此作出结论说,在革命条件下,群众也只能是资本主义的群众,则是没有理由的,不合逻辑的,而且同用来证实这个结论的那段话毫无关系。的确,事实是,如果在资产阶级影响下的民主是资产阶级的民主,那么在其他影响下的民主也

是这样的!! 就是其他的民主了。

　　无论如何,在转入细节以证明这一论点之前,我想确定一个非常合理的原则来结束这个讨论。正如我们不相信鹦鹉学舌般地重复说最近这场战争是为了结束战争而进行的一样,我们也不应当相信这样一个学说:

‖‖‖ 社会主义者可以用资本主义那种镇压和暴力的方法来解放各国人民;专制统治作为自由王国的开端是必要的。

三

俄 国 革 命

　　俄国对我所关心的一些问题作了回答,而且这种回答非常有力。它体现了勇敢的行动,因而是具有吸引力的;它同时代的革命情绪是一致的,因而是具有诱惑力的;俄国已成了资本家搞阴谋的对象,它迫使伪装成解放者的各帝国主义政府自我暴露,因而引起了善于积极思考的工人的注意;俄国体现了教科书上的整套理论教条,因而,不管它周围发生多少不幸事件,都能在逻辑上找到借口;它把资本主义控制法则应用到劳工政策上来,因而受到欢迎;它提出社会主义总概念作为自己的宗旨,因而得到赞同。俄国已经引起了全世界统治阶级的恐惧和敌视,但是它所运用的原则无一不是这些统治阶级自己所运用过的;另一方面,它所

犯的暴行无一不是这些统治阶级所犯过或宽容过的。不过,俄国是以工人阶级的观点运用了这些原则,是为了建立一个社会民主共和国而犯了这些"暴行"。受害者是些不寻常的人;他们属于那些拥有报纸和控制扬声器的阶级。所以,这一次就要让人民对阶级斗争所造成的灾难感到震惊。主人杀害了奴隶,谁都无动于衷;而奴隶杀害了主人,全世界都感到震惊。一个穷妇女被财主饿死,世上无人理会;而一个贵妇人被穷人饿死,全世界必定大声疾呼表示愤怒。不论受害者是谁,对我们这些人来说,杀害总归是杀害,饿死总归是饿死,只有我们这些人才有权进行谴责。

注意

!!

俄国的方案是简单的;可以表述为下列论点:

1.在革命中只考虑(力量)。中间党派正在消失,只剩下极左和极右两派在相互争夺。政权是夺来的,不是授予的。掌权者在革命过程中只执行一种政策——保住政权。

2.这次革命不只是政治革命。它是一次影响社会经济结构的社会革命。

3.由这两个论点得出"无产阶级专政"这个必要的方法。这个专政用刀子毫不留情地削掉社会的那些枯萎的枝条和寄生的木瘤,只留下吸收树液、促进生长的枝桠。这只是一种革命行动,但这个行动必须持续到社会本身适应革命时为止。然后,通常的民主进程才开始发挥作用。

4.这个专政必须采取一个阶级政府的政治形式。要使它服从立宪会议的控制是不可能的。目前,民主会同资本主义妥协,因为它是由资本主义哺育出来的。只有工人阶级的领袖应对革命负责。所以,苏维埃制度不一定作为一种永久的形式,而是作为一种革命的保证被采用。苏维埃选举时,除无产阶级外,谁也不能投票,因为在革命期间,什么是赋予选举权的最好准则

！对！

这个问题,只能<u>通过剥夺那些</u>作为革命对象的阶级的<u>选举权来解决。</u>

5. 由于俄国革命的敌人部分用不准粮食输入、部分用禁止对外贸易的办法,使国内运输陷于瘫痪,使俄国工业中心陷于饥饿;俄国政府开始面临饥荒,于是决定对现有食品不按购买力进行分配(那样富人就会得到最大份额),也不根据一视同仁的平均主义的、人道的原则进行分配(那样无用的阶级就会得到与工人相等的份额),而根据他们解决选举权问题时所用的同一<u>个原则进行分配。不劳动者不得食。</u>这样一来,挨饿<u>的首先是剥削者,</u>而工人(和德国的情况不同,在那里,协约国封锁使无数雇佣工人的妻子儿女挨饿)却有更大的可能维持生存。协约国许多人对德国和奥地利挨饿的儿童说:"活该;你们的老子应当对所发生的事情负责。"现在俄国的无产阶级也如此这般回答俄国的"寄生虫"。<u>每个正派的人都感到胆战心惊,但任何一</u>

是这样的!!

<u>个诚实的人都不能进行指责。</u>

我像一个俄国布尔什维克所叙述的那样叙述了这些论点,目的是要使论据及其假设十分清楚。<u>俄国正</u><u>在进行一场工人革命</u>,这不是政治的革命,而是社会的和经济的革命,一切附带事件,无论是光明的还是黑暗的,都属于革命,而不是属于和平演进⋯⋯

⋯⋯列宁不是在像我们现在所在的国家里开始活动的。库恩·贝拉也不是。<u>政治上极度动乱的时期应</u>

注意

<u>当成为坚决重建经济的时期。</u>但是,无论在俄国,还是在匈牙利,这种动乱都没有为<u>重建经济</u>提供什么,就连证明有这种可能性的迹象也很少。

所以,为了理解革命事件,我们必须把俄国的政治条件和我们自己的政治条件区别开来,必须把战败国匈牙利的政策和战胜国大不列颠的政策区别开来。<u>真</u><u>正的革命是夺取政权;</u><u>企图通过暴力建立社会主义,</u>则

是表面的革命。前者是<u>永久性的成果</u>；<u>后者将由于发</u>
<u>生变动和遭到挫折而失败</u>。这样的革命，除了<u>民主地</u>
<u>运用政权所取得的成果以外，什么也保留不下来</u>。

四

无产阶级专政

……属于这类事件的［只是革命所固有的事
件。——俄文版编者注］，还有对政治活动家的处决；
在这方面，邓尼金、高尔察克、曼纳海姆以及协约国的
尊敬的盟友们大显身手，他们比那<u>些</u>通常并没有得到
苏维埃的批准而滥用苏维埃名义的最残暴的匪棍更老
练得多[1]。我们撇开所有这些不谈(所有这些同作为
社会改造原则的布尔什维主义的关系，<u>与美国的私刑</u>
<u>同美国社会的精神的关系相比，要小得多</u>)，可以就民
主和自由方面来考察布尔什维克制度的性质；而且，经
过对苏维埃制度的讨论，我们可以就这个问题作出十
分透彻的说明。

但是，我们首先应该了解"无产阶级专政"的意义，
因为这个学说虽然是革命进程的极为重要的产物，<u>但</u>
<u>目前仿佛是作为社会主义演进的一个必要的部分展现</u>　　（注意
<u>在我们面前</u>……　有些人认为，在这个过渡阶段，为了
使一切现存的事态中都有某种秩序可循，就必须有一
种控制意志(意志是必要的，否则革命就只是破坏性
的，而改造就会成为偶然从这种混乱——很可能是受
到旧的、暂时遭到破坏的制度所煽动的反革命——中
冒出来的某个阶级或某种利益的玩物)，这种控制意志

---

(1)　有必要指出，<u>战争期间，这个国家对反政府人士实行</u>
<u>枪决的做法</u>，可能主要<u>得到恶棍和白痴</u>的<u>公开拥护</u>，不过在军
国主义者中间也很少有人认为这个做法应特别受到<u>谴责</u>。

必须通过有组织的力量来发挥作用,这是任何一个进行战争的政府无论从道义的观点还是从理智的观点都不能怀疑的结论,——这些人将把工人阶级领袖的专政当做某个时期一种不可避免的东西来接受,这些领袖将要用暴力来镇压一切有言论或者行动的反对派。专政将是暂时的,只能持续到革命开始安定下来,受到破坏的社会开始按照某种计划进行改组的时候为止。这就是用旧的方法、以协约国竭力在欧洲掀起战争狂热的那种精神进行的革命的不可避免的过程。这是一种"以暴政消灭一切暴政"的概念,它和"以战争消灭一切战争"的思想属于同一类型。

注意

注意

只要这个概念提出的武力是最好的或者甚至是唯一可以采取的手段这一前提得到认可,那么这个概念是简单明了的,它的逻辑也是无懈可击的,而且除了那些持独立工党的观点,把战争看做政治事件的人以外,是谁也无法否认的……

……"专政的实行是为了绝大多数居民的利益,专政只是一种过渡手段,但它力求自我排斥,力求使自己不能实现,力求实现民主的理想:自由的人民在自由的国土上靠自由的劳动而生存。"(1)

这就是革命的演进。至于说到把这种演进结合成一种行动体系的论点,那独立工党不得不重复他们在战争期间使用过的政治论点——那些一经提出几乎立

_____

(1)　同样,在列宁提交共产国际第一次代表大会的备忘录中说,取消出版自由之所以必要,是为了给工人"真正的平等"。在资本主义制度下,报刊是剥削和"伪造消息和欺骗舆论"的手段。我在这里也同意列宁在批判中所讲的一切。就其真正的含义来说,出版自由并不存在。报刊的许多受害者都知道,报刊是歪曲舆论的工具,例外是极其罕见的。但是,列宁对报刊所采用的方法却是每个相信自由的更新力量的人所不能接受的。

即就得到实行的论点。以旧社会的精神、用旧社会的武器实行的革命,不可能成为诞生新世界的诱因。这个原则在战争期间很好地指导过我们;现在它也应该指导我们。暴政同战争一样,也在按照自己的模式繁衍着自己的后代。 !

……所有革命的领袖面临的问题是,怎样尽快地使自己的航船穿过波涛汹涌的海洋,驶入那比较平静的海面,在那里,理智、协商和默认能够发挥作用。对"无产阶级专政"来说,强迫反革命机关报刊登述革命真相的文章,是比封闭这些有害的报纸英明得多、有利得多的政策。坚定地镇压阴谋活动和广开言路——这是革命专政的英明之处。

有一天,我在阿姆斯特丹同德国社会民主党多数派的两位领袖交谈,我详细地叙述了我对他们在柏林实施军警管制的反对意见。我们逐条分析和讨论了他们的镇压政策——有关集会、报纸、组织等。最后,至少在我的思想上,牢固地形成了这样一个看法:镇压只会增加它一开始就遇到的困难,只会陷于困境而不能自拔;镇压作为一个政策,它一旦开了头,就会像一滴染料掉进一杯水中那样,影响政府的整个政策;镇压会增加总的困难,而这正是从"专政"向革命的民主阶段过渡时"专政"所必须克服的困难;镇压会使政府陷于日常琐事而模糊总的目标;镇压会把政策从唯一可以保持"专政"的人物手中转到实行镇压的官僚及其机构的手中;这样一来,革命就由思想运动变成一系列流血事件;最后,镇压会发展成为十足的灭绝政策,而且不可能实现全民信仰的改变…… !

……俄国革命是沙皇制度的产儿,它继承了沙皇制度的斗争手段——它的警察暴政和官僚暴政。但是,如果不是协约国政府发动进攻,俄国革命的大动荡阶段现在也许已经过去,全世界也许有幸见到俄国吸收了社会主义共和国的思想。到目前为止,协约国对俄国社会主义进攻的唯一结果是延长了混乱的"专政"阶段。这一进攻造成了赤色恐怖,它使革命法庭保留下来了,它应当对政治犯的处决负责。那个录事天使比人看得更准确,他没有把过去几年发生在俄国的罪行记到苏维埃政府的账上,而是记到法国、大不列颠和美国的账上,而且历史将评定它们负有罪责。

阿门!

　　根据我所指出的自由原则而掀起的匈牙利革命,迅速地由"专政"转变为实际上摆脱暴力的民主时,协约国进行了干涉,并把它重新投入血腥的杀戮之中。库尔特·艾斯讷尔[156]的不流血的事业本来是所有事业中最有希望的,可是结局却如此悲惨,而巴伐利亚也落到了那些崇拜武力、只有躲在警察和士兵背后才感到安全的人们的统治之下。

!

　　独立工党在 1914 年对战争政策发表过具有重大作用的意见,现在它也应当对革命政策发表同样的意见。它在这方面的第一个行动是应当声明:虽然需要革命的"专政"来把革命引向民主,但是能够有把握地、迅速地做到这一步的唯一政策,却是政治自由、精神坚定和理智清醒的政策。当警察和士兵被召到世界各国的唐宁街和斯莫尔尼宫时,他们接受邀请不是来帮助这些政府,而是来统治这些政府。但是,如果不动用军队,那么革命前的准备应当是作好政治宣传,这种宣传将能在旧社会内部创建一个新社会,就像蝶蛹蜕变成蝴蝶一样。除非社会在革命前已经作好接受新制度的准备,否则就不能保证它在革命后会这样做。

　　"为了把资本主义改造为社会主义,我们必须进行革命"的论点是虚伪的。如果统治当局和有产者阶级像沙皇及其警察在俄国所做的那样,引起一场使进步思想变成爆炸性的力量的革命,那么新世界的缔造者就不应当逃避这场革命赋予他们的责任,也不应当因蠢人试图镇压他们而引起革命就放弃宣传自己的思想;如果革命到来,那么能够最有成效地通过革命建立社会主义共和国的党,就必定是<u>那个宁可依靠自由而不依靠暴力的党</u>,就必定是那个宁可把<u>理性民主的力量部署在自己的周围、而不凭借杰出而令人生畏的少数权威的党</u>。换句话说,为了把新制度强加给社会而策划革命,这是蠢事或者比蠢事更坏;为了使新制度诞生而正视革命,则是另一回事。<u>即使革命的专政也应当比俄国现在的专政受到更多的限制</u>。在革命处于危急的、爆发的阶段,为维护革命而实行专政,是可以容忍的;而贯穿改造时期的专政,必须根据专政颁布的法令来进行社会改造的专政,<u>则是绝对不能容忍的</u>。<u>任何一个多少还配称为社会主义者的人都不会屈从这样的事</u>。这种专政只有在像俄国这样散漫的社会才能维持下来;它<u>只能受到来自远处的社会主义者的</u>赞美。

注 意

（ !!

（（ 哈—哈!!

注意

五

苏维埃的选举制度

<u>既然专政同革命是不可分的</u>,专政就应当站在<u>政治的角度上</u>,而不是站在军事的角度上来理解革命问题;如果觉得这一点行不通和不可能的话,每个人只要仔细想想革命早期最初采取镇压措施所引起的后果以及无穷无尽的后果的后果就行了。

注意

?

这就要我来谈谈俄国的政治方法,即苏维埃。苏维埃(俄语的意思是会议)是通过无产阶级进行管理的工具,所以,首先就应当研究它的<u>选举制度</u>……

……下列标准,如财产、文化、宗教信仰、年龄,当前还有军事,都已经考虑到了,而现在又采用了俄国的标准——是否参加生产。这最后一个标准,<u>虽然它大大接近于实际的社会需要</u>,但不能认为它比其他标准

注意

<u>完善多少</u>。它似乎预示着一个理想的社会,在这个社会里,大家都为社会服务,谁也不会靠这个社会过寄生生活。在这样的国家里,<u>自由选举权同苏维埃制度强制推行的东西</u>,其结果会是<u>一样的</u>。

注意

……

它[指构成主义的社会主义。——俄文版编者注]产生于自由主义的政治革命之后,因此它把民主同社会主义联系起来了,在这方面继承了马克思的事业。它知道,在改革之前总是会有各种观点的;但是它也知道,社会主义的庄稼不会在一夜之间成熟,因而也不可能一下子收割完毕;但是每天都有所收获,而随着时间的推移,使我们愈来愈接近社会主义,社会主义思想和经验的成果也愈来愈多,这些成果不是一串一串地而是一个一个地摘下来,并在变动着的社会结构中体现出来。它相信阶级冲突是一个确凿的(descriptive)事实,但是它不认为这种冲突能够提供一个政治方法……

注意

译自《列宁文集》俄文版第 24 卷
第 253 — 285 页

对娜·克鲁普斯卡娅所拟人民委员会《关于集中管理共和国图书馆工作》法令草案的补充和修改[157]

(1920 年 7 月 15 日和 22 日之间)

(1)鉴于近年来对图书需求量的大幅度增长,并且还在继续增长,人民委员会决定:<u>要特别注意</u>[①]组织好图书的公共借阅,否则广大居民群众将永远不可能用<u>上</u>这些图书。

绝对必须

(2)为此,教育人民委员部Ⅴ所属的所有图书馆组成一个**俄罗斯社会主义联邦苏维埃共和国统一的图书馆网**。它按照一定的计划进行工作,规定图书馆的基本类型,通过流动图书馆使这些图书馆之间建立联系,组织馆际的图书交流,从而满足工农读者对图书的需要。[②]

Ⅴ以及其他部门,包括中央的和地方的一切机构

(3)鉴于图书奇缺和藏书根本不能满足大量需要,图书馆业务不容许有任何重叠现象。因此所有其他部门的图书馆、社会团体的图书馆和机关的图书馆,<u>也</u>应加入统一的图书馆网,应在教育人民委员部的<u>监督下</u>按照总的计划<u>工作</u>。

中央和地方的图书馆都要加入领导下进行工作

---

① 此处加上着重标记的词句,列宁在原稿上已勾掉,而代之以页边上的新的文字。下同。——俄文版编者注

② 列宁把这句话的末尾改为:"这个网应按照一定的计划进行工作,规定图书馆的基本类型,通过流动图书馆使这些图书馆之间建立联系,组织馆际的图书交流,从而满足工农读者对图书的需要。"——俄文版编者注

这项工作

? 见文章末尾?

第 **7** 条、第 **8** 条
见文章末尾

注意

将第 **9** 条同第 **7**
条合并。见文
章末尾

合适吗？专业图
书馆呢？？··

? 哪<u>些</u>图书？
怎么回事？

应该开设
应该

(4)为了协调图书馆的工作,教育人民委员部设立一个由主管<u>其事</u>的各部门和团体的代表组成的部际协商委员会。

(5)该委员会决定下列问题:改组某些类型的图书馆,重新分配藏书,将某<u>些</u>类型的图书馆划归教育人民委员部管辖以及根据各部门和团体的申请开设新图书馆(当然要将它们纳入总网)。

(6)各部门和团体的图书馆应当由专供内部使用改为对外开放,即成为向所有公民开放的、可以公共借阅的图书馆。

(7)科学机关、教学机关和工会机关附设的、从事系统科研工作所必需的专业图书馆仍归属其组建单位,但必须开辟阅览室向公众开放。

(8)国立彼得格勒和莫斯科(鲁勉采夫)公共图书馆享有供应图书的特殊规定,但在具备一定的技术条件时,其藏书应供整个图书馆网使用。

(9)中小学的图书馆、幼儿学校图书馆、职业技术学校的图书馆以及中小学的中心图书馆仍归属各有关机构,并且只为特定的读者服务。如果要将这些图书馆像公共图书馆一样对公众开放,须经当地省国民教育局决定。

(10)加入统一的图书馆网的各图书馆,由教育人民委员部供应图书。

(11)教育人民委员部严格按照各国民教育局提出的关于加入图书馆网的图书馆数量和类型的报表供应各馆图书。

(12)拨给各国民教育局支配的图书,由图书分发处在各种类型的图书馆之间进行分配。

附注:主要图书馆<u>开设</u>儿童分馆,至少要开设儿童部。专门的儿童读物流动图书馆<u>可以</u>为学校、儿童保育院等单位服务。

结尾应改写,草案全文应**加以润色**,即修饰得更好些。

第**4**条和第**5**条(中央图书馆协商委员会?)应改写:(1)写上哪些部门派代表参加该委员会和**派多少代表**

(2)让教育人民委员部占多数(怎么样?)

(3)**更加明确地**规定这个委员会的**权利**(在一些条文中)

注意　|||　(4)在还没有确定委员会**主席干练的**候选人以前,不要提出草案。

第7条和第8条应大致改写如下:

由于某种原因,专业图书馆(即第**7**条和第**9**条中规定的)和两个全国性图书馆(彼得格勒和莫斯科(鲁勉采夫)图书馆)的公共借阅应加以某些限制。限制条例由教育人民委员部**中央图书馆协商委员会**规定。

译自《列宁文集》俄文版第 35 卷
第 138—139 页

在叶·瓦尔加《无产阶级专政的经济政策问题》一书上作的批注[158]

（不晚于 1920 年 7 月 30 日）

7. 官吏问题[80—82]

但是为了说明问题,泛泛地谈论官吏阶级是不够的。官吏本身也分成若干阶层,需要对其中最重要的阶层作一番研究。

1. 直接属于统治阶级政权机关的官吏：各兵种的军官和军士、行政管理部门和法庭的官吏。这个阶层在意识形态上与统治阶级的关系最为密切;它有强烈的阶层感,力求推行它自己的政策,而这种政策甚至和经济上占统治地位的阶级的政策也不同。为了便于我们探讨问题,可以完全撇开这个阶层不谈。

2. 各级教员：在资本主义制度下,这是一个工资最少、威望最低的官吏阶层,它最易接近无产阶级。

3. 从事生产和流通的官吏。其中一部分人执行不可取代的生产职能,如:工程师、化学家、技师、组织者、管理者;另一部分人执行必要的分配工作和监督工作;第三部分人只是在竞争中进行活动,他们的活动构成资本主义经济体系中的非生产性费用。当然,还有如下一些中间阶层:铁路和邮电部门的官员,他们当中一部分属于第一类,一部分则执行生产职能。铁路工人及服务人员等等,这些服务人员终身做服务工作,他们也是工人。

对无产阶级专政来说,第一类和第二类官吏算不得什么困难的问题。第一类官吏必须赶走,他们的组织机构必须打碎。只有在彻底废除旧的强制性组织机构以后,其中个别人员才能为无产阶级国家所录用。(*)但是对待教员却是另一回事:可以全部录用他们,使之为无产阶级国家服务;需要清除的只是其中的上层,而整个精神应该是符合新的情况,因为在这一类官吏中不会遇到太大的麻烦。

注意

只有从事生产和分配、直接同工人阶级打交道的官吏,倒是一个问题。这一阶层在资本主义制度下有着双重身份。对工人说来,它是一种隐蔽的、无形的资本——他们是以企业领导者、检查员、工资计算员、工长等等身份出现的。对于这些官吏的这种身份工人阶级是憎恨的。另一方面,作为工程师、组织者、化学家、技师,他们在执行很重要的生产职能,在这些方面无产者很难代替他们。要使企业达到相当的生产率,工人和技术人员互相协调是绝对必要的。但是在专政的特殊条件下,这种协调很难做到。**在专政的情况下,管理生产的职能转到工人手中,他们要求在劳动报酬和工作条件方面立即在原则上实现官吏和工人的平等。**总之,要么取消官吏们的上述特权,要么把这些特权扩大

(*) 俄国的情况就是这样。在<u>匈牙利</u>,无产阶级专政不是<u>通过阶级革命</u>,而是通过和平道路建立的,所以原属旧国家政权机关的整个官僚机构"情愿"为无产阶级政府效劳。将军和国务大臣竟相要为无产阶级政府服务;国家官吏组织立即就拥护无产阶级专政。难怪<u>在这种情况下,只是在表面上摧毁了旧的强制机构</u>。大多数官吏仍留任原职;<u>其中一大部分人在暗地里、小心翼翼地、但却是顽固地进行怠工</u>。旧的官僚机构之所以没有被摧毁还由于匈牙利反动政权在一个<u>比较短的时期内就恢复了旧制度</u>。

注意

注意

到全体工人。因此,在匈牙利苏维埃共和国时期,在官吏和工人之间产生了愈来愈大的分歧,这些分歧对工厂的生产率有极为不利的影响。这些官吏中有很多人在实行专政以前就是苏维埃制度的热情拥护者,甚至是争取实现苏维埃制度的战士。但是当他们不仅没有在生产上和政治上得到预期的领导地位,而且看到他们原有的特权有丧失的危险时,除一小部分确有信念的人外,他们对工作冷淡下来了。这些官吏的公会表示坚决主张维持原状。诚然,某些有争议的问题总可由有关的公会组成的混合委员会予以解决。但是在这些问题上绝对必须采取明确的原则立场,否则就有全体人员总怠工的危险。最高国民经济委员会已成立一个委员会来调查这一问题,但委员会尚未完成这项工作。

8. 无产阶级国家的土地政策[90—97]

在匈牙利,经济上进行的剥夺所采取的形式,要比俄国完备得多。其实在俄国并没有剥夺地产:农民只是分了土地以及抢光和分光全部农具。这并不是剥夺,而是革命的分配。列宁在他的题为《同饥荒作斗争》的讲话①中,非常中肯地指出这种现象的有害后果。**在匈牙利,对大地产的剥夺并不是通过分配来进行的,农具原封未动,生产并未中断。**

这并不是匈牙利苏维埃活动家的功绩,——这不过是完全不同的历史条件(剥夺是在这种条件中进行的)所引起的结果而已。在俄国,农民同时受他们当中的有产者阶层所支配,他们积极参加了革命。因此革命也就相应地解决了土地问题。农民分了土地,分光了生产资料,可是最大的份额并非由贫苦农民所得,而是由最富裕的农民所得。在匈牙利不曾有过名副其实

_____

① 见本版全集第34卷第368—391页。——编者注

的无产阶级革命。政权转到无产阶级手中是突然的，可以说是合法的。农村的革命运动声势很小，而且未曾遇到武装反抗。因此可以毫无阻碍地依法进行剥夺，大农庄就可以保存下来。在俄国，人们现在试图在农业中建立国营大企业。自1918年秋天起，俄国苏维埃政府在采取建立苏维埃农庄、合作社农场和农业公社等形式保存大农庄的方针方面走得愈来愈远，尽管农民进行反抗，这种新的经济形式还是迅速发展起来了。1919年2月初已经有合作社农场1510个，到7月底已超过5000个。据报道，这些合作社农场拥有200万俄亩以上的土地。(*)

我们强调**依法**，因为必须坦率承认：在大多数情况下，剥夺仅仅是依法进行的，而在社会关系方面，情况通常变化不大，以至农村居民对剥夺往往没有明确的概念。

注意

剥夺是怎样进行的呢？

为了不使收成受损害，政府在大多数情况下留用了被剥夺的庄园的全体职员。他们照旧领导生产，不过现在是靠国家。在许多情况下，甚至把原来就在那里自己进行经营的原土地占有者留下来当管理者。俄国在剥夺大工业企业时的做法也是这样。但现在俄国已经有了工厂委员会，实际上在实行工人监督。而在匈牙利被剥夺的大庄园里，虽然规定成立类似的委员会，但往往却是一纸空文。如果原占有者仍被国家留任管理他的被剥夺的庄园，那么在社会关系方面至今毫无变化。占有者继续住在原地主的房屋里，出门坐四套马车，工人照旧称呼他"老爷"。整个的变化只是，他不能再随意支配他的财产，而必须服从中央的命令。但是农业工人对这种变化几乎没有觉察。对他们

(*)　见1920年1月《俄国通讯》杂志**159**。

说来,社会革命的意义不过是他们得到了大大多于以前的工资。更深刻的社会改造被拖延到不易觉察的时候即秋天再进行,以保证生产不间断。

如果说这种做法在经济上是合算的,那么在政治方面则是比较危险的,因为这种做法会妨碍社会革命在农业工人中的发展,会延缓农业无产阶级参加社会和思想革命的时机。**所以,只有一小部分农业工人理解社会革命,参加红军并为革命献身**。诚然,从经济观点来看,在收庄稼以前就在农村工人群众中深入进行政治鼓动是极其危险的。如果说在宣布实行专政时,匈牙利的工业无产阶级还没有"成熟",不能领导工业生产,那么,农业工人的情况则更差,因为他们没有受过任何教育,既未受过经济教育也未受过社会教育,有半数人既不会读,也不会写,他们的主要愿望就是想得到土地,把它变为私有财产。在他们当中,不但没有共产党员,就连社会民主党人也没有,因为在革命前对农业工人进行的鼓动是受大土地占有者掌握的政府机关的一切手段所控制的。对这些村野粗俗的人应当采取非常慎重的态度,以免影响即将来临的收成。的确,要想真正能够保持农业生产的连续性,那就要付出高昂代价,即对农村无产阶级广大群众不去进行政治发动。

注意

被剥夺的大庄园的组织建设工作是按下述方法进行的:

个别庄园组成生产协作社。该地区的协作社在一个统一的最高领导机关领导下联合起来。所有生产协作社由"农业生产协作社中央管理局"联合起来,直接归最高国民经济委员会土地处管辖。之所以选择生产协作社的形式,是由于农业工人的社会落后性。如果我们简单地宣布大庄园国有化,那么工人对提高工资的要求就会没有止境,而劳动强度却极低。所以在进行提高劳动强度和加强劳动纪律的鼓动时,只能提出

庄园的纯收入归工人所有。这在某种程度上也可满足
工人想使土地私有的要求。为了使反革命的鼓动无所
依据,这在政治上也是必要的,因为反革命可从这方面
对工人煽动说,他们只是换了主人,过去给"贵族老爷"
干活,现在是"城市无产阶级的仆役"。从物质上来说,
这种让步是没有多大意义的,因为所有庄园的会计工
作统统由中央来经管。曾经设想过,在完成充分的教
育工作之后,就宣布被剥夺的大庄园国有化,工人则完
全像加工工业中的情况那样,成为国家职工[*]。

　　对各个庄园的产业的管理完全像对工厂的管理那
样,是有组织的。庄园的直接管理者像工厂的生产委
员那样,是由国家委任的。**生产协作社社员是固定工
人,即领取年薪的雇农,还有一些是自由工人,但他们
必须在一年中在庄园完成所规定的最低限量的工作日**
(120天)。协作社社员选举委员会,其职能与大工业企
业的工厂委员会相同。但是由于农业工人的教育程度
很低,还由于他们有保守思想,所以由国家委任的管理
者的权威很大,而这种管理者当然总是凌驾于委员会
之上,何况这些委员会并不都是选举产生的。因此农
业委员会总的说来只是形同虚设,发挥不了什么作
用。组织工作本来应当在秋天才进行。夏收对全国粮
食供给非常重要,其正常进程本来不应受到破坏。但
是在农业中也像在工厂一样,工人和职员之间也开始
暴露出同样的意见分歧,在这里,调解这些意见分歧会

注意

————————

[*] 一个悬而未决的问题是:能否把农业工人转成国家
职工,能否把大庄园全部社会化。许多指示都说,经过适当的
鼓动以后,匈牙利农业工人会自愿接受这种解决问题的方法,
会自愿放弃那种根本没有前途的小农孤立状况。如果能够
部分地满足贫苦农民对土地的要求,给他们不超过一公顷的
小块土地,那就会更为有利。也可以通过**世袭租佃制**方式来
做到这一点。

注意

遇到巨大的困难。

　　同时，着手把被剥夺的庄园组织起来，是为了保证城市无产阶级的粮食供给，因为对农民交纳粮食不能寄予太大的希望。**因此要尽一切努力来提高被剥夺的大庄园的生产率**。数量不足的辅助材料，如煤炭、汽油、人工肥料，以及机器、犁等等生产工具，首先供给被剥夺的大庄园。布达佩斯及其他大城市周围的全部大庄园，都制定了组织集约经营（包括蔬菜业在内）的计划。在建立专政的头一个月，就在布达佩斯近郊把以前的赛马场建成了大菜园。秋天又把新的场地改成菜园。许多大庄园还利用以前的军用材料铺设了田间铁路。远离铁路的庄园的奶牛，可以集中在火车站附近的牛奶场，便于向首都和其他城市供应牛奶。制作奢侈品企业中的闲散的、以及经济生活其他部门中的多余的工人和职员都涌向被剥夺的庄园当工人。这对庄园的生产大有好处，此外，也有助于提高农业工人的知识水平以及劳动强度。在上述那些大菜园里，就有好几百原统治阶层的职员和其他成员在工作，而且工作很勤奋很乐意。总之，这是一个深谋远虑的计划，它可以在短期内提高占全部土地面积 40%—50%的被剥夺的庄园的生产率，以保证城市居民微薄的口粮，打破农民在粮食供应方面的经济垄断。**执行这一计划时的<u>最大障碍，就是农业工人工会中那些目光短浅、对无产阶级专政抱有敌对情绪、满脑子因循守旧思想的领袖</u>**，他们唆使农业工人提出过分的要求，如果满足这些要求，农场的全部收成就将归农业工人，而城市居民就什么也得不到。如果进行适当的鼓动工作，这种困难也许能够克服。

注意

　　现在，所有被剥夺的大庄园无一例外地交由国家中央经济管理机关管理。但是要讨论的问题是：要是把个别大庄园实行地方公有化，在地方工作和监督的协助下增加它们的收入,是否更合理一些。个别大企业的工业工人也提出把大庄园交由他们直接管理的建议,他们想在工厂下班后去"自己的"庄园参加劳动。虽然这种建议很有诱惑力,但是从原则上考虑,我们还是否决了这种建议。在一切革命时期普遍存在分离主义倾向的情况下,不得不担心这样解决问题会使中央粮食机关涣散。在幅员广大的俄国,由于地方上对提高农庄生产率很关心而必定得到的好处,看来大于因统一的粮食机关涣散而必然带来的坏处。在 1919 年底刊登在《红旗》杂志上的拉林的文章写道:

　　"为了使农业为无产阶级的利益服务并能够得到发展,苏维埃政府把大块土地拨给工厂、企业和社团,让它们像城市自治机关那样,在这些土地上组织农业生产。1919 年 2 月 15 日人民委员会的法令还特别鼓励这样做。因此,除了小农的农业企业,除了私人农庄或小团体的农庄外,还在原先大地主的庄园(只要这些庄园还没有在农民之间被大量分掉的话)上创办社会主义农业。这样一来,在农民的心目中就形成了地方中心,这些地方中心以自己的榜样使农民确信共同合理地组织起来的优越性,并促使农民加以模仿。"

　　这里我们涉及到一个农民根据私有制原则继续占有自己土地的特殊问题。我们认为拉林的乐观主义是一种空想(这种观点考茨基在他的土地问题的著作中曾作过论述),似乎在国营大农庄的影响下,农民会自愿放弃他们的私有财产。在俄国,由于村社占有土地,由于建立"村社",农民可能保持一点点接近共产主义的世界观。这是可能的。但是在那些土地私有制早已确立、极端自私自利的思想意识在农民中已经根深蒂固的国家中,就休想使这一代农民自愿放弃私有制。我们认为,每一个无产阶级政府都必须正视这一事实。

　　对农民究竟怎么办呢?

注意

　　这个问题是同吃饭问题密切相关的。在匈牙利，有一半土地作为大地产被剥夺，这样一来至少可以保证城市无产阶级微薄的口粮，所以我们在农民问题上可以采取**等待立场**。我们通过组织教育工作可以教会农民掌握最好的经营方法，提高他们的需求，从而**防止回到闭关自守的家庭经济上去**。原想尝试一下，用和平方式即通过购买或实物交换的办法从农民那里得到余粮。只有在富裕农民出于政治动机经常拒不出售或拒不交换他们的余粮的情况下，才不得不采取比较坚决的措施。在这种情况下，除剥夺土地外没有别的办法。征用不能达到目的，因为征用会造成生产缩减。既然被剥夺的农庄只能由地方机关管理，而这些农庄分成小单位往往对大经济不利，那么，为了达到这一目的，就必须建立在政治上是新型的、在经济上是可靠的地方无产阶级组织。在俄国已经作过尝试，即通过所谓贫苦农民委员会（无地或少地的农村无产者的联合组织）来组织对富裕农民交纳粮食的监督，但是看起来并没有特别效果。**被剥夺的农庄应该交给**这类**由农村无产者组成并受地方苏维埃监督的**组织——**小劳动协作社集体耕种，交纳实物地租**。所以我们在谈到小协作社时说，在分散的地段上用简单的农业生产工具只能是经营小农庄。

　　但是要做到这一切，就应当进行大量工作；必须使农村无产者摆脱富裕农民对他们的思想束缚，必须在农村灌输阶级斗争思想，并且启发农业工人同城市无产阶级团结一致的意识。这是一项非常艰巨的任务。在匈牙利，农村中的殷实的农民（"Vollbauern"）和少地的农民（"Kleinhäusler"）之间有着明显的阶级区分，各农民阶层之间的财产差别很大，这项任务看来比较容易解决。在那些土地分配比较平均因而富裕农民和贫

旁注：

！

？？

¾是胡说

注意

立即为他们做了什么？

苦农民之间不能明显区分的国家里,这种解决办法是
不适用的(*)。在这种情况下,**只有改变整个农民的思
想意识才能解决问题**。为了达到这一目的,必要的条
件首先是把教员吸引到无产阶级政权方面来。还可以
使用那些同故乡还保持联系的有共产主义意识的工业
工人来做鼓动员和村苏维埃领袖等等。这样一来,无
产阶级政府就会在每个乡村中都有自己的几个可靠的
代表,他们会对一切反革命的农民活动进行监视。通
过他们就可以用报刊、传单、讲座、上课等办法来改造农
民的思想。由于城市里连续不断地发生粮食困难,所以
总会找到足够数量的工业工人来做这项工作。这是一
项困难而长期的工作,但是为了城市和农村之间的内
战不致成为持久性的,这项工作无论如何是必须进行的!

9. 粮食问题[98—105]

在建立专政的头几年,对无产阶级来说,不可能解
决粮食问题,也就是说不可能改善他们的饮食状况。

(*) 这里我们想起了马克思在《路易·波拿巴的
雾月十八日》中的经典性描述:

"每一个农户差不多都是自给自足的,都是直接生
产自己的大部分消费品,因而他们取得生活资料多半是
靠与自然交换,而不是靠与社会交往。一小块土地,一
个农民和一个家庭;旁边是另一小块土地,另一个农民
和另一个家庭。一批这样的单位就形成一个村子;一批
这样的村子就形成一个省。这样,法国国民的广大群
众,便是由一些同名数简单相加而形成的,就像一袋马
铃薯是由袋中的一个个马铃薯汇集而成的那样。"① 在
写了这些话之后的 70 年里,农民中已经发生了马克思
当时就已指出的一定的分化。但是直到今天,在许多国
家里,总的情况仍然如此。

引文太多,注意实践太少。

---

① 见《马克思恩格斯文集》第 2 卷第 566 页。——编者注

这一点我们在第3章已经谈过。专政的建立可以大大提高农业工人的工资,一部分是直接通过增加实物工资来提高的;而在这里,在粮食产地,提高了的货币工资很容易转为以粮食支付。在其余条件相同的情况下,这足以使城市的饮食状况更加恶化,因为在同样的收成下,城市得到的粮食数量就会减少。至于由国家或公社管理的被剥夺的庄园,其中的剩余产品要交由中央粮食机关支配(撇开那些首先考虑保证本地需要的地方苏维埃所存在的一定程度的分离主义不谈)。

在匈牙利,被剥夺的大地产有40%—50%是耕地,而且是最肥沃的耕地,这些土地交由国家直接支配,所以粮食问题也就解决了一半。因此可以耐心地等待农民对交纳粮食究竟抱什么态度。

在俄国,由于实现专政后头两年有了同农民打交道的痛苦经验,人们也开始想到要把供应城市粮食问题的<u>重心转移</u>到新建立的国营的、合作社的和农村公社的大农庄方面。在1920年1月的《俄国通讯》杂志中我们看到如下一段话:

胡说!

"公社和合作社的农场,特别是苏维埃土地上的农场,由于专家、农业机器和耕畜的不足,在大多数情况下还不能完全满足需要,但毕竟土地问题的这一方针……大农场的这种组织无疑是一个进步;毫无疑问,这些农场会克服开头一些困难,为俄国的粮食供应打下牢固的基础。据统计,1919年年中在苏维埃范围内,这些农场将能提供1亿普特粮食,而这1亿普特粮食就是粮食人民委员部1918年所能采购到的数量。"[160]

然而这个解决问题的办法,即把农业生产的重心转移到国营大农场,迅速提高它们的生产,从而消除农民在供应城市粮食方面的垄断地位,同时让农民有行动自由,对他们采取几乎是消极的态度,——这种解决

问题的办法是不能到处采用的。在大多数地区,80%—90%播种面积按农场划分,其数量不超过 50 公顷。所以对城市无产阶级的口粮供应只能靠农户的余粮。因此必须设法促使农民交纳粮食。强迫农民生产是不必要的;他们很少会让自己的耕地成为荒地。从形式上来说,要做到这一点的办法就是建立或者保留战争时期实行过的粮食垄断和其他的国家垄断。但是俄国及整个中欧的经验表明,宣布实行粮食垄断和粮食贡赋这件事本身并无多大意义。**农民是否把粮食交给垄断组织,这完全要看现存国家政权在他们眼里是否有威望,**他们是否认为国家政权有足够的力量而定。要是农民不想交出粮食,那他们的办法多得很。他们可以把粮食用做牲畜饲料,把粮食埋藏起来,或者偷偷地出卖,等等。可以预见,在大多数地区,农民会对无产阶级国家抱敌对情绪^(*),会逃避粮食贡赋。因此我们要探索无产阶级制度所掌握的、用以制服农民的反抗和保证对工业无产阶级的粮食供应的手段。我们认为可以分为经济手段、政治手段和鼓动手段,而且强调在实践中要同时采用,因为这些手段是相辅相成的。我们把这些手段区分如下:

　1.**经济手段**:

　　(**a**)**现金购买。**

　　(**b**)**用加工工业的产品进行实物交换。**

　2.**政治手段**:

　　(**a**)**税收。**

　　(**b**)征用。

————————

　(*)　富裕农民和统治阶级各阶层之所以对无产阶级国家采取敌对态度,并不是由于无产阶级国家的**形式**:不管这个制度是不是苏维埃制度,政府是不是工会政府,或者议会工人多数,对于统治阶级来说反正都一样。他们对每一种形式,只要是认真进行社会主义经济建设的,就都要给以强烈反对。

(c)剥夺富裕农民的产业。

3.鼓动手段,以树立城市无产阶级和农村无产阶
级的团结一致的精神。

经济手段。

为了消除农民以货币形式集中起来的潜在购买力
的影响,换句话说,为了用所提供的等量的或更多的工
业品换取粮食,在**匈牙利曾经试验过原始的实物交
换**。装载着农民特别需要的工业品,如盐、煤油、镰刀、
铁锹、纺织品、图片等等的列车,开到大的村镇去交换
油脂、蛋品等等农产品。曾经设想,以后采用在上述地
方经济机关的领导下建立固定货栈的办法,以工业品
交换粮食,不再用列车运送。(*)

然而,最初的试验却得到相反的结果。由于实行
这种交换,正是苏维埃制度要在农村依靠的贫苦农民,
却对苏维埃制度采取了敌对态度。问题在于:他们还
得想办法弄到钱,才能购买为他们所提供的工业品,但
他们却没有余粮去进行交换。所以只有富裕农民才能
参与交换。无产者和贫苦农民气愤地问道,在无产阶
级专政下,如果富裕农民仍占优势,那还谈得上什么根
本变化? 为了摆脱困境,就必须让无产者和贫苦农民
能够用钱来购买这些产品。但是问题在于国家还没有
掌握足够数量的城市工业品来解决这个问题,——问
题的实质也就在这里;这些工业品甚至以实物交换方

(*) 在俄国也进行过某种类似的试验。许多地方的城市
消费合作社和农民村团之间实行合同制。根据对收成的计
算,要求农民村团提供一定数量的产品。省的粮食委员会方
面必须调拨一定数量的城市商品交由农民村团支配。这些商
品则根据合同的执行情况分配给农民村团。这样一来,农民
就可直接得知,他们是按固定价格交售余粮后得到城市工业
品的。去年图拉省就采用过这种做法,结果有一个县在6个
星期之内就收集了160万普特粮食。(摘自列宁的文章)

式购买农民的全部余粮都不够。曾经讨论过一个向农民**收购**农产品的方案，**向他们发放特殊的国家证券，这些证券保证他们购买国家的垄断产品的优先权**。这样一来，就会使农民丧失以原来的纸币形式表现出来的购买力。专政的垮台，使这一计划未能实现。

国家的强制作用

注意

过去我们一直认为，农民对无产阶级国家的态度是以纯经济动因为转移的。但这是不对的，因为**忠于本阶级利益的富裕农民阶层，出于政治考虑，拒绝对城市无产阶级提供粮食**。只要阶级斗争思想尚未深入农村，这一阶层<u>还会把中等水平的农民</u>，<u>甚至把部分农村无产阶级</u>也拉来参加这种抵制。所以，正如我们已经说过的，必须通过鼓动、教育和相应的设施，**使无产者和贫苦农民阶层既从思想上又从政治上脱离富人阶层**，并<u>在每个农村中把他们组织起来</u>，<u>以维护无产阶级专政和保证城市的粮食供应</u>。但不管怎样，这却需要很长时间，比农业地区挨饿的城市无产者所能预料的时间要长。因此要采取国家强制措施，迫使农民提供粮食。问题只在于用什么方式来做到这一点。

注意

（a）首先通过**税收**——这是农民容易理解的，从心理上说也是最能接受的，因为他们早已习惯于国家对他们的经济的这种干预。**在匈牙利我们犯下了一个错误，即<u>免除了</u>农民过去交纳的、<u>本来就是很低的土地税</u>**。这倒不是财政上的错误，因为农民在旧制度下以土地税形式交纳的 2 000 万—3 000 万税款，在苏维埃政府的庞大预算中并不起什么作用。但这却是**政治上的错误**。这项措施并不是有的放矢，因为这不仅没有能够取得农民对自己的好感,反而加强了他们的反对立场。他们认为废除土地税这一事实表明无产阶级政府承认自己软弱,从而得到了可以忽视政府其他命令的力量。较为正确的办法是采取相反的政策,应当立即施加课税压力,<u>实行农产品应付的高额的、但却是公平的税收</u>(*)。如果无产阶级政权有足够的威望,那么用这种方法就可以从农民那里无偿地获得大量粮食。

(b)第二个比较激进的国家强制方法,就是像资本家政府当局所做的那样对粮食实行<u>征用</u>。在实行征用时可以**支付货币**或**支付**在购买工业品时备受欢迎的**有价证券**;**也可以是无偿的**,就像在布尔什维主义的俄国所经常做的那样。对无产阶级国家来说,虽然后一种方法是最便当的,而且许多共产党员都认为是最好的,但是<u>我们却认为,还是尽可能不采取这种办法为好</u>,而且这也是根据纯经济原因来考虑的。其实,无偿征用的只能是一年的收获量。到第二年,被征用了粮食的农民首先就会缩减生产,不去种产量难以隐瞒的粮食,而改种成熟期不同的其他作物。<u>其次他们还可以隐瞒收获量,把粮食埋藏起来,或者用做牲畜的饲料,等等</u>。派城市工业工人的武装队伍去农村强行征用粮食,这在某种场合下是可以的。但是要用这种办法来经常保证城市的粮食供应,那是不可能的。我们

_____

(*) 有些共产党员认为,经常盘算向农民课税是多余的,因为在他们看来,农民占有的土地很快就会转到国家手中,其办法或者是剥夺,或者是让农民自愿联合成国营大农场。我们认为,这不可能很快就做到。这不仅有政治思想原因,而且有经济技术原因。**千百万独立农户是不能用社会的经营方式来管理的**。阻碍他们联合成大农场的现状是,农民现有的生产工具不大适合大农场,而工业生产又不能迅速地提供大农业所必需的生产资料。所以我们认为,<u>**在一个相当长的过渡时期内**</u>,采取相应的税收制度是绝对必须的。

已经讲过,在俄国曾经有过把阶级斗争引进农村的尝试,为此还成立了由无产者和贫苦农民组成的"委员会",其职责是经常监督农民的收获量和他们应交纳的农产品。这些委员会的做法究竟怎么样,我们不得而知,在匈牙利,由国家垄断组织承担的保证农民收获量的任务,最后落实在地方政治委员会身上。<u>这种做法究竟对不对,我们不得而知</u>。但是,由于许多地方的农村<u>苏维埃</u>的<u>实际</u>领导权掌握在<u>富裕农民</u>手中,而委员会又有很严重的分离主义倾向,总是想首先很好地保证本地居民的需要,所以,即使实行这种制度无疑也会遇到很大的困难。

||| **注意**

（c）**如果富裕农民对交纳农产品进行顽强的政治反抗或武装反抗**,则根据上述原因**恰当的做法**不是强行征用收获量（成功地强行征用收获量只能做一次）,**而是剥夺这些富人的土地**。如果在公开反抗被镇压后,土地一如既往仍归富裕农民占有,那么生产上就会出现怠工,第二次征用就会毫无所得。因此,生产本身应交由别人进行。那么现在要问,交给谁进行?

<u>在匈牙利我们还没有达到这一发展阶段</u>,所以在这方面我们没有任何实践经验。

译自《列宁文集》俄文版第 7 卷
第 335—383 页

在卡·马克思《哲学的贫困》
一书新版上作的批注

（不早于 1920 年 9 月 26 日）

列宁的一本。

卡尔·马克思
哲学的贫困

答蒲鲁东先生的《贫困的哲学》

附弗里德里希·恩格斯的

序言和注解

维·查苏利奇译
1920 年彼得格勒国家出版社版

卡尔·马克思

给帕维尔·瓦·安年科夫的信

1846 年 12 月 28 日于布鲁塞尔……

注意

有一封新发现的
卡·马克思 1846
年 12 月 28 日给
安年科夫的信。

是从哪里弄来
的？原稿载于何
处？

……您很难想象，在德国出版这种书要碰到怎样
的困难，这些困难一方面来自警察，一方面来自与我所
抨击的一切流派利益攸关的出版商……

？自私自利的？

忠实于您的 卡尔·马克思①

……向经济学中"最神圣的东西"进攻的挑战勇

？机智的？

气，嘲笑庸俗的资产阶级知性时使用的 机智的 悖论，

---

① 见《马克思恩格斯文集》第 10 卷第 53 页。——编者注

毁灭性的评论,辛辣的讽刺,对现存制度的丑恶不时流露出来的<u>深刻而真实的激愤</u>,<u>革命的真诚</u> ——《什么是财产?》就是以所有这些激动了读者,并且一出版就造成了很大的冲击……①

注意

译自《列宁文集》俄文版第 35 卷
第 195—196 页

---

① 见《马克思恩格斯文集》第 3 卷第 17 页。——编者注

在库恩·贝拉(科洛日瓦里) 《从革命走向革命》一书上作的批注¹⁶¹

（不早于 1920 年）

失败的
原因。

[6—7] 无产阶级专政未能彻底摒弃资产阶级国家的官僚。那些他们的过去、他们的思维都为议会制和与此有关的追求选票的政策所左右的人，定要千方百计地抗拒无产阶级清算官僚的意图；不久前，在筹备国民议会选举时，社会民主党的大臣们和他们那些力求搞到议员委托书的战友们就曾把这些官僚当成自己的拥护者一样来指靠……

[7—8] 官僚们和武装力量联合起来了。他们把民主看做深奥的理论概念，擅自作主建立了专政。

注意

政府的一位委员仍然领导着匈牙利的作战部队。很难确定这是谁的傀儡——是社会民主党的呢还是协约国代表团的。军队实际上已成了被击溃的军队。它遭受失败并不是由于罗马尼亚大贵族的仆从在军事上占优势，而是由于内部腐败的结果；腐败的病菌是现在待在政府里的那些人带来的。受旧军官指挥的工人团已经瓦解。而那几支以前在共产党指挥员和政治委员领导下战斗到底的部队，在无产阶级专政垮台后已不能充当"民主的"反革命的支柱。谎报无产阶级专政垮台，从而给了它最后一击的总参谋部，只是在等待时机，以便不仅和狼狈为奸的布达佩斯的警察和官僚联合起来，而且和塞格德的白卫军联合起来……

[8]　相信协约国的许诺、甚至还不是以半官方的方式作出的许诺,这是政治上外行和缺乏马克思主义修养的人天真地相信国际资产阶级会奖励叛徒,或者至少会对叛徒采取姑息态度。即使罗马尼亚征服者不把"民主的"反革命政府的存在看做对它的利益的威胁,这也不能使政府在敌人面前变得更强有力些,这些敌人是无论什么,包括最高的阶级利益在内,都阻止不住的。

　　但是工会官僚的政府不符合罗马尼亚征服者的利益……

‖ 注意

[9—10]　……当白卫军讨伐队正在歼灭成百上千名布达佩斯工人的时候,社会民主党的国务活动家们却在进行谈判。他们是在同保证工会政府安全的协约国代表进行谈判……

‖ 注意

[11]　于是,谁也不来找工人阶级了。无论是无产阶级专政时期留在国内并弄得声名狼藉的社会民主党的领袖们,还是从侨居国回来的社会民主党的领袖们,都没有什么可对群众说的。他们什么也不可能告诉群众,群众是民主的真正体现者,社会民主党和工会的领袖们已使群众——据说又是为了民主——对自己的力量、对自己的未来、对自己的使命、对革命完全失去了信心。他们没有向那些其战斗队伍已自行瓦解的群众呼吁。他们说什么和平主义是工人阶级自然的表白,因此反对国际帝国主义反动派的斗争是不需要的和没有前途的,以此来腐蚀群众。他们借助协约国将用军用列车运来粮食的神话制造混乱,使群众相信,贫困是布尔什维克专政造成的,而快活地享用着协约国的恩惠的社会民主党则是医治贫困的良药……

[13]　埋葬匈牙利无产阶级专政的反革命浪潮波及了整个资本主义世界的工人运动。如果搞了<u>一系列背叛活动的社会民主党</u>没有秘密地而后又公开地和国际帝国主义反革命结成同盟的话，那么匈牙利<u>社会主义共和国</u>即使和伟大的俄罗斯苏维埃共和国失去联系，<u>也</u>还是能够站得住脚的，<u>并且不管国际形势怎样，也许能等到西方无产阶级的革命发动</u>。

注意

本文不打算阐述匈牙利宣布建立无产阶级专政的历史，但是可以指出一点，有利的<u>国际形势比起匈牙利无产阶级群众的革命积极性来在更大程度上促进了专政的建立</u>。而无产阶级广大阶层的革命觉悟又比无产阶级的革命积极性低。就像伸展白头翁在早春时节先开花后长叶一样，<u>在匈牙利工人阶级在议会里取得各种权利和代表资格之前，工人运动中改良主义派别的各种花朵</u>——从准备进行阶级之间的合作到议会迷——都开放了……

[14]　在资产阶级共和国宣告成立以后宣布暂时停止阶级斗争，这就把拥护革命行动的人推向左转，促使其中一部分人离开了多数派的党。成立匈牙利共产党的形势已经成熟。年轻的革命工人党的处境同社会民主党的处境相比起来是轻松的，<u>只有工会</u>到时候才能使社会民主党免于彻底瓦解。

注意

无产阶级想采取行动。资本主义的彻底崩溃和资产阶级国家政权的完全软弱无力，给在任何时候采取革命行动提供了极好的机会。<u>但是工人阶级除去一个小小的、十分微小的阶层以外，都缺乏革命素养，缺乏革命觉悟</u>。工人运动的先进的、准备采取行动的革命队伍中有相当大一部分被一些强大的工会的政策腐蚀了，这些工会借助廉价的蛊惑宣传占领了左翼地位，以便在必要时把革命行动降低到工会行动的水平……

注意

注意

[14—15]　不过,匈牙利无产阶级同俄国无产阶级一样,在国际无产阶级运动中仍然具有最先进的革命觉悟。不管历史对无产阶级革命的匈牙利阶段如何评判,在专政存在的 <u>132 天</u>里(这段时期几乎比革命的巴黎公社存在的时期长一倍),匈牙利无产阶级无疑是为了国际工人阶级的利益并且代表国际工人阶级进行活动的……

132 天 **162**

[18]　匈牙利工人阶级在无产阶级专政时期很快就明白了资本主义生产方式和无产阶级自己在其中起领导作用的那种生产方式之间的差别。工人阶级在遵守劳动纪律和努力提高劳动生产率方面作出了值得称赞的榜样,尽管还不具备提高劳动生产率的客观的经济和组织前提,即企业在技术设备和经营管理上的集中。这些前提之所以不具备,<u>部分是由于当时的国际形势</u>,<u>部分是由于无产阶级专政的政策不果断,主要则是由于同资产阶级串通一气的工会的生产组织者的怠工</u>……

注意

[19]　"各阶级之间的和平"这个口号,现在同战争时期或革命刚刚结束时相比是在更大的程度上为这一目的[恢复资产阶级国家。——俄文版编者注]服务。以协约国帝国主义者的代理人和匈牙利<u>金融资本代理人</u>身份<u>参加组建政府的社会民主党领袖</u>作为口号提出的"安定"一词就是这个意思。"恢复生产"、"一切劳动阶层的政府"、"集中民族力量"就是这个意思,具有最危险的形式的"民主"就是这个意思……

163

谁?

[21]　专政的<u>一切错误的根源</u>,<u>专政垮台的主要原因</u>——当然不是唯一的,但从策略的观点来看是主要的原因——应该在<u>匈牙利工人运动的特点</u>中去寻找。
　　几十年来匈牙利工人运动<u>从未进行过全世界工人阶级就原则问题和策略问题所进行的斗争</u>……

注意

[21—22] ……匈牙利社会民主党<u>从 90 年代起就只是工会的一个不结实的框子</u>,它的拼拼凑凑的结构符合两个目的:在工人中培养职业帮会精神,同时为了极端地统治群众而对工会官僚制度实行严格的统一……

<u>注意</u>[22] 这样的工人运动结构——<u>在官僚们全权领导下的党和工会组织的严格统一</u>——几乎完全防止了工人运动中<u>革命的</u>和<u>改良主义的</u>派别进行斗争的可能性,防止了把这些派别的拥护者联合成小组、<u>然后在它们之间划清界限和分裂党的可能性</u>……

在甚至把各中立国的工人运动分裂为两派的帝国主义战争进行期间仍保持着的匈牙利工人运动的这种统一,既不是原则上的统一,也不是行动上的统一,<u>而只是党和工会的官僚们在阶级斗争中站在无原则、妥协和背叛的立场上的统一</u>……

<u>注意</u>[23] ……<u>多数派工人党的左翼,在匈牙利共产党**164**成立后</u>(它的成立比较晚,而且遇到了巨大困难)动摇了。但是那些属于左翼的人由于目光短浅继续保留自己的社会民主党党员的资格,从而成为背叛无产阶级的同谋者……

<u>注意</u>[23—24] 尽管在从 11 月到 3 月的革命时期内,共产党在活动中取得了种种成就,它却未能使无产阶级广大阶层的革命觉悟得到应有的提高。<u>革命派受到的阻力主要来自工人运动内部</u>。如果不算参加资产阶级政府的社会民主党对革命宣传和革命活动造成的种种障碍(为此目的它利用了当局提供的经费),那么阻力主要来自以下三个方面:

1. 社会民主党散布的<u>社会沙文主义</u>。尽管工人群众作好了阶级斗争的准备,这股思潮在工人阶级中仍然找到了土壤。许多人公然支持"革命爱国主义"和"民主国家的利益"等口号,尤其是 <u>11 月以后</u>,工人阶

级组织中涌进了大量小资产阶级分子。

2.工会散布的社会改良主义观点。根据这些观点，工人运动的主要问题是社会政策，为了"恢复生产"，就连消灭雇佣劳动的问题也被千方百计地推到次要地位。

3.党和工会运动的官僚机构的抵抗，在这个机构影响下的、使之适合于防止革命和实现阶级合作的工人运动的整个结构。

在无产阶级专政建立之前的革命时期，革命的阶级斗争的拥护者同妥协政策的代表之间的斗争并没有结束。党和工会的官僚们"违背自己的信念"同共产党人联合起来，从而避免了这个情况……

〔24—25〕……由于整个党和工会的机构都公开维护资本主义剥削，并不得不几乎完全撕下伪装，工人群众开始离弃它们(1)。

在此之前在阶级合作方面表现得很明显的官僚们的机会主义，现在则造成了"没有任何原则性信念"的统一(2)。年轻的革命工人党(它的共产主义纲领，社会民主党的领导人据说是"无保留地"(3)接受了)由于自身组织涣散，已与由党和工会的官僚建立、并使之迎合阶级合作的反革命策略和议会制的社会民主主义组织融为一体。革命的无产阶级分子在小资产阶级分子占大多数的党组织的上层很难站住脚。据资本家的一位著名人士说(4)，工会官僚的一位领袖"由于提高工资问

注意

何地？何时？韦尔特纳尔是何许人？**165**

注意

---

(1)　见 韦尔特纳尔 在《工人报》上的文章。

(2)　见 布欣格尔 在《斗争》杂志上的文章。

(3)　见韦尔特纳尔在羁押解送犯人的监狱里的声明。

(4)　见坎多·卡尔曼于 1919 年 9 月 13 日发表在《新自由报》上的文章。

题患了失眠症,而且他的心思全都用在尽可能降低这些高工资上面了",工会官僚总是为这个使他们头痛的问题绞尽脑汁。**注意** 在无产阶级专政时期,工会官僚继续同资产阶级合作,并暗中同资本家一起为社会主义经济的建立设置障碍。匈牙利煤矿巨头的首领在无产阶级专政垮台后公开宣称[1]:

注意 "苏维埃政府曾决定取消一切煤矿公司并将其合并为一个统一的煤矿企业。但是在各公司和工会领袖的帮助下,这一决定的实施告吹了。"

注意 可见,即使在无产阶级专政条件下,社会民主党和工会的官僚也以改变了的形式,适应各种条件,继续执行阶级合作的政策。他们不仅和国际帝国主义反革命的先锋——协约国的各种军事代表团,而且也和"本国的"剥削者及工人头上的压迫者保持友好关系。

注意 曾是无产阶级革命专政的执政党和领导党的政党,不能摆脱那些自己也不能摆脱阶级合作的人……

[26] 在这种情况下,匈牙利工人运动下一阶段的主要问题仍是过去的老问题。同 11 月和 3 月之间的革命时期以及无产阶级专政时期一样,主要问题仍是一**注意** 个,即革命的共产主义派别和妥协的社会民主主义派别之间的斗争。

社会民主党当时曾巧妙地避开了一场决定性的冲突,在一个历史关头造成了工人运动的统一,确切些说是造成了统一的假象,从而推迟了自己的彻底崩溃。因此,现在的任务就在于,让革命的工人阶级把自己的全部力量动员起来,争取彻底解决这一问题,而在等待解决时事先对此作好准备。

这样,主要的任务是反对社会民主党及其司令

---

(1) 见霍林·费伦茨于 1919 年 9 月 13 日发表在《新自由报》上的文章。[166]

部——党和工会的官僚的斗争……

[26—27]　无产阶级的历史使命是通过社会革命推翻资本主义和建成共产主义。这个历史使命决不容许谅解个别无产者、无产阶级阶层或者甚至大多数无产阶级的背叛行为。对于工贼照例是从来不心慈手软的……

[29]　无产阶级专政时期匈牙利工人运动的经验证明，社会沙文主义的领袖们利用动摇分子从工人运动的革命派那里逼出来的赦免，成了革命软弱无力的根源……

注意

[35]　仅仅从工人阶级的主要革命政党——共产党的状况的角度来看，无产阶级专政才是为时过早的：在苏维埃共和国宣布成立时，共产党在组织上还没有作好准备。由于与社会民主党融为一体，共产党的组织工作和思想工作均已中断，它已不能肃清工人运动和苏维埃共和国机关中的异己分子和敌对分子。苏维埃政权已不能摆脱这样一些人了，他们暗中破坏一切专政措施，与资产阶级、反革命秘密勾结，与混进革命队伍的流氓无产者(为了掩人耳目，他们假装同这伙人作斗争)串通一气，竭力助长贪污腐化，从资产阶级共和国时代起他们早就积极参与这种行为了……

注意

[41]　工人阶级的革命政党不应该良莠不分地把一切人都吸收到自己的队伍中来，因为只有通过严格挑选党员，才能达到以思想统一和组织统一为前提的行动上的统一。

注意

　　有人可能指责我们，说这样的党不过是一个宗派，它不能把全部无产阶级群众都吸收进来，因而也不能被看做整个阶级的代表。

　　但是这种指责不难驳倒。只有庸俗的马克思主义

注意 ‖ 才会产生把党和阶级<u>混为一谈</u>的社会民主主义概念……

[41—42]　真正的工人政党决不能把整个阶级都吸收进来,正因为这样它才是工人阶级真正利益的代表。<u>共产党如果不愿意丧失自己的革命性</u>,就只能把那些与小资产阶级的纯议会思想、反革命思想和妥协思想或工人贵族毫无共同之处的<u>革命者吸收到自己的队伍中来</u>……

注意 ‖ [42—43]　在工厂、合作社、<u>工会</u>以及企业的各种选举产生的机构中,<u>共产党员在争取提高工资的斗争和罢工运动中,都必须努力把领导权掌握在自己手里,在选举工会机关时必须进行反官僚斗争</u>。不仅必须建立党支部,而且凡是在共产党员们一起工作或一起生活的地方,<u>他们都应该团结起来,以便实现统一发动、统一</u>

注意 ‖ <u>行动,以便开展宣传工作</u>。每个企业、每个车间都必须<u>建立和扩大共产主义组织</u>;这就是当前的首要任务。占领一切阵地,凡是工人们一起生活或一起劳动的地方,设法使共产党员当选为工会负责人,这些都极为重要。在工会中这具有特殊的意义,因为使工会摆脱反对革命的官僚们的魔掌符合工人阶级的切身利益。

党的革命性质确定了第二个极其重要的组织原则,即:<u>严格的中央集权</u>。这和严格挑选组织成员一样,是统一的革命行动的必要前提……

[48]　分裂为派别的不只是资产阶级,无产阶级也是如此。这种分化一方面表现在社会民主党的分裂中,表现在工会和党的官僚们争夺国务秘书职位的斗争中

什么样的? （<u>挖土工人</u> 联盟 <u>退出社会民主党</u>）,另一方面表现在

谁? **167** <u>工人贵族力图完全放弃阶级斗争</u>,放弃国际主义原则,使工人运动以民族范围为基础。（<u>万察克·亚诺什致《瓦</u>

什冶金工人专业报》编辑的声明)……

[49] 从存在了4个月的匈牙利无产阶级专政垮台时起,各社会民主党和第二国际就不得不脱下伪装。它的垮台——关于这一点<u>那些对策划匈牙利的反革命功劳卓著的奥地利社会民主党人</u>的哭诉也可作证——重新增强了各国工人阶级对马克思在巴黎公社时期提出的下述论点的正确性的信心,他说,如果工人阶级不履行自己的职责,如果它仍然消极被动,那么资本就会对它实行空前残酷的统治……

注意

[50] 由于有关囚犯的全部案卷都已移交给司法机关,<u>白色恐怖</u>便具有了"合法的和宪法的"形式。不但如此,<u>在人民被授予普遍、平等和无记名投票的选举权的情况下</u>,白色恐怖还<u>具有了"民主的"性质</u>。军官、官僚、警察和宪兵的专政,通过<u>成立"中央集权"的内阁</u>给自己建立了民主基础,这就是"最广泛的居民阶层";它把这个民主基础扩大到使社会民主党本身成为制度的支柱的地步……

?

[51] 白色恐怖的国家级刽子手,是福德的基督教民主党首领<u>瓦利·米哈伊</u>,而他的帮手则是<u>社会民主党人</u>。这就是<u>基督教和社会民主党活动家们"中央集权"</u>的最明显的象征……

[52] <u>但是</u>,在本文写作期间忍痛辞掉两名社会民主党部长的<u>这个政府</u>,<u>在</u>作为联合即基督教民族统治的基础的<u>城市小资产阶级和少地的农民中已开始失去基础</u>……

[53] 民主方法的失败和议会制的破产在任何地方都没有像目前在匈牙利这样明显,<u>尽管已正式保证提供普遍、平等和无记名投票的选举权</u>,为追求委托书熬白了头的社会民主党和工会的官僚们<u>经过长期痛苦的思索后</u>,<u>不得不放弃参加选举</u>。因而,社会民主党尽管是

出于无奈,毕竟成了议会制的敌人。它暂时放弃了政治斗争的议会手段。但是社会民主党曾向资产阶级保证要在工业领域实现和平,而工业领域的和平只有在死一般沉寂的条件下才能到来,所以社会民主党便促使无产阶级的革命分子处在死一般的沉寂中。

匈牙利的无产阶级目前<u>在挨饿,在流血……</u>也在<u>学习……</u>

[54]　革命的工人阶级要用像反对资产阶级和白色恐怖那样大的干劲来反对无产阶级的这些公开的和重新披上伪装的叛徒。<u>社会民主党右翼不久前才退出的那个联盟</u>,尽管以另一种形式出现,却是社会民主党左翼所希望的目标。这个左翼用来作为幌子的国际主义和它在背叛革命后所宣布的革命性,是旨在欺骗革命无产阶级和引导他们偏离世界革命道路的蛊惑煽动。同时国际主义和革命性的口号还用来作为对资产阶级施加压力的手段,以便再次以背叛国际主义和革命性的思想为代价,促使资产阶级实行"更大程度的"阶级合作。所谓的左翼挥舞马粪纸制作的武器进行的斗争,其目的只有一个,即<u>孔菲[168]们和柏姆们想在下一届政府中占据派耶尔[169]们</u>和米亚基奇们的职位……

（注意）

匈牙利共产党,无产阶级国际联盟——第三国际匈牙利分支部的职责在于:粉碎革命的一切敌人(从霍尔蒂到孔菲),使共产主义思想在匈牙利获得胜利。这一胜利为期不远了。资本主义在西方国家的崩溃,席卷欧洲(从保加利亚到英国)的革命阶级斗争浪潮,俄罗斯苏维埃共和国的胜利斗争,是使匈牙利无产阶级在 <u>4 个半月</u>专政期间所进行的斗争不致付诸东流的保证……

[55]　胜利将从审判刽子手开始而以建成社会主义告

终。当我们在恐怖行为的牺牲者的墓旁,把应对白色
恐怖及其蹂躏法律的暴行负责的一切人——<u>从柏姆和
孔菲到霍尔蒂和胡萨尔</u>[170]——都传唤来受审的时候,
"那时我们将回忆起……也要高呼:'让战败者遭
殃吧!'"

在小册子里作者革命信念的坚定性,他对革命坚定不移的信
念是好的。关于党应当是什么样的党,论述得好。对社会民主党
人的批判也是好的。

但是,**一个极大的**缺点是——完全缺乏事实。这就使小册子
没有力量。全书 55 页当中,本应当用 40 页来写确切的事实(社会
民主党和革命的历史,以及匈牙利反革命的历史)——提供事实
的梗概,留下 15 页写评论。

不这样改写,小册子就毫无力量,不能用。

译自《列宁文集》俄文版第 40 卷
第 432—441 页

在《弗·恩格斯〈政治遗教。选自未发表的书信〉》一书上作的批注[171]

（1920年和1921年2月2日之间）

列　宁

注意第18—**19**页 ‖　　　　　| 1884 年 12 月 11 日 |

注意第24—**6**页[172]

[6]?　1920 年 8 月于彼得格勒　　　　　N. R.①

　　　　　　　　　　　　　　　　　　　　?

[16—19]　我们有一个很有利的条件,就是我们的工业革命正开足马力向前推进,而这个革命在法国和英国基本上已经结束。在那里,城市和乡村之间的分离、工业区和农业区之间的分离已经接近完成,以致现在只是发生一些缓慢的变化。在那里,就大多数人来说,他们成长的环境就是他们以后必须在其中生活的环境;他们对这种环境已经习惯,在他们看来,甚至连动荡和危机都几乎是理所当然的事情。况且,以往进行过的历次运动的尝试都遭到了失败,他们对此还记忆犹新。与此相反,在我国一切都还处于巨大的变动之中。农民自给自足的旧式工业生产的残余正在受到资本主义家庭工业的排挤,而在其他地方,资本主义家庭工业又在让位给机器。而且,正是我们这种跟在其他国家后面一瘸一拐地向前追赶的工业的性质,反而使

---

①　这是小册子的序言日期和署名。——俄文版编者注

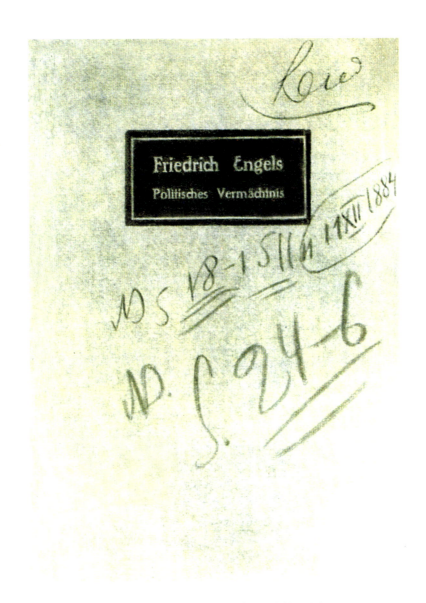

1921年列宁在《弗·恩格斯〈政治遗教。选自未发表的书信〉》一书封面上作的批注

革命更加彻底。由于日用品和奢侈品的大规模生产已被英国人和法国人所垄断，所以留给我们出口工业的多半只是一些小商品，然而这些小商品也是为广大群众所消费的，它们最初是由家庭工业来制造，只是后来到了大批生产的时候才用机器来制造。这样，家庭工业(资本主义工业)就会扩展到广阔得多的地区，而且更加彻底地为自己清扫地盘。如果不把易北河以东的普鲁士地区，即东普鲁士和西普鲁士、波美拉尼亚、波森，以及勃兰登堡的大部分和旧巴伐利亚算在内，那就没有几个地区的农民不日益被卷入家庭工业。这样进行革命的地区，在我国比在其他任何地方都要大。

其次，由于从事家庭工业的工人大都经营自己的一小块土地，这就使别人有可能把他们的工资压得比其他任何地方都低。农业和工业的结合，从前是平民的幸福，现在却成了资本主义剥削的最有力的工具。一畦马铃薯、一头母牛、一小块耕地，就能使工人以低于自己劳动力的价格出卖劳动力；迫使工人这样做的原因是，工人被束缚在一小块土地上，而这块土地又只能使他维持部分生活。因此，我们的工业之所以有能力输出，是由于它在大多数情况下把全部剩余价值赠送给买主，而资本家的利润则是靠压低正常工资取得的。在任何农村家庭工业中，都程度不同地存在着这种情况，但是，在任何地方都不像我国这样突出。

此外，由1848年革命和它带来的资产阶级进步(尽管这种进步很微小)所引起的我国的工业变革，通过下面两件事而大大地加速了；(1)在1866—1870年间扫除了国内的障碍；(2)法国的几十亿赔款[173]归根到底是用于资本主义投资的。这样我们就完成了工业变革，这种变革比其他国家的变革更彻底、更深刻、更广泛、更丰富，同时还出现了一个朝气蓬勃、未受摧残、未因失败而精神沮丧的无产阶级；最后，多亏马克思，我们还认识了经济和政治发展的原因以及即将到来的革命的条件，而这种认识是我们的任何一个前人所未曾有过的。但是，正因为如此，我们也有义务取得胜利。

至于说到纯粹民主派和它在未来的作用，我不同意你的意见。它在德国所起的作用比起它在工业发展较早的国家中所起的作用要小得多，这是不言而喻的。但是这并不妨碍它在革命关头能够作为极端资产阶级政党（它在法兰克福[174]就曾扮演过这种角色），作为整个资产阶级经济、甚至封建经济的最后一个救生锚，在短时间内暂时起作用。在这样的时刻，全部反动分子都给它撑腰，增强它的力量：一切反动的东西那时都将带上民主的假面具。在1848年，从3月到9月就曾出现这种局面：所有的封建官僚都支持自由派，为的是镇压革命群众，而这个目的一旦达到，他们自然也要把自由派一脚踢开。在1848年，从5月到波拿巴的十二月选举为止，也曾出现这种局面：在法国进行统治的是一切政党当中最软弱的、纯共和主义的《国民报》派，而这仅仅是由于全部反动势力联合起来支持了它。在每一次革命当中，都曾出现这样的局面：最温顺的、还有能力执政的政党也上台参与掌权，正是因为战败者认为，只有这样做，自己才有得救的最后可能。我们现在不能指望，在危机爆发的时刻就有多数选民，即多数国民支持我们。那时，整个资产阶级和封建有产阶级的残余，大部分小资产阶级和农村人口，都将聚集在口头上表现得非常革命的极端资产阶级政党的周围，而且我认为，这个政党很可能将有代表参加临时政府，甚至在一段时间内会构成政府中的多数。在这种情况下，作为少数派不应该怎样做，1848年巴黎二月政府里的社会民主派少数已经表明了。不过，最后提到的这一点在目前还是一个学院式的问题。

当然，在德国，事态在目前可能有另外一种发展，

注意

注意

注意

而且是由于军事上的原因。在当前的形势下,外部的
推动力几乎只能来自俄国。如果推动力不是来自俄
国,而是来自德国,那么,革命就只能从军队开始。和
现代军队比较起来,手无寸铁的人民在军事方面简直
是微不足道的。假如我们的那些没有选举权但受过军
事训练的 20 岁到 25 岁的预备兵行动起来的话,那就
可能超越纯粹民主派。但是这个问题在目前也同样是
学院式的,虽然我这个可以说是党的总司令部的代表,
有义务对它加以考虑。不管怎样,在危机的日子和危　‖　注意
机后的日子,我们唯一的敌人将是聚集在纯粹民主派
周围的整个反动派,这一点,我认为是不可忽视的。①

[24]　　　　　　　　　　1891 年 10 月 24 日　‖　注意
　　我认为有必要向法国人坦率地说明,一旦战争发
生,我们将处于怎样的地位,——这当然是一项非常艰
巨的任务,——因此我用法文写了一篇文章**175**……②

[26]　如果我们因为战争而提前执掌政权,技术专家
就会成为从根本上反对我们的人,只要有可能,他们就
会欺骗和出卖我们;我们将不得不对他们采取威慑手
段,尽管如此,他们还是要欺骗我们。法国革命者在小
范围内所遇到的情况一向是这样:甚至在一般的管理　‖　注意
工作中,他们都不得不把一些次要的,但真正管事的职
位,交给过去的反动分子担任,而这帮人对一切都百般
干扰,横加阻难。③

　　　　　　　　　　　　　　译自《列宁文集》俄文版第 40 卷
　　　　　　　　　　　　　　第 246—249 页

---

①　参看《马克思恩格斯全集》第 1 版第 36 卷第 251—253 页。——编者注
②　参看《马克思恩格斯全集》第 1 版第 38 卷第 185 页。——编者注
③　见《马克思恩格斯文集》第 10 卷第 621 页。——编者注

在俄罗斯国家电气化委员会
改组方案上作的批注¹⁷⁶

(1921 年 2 月 18 日)

列宁的一份。

退回。

已改写①。

俄罗斯国家电气化委员会条例

1. 俄罗斯国家电气化委员会是根据劳动国防委员会 1920 年 3 月 24 日的决定建立的,它隶属于劳动国防委员会,是一个根据统一的全国经济计划并全面监督电气化计划的实施来进一步制定俄罗斯社会主义联邦苏维埃共和国电气化总计划的机构。

附注:劳动国防委员会下设立制定统一的全国经济计划的专门机构,俄罗斯国家电气化委员会是该机构的成员。

**其他的按新的
第 1 条改写。**

2. 俄罗斯国家电气化委员会负责:

(1)审议共和国各地区(州)行政经济机构关于电气化问题的设想,使其与全国电气化计划相协调;

(2)审议各人民委员部和各主管部门关于各个国家经济部门实施电气化的设想,使其与电气化总计划相协调;

确定

(3)审议确定实现电气化总计划工程日程的<u>期限</u>并监督该计划的坚决执行;

(4)审议共和国电机工业的生产规划以及必要的设备和材料的进口计划,使之与实现电气化总计划相协调;

---

① 后面刊载的第 1 条是列宁改写的(见《列宁文集》俄文版第 20 卷第 23 页)。第 1 条用打字机打在《条例》末尾。——俄文版编者注

（5）制定和实施一些全国性措施，以提高和在国内普及电气技术知识、吸引广大工作人员来实现电气化、并广泛宣传电气化的思想和计划，使这些措施得到广大居民群众的理解。

第 2 条不要，因为这**仅仅**是电气化的一个部分或电气化分委员会的一个部分。

3.俄罗斯国家电气化委员会有权设立地区（州）分会……

? 有必要吗？在目前吗？

第 1 条：劳动国防委员会下设立计划委员会，以便根据苏维埃第八次代表大会批准的电气化计划制定统一的全国经济计划，并全面监督此项计划的实施。

对首要的经济任务，尤其是那些在最近期间，包括 1921 年内应当完成的任务，应由计划委员会或它的一个分委员会在充分考虑具体经济现实的现有条件后作出极其详细的规定。

译自《列宁文集》俄文版第 35 卷
第 224—225 页

在亚·柯伦泰《工人反对派》一书上作的批注[177]

（1921年3月9日）

一

在封面上作的批注

列宁的一本

注意第 **25** 页　　注意：第36页

与 第 33 页
关于各国民
经 济 委 员
会、各总管
注意　理机构；各
中央管理机
构比较

第4页——蛊惑宣传

第5页——同上

第12页——马哈伊斯基主义[178]

第13页

第18页——居然没有认真地考虑改善工人的状况。

二

在正文上作的批注

从前的达官显 ‖　　　[3]　……非常值得注意而且不能不提请我们中

央机关注意的是,加入反对派的是按阶级组织起来的无产者即共产党人的先进部分……

〔4〕……当军事战线稍有缓和,生活的钟摆刚刚摆向经济建设一边时,这些典型的、富有彻底精神的无产者,本阶级最卓越和最坚定的代表,为了响应自己的阶级兄弟(还在劳动苏维埃俄国过着苦役般屈辱可怜生活的工厂工人,即千百万俄国无产者)的无声召唤,就急急忙忙地脱下"弗伦奇式军上衣"和皮上衣,急急忙忙地把"公文"夹放在桌旁……

〔5〕……在矿工代表大会上,有一位西伯利亚的代表说:"莫斯科在工会作用问题上的分歧和争辩,我们并不了解,但是你们面临的这些问题也正是我们所关切的问题。"无产阶级群众是拥护工人反对派的,或者确切些说,工人反对派是我们工业无产阶级中实现了阶级团结、具有阶级觉悟、阶级意志坚定的部分。他们认为,不能用工人阶级专政的徒具形式的招牌来代替无产阶级在共产主义经济建设事业中的伟大的创造力……

〔7〕……为什么正是不善于用科学论据来阐明自己理由的工会坚决主张"集体管理制",而那些"专家"的辩护士与此同时却坚持"个人管理制"呢？这正是因为在这场争论中(虽然双方"原则上"都否定问题的意义),存在着实质上无法调和的两种历史观。个人管理制,是彻头彻尾资产阶级个人主义的(也就是从自己个人出发的)世界观。个人管理制,也就是脱离集体的、"自由的"、孤立的个人的意志,它表现在各个方面——从确立专制的国家首脑直到工厂厂长的专制,这是资产阶级思维的最高智慧……

宦呢?

[9] ……这表明,我们党正经历着革命以来的第一次严重危机;<u>不应当信口开河</u>,说反对派是"<u>工团主义</u>",而把他们<u>轰走</u>,而应当使全体同志好好思考一下:这种危机是怎么引起的? ……

[12] ……在革命初期被抛在一边的……这个由资本主义生产的巨头和资本的驯服的、雇佣的、待遇优厚的奴仆所组成的社会集团,<u>在政治上的影响和作用正在与日俱增</u>*。

<u>需要指名道姓吗? 每个关心我们对内对外政策的工人同志自己就会想起不止一个这样的人</u>……

[13—14] ……<u>我们党的上层领导人</u>估计到仍然建立在资本主义制度(用货币支付劳动报酬、工资、劳动类别等等)上的我国经济的全部灾难,他们<u>在寻求摆脱经济混乱的办法,但根本不相信工人集体的创造力,那么向谁呢? 向出身于资产阶级资本主义旧社会的人</u>、向生意人和技术人员寻求,而这些人的创造才能恰恰在经济方面混杂着资本主义管理生产和管理经济的方式的陈规、习惯和手段。

!!

[15] ……只要回忆一下我们对农民的政策所经历的曲折道路就行了,这条道路使<u>我们从"依靠贫苦农民的方针"转到依靠"善于经营的勤劳的农民私有者"的方针</u>。让这个政策方针来证明我们上层领导人的政治上的清醒和"治国才略"吧! 但是,<u>公正地</u>评价我们统治阶段的<u>历史学家</u>会注意到并且会指出,正是在这里已经表现出了离开阶级路线的"危险倾向",表现出了会引起许多后果的这种"看风使舵"、随机应变的趋势……

----

　*　附注:工人反对派在任何时候,任何地方都没有否定过"利用"科学技术专家。但利用是一回事,把政权交给他们则是另一回事。

［17］ ……你们那种在居民三个社会集团中间选择合力的政策,是非常英明的政策。但是,这个政策却散发着早就领略过的看风使舵、机会主义的气味……

［17—18］ ……由共产党员,即被列宁同志称之为"吸收了阶级的革命力量"的这个工人阶级的"先锋队"管理的劳动共和国,竟然没有认真地考虑到,不是要给那些个别的、偶然涌现到人民委员会跟前来的非常重要的企业和工业部门提供特别优惠的条件,而是要给群众,即给广大的男女工人群众,多少提供一点人类的生存条件……

［20—21］ ……在当前危机时刻,党的任务就是勇敢地检查自己的错误(不管错误有多少),并且倾听广大工人群众合理的阶级呼声;通过以产业工会为代表的上升阶级本身的创造来恢复和发展国内生产力,清洗钻进党内的异己分子,通过恢复民主制和在党内自由发表意见和开展批评来改进党的工作……

［21］ ……没有一个共产党员对工会作用的争论袖手旁观过,这也是很自然的。结果产生了 6 个不同的集团……

［25］ ……它(工人反对派。——俄文版编者注)就是这样理解工会的任务的。于是就出现了它的提纲中最重要的一个要点:

"国民经济的管理应当由联合在各种产业工会中的生产者的全俄代表大会来组织,应当由他们选出中央机关来管理共和国的整个国民经济"(工人反对派提纲)……

注意

……不信任工人阶级(当然不是在政治方面,而是在该阶级的经济管理的创造才能方面),这是我们上层领导人所签署的提纲的全部实质。党的上层领导人不

相信没有受过严格技术训练的工人的粗笨的双手能勾
画出将来会发展成共产主义生产的严整体系的各种经
济形式的基本线条和轮廓……

[27] ……托洛茨基本人似乎对工会任务有另一
种理解;他认为,工会的主要工作就是组织生产。在这
一点上他是完全对的……
　　……阶级的创造力被忽略了。它被托洛茨基同志
改换成:工会内部"生产的真正组织者"是"工会里担任
领导工作的共产党员"……

[33] ……工人反对派并没有愚蠢到这种地步,
甚至不考虑技术和受过技术训练的力量的巨大作用。
它并没有打算在生产者代表大会选出管理国民经济的
机关后,就去解散各个国民经济委员会、总管理局和中
央管理局。不,它只是要让这些必不可少的技术上有
价值的中央管理局服从它的领导,并且向它们提出理
论上的任务,像过去厂主利用技术专家的力量那样来
利用它们完成它所拟定的深思熟虑的计划。

[36] ……在当前过渡时期,劳动共和国的经济
领导机关应当是工人生产者选举出来的机关……
　　……不过,工人反对派不应当而且也不可能让
步。但这并不是号召"分裂"。不,它的任务不是这
个。即使在代表大会上遭到失败,它也要留在党内,始
终坚持自己的观点,以便挽救党和纠正党的路线……

[37] ……关于官僚主义的问题是提出来了,但
在苏维埃第八次代表大会上只是非常肤浅地讨论了一
下…… 就在这一点上,争论也比它表现出来的更为
深刻。其实质在于:在创建共产主义经济基础的时期,
劳动国家的什么样的管理体制能够保证阶级的创造力

有更广阔的前景——是官僚主义的国家机关体制,还是
能发挥工人群众广泛的切实的首创精神的体制?……

　　[39]　……官僚主义是渗透我们党内最深处和腐
蚀苏维埃机关的一大祸害,不仅工人反对派指出这一
点,而且这个集团之外的许多比较善于思索的同志也
承认这一点……

　　　　　　　　　　　　译自《列宁文集》俄文版第20卷
　　　　　　　　　　　　第35—38页

在俄共(布)中央委员会专门委员会
关于消费合作社法令草案的
讨论记录上作的批注[179]

(1921年4月4日或5日)

在统一的消费合作社的范围内,允许按较小的地域单位或从事同一行业、职业等等的人员类别组成公民联合体……

大多数

注:(瞿鲁巴同志提)3票通过。按上述方式组成的大工厂工人和职员的联合体,根据实物奖励法令享有权利和特权。小企业的工人和职员为了同一目的也应联合起来……

大多数

所有上述联合体均可通过统一的消费合作社并根据特别条例规定的原则利用它们的参加人社费(现金或实物)购买用来分配的产品。

注1:(瞿鲁巴同志提)——所有这类联合体必须在它们所属的那个合作社的管理委员会进行登记。

注2:(奥新斯基同志提)——加入这类联合体是自愿的。每个公民只能是一个联合体的成员……

第13条

国家对消费合作社的监督,由粮食人民委员部及其机构实施……

粮食人民委员部在消费合作社履行它必须履行的国家任务方面对其实施领导并对它的活动进行监督（3票通过）。

第14条

瞿鲁巴同志的以下提案以3票通过：

消费合作社及其联合会有权向自己的成员征收入社费、股金及预付款。入社费准许用现金或实物交纳。

第15条

列扎瓦同志的以下提案获得通过：[人民委员会和各地的省执行委员会]全俄中央执行委员会主席团有权委派自己的代表参加消费合作社及其联合体的管理委员会[人数不超过⅓]，享有选举产生的管理委员会委员的一切权利和义务。

译自《列宁文集》俄文版第40卷
第443—444页

在哈尔科夫省委书记关于
实行粮食税的报告上作的批注

(1921 年 4 月 17 日)

由于实施粮食税而产生的关于粮食税的实际应用和我们的经济政策的问题,在我们乌克兰引起了意见分歧。我们要在本声明中表述政治局委员曼努伊尔斯基同志所坚持的观点。

1.我们坚持必须实施<u>按俄亩</u>征收的统一的实物税。对其他所有农产品征税时,均以 <u>1 普特小麦</u>作为系数来折合。各区 1 普特小麦与其他各种农产品和谷类作物之间的比率,应由粮食人民委员部和农业人民委员部机关规定。不仅要向秋播地和春播地征税,也要向放牧休闲地、宅地、牧场、割草场征税。在乌克兰的 4 400 万俄亩的土地总面积中,这类可耕地的总面积为 <u>3 000 万俄亩</u>。每俄亩征收的税额,应根据该地区的土壤条件、耕地不足情况和经营性质而有所不同,各县差额应大致保持在每俄亩 3—5 普特小麦之间。这种地区征税的税率由几个同志会同统计学家和农业专家一起制定,并可依照您的第一项要求呈报。乌克兰征税总额平均为 12 000 万普特小麦。

3 000 万俄亩
(3－5)×4＝120

我们之所以以土地作为课税对象,并赞成按俄亩征收统一的实物税,是因为我们认为这种征税形式可使农户摆脱税收部门对它内部生活的严重干预。<u>粮食人民委员部机关提出的征税制</u>(要求预先统计农户的

全部财产:牲畜、家禽、油脂、肉类、羊毛等等)是以粮食
人民委员部的代表熟悉每个农户的产业状况为依据
的,而这种查看农民财富的做法,引起农民的强烈反
对。农民希望确切知道:一年一次向他征收多少,而且
要使收多少税绝不由地方粮食部门的代表擅自作主。
这是乌克兰贫苦农民委员会会员们在有关税收的一切
预备会议上表示的共同愿望。我们确信,假如我们在
播种开始以前就公布每俄亩的征税额,那么由于农民
对播种运动表现出来的巨大热情,我们在乌克兰就有
可能得到 15 000 万普特余粮。可惜错过了时机,我们
乌克兰人民委员会的错误就在这里。

　　2.第二个意见分歧表现在确定乌克兰谷物税总额
的问题上。您为全俄(土耳其斯坦和乌克兰除外)规定
的这个数额是 24 000 万普特,即比余粮收集数额减少
了一半。但是,在粮食人民委员部代表和政治局多数
委员的坚决要求下,乌克兰中央执行委员会准备把乌
克兰谷物税的数额规定为 13 000 万普特(以前根本无
法完成的余粮收集数额为 16 000 万普特)。只是由于
政治局某些委员的反对,中央全会才将税额减少到
11 700 万普特粮食。在讨论这个问题时,某些同志暴
露出一种有害的倾向,他们根据粮食人民委员部的不
切实际的数字,把税额增加到如此荒唐的程度,以至扩
大播种面积反倒对农户不利。例如,粮食人民委员部
就把自己每月的粮食需要量规定为 1 350 万普特。如
果您能注意到乌克兰的人口总数约为 3 000 万,那么,
这就是说,粮食人民委员部就能供应大约 45%人口的
口粮。忽视农户的兴旺发展,优先考虑消费者的意见,
"扼杀"作为粮食主要供应者的"殷实"农户——这一切
在乌克兰造成的后果是,我国农业资源将在最近彻底
枯竭。我们在确定税收总额时所依据的原则有以下两
个出发点:(1)我们要满足军队和非农业人口的最低限

注意

注意

度的需要;(2)征税不应当使扩大播种面积在经济上对农民不利。所以,我们准备用手头掌握的数字来证明,就乌克兰目前的农业状况来看,12 000 万普特小麦——各种(其他农产品)税收的等价物——是不至破坏我国农业基础的唯一现实的数字。

在讨论降低余粮收集数额时,出现过类似的分歧。粮食人民委员部在 7 个月内完成了 16 000 万普特余粮收集总额中的 6 000 万普特。在新收获期以前剩下的 5 个月内,考虑到我们有 1 000 万普特的储备,我们曾经坚持把余粮收集数额减少到 4 000 万普特,而粮食人民委员部却要求把余粮收集数额保持在 6 000 万普特。在中央全会上,伏龙芝同志在这个问题上所持的观点取得了胜利。他建议将余粮收集数额减少到 5 000 万普特。

3. 第三个意见分歧发生在关于累进税制和为贫苦农民规定一定的优惠条件的问题上。我们坚持要在试行的法令中明确规定由新的税收法赋予我们贫苦农民委员会的优惠条件。但是,在法令中没有这样的规定,只有几段一般性的宣言式的话,说收税要在贫苦农民的监督下进行。我们提了些什么建议呢? 我们建议,在基本法中规定贫苦农民委员会有权把全县向贫苦农民按俄亩征收的税率减少一半,但是由此而未收足的税额则完全分摊给富裕农户,以免国家受到损失。同时,为了不使这项降低税率的权力变成农村把自己的义务转嫁给"勤劳的"农户的权力,从而扼杀后者经营方面的积极性和主动性,我们在法令中对不太勤劳的农户的贪欲作了一定的限制。对转嫁给富裕农户的税额规定了限度,即对每个富裕农户的追加额不得超过基本税的 ⅓。例如,在人口稠密的沃伦省的贫瘠的奥夫鲁奇县,全县税率为每俄亩 3 普特。假定村里有 5 户贫农和 3 户富农,那么可以向每户富农按每俄亩追加 ⅓

的基本税,即1普特(因为全县的税率是3普特)。如果3户富农有30俄亩土地,也就是说,除了90普特基本税以外,附加税额不能超过30普特。给5户贫农减少的税额也只能以这30普特为限。

遗憾的是,法令制定者没有在法令中给贫苦农民规定这些切实的保障,从而导致我们的贫苦农民委员会没有等到许诺给贫苦农民委员会的详细条例的公布,就开始自行解散了。

<u>第3条不清楚</u>

4. 关于合作社在商品交换任务方面的作用问题(商品交换任务是由于实行粮食税而形成的新关系产生的)。我们的国家机关——国民经济委员会和粮食人民委员部依旧主张把全部商品交换业务集中在国家手里。可是,众所周知,我们国家没有力量把全部商品交换任务都包揽下来。经济生活仍将摆脱国家的调度而受其本身规律所支配。而且,在存在着商品市场的条件下,站到按"自由价格"进行交易的买卖人的立场上,对工农国家未必有利。由于我们只掌握为数不多的商品储备,因而利用商品需求量的不断增长,在商品交换业务中提高商品的"价格"对我们是有利的。一方面是商品储备不足,另一方面是迫切需要粮食,这将迫使我们在同农村进行商品交换业务时利用食盐、火柴、煤油、纺织品进行投机。国家不应走上这条道路,而具有明显的表面独立性的、由单个人组成的合作社则是可以的。

主张利用合作社来进行商品交换的第二个理由是,农民群众不信任粮食人民委员部的机关。进行消除这种不信任的工作,要占用最近几个月的时间,也就是说,要占用恰恰是粮食危机最尖锐的这几个月。因为在商品储备不足的情况下,我们不能广泛开展商品交换,所以我们一开始就将陷于无力使自己开出的支票兑现的破产者的境地。因此,我们最好是把农民的不满的矛头指向合作社,而不要指向粮食人民委员部。

有种说法,认为我们恢复合作社的作用就是恢复"第三等级",认为我们尤其在乌克兰可能助长佩特留拉匪帮的经济影响和政治影响的力量——这种说法却被下列事实所驳倒:在乌克兰,我们整个苏维埃机关正被那些把持合作社的人挤得满满的。我们应当预防自己被合作社所左右,对合作社应当采取我们过去对粮食人民委员部采取过的那种办法,就是说要向那里补充共产党的力量。在保持合作社表面独立性的情况下,通过我们的干部去掌握它,这应成为我们党当前的一项战斗任务。共产主义的合作社应当成为一种类似国内商业人民委员部的机关。

最后,我们认为需要请您注意:我们许多负责同志在三年革命期间养成的习惯和作风完全带到他们的工作实践中来了,以至这类习惯和作风不由自主地反映在他们对待新的政策方针的态度上了。这种情形尤其突出地表现在我们经济机关的实践中。**注意**｜｜｜我们粮食人民委员部的工作人员和国民经济委员会的工作人员千方百计地企图歪曲第十次代表大会的决定。如果听信他们的话,那就会得出这样一种印象,好像莫斯科的同志们简直是惊慌失措,作出了毫无必要的让步。党的苏维埃工作者,即那些处于中间状态的人,他们都还受着旧的保守思想的束缚,并本能地抵制第十次代表大会决定的贯彻。在此基础上出现了许多不正常的现象。代表大会和全俄中央执行委员会一些新的决定正在非党群众中传播,他们正在作出自己的结论,把这些决定看做是宣布自由贸易,而我们的法令制定工作却过于迟缓。我们认为,俄共中央应施加适当的压力,以逐渐消除这种保守心理,因为这种心理在不成熟的党员群众中正在产生这样一种反应,把新的方针看做"真正的共产主义路线"的表现,指责过去全错了。我们的党开

始分裂为两派,一派是旧方针的代表,另一派是激烈
的"庄稼汉方针"的代表。只有在执行第十次代表大
会决定方面采取坚决的一贯的政策才能使我们防止
这两种倾向。<u>致共产主义敬礼!</u> 哈尔科夫省委书记
<u>伊万诺夫</u>[180]

译自《列宁文集》俄文版第 20 卷
第 74—78 页

在瓦·奥博林来信上作的批注[181]

(1921 年 5 月 18 日和 26 日之间)

列宁同志：

请您务必亲自接见电气工程师叶菲姆·伊萨科维奇·莫伊谢耶夫并听取他的意见,他是彼得格勒省国民经济委员会电力局技术规格总管理处处长,我就在该局局务委员会担任秘书。

莫伊谢耶夫工程师是位非党人士,但他绝对忠实、真诚、努力地同我们合作;他在自己的专业方面表现出富有创造性的组织者的主动精神和渊博的学识。

他因电力局的事务去莫斯科并随身带去两份极有价值的、具有独创性的草案:(1)关于组织和提高整个大工厂工业的、特别是电力工业的生产率的措施;(2)关于当前工资政策的依据……

在电力局局务委员会听取和讨论第一个草案(关于组织和提高生产率的措施)的初稿时,我对这一草案提出了尖锐的原则性批评,认为它对无产阶级专政是一套危险的和有害的实际业务措施,也就是说我们不能接受的一套实际业务措施。这些措施客观上会使资本主义在苏维埃俄国以国家“工团主义”的形式复辟。由于客观逻辑的需要,国家工团主义必然会在无产阶级专政和苏维埃政权下建立一个资产阶级的、反共产主义的经济基础,而且必然会由于这种实际的对立在苏维埃的社会政治上层建筑的制度中引起各种变化。

这是当中央苏维埃政权在现行经济政策方面的一些分散的立法条款还没有来得及形成一条明确路线时

的情况,如果进一步思考这条路线,我们就可能弄明白这样的前景:尽管在暂时还是无产阶级苏维埃国家体制的范围以内,"小资产阶级社会的发展"客观上会引向何处和"向何处去"。

可是,自从电力局局务委员会完全同意我对叶·伊·莫伊谢耶夫草案的这种原则性评价以来,上述政治路线在客观上的显露,工会和苏维埃经济司令部在向我们进逼并向后方迂回的小资产阶级自发势力面前那种在整个经济战线上已经实际上开始了的毫无秩序的退却,以及最后,在政治教育总委员会的杂志《红色处女地》第1期上,您个人广泛地、公开地发表了纲领性文章《论粮食税(新政策的意义及其条件)》这个事实(在彼得堡,至今无法弄到这一期的《红色处女地》杂志,彼得堡的《真理报》只转载了您的文章的最后一章;虽则人们答应出版,但还没有出版您的关于粮食税等问题的文章和讲话文集),——所有这一切最终使我相信……"水(即"小资产阶级自发势力")把磨坊主人(即布尔什维克)的堤坝渗漏了";也使我相信,如果完全没有中央委员会按照最大限度地抵制并战胜小资产阶级自发势力(采取对个体的和小私有的经营倾向的暴露过程实行苏维埃国家有计划的调整和社会主义的集中的办法)这条原则把党统一起来的具有指导性的策略指示,那么,思想上完全陷入混乱的我们党的大军,以及包括同它在一起的整个无产阶级,在沿着最微弱地抵抗阶级敌人的道路退却时,就对复杂的战略机动显得无能为力了。我们认为,在这条"策略性"的道路上,战斗主动权从无产阶级和我们党的手中转到大资产阶级手中的时刻必将到来,大资产阶级会把我们从小资产阶级背上打下来,然后自己骑上去。很清楚,要在苏维埃政权范围内顺利地建立起国家资本主义,实际上就意味着大资本主义的资产阶级经济组织的存在,意

?

不见得!

味着整个千百万小资产阶级群众、私有主农民群众屈从于它的政治思想指导的影响;同样也很清楚,在这些条件下,在资产阶级自发势力的内部压力下,会对无产阶级专政和苏维埃政权造成这样一种局面:实际上只要倒退一步就会出现"由伟大到可笑"(不言而喻,这对无产阶级和共产主义来说将是一幕血的悲剧)这种历史的必然性,也就是从共产党领导下的无产阶级专政和苏维埃政权,经过反革命把它们颠覆,倒退到去建立俄罗斯资产阶级民主共和国,而不是建立别的什么比它更古老的东西,这尽管违反了您说的下面一句"安慰

哈—哈!

人心的"诡辩性的话:"只要无产阶级牢牢掌握着政权,牢牢掌握着运输业和大工业"①,由苏维埃来建设国家资本主义就不危险,不可怕,是不会威胁到共产主义的无产阶级专政和苏维埃政权的。从马克思主义观点来看,更正确的是把这句话按相反的意思改写如下:只有在领导小资产阶级的大资产阶级不能恢复(哪怕就是在我们帮助之下)全国性的有组织的资本主义的时候,无产阶级才能掌握专政、掌握国家政权来对俄罗斯苏维埃共和国的国民经济和社会生活进行共产主义改造。

综上所述,我不得不作出这样一个总的结论,这个结论现在妨碍着我用我上述最基本的马克思主义的、而我认为是无可辩驳的观点来公开反对在我们当前的现代经济中采用莫伊谢耶夫工程师的方案,因为不得不两害相权取其轻:既然事实上无产阶级专政注定要经过在苏维埃政权范围内有组织地建设国家资本主义这个不可避免的临时性阶段,那么不妨试一试,哪怕是部分地试一试莫伊谢耶夫工程师所建议的、讲究实际的方法和手段,来对小资产阶级自发势力的活动和资本主义倾向进行降服、克服和苏维埃国家的调节,这比

---

① 见本版全集第41卷第232页。——编者注

在小资产阶级自发势力面前沿着最微弱抵抗的道路慌乱地、张皇失措地、无原则地退却(而现在是,事实上没有任何抵制,没有任何战略计划,——"谁能怎么干,就怎么干")要好些。这种退却在客观事实上就意味着在共产党领导下用无产阶级的双手来挖无产阶级专政和苏维埃政权的墙脚(即相应的经济基础)……

　　正因为如此,我才要您了解一下莫伊谢耶夫工程师的方案,特别是现在,党、工会和国民经济委员会都得对付同样一些问题(至少在我们彼得堡是这样),而暂且对当前形势还没有任何明确的估计,这些部门彼此之间意见分歧十分严重,以至各自派出没有明确的原则委托书的代表去参加当前召开的全俄工会代表大会和全俄国民经济委员会代表大会,事先互相还大吵了一场。

　　致共产主义敬礼!

瓦·奥博林

1921 年 5 月 18 日

译自《列宁文集》俄文版第 23 卷
第 250—252 页

在叶·莫伊谢耶夫报告上作的批注[182]

（1921 年 5 月 22 日）

莫伊谢耶夫工程师的报告

当前，提高我国工业的企业生产率是大家公认的头等重要任务。如果这对整个工业来说是正确的，那么不言而喻，为实现电气化而改进电力工业是非常迫切的要求。既然电气化是使国家摆脱它所经受的经济危机的最正确的捷径，那么电力工业就是调整我国经济的主要杠杆……

作为……出发点的是确信要在工业上取得成就，必须让领导机关放手工作，就是说，一方面让它们自由支配资源，另一方面把全部管理职责集中到它们手中…… 对电力局所属各工厂来说，电力局是把它们统一起来的中心，有权自行处理事务，并且只对是否完成整个彼得格勒电力工业所提出的规划负责。

这在实际工作中就是：电力局向各级有关机关提出一个囊括彼得格勒所有工厂的生产计划（生产规划）。如果拨给电力局经费，它就要保证完成这个计划。这些经费同样地要列入电力局和工厂的一切开支的总额之内，不必划分任何项目，这就是说不要预算程序而改为一般的拨款单。凭这种拨款单就能预支日常开支所必需的经费。拨款的总额由生产出来的产品价值计算，因为每件产品都有一定的成本费。

……除了上述的纯粹组织性质的问题外，应当认

真研究另一个关于工资的问题,因为这个问题当前又
成了注意的中心……　　不容置疑,近几年来,工人给了
国家很多"贷款",但是现在他们大多数人的经济情况
已经到了<u>再没有什么可贷给国家的地步了</u>;另一方面,
必须重视工人群众目前明显表露出来的心理状态:
工人不仅不可能而且也不愿意为了一点微薄的工资去
劳动……

対!!

　　我们先从工资谈起。不管好坏,反正我们已采用
了计件工资制。然而这样做,使制定定额的机关的处
境十分为难。显然,如果根据稍微接近实际的某一生
产工序所定的时间定额,再按照工资来确定计件工资
定额,那就没有意义了。因此,可以找到两种办法:一
种办法是根据工资表来评定工时,但是这样一来,定额
要比实际所需的多出 8—10 倍;现在制定这些定额没
有任何制度,定额完全是随意制定的,因此在不同的工
厂里定额就各不相同,甚至在同一个工厂里,不同工种
的定额也不一样。工厂管理委员会(或者是它的制定
定额的机关)在制定某种定额时,很少能考虑到生产利
益,而不得不粗略地估计一下这要给工人多少额外工
资;如果定额显得低(就是说,如果工人"磨洋工"),就
提高定额。还有另外一种办法:时间定额定得大体上
合适(总的说来,多少还是随意制定的——比和平时期
的定额高),但工时工资不是按工资表计算,而是按某
些系数(3、5、7、10 等等)来计算……　　由此可见,采用
这两种办法,工资表几乎都没有什么意义;采用这两种
办法,都会出现一定的随意性、擅自处理和巨大的意见
分歧;采用这两种办法,<u>诚实的工人比说空话的人和游
手好闲的人都明显地要吃亏</u>;采用这两种办法,<u>纪律都
会非常涣散</u>;采用这两种办法,工人都很少把利益同工
厂的生产率结合在一起;最后,采用这两种办法,——
这大概是最重要的一点——工人的工资都将停留在很

不高的水平上,因为不管把工资率提高多少,在这样大的比例下是起不到它的作用的,这样,工人就得不到满意的工资。于是工人开始把自己的工作看成是令人苦恼的累赘,看成是完成"劳动义务",并不指望靠它来获得生活资料。结果产生了臭名远扬的"打火机"的说法以及工人中这样一种情绪,他们把工厂停工看成是求之不得的事,因为这给他们提供了挣钱的机会。现行的工资制造成的结果就是这样。

　　……这种情况就决定了劳动工资改革的基本方针,<u>这种改革迫使我们一方面把重心转到货币工资,另一方面放弃一般的工资等级</u>……

　　应当遵循这样一个原则:国家需要产品,而且只有产品可以和应该得到报酬。毫无疑问,只有各工厂的工厂管理委员会不是什么行政事务办公厅,<u>而成为生产和劳动报酬的真正领导者</u>的时候,我们才会有产品。应当彻底终止靠热情和英雄主义来搞建设,<u>因为人们不能够长年累月地处于狂热的兴奋情绪中</u>,而只有<u>经济的需要</u>才能够促使他们工作。只能在这种讲求实际的基础上搞建设。

对!

对!

　　因此,摆脱困境的方法可能有两种:(1)承认工厂管理委员会是工厂中的全权管理者。它的职责只是把所有的(或者某一部分)产品按成本交给国家。这个成本是工厂管理委员会在一定期间(根据目前情况不宜太长)同国家机关进行协商的唯一的事情,而所得款项的开支全由工厂管理委员会掌握。只要工厂管理委员会认为是最合理的,而且只要它们有资金,也就是说它们有一定数量的产品,就可以不按各种工资标准支付劳动报酬。因为我们在这里研究的只是劳动的问题,所以我们感兴趣的只是这方面的结果。<u>这里提出的制度意味着取消各种工资标准,取消所谓的货币奖金和工人的其他各种形式的特殊供应。工人和职员的供应</u>

由粮食人民委员部根据总的原则实施(口粮的类别标
准,即供应卡的分类,可以保留);取消所有其他形式的
奖励,保留工厂管理委员会机关所规定的统一的工资。 ‖‖ 注意
工会组织只是进行监督,使劳动法典不遭到破坏,调解
工人同工厂管理委员会之间的冲突,领导一切文化教
育活动等,即履行工会运动的正常职能。现在形成了
这样的一种情况,好像工厂管理委员会是个承租人,唯 ‖‖ 对!
一不同于工厂的区别(原则上无疑是非常重要的)是:
工厂是国家企业,而工厂管理委员会只是国家的委托
机关,因此一切供应由国家负担,而所有的产品都是国
家的财产……

译自《列宁文集》俄文版第 23 卷
第 253—255 页

在《革命进攻的策略和组织。三月行动的教训》一书上作的批注[183]

(1921 年 6 月 10 日和 15 日之间)

[3]   引　言

德国统一共产党[184]中央委员会在三月行动停止后不久,就向公众推荐这本论文集。这本文集的宗旨是,帮助党确定革命进攻的方针,确定党在策略方面和组织方面的方针。同时这意味着党应当在自己的队伍中作为一项极其重要的任务来进行反对机会主义的斗争。之所以应当进行反对机会主义的斗争,是因为:德国工人阶级在经济崩溃和反革命武装的两年期间,〈只是偶尔才有采取革命行动的勇气〉①,这一事实必然产生机会主义;机会主义有使共产党腐化的危险,就像它曾经使独立社会民主党[185]腐化了一样;如果机会主义在德国党内获得决定性影响,它将使第三国际遭到危险。

注意

注意

!!

这种斗争只在理论范围内是不可能进行到底的,因为不善于在适当时机发表激进言论的机会主义者是不好的机会主义者。党只能以自己的积极行动去抑制敌人的这种积极行动。从这个意义上说,三月行动是治疗党的机体中的疾病的最有效的药方,因为它把工人阶级从睡梦中唤醒,又一

---

①　这里尖括号内的话是原作者写的。——编者注

次使工人阶级面临这样的抉择:斗争,或是进一步变得软弱无力并陷入更加严重的贫困之中。

党和工人群众的动员——这是三月行动能够完成,并且已经完成到一定程度的一项最重要的任务。为了巩固和发扬这一成绩,使我们能够沿着已经开始的道路继续前进,必须通过无情地批判党的策略和党的组织机构的方法分析这一斗争的各种不同经验,并把这作为党的直接任务。本书应当为这项任务服务。

[4]　　因此,本书作者们遵循以下一些看法:

三月行动之所以这样毅然和德国的一些革命政党的过去决裂,是因为人们早就强烈地感到有采取革命进攻的必要。从群众性的革命党成立时起,就创造了采取进攻行动的最重要的前提。党的统一代表大会在《告德国无产阶级和国际无产阶级宣言》这份号召书中明确地阐述了党的任务。号召书中说:

"有了德国统一共产党这样的党,就创造了为苏维埃专政而斗争的前提。

我们说,是为了斗争,而不是为了宣传苏维埃思想。当然,还有千百万无产者和非无产者,德国统一共产党应向他们散发小册子和号召书,以便向他们解释,我们为什么而斗争,为什么只有通过国内战争才能争得无产阶级专政,为什么必须用一切手段保卫无产阶级专政。但是,如果说一个只有几万人听到其声音的党首先依靠宣传来吸引拥护者的话,那么一个拥有几十万党员并有几百万人听到其声音的党,就应当首先用事实,用行动来吸引他们……

德国统一共产党有足够的力量在事件允许的地方,或在事件要求这样做的地方,单独行动,自己承担风险…… 它将能够把无产阶级发动起来或站在自发的行动的前头。"

这种豪言壮语不容掩盖的是：大胆宣布的革命决心与其说是事实，不如说是意愿和希望。一个其党员无论在斯巴达克联盟[186]还是在独立党中都完全是以宣传革命思想为方针的党，怎能不是这样呢？由于这些话没有包含采取直接行动的要求，连已经染上机会主义病毒的人也无须经过长时间的考虑就会表示同意。但即使那些认为进攻能使党恢复生气和使革命免遭必然覆灭的人，也不能十分认真地把这些话及其全部含义都接受下来。他们都应该在战火中净化自己并得到锻炼。应该在斗争中清除长期合法状态形成的锈斑。宣言的文字是对行动提出的要求，但是只有有了行动之后它们才能成为党和工人阶级的真理和不可剥夺的财富。

　　因此在过去的斗争时期，党未能表现出自己的有效的吸引力。而要做到这一点，只有在党内确立了这样一种思想之后才有可能，这就是，党只有在认清自己不只是一个确切知道自己追求的目标是什么的党，而且是一支在斗争中和通过斗争认清自己的无产阶级领导力量的作用的突击队，在这样的条件下党才能依靠自己的力量采取行动。在实际上认清这一点之前，党既不可能把群众吸引到自己这边

在哪几年？
(1919—?)
注意

锈
斑
注意

[5]

来,也不可能不容争辩地证明自己的革命性。

革命的未来仅仅取决于此。因此必须取消党单搞宣传的机会主义方针。这个方针是以胜利只有靠广大无产阶级群众才能争取到这个正确思想为根据的。因此它的拥护者们试图先利用宣传把这些群众吸引过来,然后如果能办得到,再去采取行动。实际上这意味着,行动总是要被推迟,因为纯粹的宣传员能对自己的工作成果感到满意的时刻永远不会到来。只有依靠使群众不可抗拒地卷进来的强大运动才能把群众发动起来。只有革命行动才能产生必要的深刻的影响。

我们认为是机会主义的那种观点的拥护者也强调说,在共产主义思想完全掌握群众之前他们准备进行斗争。如果他们被迫要这样做的话,他们真的会准备进行斗争。但恰恰在这里清楚地表现出了一种对党对革命的危险情况。据说我们应该等待从右边来的进攻,这种思想在我们党的队伍中非常根深蒂固!从卡普叛乱**187**以来,这几乎成了教条。在卡普叛乱时,整个德国工人阶级第一次团结起来了。我们为什么忘记,一旦艾伯特在自己的总统宝座上勉强坐稳了,这种团结和积极性就化为乌有？我们为什么忘记,谢德曼分子的背叛伎俩之所以得逞,只是因为他们从一开始就领导了这一行动？只有当共产党从一开始就作为公认的领袖在斗争中出现的时候,群众才会接受共产党的纲领,才能在斗争中获得胜利。靠防御我们是不能获得胜利的。三月行动对我们之所以那么艰难,就是因为敌人又一次得以强迫我们从防御转为进攻,因为它又能把开始斗争的时机强

[6]

加给我们。无产阶级应该给自己的敌人规定比赛规则。共产党应该把主动权掌握在自己手中。

这种主动权不是在任何时候都可以掌握住的。这是对的。但是我们应该看到,德国正处在折射出现代世界历史之光的政治焦点上,我们应该意识到,欧洲革命的命运取决于德国政治事件的发展。我们应该意识到,世界危机在德国达到了顶点,它在这里产生了最深刻的影响,这种影响每天都 可能 引起灾难,并必然导致灾难。如果说经济危机的外部影响在世界大战的战胜国中比在德国大,那么,在那里这种影响之所以这么大,是因为中欧的资本主义经济已被彻底摧毁了。德国无产阶级十分严峻地面临一个问题:它将进行斗争,还是和资本主义一道灭亡。斗争,还是陷入野蛮状态——问题就是这样摆着。而共产党要对此负责。

如果这些思想浸透党的意识,那么三月行动就不会是一个孤立的事件。三月行动作为党的单独行动会是——如果那样,我们的敌人就是对的——对无产阶级的犯罪行为。三月行动作为一系列不断增强的行动的序幕,是正当的行动。党的积极性本身正在造成新的形势,扩大斗争的基础,加快向规模愈来愈大的进攻过渡的步伐。党正在赢得群众,并引导他们走向胜利。

统一共产党应该成为它在自己的宣言中所宣布的:"时代所必需的革命行动党!"

---

[7]　　　　　　奥·塔尔海默

三月战斗开始时的国内外形势

1.尽管这篇简短的叙述是在保尔·莱维关于三月战斗的抨击性小册子**188**出版之后写的,但我们在这里不谈论这本小册子……

这里只谈问题的实质,以及与此有关的东西。我们不打算捍卫任何事先提出的论点……

　　……但是在这些范围内总可以说一些必须说的话,因为评价作为某种行动或一系列行动的基础的策略原则,照例不是以真实的或臆想的"内部"原因,而是以每个人都能明白都能评价的<u>客观事实</u>为依据的。

　　我们在这里要谈的只是<u>客观事实</u>,我们没有任何理由对此保持缄默……

[10]　　……在和农民的关系方面采取的新步骤,和资本家建立起来的贸易关系都证明,苏维埃俄国参加西方胜利的无产阶级革命,<u>很快将变得比原先预料的更加必要</u>。具体地说,孤立的革命的苏维埃俄国能否维持 <u>10 年</u>,15 年,<u>是大可值得怀疑的</u>……

[13]　　……在许多大工会中,工会官僚们——社会民主党人和独立党人——联合起来同加入工会的共产党人进行无情的斗争。这证明,工会中的这些官僚们的统治受到了严重威胁,<u>孟什维主义和共产主义之间争夺对参加工会的群众的领导权的斗争已进入决定阶段</u>。具有决定意义的不是工会中的党员的绝对人数。有一个在积极活动的少数派,它率领着广大的工会会员。具有决定性意义的,一方面是,工会中共产党的和孟什维克的先锋队在数量上的对比关系,另一方面是,他们的积极性,他们参加斗争的决心和他们的战斗力的对比关系。<u>在德国,对参加工会的群众的领导权,是无产阶级革命的关键问题。</u>

　　<u>德国统一共产党的"公开信"</u>[189],向孟什维克工会领导人提出的开展广泛运动以捍卫工人阶级的直接需要的建议,是使这些群众脱离孟什维克领导的有效手段。官僚们蔑视这一建议,不予采纳。<u>此后</u>,在群众中展开了广泛的共产

注意

主义宣传。宣传获得了很大的成绩。在全国，独立党工人和社会民主党人围绕着这些要求团结起来了。在许多地方已经成立了联合行动委员会。在三月行动开始时，这一运动已经发展到这样一个阶段，这时单靠宣传已经不够了。在工人群众已经围绕着这些要求团结起来之后，必须作出努力，以便有组织地准备过渡到为实现这些要求而斗争。这样做的先决条件是，有组织地把支持"公开信"的工人团结起来(行动委员会)，并且努力利用这种团结孤立进行抗拒的工会领袖使之同群众分开，或者趁势迫使他们前进……

注意

[14]　　"公开信"披露，德国独立社会民主党和德国社会民主党已经不敢再参加争取实现那些由工人的状况直接提出的、目的只是要稍微改善一下他们的命运的要求的群众性战斗。

这证明：　　　　　　　　　　!!!

　　1. 工人阶级的状况在客观上要求，必须把即使其目的相对有限的行动引到革命的道路上来。

　　2. 共产党人在群众运动中决不再是一个微不足道的因素。任何大规模的群众运动，都会提出使领导权从君主派①手里转到共产党人手里的问题……

　　尽管情况有这样大的差异——有的参加了政府，有的没有参加政府，尽管两党在各地的状况不同，总的实际情况是这样的：德国独立社会民主党的领导，德国社会民主党的领导和工会的领导已成为资产阶级政府的集体的秘密工具，已成为资产阶级抵抗革命冲击的真正支柱。

[15]　确定对反革命的军国主义君主派只采取防御的方针，

---

① 校样中有错字，应为"孟什维克"。——俄文版编者注

会使军国主义君主派有充分的行动自由来改善
自己的组织和选择行动的时机,使其余的资产
阶级分子能够随心所欲地利用这一派为自己效
劳:或者召之即来,或者挥之则去。这种方针在
工人阶级的广大群众中产生了简直难以克服和
难以置信的消极性。

虽然"公开信"也像争取同苏维埃俄国建立
联盟的宣传一样,在群众中得到了响应,但仍然
未能打通消极性这堵墙。

＊　　　＊　　　＊

德国统一共产党在已形成的局势下应给自
己提出打通消极性这堵墙的任务。为此,它自
己应该转入积极状态。要做到这一点,不犯错
误,一帆风顺是不可能的,这是党过去的全部历
史决定的,关于党的历史在这里无须赘述。

党决定在组织上和政治上以发展正在发生
的局部行动为方针,并决定把这些局部行动联
合成统一的、广泛的行动。党一开始就意识到,
现在就把全体独立党工人和社会民主党人都吸
引到自己这边来,它自身组织的力量是不够
的。但是在绝对要求工人阶级独立投入战斗的
情况下,突破消极性这堵墙,在党看来,应能弥
补这种不足。

在这种准备活动的中期,德国中部工人突
然遭到黑尔辛[190]的打击。发生了激烈的斗争,
于是党立刻处在火线上……

[16]　　　　J.海德尔

从卡普叛乱到三月行动

注意

1.相信奇迹还是采取行动。

如果抛开虚假理论的外壳,把德国统一共

产党的(右派)和(左派)区分开来的是下面这些
有争论的问题:共产党应该连同自己的行动一起
等待整个工人阶级的独立运动呢,(还是)共产党
本身应该表现出行动的主动精神? 换句话说:共
产党的任务只应是努力领导无产阶级正在自发
产生的行动呢,(还是)共产党的任务也在于自己
采取行动? 并以自己的行动促使无产阶级参加
运动,唤醒他们的阶级觉悟,总之,制造冲突,使　　((!!!
阶级斗争尖锐化?

　　右派采取等待的立场。他们断言,(群众)
没有采取行动的思想,一部分人还没有完全准备
好。右派把宣传、传播共产主义思想和吸收新党
员看成是自己的主要任务……

　　相信奇迹还是决心采取行动并进行组织工　　((!!!
作——这就是今天我们党内争论的问题。

　　海德堡代表大会 **191** 在清算反对参加工会
的运动,清算反议会主义、国家布尔什维主义以
及其他各种幼稚病时,同时也粉碎了下面这个
幻想:在群众中没有基础的小小的共产党,好像
可以利用武装叛乱夺取政权——如果必要的
话,哪怕违背无产阶级群众的意愿。这样做曾
是必要的。如果共产党不想衰弱下去,它就应
该成为群众性的党。为此必须具备宣传、鼓动
[17]　　的合法条件。但是,右派很快就歪曲了海德堡
代表大会正确策略思想的原定方向。不惜任何　　注意
代价反对叛乱企图,变成了反对行动。当时领
导党的右派极端害怕可能发生的叛乱,他们战
战兢兢地阻止任何行动。他们害怕到这种程
度,说是党在任何行动中都将处于孤立状态并
脱离群众,他们宁愿党什么都不干。他们等待
奇迹,他们等待群众自己投身运动。他们在对

奇迹的巨大期望中,在这种虔诚而恭敬的等待中,遭到了失败:<u>他们没有觉察到群众是什么时候投身运动的。</u>

　　因为在卡普叛乱时无产阶级群众已投身运动。当时整个德国无产阶级都参加了总罢工,而反对反动派的无产阶级武装起义也已爆发,可是<u>在思想上受右派领导的共产党</u>却还在机械地反复叨念:"最好不要发生叛乱,看在上帝的面上,最好不要发生任何叛乱,我们要一直等到群众投身运动。那时,我们将领导运动,并把它变成群众的自觉行动……"

　　……正像他们在1920年3月经常重复"最好不要发生叛乱"(这里他们想到的是1919年3月的事[192])一样,<u>现在他们不断重复:"应该等一等,等发生新的卡普叛乱。"</u>他们不厌其烦地说,共产党目前不应该单独采取任何行动,<u>否则它会孤立</u>,它应该等待到反动派重复自己的卡普叛乱,<u>整个德国无产阶级团结一致</u>,奋起斗争……

[18]　　……我们还可以最恰当地把右派的行为同<u>患歇斯底里病的女人的本性进行比较。医生们发现,有些女人,第一个丈夫死后和第二个丈夫生的孩子,仍然像第一个丈夫。</u>我们党内右派的一切策略方针,反映的总是过去的形势。

　　2.新的卡普叛乱和无产阶级的新的统一行动有可能吗?

　　……卡普叛乱是由几个政治匪徒所组织,并依靠几千名士兵来实现的。它开始是军国主义分子的叛乱,和任何政党、任何群众运动都不相干,<u>而且没有一时一刻冲破过这种孤立状态……</u>

右侧批注:
注意

注意

在哪里?

注意

[19]　　　　相反,无产阶级的防御性行动不仅依靠整个无产
阶级,而且超出无产阶级范围,还依靠广大的职员阶
层,甚至资产阶级的援助。德国社会民主党,德国独立
社会民主党和工会的官僚们,也像"合法"政府和国民
议会一样,站在总罢工的立场上。行动不仅依靠了民
主思想,而且还依靠了合法性。资产阶级甚至走得这
样远,在罢工期间他们也支付了工资……

　　　　卡普叛乱就是这样,当时的形势就是这样。这种
情况不会在同样条件下、以同样的形式再次出现。军
国主义分子的、君主派的叛乱,也许还会发生,但这不
会是卡普叛乱,也就是说,它将不再是孤立的、小规模
的军国主义分子的行动,也不会遇到统一的无产阶级
的、甚至更广泛的阶层的抵抗……

[20]　　　　……反动派也从卡普叛乱中吸取了策略方面的教
训。卡普叛乱的精神领袖,鲍威尔上校在自己的小册
子193中十分坦率地承认,他们犯了很大的错误,但他
们不会重犯这些错误……　　　　　　　　　　注意

　　　　可见,未来的君主派-军国主义分子的叛乱将不会
是小规模的孤立的叛乱,而是经过深思熟虑的重大事
件……

　　　　但是那时,无产阶级不会形成统一战线,也不可能
依靠其他阶层。工会官僚们和领导多数派社会党人的
官僚们,永远不会再冒险提出总罢工的口号……

　　　　……1848年6月194以后,法国资产阶级不再进行
革命,因为它知道,任何革命都必然会变成无产阶级起
义。1920年3月以后,社会民主党的和工会的官僚们
既不会宣布总罢工,也不会宣布无产阶级在全国范围
内实行统一行动,因为他们知道,任何总罢工都必然会
以建立红军而告终……　　　　　　　　　　注意

[21]　　　　……鲁尔地区的红军把多数派社会党人的领袖变
成了无产阶级任何大规模行动的不共戴天的敌人。哈

<u>雷**195**把德国独立社会民主党的领袖们彻底贬低到多数派社会党人的帮手的角色……</u>　　　　注意

　　……因为德国资产阶级想从德国工人阶级那里不仅为自己,而且也为协约国榨取尽可能多的利润,所以它要强迫工人提高产量,而同时又要降低德国工人阶级的生活水平。它要实现<u>鲁登道夫在战争期间提出的计划:延长工作日,实行义务劳动。奥尔格什**196**这个德国资产阶级最有名的组织,已经正式表示赞成鲁登道夫提出的义务劳动的口号。</u>这样,德国资产阶级的叛乱将被利用来强制实行这一计划……

　　　　　　　　　　　　　　注意

[22]　　　　资产阶级的(叛乱尝试)将随之而来。但是,如果无产阶级将等待到资产阶级利用一切手段捆住工人阶级的手脚的时候,那么,其后果将不会是统一的强大的无产阶级的行动,而是无产阶级的彻底失败。因此,如果我们党内右<u>派坚持重复说,应当等待反动派发起攻击,然后再由防御转入进攻,</u>那么,不管他们多么"明智",他们的思想方法多么"现实",事实上,他们都在推行最骇人听闻的灾难性政策。<u>行动不是灾难性政策,而相反,等待、放弃行动、无所作为,才是灾难性政策。</u>

　　　　3."公开信",局部行动,总攻。

　　　　综上所述应得出以下结论:德国统一共产<u>党应该开始进攻</u>……　　　　注意

　　　　这样,党的口号只能是"进攻,不惜任何代
[23]　价,采用一切手段,在任何形势下发动进攻"。<u>但这种形势应当是具有获得成功的巨大可能性的形势。</u>

我们党致社会民主党工人和独立党工人的"公开信"是通向进攻的道路上的第一个里程碑,在这封信中,党号召他们同共产党工人一起进行反对威胁工人阶级的灾难的斗争。<u>这封"公开信"已经是进攻的一个步骤</u>,因为它同迷信、同期待奇迹决裂了,同那种总是期望德国社会民主党的、独立党人的和工会的官僚们开始行动,并且认为共产党的作用只是把这种行动继续下去的迷信决裂了。<u>"公开信"的策略已经是进攻的策略</u>,因为它把主动权交给了共产党。<u>"公开信"的策略奠定了进攻策略的基础。</u>

注意

"公开信"终究还只是第一步。它(只)适用于<u>消除进攻策略道路上的障碍。它还不等于具体行动。只有三月行动才是这样的具体行动……</u>

(注意)

这次三月行动只是局部行动。它只波及国内的某些地区,首先是中德,汉堡和莱茵-威斯特伐利亚。从提出的要求来看,它也只能是局部行动。<u>它没有提出夺取政权这一最终目的,它的目的只是要解除资产阶级的武装和武装无产阶级。但是它是一种在有利的情况下能够扩大到东普鲁士、北巴伐利亚和柏林,还能发展成夺取政权的斗争的局部行动……</u>

注意

[24]　……<u>大概</u>,无产阶级革命在一些地区取得胜利以后,反革命看来会在另一些地区试图抬头……

现在机会主义的乌鸦幸灾乐祸地哇哇乱叫是徒劳无益的。在他们消极怠工、干尽坏事、企图削弱行动之后,现在竟以未卜先知的预言家的架势,断定行动必然失败。

德国共产主义无产阶级今后将违反他们的意愿,甚至不惜同他们作斗争,不可阻挡地走上采取进攻策略的道路。<u>"公开信"是第一步。已迈出的第二步是:三月的局部行动。</u>在白色恐怖、不断增长的失业、协约国资产阶级的贪婪、上西里西亚的冲突**197**、莱茵河上的

关境**198**以及整个资本主义的欧洲和美国的经
济危机的异乎寻常的惩罚的条件下,采取总体　‖
上意味着德国无产阶级的伟大总攻的进攻策略
的以后各个步骤的基础已经成熟。

保尔·弗勒利希

三 月 行 动

[25]　　……三月上半月德国的形势就是如此。前
途充满麻烦、威胁和危险,同时也充满希望和　‖
机会……

[26]　　……在这种情况下,快到签订和约**199**时,
党不可能积极参加战斗。它不得不只限于进行
宣传。党内完全没有采取主动的愿望。对叛乱
行为的恐惧使党失去了这种愿望。只有击退反
革命的进攻才能吸引无产阶级参加革命斗争的
想法几乎变成党默默采取的一种政治主张。党
所缺少的正是使它首先成为革命党的东西:采
取行动的坚决意志。

　　其原因是显而易见的:革命初期有了可怕
经验,最勇敢的领袖们死去,革命长期处于低潮
和半合法状态,德国独立社会民主党左派由于
该党的反革命领导,思想受束缚,斯巴达克联盟
力量薄弱,它对无产阶级群众的影响较小,存在
着完全可以解释的对党的信心不足,它的团结　‖
尚未在任何一次行动中经受过考验……

[27]　　"……德国共产党作为一个小党,企图渗入
到大的工人组织中去,以便在那里用自己关于
行动的建议向群众实际表明,用恩格斯的话
说,共产主义这一'关于无产阶级解放的条件的

学说,'①的意义。但是它自己不能采取大规模的行动,因为没有((任何群众))跟着它。因为它未能使德国独（　　　　　　　）立社会民主党赞成它的关于行动的建议,它不得不限于进行批评性的宣传。统一共产党有足够的力量,<u>在事件允许的地方,或在事件要求这样做的地方</u>,单独行动,自己承担风险。"

这些话是够大胆的。但是,要正确评价这些话,必须清楚地认识到,它们不是经过深入讨论的结果,因为只有在讨论过程中才会充分认清一切后果。实际上,这些论点只能看做个别人的推论。<u>从意大利问题**200**引起的党的危机中</u>很快发现,情况就是这样。这个问题的实质恰恰在于,各个共产党<u>应该是宣传组织还是行动组织</u>;对这个问题的后一种回答使一些卓越的同志

[28]　离开了党的领导。如果这样做意味着沿着宣言规定的道路迈出了重要的一步,那么整个说来,党还根本没有被吸引到采取进攻政策这边来。3月16日和17日在柏林召开的党代表会议表明了这一点。<u>反对派反对中央委员会关于抓紧做行动工作的建议,虽然它也说不清</u>,它想做什么和不想做什么,但是从它一开始存在就暴露出它的信念:<u>不要任何革命进攻</u>,要进行防御性的斗争,如果这种斗争被强加在头上的话;但不要任何进攻……

……<u>还在党代表会议期间就已经传开,萨克森省总督黑尔辛宣布向中德工人进攻。3月16日</u>,他颁布了以下命令……

[30]　　……但是任何关于盗窃、抢劫和掠夺的法律都不可能引起误解。说的是惩罚性讨伐,其目的在于剥夺工人阶级不可剥夺的保卫自己切身需要的权利,<u>向工人阶级挑衅,以便击溃他们</u>,用戒严的枷锁束缚他们,

---

① 见《马克思恩格斯文集》第1卷第676页。——编者注

使他们受企业主任意摆布,受剥削,遭失业而没
有任何保护……

　　……黑尔辛的挑衅不是什么独创的
东西……

[31]　　……在柏林无产阶级一月失败后不久,老
骗子欧根·恩斯特[201]透露,一切都是真正按计
划进行的,他对《前进报》[202]代表说,<u>政府利用
自己的灵活手腕,迫使共产党人提前进行攻
击。</u>艾伯特—谢德曼为保护自己的统治,有计
划地<u>用无产者的尸体筑起了一道围墙</u>……　　注意

注意

[32]　　……今天资产阶级刽子手们很少拘泥于陈
规旧俗。他们公然夸耀<u>他们的加速了血腥屠杀
的策略的英明。</u><u>1921年4月7日《柏林日报》</u>转
载了<u>普鲁士内务部长泽韦林[203]先生</u>的文
章……　　在这篇文章中只是顺便提到曼斯菲尔
德矿工的罪行。至于提及关于掠夺和抢劫的
事,那只是对黑尔辛的命令的奉承。泽韦林先
生对政治形势和<u>统一共产党的不断增长的力量
和危险的侵略性</u>谈得详细得多。他明确地、坦
率地声明,为了防备这个党,<u>必须利用精心策划
的军事策略的一切手段来给无产阶级放血。</u>文
章中有这样一段话:

注意

　　"如果以现在认为是(可能,以党政的观点来
看)十分明智的规模来集中使用警察力量,那么
雷电不会大作,闷热不会消逝。警察准能找到一
定数量的武器,代那买特炸药会交还给合法的
占有者,流氓会暴露出来。但是,结果不会出现完
全平静的状态,<u>起义的潜在危险会依然存在。</u>"

　　<u>这个家伙真是厚颜无耻到极点。</u>黑尔辛和
泽韦林向诺斯克学会了许多东西。今天他们再
也不需要利用自己老师的"应该有人当嗜血狗"

注意

这句厚颜无耻的话来为自己辩护了。他们心安
理得地履行他们的刽子手职能,如果<u>注意到</u>他们
的反革命行为的牺牲者<u>已近20 000名</u>的话,那么
他们对这个职能早已习以为常了。

注意

$\dfrac{13}{\text{III}}$　　<u>代那买特炸药突然发生爆炸</u>,也成了策划挑
衅事件的适当借口。爆炸是在3月13日天使凯
旋纪念碑被炸毁时开始的。<u>在这件事情上挑衅</u>
<u>的痕迹是无可置疑的</u>……

注意

[33]　　……<u>3月18日</u>,这一天是革命纪念日 **204**,<u>社</u>
<u>会民主党人黑尔辛进入中德</u>。从柏林经马格德
堡运来了<u>800名保安警察</u>和山地射手,他们装备
精良,配备有各种杀人工具。3月19日清晨,
<u>200—300名保安警察</u>从哈雷开出,朝曼斯菲尔
德专区赫特施泰特方向前进……

　　……<u>《红旗报》</u>**205**<u>一号接一号地被没收这一</u>
<u>事实证明</u>,谈的不只是关于中德的事件;另一方
[34]　面,德国统一共产党柏林地方小组主席弗里斯兰
特同志被毫无道理地逮捕。他们就是要使共产
党失去活动能力……

　　……<u>德国民族主义者</u>**206**<u>和斯汀尼斯的一</u>
<u>些人对黑尔辛感到满意</u>……　反革命分子已
经敢于完全公开地表示他们渴望什么。《德意
志日报》<u>3月20日</u>为成立普鲁士政府提出以下
要求:

　　恢复固定的普鲁士国家制度;成立有<u>管</u>
<u>辖权的</u>、非党的、清除了无能分子的<u>行政管理</u>
<u>当局</u>。

　　撤销<u>敌视农民</u>的农业大臣的职务;任命受到
<u>普鲁士农村业主信任</u>的专家领导农业部。

　　委任保证以基督教和爱国主义的精神进行
学校教育的文教大臣。

厉行节约；制定防止中等阶层的经济进一步削弱的税收法律。

这意味着什么呢？这就是诺斯克的挚友吕特维茨一年前断然向德国政府提出的那些要求……

由此可见，黑尔辛的行动的意义从一开始就昭然若揭。<u>这些行动不仅威胁着中德，而且威胁着整个工人阶级</u>。躲在这些行动后面的是<u>奥尔格什，德国的霍尔蒂政府</u>。

黑尔辛<u>很会选择时机</u>——在复活节前不久，在共产党在群众中开展鼓动并引导他们参加运动之前。中央委员会因此竭力设法<u>尽量推迟斗争日期</u>。它利用《红旗报》在国内<u>敲起警钟</u>，不但如此，还建议曼斯菲尔德各组织在军队开进来时以进行总罢工相<u>威胁</u>，但只是在各企<u>业被军队占领时才发动总罢工</u>。

注意

[35]　　<u>人们没有响应这个号召</u>。在曼斯菲尔德的工人们看来，直接危险太明显了，以至他们不能正确估计国内形势。他们不想等警察来占领企业，因为他们知道这意味着什么。<u>只是在 2 月初</u>，他们才制止了厂警即德国的平克顿支队**207**占领企业的企图……

注意

……当时工人们齐心协力地开始进行罢工，经过 36 小时的斗争终于得到了许诺：平克顿分子将被召回。黑尔辛立即进行干预。他召开了会议，曼斯菲尔德公司经理处、其他社会上层人物以及德国社会民主党和德国独立社会民主党的领袖都参加了。工厂委员会没有接到邀请。谈判的结果是在《艾斯莱本日报》上发表一份号召书，号召书由德国社会民主党区领导、<u>德国独立社会民主党区领导和工会理事会签署</u>。

号召书认为矿工总罢工是犯罪行为,并声明,曼斯菲尔 ‖‖‖ 注意
德公司经理处没有义务履行自己的诺言。在这之后,
经理处就说,它将不履行自己的诺言,因为这些诺言是
讹诈的结果。黑尔辛用来说明自己进攻的理由的流传
很广的所谓"讹诈"就是这样的。

　　然而共产党人制止住了受欺骗的矿工恢复会导致 ‖‖‖ 注意 注意
可怕后果的斗争。显然,在这之后,黑尔辛会用武力镇
压任何罢工。但是,六周前发生的这些事件的经验导
致了这样的结果,即黑尔辛的干预引起了公愤并促使
人们意识到新的危险。已经不可能制止住曼斯菲尔德 ════
区的矿工了。3月21日,我们的党报《曼斯菲尔德人
民报》在被检查机关作了大量删削后出版了。报上登
载了以下的进行总罢工的号召:

[36]　　　　　　　曼斯菲尔德的工人们!

　　反动派已把威胁变成行动并把你们的区变成白卫
军集中的地区。

　　在同盗窃地里农产品和工厂产品的现象作斗争的
荒谬借口下,曼斯菲尔德地区星期六遍布保安警察。

　　他们不是用平常的武器,而是用机枪和手榴弹武 ‖‖‖ 注意
装起来的。

　　从这里你们可以看到,在调来警察的伪装下掩盖
着什么。这是白色讨伐的开始。

　　我们工人应该阻止这种行为。

　　如果我们拒绝在警察监视下工作,我们就能使这
些计划受阻。

　　曼斯菲尔德一向是安定的。骚动是因无缘无故地
往曼斯菲尔德派遣部队而引起的。

　　曼斯菲尔德的工人们!你们要表现出你们不是奴
隶,要用自己的力量来击退这次攻击。在曼斯菲尔德 21
应该开始实行总罢工。所有的机器都应该停止运转。 Ⅲ
在警察没有全部撤离曼斯菲尔德之前,每个工厂工人、

每个农村工人什么活也不要干。

工人们！力量就在你们手中。要在适当时机利用这种力量,准备好应付一切情况。

统一共产党。工会组织。

罢工委员会

<u>总罢工很快遍及曼斯菲尔德专区</u>……　<u>总罢工的口号是</u>:<u>白卫军立即滚开</u>。　‖‖‖

黑尔辛不想让警察撤走,他渴望斗争。哈雷专区所有重要的地点都被<u>保安警察</u>占领了……

3月22日进攻还在继续。<u>250名配备有机枪和迫击炮的警察进驻劳哈村</u>……

[37]　……警察留下来了,并召来了一批又一批增援部队。<u>起初保安警察按照命令比较克制,这是完全真实的</u>。所有那些想掩盖软弱和背叛行为的人,都企图从这里找到借口。但是保安警察在这个地区集结,并不是为了恢复平静。国防军部队严阵以待,奥尔格什被动员起来,都不是为了这个目的。庞大的武装力量的目的是<u>实现白卫军所理解的"平静",而这意味着挑衅! 只要具有一点起码的政治常识的人都会想到这点,连泽韦林先生后来都恬不知耻地公开承认了自己的挑衅</u>,并吹嘘这种挑衅是最明智的治国方略的表现……　‖‖‖　注意

在工厂的大门,在矿井的进出口,哪儿都有可恶的明天的凶手的队伍。<u>工人们热血沸腾。泽韦林就希望这样</u>。保安警察开始采取行动。他们取消出版自由。开始随便闯入人家进行搜查或按一定系统进行搜查。告密者在行动。<u>逮捕开始了。逮捕的次数在增加</u>。谁也不知道被

‖‖‖　注意

捕的人被带到哪儿去了。每个新消息都给人带来新的
不安。愤慨情绪在增长……

[38]   ……3月22日，工人和警察之间终于发生了激烈
摩擦。士兵常听工人的口头宣传。因此宣传搞得很活
跃。但同时工人也遇到一些立刻报之以武力威胁的
人。这种士兵被解除了武装并遭到殴打。发现了各种
各样的挑衅者。其中一个奸细向来找他的工人们开了
枪，并打伤了一名矿工。这件事和其他一些事激怒了
工人。傍晚，在许多地方，奥尔格什的武器库被占领，
于是工人武装起来了。

　　下午在艾斯莱本举行了规模很大的工人群众大
会，这次大会为武装斗争奠定了基础。在群众大会上
发言的人中也有麦克斯·赫尔茨**208**，他是在卡普叛乱
的那些日子以后第一次在这里重新出现的。他开始组
织武装队伍。

　　但同时，保安警察也利用一切重要的战略据点来
加固自己的阵地……

　　23日晨，发生了最初几次战斗。一支由15人组
成的装备精良的保安警察汽车巡逻队，在经过短暂的
战斗后被工人俘获了。3名士兵被打死，2名逃走，其
余的被俘。下午，战斗就在艾斯莱本爆发了。警察队
伍被从街上撵走，被围困在中等师范学校和女子学校
里。工人们控制了城市。有一个卫生勤务部门的退伍
少校，是奥尔格什的领导人，他曾保管着一个大武器
库，他的别墅被炸毁了。这一行动是赫尔茨的吓唬反
革命分子的策略的结果。各政治组织对这件事，像对
赫尔茨的整个行动一样，没有施加任何影响，因为赫尔
茨不愿意服从任何政治领导。

　　如果这里说的无疑是关于斗争中的工人们的行
[39]   动，那么，在这一天按统一计划，在德累斯顿、弗赖
堡、莱比锡和普劳恩的地方法院大楼里发生的爆

23
───
III

<u>炸,也无疑是挑衅者们一手干的</u>。他们的任务包括:破坏斗争中的工人们的声誉,提供迫害共产党人的新材料,为黑尔辛采取强硬措施制造借口。<u>在这一天和早些时候铁路上发生的荒唐的爆炸,无疑也是挑衅者们干的</u>。这样做的结果,<u>斗争中的工人们失去了铁路员工的同情</u>。 ‖‖ 注意

政府愈来愈多地采取挑衅手段。每号《红旗报》都被没收。汉堡、斯图加特、德累斯顿和其他城市的党报也遭到同样的命运。进行了挨户搜查。在西里西亚有计划地进行了逮捕。

<u>德国社会民主党、德国独立社会民主党和工会竭尽全力诽谤斗争中的工人,破坏声援行动</u>,从而帮助黑尔辛玩弄各种手腕。<u>但是各地的骚动有增无已,斗争扩大了</u>…… 梅泽堡附近一家大型化工厂洛伊纳的工人们,还在黑尔辛采取行动之初,就在一次<u>1万多人</u>参加的大会上提出了以下几点要求: ‖‖ 注意

<u>立即从中德撤走保安警察和军队</u>。 ⫴ 注意
解除奥尔格什及其帮凶的武装。
武装工人以反击反革命的侵犯。
一旦警察进驻工厂,立即停工。

<u>3月23日</u>,有<u>18 000人</u>参加的一次新的工人集会,一致通过了关于罢工的决议,抗议曼斯菲尔德区的血腥事件……

汉堡加入斗争

[40]　　当总罢工在中德发展成武装斗争的时候,在3月23日这一天,汉堡的事态发展到了浴血战斗的地步。汉堡是老社会民主党最坚固的堡垒。汉

堡无产阶级中的绝大多数人,<u>不顾极其沉痛的教训</u>,仍
然支持<u>人数众多、十分强大、对城市管理有决定影响的</u>
<u>党和工会的官僚们</u>。主要在造船厂有牢固阵地的汉堡
工人中的革命部分也变得更加<u>顽强</u>了。在三月行动前
最后几周,有几个事件加深了这种愤恨。<u>社会民主党</u>
<u>的领袖们</u>以市议会通过的关于被撤职的市参议员退休
金问题的决定,极其厚颜无耻地表明,他们首先感兴趣
的是保证自己那份好处很多的小差事的利益。虽然社
会民主党人在市议会占有多数席位,但他们拒绝把城
市管理掌握在自己手里,<u>尽管共产党人答应在推行无</u>
<u>产阶级政策时给予支持</u>。他们与民主派分享权力。
<u>3月13日</u>,奥尔格什匪帮公开宣布成立"士兵-民族主
义者联盟"。他们在城区进行军事演习,而汉堡当局同
<u>参议员、警察首脑、社会民主党人</u>亨策不敢采取任何措
施来反对这种做法。3月17日,<u>港口作坊五金工人的</u>
罢工以失败告终。在这次罢工中,罢工工人表现出坚
韧不拔的精神。失败是由<u>工会官僚的策略</u>造成的,因
为他们阻止把罢工扩大到造船厂去,尽管已积累了大
量可燃材料。就在这一天共产党人举行了<u>声势浩大的</u>
<u>游行示威</u>,<u>在游行示威时</u>,亨策先生为了进行挑衅,命
令用装甲车把<u>保安警察部队</u>运到大街上。

当中德形势恶化时,共产党号召汉堡工人<u>进行声</u>
<u>援</u>。它建议工人向当局提出三天内解除反革命武装的
<u>最后通牒</u>,如果这个要求不能实现,就开始实行<u>总罢</u>
<u>工</u>。在造船厂,共产党人的这些要求极受欢迎地被接
受了。<u>德国社会民主党和德国独立社会民主党的受托</u>
<u>人声明</u>,他们认为共产党人的口号是<u>正义的</u>。但说他
们要先和他们党的领导进行联系,以便了解应当采取
什么立场……

[41]   ……<u>3月23日汉堡工人开始行动起来</u>。《红旗报》
这样叙述了这一事件:

注意

注意

17/III

注意

注意

"星期三早上几百名失业者潜入造船厂。
各个企业举行了会议,要求经理处给失业者提
供工作。'火山'造船厂接受要求。'布洛姆和佛
斯'造船厂提出最后通牒,要求在 11 点前恢复
企业'秩序',否则造船厂将关闭。工人们要求
在 10 点半前作出决定。而在这个时候,各家造
船厂的管理人员都溜走了。工人成立了行动委
员会。他们控制了造船厂。挂起了红旗。汉堡
港口工人以意大利兄弟作为榜样 **209**。他们占
领了企业。<u>大部分右翼社会党人当然离开了</u>。"

这时,反革命在准备采取行动……

……<u>反革命想要流血,想要工人流血。他</u>
<u>们在寻找借口</u>。　　　　　　　　　　　注意　注意

党号召各造船厂的工人占领企业。这是最
重要的事。"火山"造船厂的工人由于某种误会
决定上街游行。他们离开了企业。保安警察要
求停止在造船厂所在的岛屿的狭窄街道上游
行。这个要求是可笑的。几千人能到哪里去

[42] 呢? 这个不能实现的要求成了流血的借口。警
察突然往后跑,又转过身来扔手榴弹。机枪嗒
嗒嗒地扫射起来。<u>有 4 个人被打死,许多人受</u>
<u>伤</u>。第一次这是足够了。现在允许走到易北河
附近的隧道。

从现在起亨策先生得到了他想得到的东
西。<u>他宣布戒严。现在他们不停地向激动的人</u>　　注意
<u>群射击。牺牲者一个接一个地倒下。正当我们</u>
<u>的演讲人劝说群众停止了游行</u>并承认把占领企　　注意
业作为斗争手段时,一排子弹射来打死了 <u>8</u>
个人。

这些"成绩"鼓舞了保安警察。他们包围了
连管理人员也不得不承认工人是遵守秩序的

"布洛姆和佛斯"造船厂。他们向工厂大院扫射。<u>又有
3名手无寸铁的工人牺牲了</u>。通过谈判代表取得自由
出入的尝试也失败了。他们向打着白旗的工人开枪。

<u>20—30人被打死</u>,许多人受伤——这就是以"工
人"亨策为首的反革命对工人要求给他们工作的答
复。<u>戒严和白色恐怖</u>。　　　　　　　　　　　　　注意 注意

而工人怎么办呢?他们用<u>总罢工</u>来回敬。他们向
全德国工人阶级发出号召:"你们在哪儿?难道你们没
有听见信号?看一看你们兄弟的尸体吧!请帮助我
们,帮助你们中德的兄弟们!奋起吧,共同打击敌人!
这关系到工人的事情!"

<u>汉堡造船厂工人的行动被残酷镇压下去了</u>。戒严
横行无忌……　　　　　　　　　　　　　　　　注意 注意

死者的鲜血不能白流,要报仇,要加强斗争。很清
楚,单是汉堡革命者是抵挡不住敌人的优势兵力的。
必须获得外援。<u>整个瓦塞尔坎特专区都应奋起斗争</u>。
要做到这一点本来是容易的,因为整个荷尔斯泰因的
保安警察都被集中到汉堡来了。甚至基尔各造船厂的
工人们的声援罢工,也完全能改变形势,并使汉堡工人
放手大干。<u>但是汉堡工人的号召没有人听到。节日前
的时间无疑是不利的。</u>　　　　　　　　　　　　?

[43]　　　但是很遗憾,也应该指出,共产党的负责工作人员
违背自己的声明,令人不能容忍地暗中破坏荷尔斯泰
因的行动。他们自己由此得出了结论并离开了党……　　见补充
　　　　　　　　　　　　　　　　　　　　　　　部分

第43页后的补充部分[210]

[1]　　　……现在中德和汉堡的形势已<u>大大恶化</u>,以致中
央委员会<u>不得不打消自己的一切疑虑</u>,并号召工人全
线展开斗争。它号召实行<u>总罢工</u>并提出以下口号:

<u>解除反革命的武装</u>,武装起来成立由有组织的工

人、职员和官员组成的自卫队！

立即成立无产阶级(自卫队)！

把 企业 掌握到自己手里！

在工厂委员会和工会的帮助下组织生产！

保证失业者就业！

保证战争受害者和退休人员的生活！

为没收富人的住宅而斗争,保证无房户有房住！

阻止调遣部队和调拨武器！

}绝望

无论是共产党还是反革命都立即作出了相应的结论……　保安警察被从他们可以离开的地方调走。奥尔格什和国防军穿上了保安警察的制服。运来了大炮。经过一番认真准备之后,3月25日颁布了以下命令:

德国总统根据宪法第2章第48条,在同首相协商并征得普鲁士政府同意后,今晚为萨克森省颁布恢复处于危险中的地区的社会治安和秩序的命令……

[2]　　……黑尔辛就这样宣布了无情的斗争。他得到了从3月中旬发表他的好战声明时起他所渴望的东西。他把反革命的精锐部队,1919年5月慕尼黑的刽子手们**211**,卡普叛乱后鲁尔区的刽子手们以及在图林根横行霸道的凶手部队投入了战斗……

(((‖ 注意

……总罢工席卷了整个哈雷专区。在洛伊纳工厂,在比特菲尔德,在该区里许多较小的城镇,都发生了总罢工。总罢工扩大到了农村庄园……

……在慕尼黑,在约有4 000名工人参加的群众大会上,文德林·托马斯同志被逮捕了,这违反了议员人身不受侵犯的规定……

[3]　　　　……星期五,在艾斯莱本,工人转入进攻,并占领了市政厅。但是他们在这个地方未能得到必要的增援,到了晚上这个阵地又丢失了。根据资产阶级的报道,<u>工人方面损失了大约35人</u>……　‖注意

[4]　　　　……在哈雷专区,这一天,在三月行动的牺牲者的墓旁举行了大规模的游行示威。在哈雷进行游行示威时,约600名手持武器的人响应号召前往曼斯菲尔德的战斗地区。这样他们就<u>出色地证明了自己的斗争决心</u>。但从策略方面看,措施本身是错误的。在哈雷没有留下武器,不可能扩大武装行动,从而拯救运动本身。　‖注意

　　　　在<u>柏林</u>,德国统一共产党和共产主义工人党**212**号召在复活节的星期六举行群众大会。由于种种不利条件,如报纸被没收等等,大会筹备工作很难进行。警察经常销毁各种传单。两党不能和各企业的工人建立联系,因为那天正是受难节。因此,在弗里德里希斯海因总共只集合了<u>三四千人</u>。<u>这表明,无论是我们的党组织,无论是共产主义工人党组织,还是联合会</u>**213**<u>组织,都没有作好</u>在合法手段不适用的情况下<u>把力量迅速动员起来的准备</u>。在这一天,还领导着工人组织的所有反革命都处于战备状态。工会委员会、德国社会民主党和<u>德国独立社会民主党的代表郑重地向社会民主党警察总监声明,在革命斗争的这段时期,他们的组织将袖手旁观</u>,他们已要求警察"保护和共产党人的阴谋格格不入的工人不受暴力的侵害……"　‖注意

[5]　　　　……在弗里德里希斯海因举行游行示威以后,一批失业者试图潜入啤酒厂鼓动工人罢工。他们立刻遭到保安警察的枪击。有两人被打死,<u>一些人受重伤</u>,他们成了柏林的第一批牺牲者。血腥暴行激起的愤慨使革命工人强烈希望拿起武器。晚上,他们缴了几个警察的械,<u>卫队长(士官)被当场打死</u>……　│注意

　　　　在柏林的许多企业里,星期六发生了局部罢工。

参加这些罢工的几乎全是共产党人。《自由报》214和《前进报》这类鸦片把非党工人搞得全都昏昏欲睡。唤醒工人和失业者一道占领企业的尝试遭到失败。

　　为柏林供电的戈尔巴和切尔诺维策大型电站只在白天罢工,这对柏林的形势产生了重要影响。虽然这两个企业的工人在生产中的影响和洛伊纳工厂工人的影响一样大,而且在一切革命行动中都起着重要的作用,但是他们在这些日子里都得了同一种病:他们都在等待其他地方的行动。他们全靠从其他专区获得消息,因而决定问题和采取行动时摇摆不定。他们缺少独立行动的决心……

　　……在整个鲁尔区反革命的走狗破坏罢工的企图未能得逞。独立党人,右翼社会党人和基督教联盟的成员都参加了罢工……

[6]　　……不过,党在准备节日后的总罢工。

　　在节日期间进行了宣传。反革命同时在全国武装起来。在复活节的星期一,在埃森举行了大规模的游行示威,保安警察又进行了一次大屠杀。示威者被紧紧包围住。大概是一个警察不小心,手榴弹爆炸了,引起对手无寸铁的群众一阵毫无意义的猛烈射击。当场有20人被打死,约50人受伤……

　　……红色队伍进行了游击战。他们巧妙地避免和敌人的优势兵力作战,并利用自己的优[7]　　势,使保安警察(例如在格吕贝尔斯附近)遭到重大失败……　但是军队方面在数量上的巨大优势和武器装备上的优势,毕竟是要占上风的……

　　洛伊纳工厂的陷落使整个运动受到沉重打

注意　注意

注意

注意

注意

击。<u>恰恰是这时总罢工才真正爆发</u>。在中德总罢工几乎遍及各地。在哥达,所有企业都停工了。<u>在那里,警察支持工人的行动</u>。街上的秩序由武装工人维持,他们已经完全控制住城市。在爱尔福特,最重要的一些企业都罢工了。保安警察占领了大企业。在苏尔是全面停工。在策拉-梅利斯和阿尔布莱希茨也是这样。为了回答对哈雷的洛伊纳工厂采取的行动,市属企业都停工了。在莱比锡这个<u>德国独立社会民主党的堡垒</u>,8 家大企业不顾利平斯基、里塞尔**215**之流的可耻的阻挠,实行了罢工。在开姆尼茨,尽管德国社会民主党精心策划了并非常巧妙地进行了同样的反革命工作,<u>仍有 10 家大企业停工</u>……

[8] 　　在鲁尔区,在复活节的星期一,召开了一次有来自<u>210 个矿井的 384 名代表参加的代表会议,会上通过了关于总罢工的决议</u>。基督教工会和希尔施—敦克尔工会**216**的工人参加了代表会议…… 星期日夜晚,武装工人突然发起进攻,夺得了<u>梅特曼市政权</u>。星期二,工人占领了盖维尔斯贝格。但是,由于军事行动没有继续扩大,星期三只好放弃这两个阵地…… 绿军的"英雄们"像往常一样进行了镇压。<u>一名工人"在企图逃跑时"被打死,</u>——有个年轻的凶手认为,这个工人参加政治行动还"太年轻"……

注意

　　……<u>在莱茵河左岸,比利时军队自动承担了反革命工作。他们在梅尔斯地区进行了大屠杀,逮捕了几百名工人</u>。这样一来协约国就毫不掩饰地表明,它本身多么热衷于对德国工人进行镇压和奴役。

注意 注意

　　在柏林,星期二,<u>只有那些共产党人占绝大多数的企业才实行了罢工</u>。这只牵涉到少数大企业,如亨尼格斯多尔夫的通用电气公司的各家工厂。然而,<u>共产党人即使处于少数时,几乎仍然到处都参加了罢工</u>……

[9] 　　……在中德,针对工人的军事行动愈来愈采取残

酷镇压的形式。<u>背信弃义地杀害被俘工人已成为司空见惯的现象</u>……

　　……在东普鲁士,在波美拉尼亚和梅克伦堡,复活节前不久出现了农业工人运动的大量征兆,但是<u>由于爆发大规模农业工人运动的希望落空了</u>,所以不得不承认行动遭到了失败。星期四,在莱茵省,总罢工被取消;<u>星期五,4月1日,党的中央委员会宣布停止罢工。</u>中央委员会在呼吁书中确认:<u>150万—200万</u>响应号召参加斗争的工人,被从韦斯塔普**217**到希法亭的反革命联合势力击败了……

　　注意

　　注意

　　节日后,在资产阶级报刊上发表了<u>关于大量就地处决罢工工人和在他们逃跑时予以杀害的消息</u>。政府报刊立刻登出了司空见惯的反驳文章。当然,在所有情况下,军队的行动都是无可指责的。根本谈不上什么罪行。罪行应用谎言来掩盖,这已成为惯例。在这些消息中,关于施拉普劳包括1名共产党员市长在内的<u>5名工人</u>被枪决的消息,起了特殊作用……

[10]　　……各城市的国防军士兵宣称:"我们不需要法庭,我们自己就是法庭"……

　　注意

[11]　　……<u>他们野蛮地屠杀被抓住的洛伊纳工厂工人。</u>所有反革命报刊在运动期间都大声嚷叫,胡说什么洛伊纳工厂的共产党员干了不体面的行为。后来,<u>连</u>不时回忆自己的美好日子的<u>《法兰克福报》</u>,也被迫承认了事实……

[12]　　……<u>洛伊纳工厂工人被判处关进苦役监狱</u>,而他们的一位领导人被判终身服苦役……

　　……被俘房的工人约<u>1 500</u>人……

[14]　　……4月7日,洛伊纳工厂经理处为当之无愧的<u>破坏工厂的解放者举行宴会</u>,各色反革命

分子:总督黑尔辛、梅泽堡政府委员会主席波宁斯基伯
爵、冯·克吕费尔斯上校、帝国国会议员、<u>工会首领和
报界代表荟萃一堂</u>。他们庆祝白军和绿军的功绩,而
社会民主党帝国国会议员<u>克吕格尔</u>(哈雷)则庄严证
明,军队对"叛乱分子和犯罪分子"所采取的行动是绝
对正确的……

　　<u>没有一次残酷的反革命镇压</u>不阴谋杀害领袖人物
的。出类拔萃的卡尔·李卜克内西和罗莎·卢森堡是
第一批牺牲者。接下来是莱奥·约吉希斯和多伦巴
赫**218**……　不残暴地杀害无产阶级的领导人,黑尔辛
的讨伐性进攻能结束吗? 这是在哈雷开始的。他们在
搜查所谓共产党总部期间,<u>枪毙了</u>两名年轻的共产党
员施奈德文特和哈茨多尔夫……

[15]　　……下一个牺牲者是<u>柏林电工领导人叙尔特</u>。他
是3月30日在受托人–共产党人大会上被捕的……

　　叙尔特同志立刻明白了他们要怎样对待他,他不
止一次地向警察表示他不想逃走。也许,这在最初救
了他。第二天,他被移交给一个合适的、很会干杀害企
图逃跑的人这种事的人。这个名叫亚内克的警察在
1919年就已证实了这一点。<u>在押送去审讯途中,在警
署的楼梯上,他开枪打死了叙尔特</u>……

[17]　　……官方的司法机关就像它过去没有惩罚杀害我
们的其他领袖的凶手一样,<u>也不打算惩罚杀害叙尔特
的凶手。反革命是不会动自己人的。对这样的人的惩
罚应该由胜利的无产阶级来实行。</u>

　　4月6日举行了叙尔特的安葬仪式。<u>大批柏林无
产阶级群众给他送葬</u>……　在这位被杀害的领导人的
墓前,无产阶级明白了:<u>3月,共产党人进行斗争并作
出自我牺牲是为了工人阶级的切身利益</u>……

[18]　　……在全国范围内,有计划地以种种借口进行了
大规模的逮捕。<u>这些逮捕事件以我党主席布兰德勒同</u>

志的被捕而告终……

[20]　　……些儿童因为散发传单被起诉并被当
做国事犯定罪；一位妇女因为提供了医疗帮助，
被判处 6 年苦役；为被告们指定了反革命的"辩
护人"，这些辩护人为了讨好刽子手，在审判席
上的表演胜过了检察官本人。我们不想大肆张
扬这些事情。我们只是进行总结，根据不完全
的资料目前得出的总结是这样的：

　　　288 名被告：1 072 年零 10 个月苦役，

　　　237 名被告：457 年零 9 个月监禁，

　　　　7 名被告：终身苦役，

　　　　2 名被告：死刑。

　　这就是这座司法磨坊中的 500 多名受害者
的遭遇，尚关在监狱和集中营里的大约 5 000
人，也是会被扔到这个磨坊的磨盘下面去的……

[21]　　……三月行动只是大会战的预兆，在这些
会战的过程中，形形色色的反革命分子将根据
自身经验认识到，历史不会重演。那时他们的
胜利将变成失败，而我们的失败将变成无产阶
级的胜利！……

注意

原文是德文

译自《列宁文集》俄文版第 40 卷
第 444—469 页

434

在关于建立出口储备的
报告上作的批注[219]

（1921 年 6 月 22 日）

建立出口储备

无须证明,对外贸易最重要的任务是建立出口储备。这个任务必须立即付诸实现……

……如果我们想建立雄厚的出口储备,那么所有畜产品和畜产品原料、各种原料、毛皮和皮革、各种纤维物质、药用植物、树脂及其他木材蒸馏产品、手工业品、各种废料等等在很大程度上应当通过合作社和劳动组合收购,而不是通过国营机构收购……

也通过经纪人（收购商）。

……过去在俄国各地形成了一个收购原料和手工业产品的中小收购商阶层。革命把他们清除了,但并没有把他们消灭掉,也没有把他们赶出俄国…… 有关副业和手工业的法令已经引起他们重操"旧业"的愿望。如果国家迅速采取措施,把原料、手工业半成品和手工业品的固定收购单交给这些善于经营的人,他们就会迅速组成一些合作小组,拿出以前的储蓄,并在不长的时期内张开自己强有力的机构网来收购一切可以利用的和出售的东西……

正是如此

……只需要让这伙人相信,他们收集和交售给国家机关的所有东西将按现行批发价格付款。当然,这些人在这种情况下靠剥削农夫和手工业生产者而牟取的暴利将会落进他们的腰包。但目前国家不必为此感到特别不安。我认为,吸收这些现在正在合作化的过去的收购商收购各种原料是完全不可避免的和必要

对!

<u>的</u>,而且,在我看来,这是建立出口储备的一种最可靠的机构……

……应当通过什么机构进行这<u>些工作</u>(指查明和验收商品。——俄文版编者注)。经验表明,把所有这些工作交给经济机关的各级机构,效果令人失望。因此,为了查明和验收商品,必须挑选自己的、将长期从事这项工作的<u>代办人员</u>。要把这<u>些</u>人员集中起来并使他们适应工作,最好能在对我们最有利的省份和地区设立主要是从事出口业务的地方机构。如果我们能够以某种形式<u>使出口工作人员</u>感到<u>在物质上</u>有好处,那么建立这样的机构和设立代办人员就不是一件复杂的事情,也不需要很多的时间。

需要个人负责的个体代办人员(国家经济会议的监督)

译自《列宁文集》俄文版第 20 卷第 249—250 页

在最高国民经济委员会《关于新经济政策原则的提纲草案》上作的批注[220]

(1921年7月16日)

列宁的一[份]

最高国民经济委员会主席团
1921年7月11日决定

一

　　1. 我国国民经济于5月份陷入了严重的危机,这首先是由粮食的严重情况造成的。与此同时,我们遇到了许多苏维埃共和国如果不予消除就既不能解决发展生产力问题、也不能同饥荒作斗争的现象;这些现象意味着我们的经济政策落后于党的第十次代表大会和党的春季代表会议上所宣布的新的经济方针。我国经济显露出来的恶化情况(顿巴斯矿井、冶金工业等等的生产率下降),要求坚决地加速向这一新经济政策过渡。否则,几个月之后,我们将被迫在急剧恶化的条件下这样做。

　　2. 现行经济政策的一个根本缺点,就是缺少经营主体以及由此产生的缺乏对工业的合理管理。这首先表现在供应方面。粮食供应导致:(1)实行配给制和施行粮食人民委员部的标准,(2)从工厂和企业 盗窃 ,(3)通过合作社发给实物奖励,(4)企业本身或工人变卖实物储备。工作服由工会分配;设备和材料由各总管

托洛
[茨基] ＃

理局供应。各企业不是根据生产率,而是根据需要得
到粮食和工作服的供应。也就是说,供应与生产率所
建立的联系不是直接的,而是间接的。(不管生产增加
还是减少,供应大致照旧。)这种制度是我国革命的军
事时期的产物,当时共和国是一个"军营"。在一个被
包围的要塞里,还无从着手恢复生产以前,力求对所有
的人尽可能比较平均地给予供应,养活他们并维持他
们的生活,这是完全可以理解的。现在任务不同了,务
必竭尽全力恢复生产,力求发展生产力。

3. 由此产生的直接后果,是我们的经营管理一片
混乱。由于生产效益微乎其微,我们任意白白地浪费
了大量粮食和其他资源。如果我们不迅速而坚决地改
变方针以适应新的条件,那就必然使我们在经济战线
上遭到失败。

4. 必须立即根据下列原则改变方针。第一,在国
民经济领域里,国家<u>不给任何人无偿地提供任何东西</u>,
必须把这一点作为一个原则确定下来。第二,对工人
的各种供应都应包括在他们的工资之内,供应以外的
那一部分工资应当大大提高并接近工人的中等生活费
标准。第三,工人所得的全部供应,不按工人人数分
配,而按生产出来的产品单位分配,因工作性质本身不
可能实行这种办法的那些工业生产部门和国民经济生
产部门除外。

第四,对工人的供应工作由所有供应机关通过工
厂管理委员会和行政部门实施。这些部门只有向上级
机关提出保证才能得到必要的东西,如果不履行保证
则要受法律制裁。必须把经济核算制作为全部经济政
策的基础。

上述各点由最高国民经济委员会主席团根据必要
的组织筹备工作的执行情况,从最大的和濒于困境的
企业开始贯彻。

5. 鉴于国家资源即使按荒年标准也明显地不可能向工业提供各种供应品,准许<u>国营工业联合组织</u>销售比现在更多的一部分自己的产品,在国内通过中央消费合作总社销售,在国外通过对外贸易人民委员部销售。

6. 应当着手解决难以处理的关于国家机关卸掉小企业小工厂这些包袱的问题。

<u>应当坚决有力地贯彻出租企业的法令。</u>

在这个问题上应当杜绝躲躲闪闪和吞吞吐吐的态度。

否则,我国的工业必将不能利用摆在它面前的一切条件。

7. 在发展与组织小工业和手工业方面,应当明确地、坚定地走小生产者合作化的道路;凡是在经营上和技术上适宜的地方,都要把按合作制组织起来的手工业同大工业企业联合起来。只有这样的政策才能提高小经济的生产率,促进分散的小生产在志愿联合的基础上向大生产过渡。因此,必须使一切苏维埃政权机关根据这个政策千方百计地鼓励手工业合作社的发展和小工业的自愿联合。

二

8. 在目前改变经济政策的时候,国家计划委员会担负的特别重大的任务是,迅速制定总的经济计划,并使工业的利益同农业、运输业、粮食业等等<u>协调</u>起来。为此,国家计划委员会的任务最主要的应该是在最短时期内根据生产尽量密集、有经营能力和集中的原则正确挑选出一批主要的、有生命力的企业和部门,并要为决定性的生产部门和经济部门指出明确的主攻方向。与此同时,既应考虑到地区的专门需要,也应考虑到实行办联合企业的原则的好处。

((托洛
[茨基]#

9.正在极其缓慢地发展着的商品交换业务,现在已经提供了某些可以判断商品交换在不久的将来会给我们带来什么的材料。地方流转范围的限制以及一些工业中心或某些工厂的商业活动,用单一的商品(纱线、或布匹、或五金)充斥其业务活动区域的市场,正在彻底破坏市场和商品交换的各种可能性。在自由交换时采用的等价物(按战前价格100对100或者按城乡商品的自由市场价格)将促使向买卖过渡。在所有的商品交换业务中,第一,我们不应受地方流转范围的限制;第二,在进行实物商品交换的同时,只要有利,我们就应当最坚决地改用货币形式的交换。

10.为了进一步稳定我国的卢布,必须采取一系列回笼货币的措施。应当征收公用事业税和其他各种税,并向国营服务行业收费等等。应当开办借贷储蓄银行并广泛利用信贷合作社。

11.为了促进同国外的贸易关系,应当把对外贸易人民委员部建设得使各有关部门有权同国外独立地进行联系、签订和履行合同。对外贸易人民委员部应当逐渐地从一个垄断机构变为一个调整和监督国家各部门、各机关以及私营企业同国外进行交易的机构。

三

12.反官僚主义和反拖拉作风的斗争,只有当全俄党代表会议的决议贯彻得比现在更加有力的时候,才能十分顺利地开展起来。

必须更坚决、更迅速地摆脱多头领导的制约、部门之间的钳制、一切琐碎事务都要进行协商的约束以及事先监督的束缚,必须建立严格的业务上的个人负责制[①]。所有这一切都同春季所采取的方针处于尖锐的矛盾中。

---

① 打字稿上错打为"鲜明性",列宁改为"负责制"。——俄文版编者注

在决定上写的意见

///铁路运价///

集体[供应]的关系

    支持(或者发展)

    资本主义

托洛茨基:(反对俄罗斯国家
       电气化委员会)

"他心目中没有任何国家计
    划委员会"

             托洛茨基:

        ("从电气化思想中解脱
        出来")……

  [Ⅰ.托洛茨基

  Ⅱ.**金矿**(布哈[林])

  Ⅲ.]

      托洛茨基:

"克尔[日扎诺夫斯基]的计
  划同最高国民经济委员会的
  计划毫无共同之处。
  国家计划委员会主席应是最
  高国民经济委员会主席。"

           修改细节

               { ＋克拉辛
               { ＋粮食人民委员部

      托洛茨基:

……"国家计划委员会和最
  高国民经济委员会不协
  调"……

在伊·斯克沃尔佐夫-斯捷潘诺夫
来信上作的批注

（1921 年 8 月 1 日）

　　……关于谷物饲料和马铃薯等贸易自由以及撤销巡查队的命令中应当补充有关维护运输工具的措施。因为运输工具可能遭到彻底破坏。铁路员工沾染了极坏的腐化风气。有人借口铁路员工应当利用贸易自由来为自己搞些供应品，他们动用一些车厢和整列列车四处张罗。在叶卡捷琳堡，我看见一些铁路员工从这类列车上往下搬鸡蛋，一搬就是 500 只或更多，好像是给自己用，而实际上是做投机买卖。乘车要给列车乘务组"交纳实物"。腐败堕落蔓延成风，在这种风气下，运输任务本身正在退居次要地位。

　　也许有必要公开采用某种形式的 以实物交纳 的办法……

胡说！

列宁

1921 年 8 月 1 日

　　捷尔任斯基同志：请写上您的意见。

列　宁

译自《列宁文集》俄文版第 23 卷第 169 页

在组织生产者联合会发起小组的
报告上作的批注[221]

(1921 年 9 月 4 日)

一

……目前形势迫切需要建立小型企业和部分的中型企业,千方百计地发现各个经济"创办人"有益的和创造性的主动精神并充分加以利用。十分明显,对于诸如发现而不是名声不大好的"调整"这样的工作,就需要有那种对待实业和实业家的方法和实用态度,而这种方法和态度是我们官僚主义的国民经济机关所无法采取的。这里需要特别巧妙的<u>手法</u>和<u>经商的手段</u>,以便现在就通过某种方式聘请一位厂主,即一位机敏的和精力充沛的企业家,由他来组织生产,并且做到使他愿意靠近我们(也就是通过适当的方式使他得到利益),同时,给他提出一些我们可以同意的条件,使他在一定程度上不去做坏事……

对!

正如联合会发起小组所想的,联合会将靠自己的力量发展,而目前,联合会是<u>少数几个没有名望、没有权威的人</u>的构思和蓝图。这一构思需要有人来接受,使它能够得到进一步的发展和实际应用。只要对报纸上、一般刊物上开展的宣传运动稍予协助,发表一两次公开演讲就够了。听众是需要的,他们自己会推荐出必要的和有用的人来……

……发起小组……认为，只有在开展联合会的活动的过程中才能最终显现出我们称之为"生产者联合会"的<u>那个斯芬克斯</u>。

发起小组和许多赞同我们的思想和行动纲领的人，都是<u>一些"具有高度美国作风"类型的人物，</u>但他们被我们这里建立起来的经济制度和社会生活方式弄得十分抑郁…… 在生产者联合会（社会主义合作社的雏形）的旗帜下，我们那些分散的、对社会有益的人将联合起来去进行经济工作……

发起小组主席　米·苏茨凯韦尔

嗯！

二

发起小组认为，小组提出的按生产者合伙经营的原则组织小型企业生产的提纲和基本前提，足以证明这类生产组织的形式与私有的、手工业－劳动组合的和其他生产组织的形式相比，是合理的和受欢迎的。发起小组（由 5 人组成）在自己筹备工作的过程中，<u>在地方上、在专家"劳动者"以及以前的厂主和商人中间进行了一些侦察</u>，主要为了弄清他们对小组提出的思想和行动纲领的态度。顺便对生产组织的性质作了考查……

注意

从答复中可以看出，所提出的生产的基本原则是物尽其用。在一些大的中心城市，其中包括莫斯科，<u>有很多无人过问的原料</u>，即使有人过问，也只是<u>"问问而已"，根本没有把它保管起来</u>，即使保管起来，也是为了以后把它盗走，<u>而且所有这些</u>原料都闲置一旁，得不到妥善的、有效的使用……

对阿·基谢廖夫关于
工资问题的提纲的修改[222]

(1921年9月4日)

工资问题基本原则

新经济政策要求有一整套旨在恢复国民经济的措施。每一个工业部门,每一个独立企业都应该对生产、材料、原料、产品费用等进行严格精确的核算。企业应该本着无亏损的原则(那些不论经济效益程度如何,在国家经济体系中必需的企业,如生产某些国防物资等的企业除外)建立。

首先应该改变作为发展工业的基本因素的工资制度。工资制度应该以下列实际的前提为基础:要最大限度地简化这个制度,要为国营工业中的工人和职员拨出粮食储备和消费品储备。凡与生产无关以及具有社会保障性质的事业都要同企业分开。建立工人和职员同企业和机关的牢固联系。对幼儿园、保育院、托儿所等的国家援助丝毫不应当同工资挂钩。[工农国家的援助应当以阶级的原则为依据。工资少一些,国家援助就多一些。][1]实行工资制度的上述原则,会使熟练工人自动回到企业。我们不会再看到工程师去当饲马班长,去当粮食科长,或者去修理炊具和喷嘴,我们也不会再看到熟练工人去种马铃薯和清理污水坑。

去掉

这不对

————————

① 方括号内的话列宁删掉了。——俄文版编者注

以现实基础为依据的工资制度是把工人阶级这一生产的基本要素组织起来的主要因素。

1. 应当根据劳动最少,得到工资就最少的原则规定工资率。增加工资应当直接同提高生产率、同工人参加[生产]①提高生产的程度挂钩。

2. 工资应当包括为工人和职员提供的各种设施和物品,例如:

(1)货币工资。

(2)住房、取暖、照明、自来水、下水道。

(3)食品和消费品。

(4)工作服、计划外发放的物品等等。

(5)理发室、浴室、剧院(菜园、国营农场)②以及市政局提供的其他公用设施。

(6)交通工具:铁路、电车等等。

(7)发给工人和职员的家庭口粮或其他的工资补贴。

国家提供的各种公用设施和发放的各种物品均按市场价格计价,以使工人和职员能够明确地做到量入为出,认识到必须付出紧张的劳动才能得到实际的生活费。

工资只能同工作人员参加生产挂钩,只能同提高生产效果挂钩。

3. 凡是包括在工资内的一切物品只能通过企业和机关,只能通过工厂管理委员会向工人和职员发放和提供,以使工人和职员同企业和机关保持充分的联系。

4. 工资的计算方法应当简单明了,使每个工人和职员都易于懂得生产率和工资之间的关系。这种方法

---

① 括号是列宁加的。——俄文版编者注
② 括号是列宁加的。——俄文版编者注

应当是灵活的和不受约束的,以便企业和机关的管理部门能够及时表彰工人和职员表现出来的首创精神和独立精神,并用适当的奖励激发他们在这方面继续努力。

5.规定计件工资时,必须顾及各大工业部门已有的经验,不要搞那些东拼西凑的、复杂的、工人不好理解的制度。

应当注意设备的好坏、机器的磨损程度、原料质量的优劣等等,使这些与工人本身无关的原因不致影响他们的工资收入。

工资总额应当随着卢布行情的波动和物价的波动而相应变动,使工人和职员有固定的、基本的最低限额工资,不至受卢布行情波动和物价波动的影响。向工人和职员提供实物的补贴款的总额变动情况,应当使人们确信:即使粮食和其他物品一时短缺,工人和职员劳动所得的全部工资也将得到充分保障。

6.在给各种熟练工人、职员、中级技术人员和高级行政管理人员规定工资额时,应当排除任何平均主义思想。

每个企业和机关中的高级行政管理人员的人数和熟练工人的人数,不应超过他们在该企业全体工人和职员总数中所占的规定的百分比。

7.国家要为企业和机关中的工人和职员拨出粮食和消费品的固定储备,同时必须坚决取消按企业中工人人数向企业发放粮食的办法,发放粮食不应当按工人的人数,而只应当按企业所生产的产品单位。只有这样才能根据新经济政策合理地管理工业。

8.必须取消目前规定的那种按月扣除实物储备的做法。如果一年内工作强度大,而且企业向国家提供了一定的收入,则可以根据企业编制的平衡表在年终(或者一年不超过两次,即5月1日前和11月7日前)

发给奖金。

　　附注:对劳动中成绩特别优异者发给的奖金,可在一年内从拨给工厂管理委员会的特别基金中支付。

　　签名的有:基谢廖夫、别洛夫、金丁、波格丹诺夫、列普列夫斯基、哈拉托夫。

译自《列宁文集》俄文版第 23 卷
第 258 — 260 页

在格·克尔日扎诺夫斯基《致我们的批评家》一文上作的批注[223]

(1921 年 9 月 11 日)

是国家经济的"意志和意识",而不是个人的

……我们批评家的攻击矛头特别指向基本设想,这种基本设想可以表达如下:在从战时状态也可以说是从全面的战时状态向和平创造过渡的条件下,苏维埃共和国在一定时期正在消除战争年代遗留下来的后果,并正在为那种新型的国家经济奠定牢固的技术基础;在新型的国家经济中,意志和意识的因素将比过去任何世纪都要在更大的程度上深入到共和国的全部经济活动中去……

我不怀疑,会有成千个自作聪明的人,他们会振振有词地说,国家委员会没有考虑到这个,没有考虑到那个,他们还会提出一些含义十分深奥的问题。这种聪明人特别当他们顽固地不愿[辩证地]思考时,那简直是匪夷所思……

[具体地]

我们不得不遗憾地指出,弗·古·格罗曼似乎应当归入我们不能与之调和的批评家之列。弗·古·格罗曼在莫斯科省工会理事会科学技术俱乐部的一次报告中,对俄罗斯国家电气化委员会工作的很多方面作了非常肯定的应有的评价,但他所提出的报告提纲却与他论证的总方针大相径庭。在这些提纲中,弗·古·格罗曼的调子愈来愈高,他断言我们在工作中,既没有注意到阶级相互关系,也没有注意考虑国际形势

和租让问题等等。这样一来,连拟定国民经济计划的
整个方法都是反科学的了,因而,电气化计划本身也成
了建立在沙滩上的东西了。结果使人产生一个可笑的
印象,不由得使人想起某个腼腆的助祭的趣闻来。一
天清晨,有人请这位助祭喝酒,助祭回答说,第一,他不
喝,第二,现在还太早,而第三呢,他已经喝过了。弗·
古·格罗曼之所以前后矛盾,显然是出于这样一种状
况,就是他根本没有考虑到给我们的报告规定俄罗斯
国家电气化委员会首先须要解决的几项工作的那些
范围。

译自《列宁文集》俄文版第 23 卷
第 10—11 页

在亚·舍印曼来信上作的批注²²⁴

(1921 年 11 月 12 日)

致列宁同志

附上我拟邀请参加由我召集的货币流通问题讨论会的人员名单。

我认为还需要就政府在这方面必须采取和可能采取的措施谈谈我的意见。

(1)建立正常的货币流通已刻不容缓,否则既不能发展工业,也不会有商业、特别是银行活动。这个问题必须用<u>革命措施</u>来解决。必须下决心让货币贬值。只有采取这项措施之后才谈得上无赤字的预算、无亏损的经济等等。在目前情况下,诸如此类的提法不过是说说而已,并没有真正的内容。

按照我的意见拟定的货币贬值实施方案也一并附上。

(2)方案规定将 15 000 万金卢布拨给国家银行(确切些说是作为专用款项),供即将实行的币制改革之用。姑且不谈这种拨款不过是转一下账,我只想指出,即使不算这笔款项,国家<u>仍将有大量资财</u>,即国家珍品库的财产、各种不动产、仓库以及对外贸易人民委员部的储备等等。这些财富如在商业上加以合理的利用(这种利用也同建立稳定的货币单位有关),就能在相当大的程度上满足国家的急需,而国家急需的开支在头几年是不可能靠国库收入来满足的。

(3)新的货币流通与其说应以国家银行的黄金储备为基础,不如说应以国家银行的积极政策为基础,而这种政策又以在国内积累大量物质财富为基础。为了

——

?? 根本不能用**这样的**措施来解决

——

不是"仍将有",而是被侵吞。而我们不会核算和保管。

加速这个过程,必须立即实行已拟定的国家垄断,并在国内发展<u>组织得当的商业</u>,这种商业既包括国家生产的商品,<u>也</u>包括私人生产的商品,它或者是国营商业,或者是合作社商业,或者甚至是私营商业(在某种情况下是国家的经纪人)。后者可以通过比如说在大的中心城市建立特种股份公司的办法来实现,这种公司在价格不超过一定水平并由国家加以调整的条件下完成一定的生产任务和贸易任务。

‖ 关键就在这里。工作是长期的。

(4)为了准备实行商品交换的币制改革,除在工资项下以集体方式供给实物外,必须立即停止任何其他方式的实物支付,同时还要定出向居民提供住宅的收费办法。

(5)政府以拨给国家银行金卢布基金为后盾,果断宣布在最近的将来实行币制改革,这样就能巩固国家银行的地位,并对纸币的行情产生良好的作用,控制其不断下跌的速度。

为时尚早

(6)国家银行的任务是发放短期信贷。长期信贷方面的需要虽然也应由国家银行满足,但要从特别基金中解决,并且要有特殊的理由。

(7)必须制止目前的托拉斯热,对工业的管理要<u>更接近单个的工业企业</u>,同时,支配拨给工业企业的资金的自由应该在一定程度上加以限制,以免这种自由变成对国家财产的侵吞。

‖ 再好好想想,并要进一步明确。

#

#以什么形式?

(8)为了恢复大工业,除少数情况外,要求<u>引进外</u>国资本。恢复大工业在组织方面也有困难。俄国工业迟迟不能引进外国资本,是因为外国资本家指望苏维埃政权垮台以及他们不相信这个政权会认真对待新经济政策,此外,还由于缺少正常的货币制度。只要我们对恢复工业采取慎重的步骤,头两个障碍是可以逐渐消除的,具体做法是严格选定一批有生命力的企业,确定一批虽然亏损但仍然为国家所需要的企业，还有一批企业划入第三档次，这些企业暂时关闭，只要保护好就行。至于最后一个障碍，通过币制改革就可以消除。

（9）<u>取消</u>对外贸易人民委员部在俄国对外商品交换方面的<u>垄断</u>，将大大促进外国资本的流入。进出口联合组织即公司是吸引外国资本参加对俄贸易的有力工具。在允许私营企业和个人进出口外国商品的情况下，要规定进出口关税，还要讨论研究以外汇支付出口税的问题。

（10）通过贷款方式从国外购进的商品应分为三类：(a)为满足国家一般需要的商品；(b)为恢复大工业而且能很快收回贷款的商品；(c)为在国内立即销售并能迅速收回所耗外汇的商品。

（11）恢复小工业在组织上和技术上的困难要比恢复大工业少些，同时还可以为大工业的恢复奠定牢固的基础。因此，应该打消那种<u>怕小工业</u>和私营商业<u>发展的顾虑</u>，而对它们的发展采取积极促进的立场。

（12）应该促使建立正常的私营工商业；这可以通过建立商会和商品交易所来实现。只有取消国家银行对信贷的垄断，允许开办各种形式的私人银行和合作银行，俄罗斯共和国的信贷业务才有可能广泛发展，然而，只有实行币制改革，或者至少是在确定要进行这种改革之后，才有可能下决心采取这项措施。

（13）国家银行应有权按照它认为合适的价格和条件收购黄金和外币，不受任何手续上的限制。

以上是我讲的主要论点。如能引起您的重视，请指定接见时间，以便向您作更详细的汇报。

舍印曼

1921 年 11 月 11 日

译自《列宁全集》俄文第 5 版
第 54 卷第 341—345 页

旁注：

要一百次地考虑条件。很危险。一切都会被抢购一空，侵吞干净。

谁还有顾虑？何以见得？

加米涅夫委员会[225]。

在伊·彼特鲁什金来信上作的批示

（1921 年 11 月 23 日）

全俄中央执行委员会委员彼特鲁什金代表非党农民
向人民委员会主席**列宁**同志提出的**请求**

　　为了向您谈谈我到弗拉基米尔、切列波韦茨、雷宾斯克等省出差的观感，同时为了转达农民们委托我向您提出的请求，请您抽几分钟时间听取一个简短的汇报，因为，我作为农民和农民代表，非常非常想见到您。

　　我深知您非常忙，但还是冒昧请求您抽几分钟时间来同我谈谈，请指定会见时间。

　　我的地址：苏维埃 1 号楼第 312 号房间。电话：2—06—82,312 分机。

　　致同志的敬礼！

全俄中央执行委员会委员
伊万·彼特鲁什金
1921 年 11 月 22 日

暂定**星期五** 12 时。到 11 时半时再核定[226]。

列　宁

11 月 23 日

载于 1959 年《列宁文集》俄文版第 36 卷

译自《列宁全集》俄文第 5 版第 54 卷第 345 页

在伊·科布连茨意见书上作的批注²²⁷

（1922 年 2 月 15 日）

致人民委员会

关于私营组织联合体是否应受工农检查人民委员部监督的问题,应给予否定的答复,理由如下:

1. 新的工农检查人民委员部条例第 3 条第 1 款规定:"在中央和地方的所有一切**苏维埃**机关中以及在各**公共组织**中(法律另有规定的除外),均应建立对物资和货币周转的经常的和事实上的监督。"

由此可见,**私营组织和个人在物资和货币周转方面不应受这种监督……**

4. 综观所有立法材料,应得出以下结论:苏维埃机关和公职人员应受工农检查人民委员部的监督;对公共组织(合作社)在这方面的规定则是极其矛盾的;有的根本没有明文规定(消费合作社);有的规定按专门章程加以监督,而这等于没有共同的准则(信贷合作社);有的规定只许**事后**监督,禁止**事先**监督(农业合作社);还有的则完全禁止任何监督(手工业合作社)。

5. 关于个人和私营组织,法律上没有任何**直接的**规定,但是根据上述立法材料理应得出如下结论:个人和私营组织像手工业合作社一样,完全不受工农检查人民委员部的任何监督(事先的和事后的)。

对吗??
不对! 私营的 ＝ 苏维埃的,**是出租的。**

这才是实质所在!
???
而工农检查院**基本条例**呢? 这位科布连茨不是瞎说吗? 我确信他是**瞎说!**

载于 1945 年《列宁文集》俄文版第 35 卷

译自《列宁全集》俄文第 5 版第 54 卷第 346 页

在列·欣丘克《新经济政策条件下的中央消费合作总社》一书上作的批注[228]

（1922年9月18日以后）

1

第**35**页：1922年出口原料的工作量增加了**19—29**倍。

第**39**页：分送奥尔洛夫的小册子和警告信（**现在**）。

第**54**页：国外办事处。

2

批注

［第35页］　1922年，当中央消费合作总社的收购工作大大扩大时，总社的资本大大增加，特别是指1922年1月1日前，出口原料总共只占总价值的0.6%，而在1922年我们的出口原料的工作量至少增加了19—29倍。

［第39页］　公民奥尔洛夫的小册子再一次着重指出，代表团同"老合作社工作者"达成协议做得对，这样就使他们失去代表资格和价值，并把西欧的苏维埃消费合作社的命运掌握在自己手里。据我们的西欧朋友们证实，时至今日，"老合作社工作者"还在用我们的公文纸继续把警告信和公民奥尔洛夫的上述小册子分送给西欧的合作社组织。

［第42页］如果抛开漂亮的空话，看一看老合作社工作

者小组的声明中说法的实质,看一看那些用"**执政党的压迫**"、"**在俄国执政的少数人的意志**"等词句**作修饰语**的说法的实质,那么可以看出,它们的全部论据都是从完全不同的角度提出的。"**不问政治的**"合作社工作者继续把政治带进合作社,但他们要的只是自己的政治,而不容许任何其他的政治。在声明中关于承认苏维埃政权的事只字未提,更不用说为苏维埃政权的利益而工作的愿望了。

注意

[第46页]　为评价这些呼吁书给人造成的印象,我们引用国际合作社运动总书记梅伊给中央消费合作总社主席,即本书作者的一封信……

　　……现在我相信,你们会同意这种看法,即采取一些措施以便对这个组织以俄国合作社代表身份出现正式而坚决地提出异议的时刻已经来到了。

　　当然,正像你们所知道的那样,不久前在伦敦开始出版一份名叫《俄国经济学家》的杂志……　尽管如此,公民亚·谢·奥尔洛夫在《俄国经济学家》刊物上发表了论恢复俄国合作社运动的**小册子,传播这本小册子的目的是为了损害我们不久前的一个代表团的威信**……

[第51页]　以下事实可以作为俄国合作社的自由不断增加的明显标志:今年1月尚有75%的合作社贸易是为了完成国家任务,只有18%的交易为纯合作社贸易;而上个月的总结表明,现在已有87.4%的交易额为合作社贸易,8%为同非合作社买主的交易,只有5%略多一点为用来完成国家任务而进行的交易。

注意

[第54页]　目前伦敦、柏林、里加、雷瓦尔、君士坦丁堡等国外办事处正在全力进行工作。在纽约、巴黎、斯德哥尔摩开设了办事处。

译自《列宁文集》俄文版第40卷
第480—481页

在瓦·普列特涅夫《在意识形态战线上》一文上作的批注[229]

(1922 年 9 月 27 日)

保存

在意识形态战线上

在革命后的第五个年头,<u>文化问题</u>,<u>广泛些说——意识形态问题</u>,上升到首要地位。意识形态上的资产阶级资本主义战线的存在是大家都承认的。在这条战线上我们面临着一场长期而严峻的斗争。在这里对我们的力量作一番估计是一项必要的迫切的任务,因为必须把我们现有的全部力量都投到战斗中去。

本文的任务,就是对作为先进的无产阶级意识形态队伍之一的无产阶级文化协会(<u>它直到现在还没有得到应有的理解</u>)的目标、任务、工作的方式方法作出评价。

“广泛些说”

无产阶级文化协会的宗旨和任务

<u>创造新的</u>无产阶级的**阶级**文化,是无产阶级文化协会的基本宗旨。在<u>科学</u>和艺术的领域里把无产阶级的创作力量<u>表现出来</u>、<u>集中起来</u>,则是<u>它的基本的实践任务</u>。必须用这些力量来达到无产阶级文化协会给自

哈哈!

同上面的“广泛些说”作一番比较

己提出的目标。创造新的无产阶级的阶级文化并不是传播文化的任务，——这是资产阶级同无产阶级不可调和的敌对意识形态的一个斗争过程。

注意 ((

我们的资产阶级阵营中的敌人(<u>而某些不大考虑文化问题的马克思主义者同志也附和他们</u>)却是这样来反对我们的。

不可能有任何专门的无产阶级的阶级文化。不可能有阶级的数学、阶级的天文学、阶级的艺术。无论从无产阶级的观点来看，还是从资产阶级的观点来看，二乘二得四。莎士比亚和高尔基同样使资产者和无产者感到兴趣和愉快。科学家和艺术家通过自己的创作解决的并不是阶级的任务，而是更广泛的、包罗万象的**全人类的**任务。

资产阶级的思想家们的所有异议归结起来无不如此。我们，马克思主义者-共产主义者却有另外的看法。生产力的状况是人类社会形式的历史发展的基础，一定社会的人们的经济的、生产的关系都是由生产力的状况决定的，而社会政治制度则建立在这些关系上，这一切也就决定着社会的人的心理状态和这种心理状态所借以反映出来的各种各样的意识形态*。

社会存在决定着社会意识。

哼！

人类社会历史形式的发展是<u>辩证地</u>进行的。

"社会的物质生产力发展到一定阶段，便同……现存生产关系……发生矛盾。于是这些关系便由生产力的发展形式变成生产力的桎梏。那时社会革命的时代就到来了。随着经济基础的变更，<u>全部庞大的上层建筑也或慢或快地发生变革</u>。"①

这全部过程贯穿着该社会的阶级力量的不断的斗争。

---

* 见格·瓦·普列汉诺夫:《马克思主义的基本问题》。

① 见《马克思恩格斯文集》第2卷第591—592页。——编者注

封建关系被在封建社会内部发展起来的资产阶级消灭了。资产阶级资本主义的制度也在它的内部培养出了自己的掘墓人——无产阶级。

我们生活在社会主义革命的时期，这时，资产阶级资本主义形式的生产关系已成为社会生产的最后的对抗性的形式，并且，在残酷的世界规模的阶级斗争过程中，这种形式一定会被最高级形式的社会关系、被生产与分配的社会化，即被社会主义所代替。

这是马克思主义的起码常识，但是，恰恰在目前，当唯心主义、神秘主义、资产阶级意识形态的一切莠草又繁衍起来的时候，重温一下这样的起码常识，我们认为并不是多余的。

同时，社会形式的辩证发展的本质就在于：

社会关系的新形式在任何时候都不是凭空地产生出来的："每一种事物的本身都具有自我否定的胚胎"，每一个概念，也是如此。

所以，任何一种新形式，当它否定了旧的，变成旧形式的反题（否定），把旧形式的一些片断、个别部分吸收过来，并同旧形式综合起来时，就从否定变成为某种完整的东西——合题。

在意识形态斗争方面，发展的辩证法依然具有充分的力量。正题——资产阶级的阶级文化；它的反题——无产阶级的阶级文化；只是在阶级社会的界限之外，在社会主义下，才出现它们的合题：全人类的文化。这点就推翻了对我们的责难，说我们为了建设阶级的文化，就力图去破坏资产阶级文化的物质财富。

"为了我们的明天，我们要把拉斐尔烧成灰烬，要把那艺术之花踩得粉碎……"

许多白痴拿无产阶级诗人的这些话进行投机。我们的任务不是破坏旧文化的物质财富，而是破坏这些财富赖以成长起来的基础——意识形态。我们知道，旧文化中的许多东西,将被作为素材吸收到新文化中去;这是历史的必然,但是,新文化的基础却将是无产阶级的阶级文化。

由此决不能得出结论说,我们可以不必经过斗争。资产阶级很清楚自己的意识形态的力量,而且它同样很清楚,意识形态是保守的,"过去的偶像是会长久地笼罩着活人的头脑的",因而,不经过斗争,它是不会把文化上的优势让给无产阶级的。

只有在胜利了的阶级斗争中,阶级的意识形态才会取得胜利。在这里是根本谈不上什么 Burgfrieden(阶级和平)的。

注意+
=====

在文化领域中,这种斗争的<u>具体</u>形式是怎样的呢?只有靠无产阶级<u>自己的</u>力量,才能解决建设无产阶级文化的任务。无论我们这里从<u>资产阶级阵营来的人</u>有多少,也无论他们当中有多少人"接受了"阶级的观点,这一切终归还是<u>极少数</u>*,也许他们是非常可贵的,然而,他们并不具有决定性的意义。

而农民呢?
*而=====

思想一经 群众 *所掌握,就会变成力量。

> 只有无产阶级在 所有的 知识部门里有了自己的科学家、在所有的艺术部门里有了自己的艺术家的时候,只有那个时候,我们所提出的<u>任务才能完成。</u> 为什么是这样,而不是那样呢?无产阶级的阶级意识是在资本主义生产的过程中形成起来的,阶级的集体主义的心理也是从那里产生出来的。

阶级的团结一致的感情,"我们"这种感情不仅是由"我们"制造机车、制造远洋轮船和飞机培养起来的(没有集体的努力,这样的任务是完不成的),而且也是由下列事实培养起来的,在同资产阶级进行斗争中,每一个无产者都同本阶级与其他阶级之间共同的社会不平等密切相关,并且鲜明地意识到,革命的轮船只有用"我们"的力量、用阶级团结的力量才能够建造起来。

无产阶级的阶级意识就是由这样的存在决定的。这样的阶级意识对于农民**、资产者、知识分子——医生、法学者、工程师是格格不入的，这些知识分子是按照资本主义竞争原则培养出来的。在那里"我"是基础，而分而治之则是最高的金科玉律。

    **而机车制造者的%呢？

    在个体劳动过程中受自然力量摆布（"靠天吃饭"）的农民，总是感到自己头上有一种不能听命于自己的巨大力量——宗教偏见的基础。无产者对于外在的自然界却有着非常明确的态度。他知道，在矿井里，用十字镐挖掘会生产出一定数量的矿石或者煤，把它们一起放在炼铁炉里，就会炼出生铁，从炼铁炉里是不会流出牛奶或者水来的，生铁会炼成熟铁、钢，钢又会变成机器，机器能轻而易举地克服物质的阻力，而到周末将领到工资。在这里，一切都很清楚，并且像数学一般的准确*。农民认为自己是"主人"；无产者，除了劳动力以外，一无所有。农民希望："上帝赐给一个好年成"。无产者知道，他的"上帝"——资本家，是什么也不会给的，除非通过同他进行直接斗争从他那里夺取。

    *　那工人和农民的宗教呢？

    无产者的心理就其最基本的方面而言，是阶级的集体主义的和自觉的创造的心理。

    所以，我们认为工业无产阶级是无产阶级文化建设中的基本的创造力量，无产阶级文化协会的特点也就在这里。

    由此也就十分清楚，在艺术创作中，整个生产过程，或者它的一个部分，例如，大锤旁边的那种劳动的紧张状态，只有直接参加到其中的人，即无产者本人**，而不是袖手旁观的人，才能够表达出来。在科学的创造中，无产者一向是，而且将来也还是从生产过程出发；他需要的科学不是为科学而科学，****而是为了他的创造性的劳动，为了以车床为基点来理解社会生活和经济生活中各种现象之间的联系。在无产者的思维

    **???

    ****???

²摆在科学家饭
桌上的又是什
么呢？

结构里,他的创造性的劳动总是同他吃饭的时候摆在
他饭桌上²的是什么东西联系着的;在这里,有一种目
前科学思想所得出的尚未成形的胚胎:不懂得社会生
活中各种经济现象之间的联系,就不能成为一个技术
人员;不精通技术,不通晓包括生产过程在内的整个生
产力的全部动力技术,就不能成为一个经济学家。"科

*不仅科学家！

学家们"*一定会对这加以嘲笑;但是,我们根据经验知
道,正好在这里证明:无产阶级的阶级意识中有机地发
展起来的对社会生活作一元论的理解的前提,比任何
其他的阶级或者集团的成员所理解的前提要多得多。
资产阶级唯心主义世界观的主要的解毒剂和无产阶级
文化的特殊性的基础也就在这里。

　　我们对社会现象从来不是,而且将来也不会是保
持沉默的、毫无作为的拜物教徒。

　　资产阶级统治的基础已经崩溃,它的经济的和政
治的权力已被无产阶级的力量所推翻。但是资产阶
级的意识形态依然存在,并且还在作怪;我们不能光
等待它按照辩证法的规律必然地破产,而应该去培养
无产阶级文化的成分,去建立阶级的意识形态的上层

**紊乱不清！

建筑**:在同阶级敌人的腐朽的、但仍然非常强大的意
识形态进行残酷的斗争中,我们将在阶级斗争的这个
最后阶段形成自己的力量。因此,把无产阶级的创造
力量表现出来和集中起来,为自己的阶级文化而斗争,
是一项历史性的、必不可少的任务。

　　所以说,无产阶级文化协会不是出于一些志同道
合的闲人的臆想,也不是基于一小撮狂热者的不求成
效的思想成立的机构,而是为了解决这项任务所历史
地必然地形成的一个思想和力量部门。

　　我们今天的斗争已把我们的原则非常鲜明地着重
地指出来了。当资产阶级的思想通过施本格勒的嘴宣
布欧洲的(也就是资产阶级的)文化的末日的时候,战

斗的唯物主义就打起自己的旗帜,并且在宣布资产阶级意识形态的死亡的预告的同时,奠定新的阶级文化的坚实的基础。

目前正在发生的事情,即这些关于"苏维埃的"和非"苏维埃的"作家和科学家的争论,这并不仅仅是文人和思想家的无关紧要的争执,两种意识形态的坚决的、史无前例的搏斗就是以此为起点的。许多人都还没有意识到这场斗争的规模十分宏大。这场斗争必将在创造无产阶级的阶级文化的旗帜下进行,而决不能在别的什么旗帜下进行。无产阶级文化协会的思想和它的存在的历史根据就在这里。

嘿!

————

建设无产阶级文化的任务只有靠无产阶级自己的力量,靠无产阶级出身的科学家、艺术家、工程师等等才能完成。

十足的杜撰

这将是完全不同于资产阶级世界的另一种品格的科学家、艺术家和工程师。

这不仅因为他们出身于无产者阶级,而且还因为他们在科学、技术、艺术的领域中所面临的任务不同于资产阶级社会。

各社会主义政党的纲领把科学的民主化作为自己的任务。我们所面临的是科学的社会主义化,即社会化的任务。这是什么意思呢?

民主化就是为群众在广度和深度上扩大掌握资产阶级科学的规模;科学本身在这里仍然是不可触及的。

科学的社会主义化则包括它的本质、方法、形式和规模。
我们的任务是使科学的内容与方法同社会主义生产对科学提出来的那些要求相一致。而且不仅仅根据生产力的当前的情况,还要根据生产力的遥远的

2

前景。

　　<u>这是在未开化的、不文明的、半文盲的、贫穷的国</u>
家里吗？——很多人都没有忘记作这样的声明。

　　是的，是在这个国家里。

　　正是在这样的国家里。也正是在存在着工农政权
的情况下。因为只要在欧洲还存在着资本主义，任何
地方都不可能具体地提出这样的任务。

　　举一个小小的例子：

　　弗拉基米尔·伊里奇的天才的、敏锐的眼光就看
到了电气化的全部无限的革命化的威力。

　　可是，在我们中间却有人把电气化叫做"电虚化"，
还有不少人由于糊涂对电气化加以嘲笑。我们只好在
我们题目的范围内稍微谈谈关于电气化问题。

　　原先蒸汽机的巨大的飞轮以及生产中的污秽不堪
的传动装置网，如今在每台机器上都由体积还不及一
只小狗那么大的发动机所取代了。难道这同社会医学
有什么关系吗？我们马上就听到这种说法："电气化是
结核病的劲敌，外伤病的敌人。电气化正在消除关于
能量的空间和持续时间的概念。电气化和商品的生产
价格有一种不可分割但还不清楚的联系。电气化使
生产的动力技术得到统一，它第一次给予资本主义的
竞争体系以毁灭性的打击。电气化正在大大地加快生
产过程本身。电气化的使命是把地球上国与国之间划
定的界线化为乌有。"等等，等等。

　　人们向我们问道："为什么要这样赞美电气化呢？
这与科学有什么关系呢？"

　　非常"有关"。大有关系。

　　列宁同志在苏维埃第八次代表大会上说："我们需
要电气化，它是展示在整个俄国面前的第一张草图，它
是一个……表明怎样把俄国转到共产主义所必需的真

正经济基础上去的**伟大的经济计划**。"①

而且,第八次代表大会还决定:"代表大会责成人民委员会拟定一个决议,把凡是具有足够的科学修养或实际经验的人都动员起来,宣传电气化计划并讲授必要的知识,以了解这一计划。"

那么,我们是不是有很多人能够比如说按照伊·伊·斯捷潘诺夫那部名著的提纲讲授电气化呢?*并且我们看到,我们的马克思主义经济学家愈来愈经常地在谈论:在经济领域中,如果没有很好的技术知识,工作是无法干下去的。

由此得出一个非常重要的结论:我们现在需要的不仅仅是技术和经济各个方面的专家。时代向我们提出一项培养新型科学家的任务:培养**社会的工程师**,即能够应付最大规模的局面及任务的**工程师**-组织家。这样的工程师应当**既是技师,又是经济学家**。

这是不是给科学增添了某种新东西呢?

对于这一点,不能给予否定的回答。**科学知识的分散性**这一资本主义竞争体系的结果,已被革命世界的生产力的发展所克服,而科学正走向它本身的一元论。

镭和电的世纪期待着为自己培养出一种新的思想体系的工人。这不仅仅是四肢发达的人,而且是智力高度发展的个人。他应当洞悉社会生活,尤其是社会生产的各种现象之间的联系。科学抛弃了许多累赘的东西,抛弃了一些曾受尊重的死的语言、无用处的知识、以及对伪科学的价值的崇拜。社会主义的人不能不是一个最完善的博学者。

形成各门科学学科之间的联系,使它们简明易懂,建立科学创造的新的方法学,——这就是科学发展的

*正是如此!这是对**瓦·普列特涅夫**的反驳。

?

---

① 参看本版全集第40卷第158页。——编者注

前景。

我们是否应该把在这条道路上的最初的试验性步骤看做幻想、不必要的奢侈等等,等等呢?

谁对此很好地加以考虑,他就不会把它们看做那样的东西了。谁要有这样的看法,就让他去想想"电虚化"这个愚昧无知的字眼,并且让他对伊·伊·斯捷潘诺夫那本还没有被真正弄懂的,而且还没有给以真正评价的书给予更大的注意好了。

就是现在,我们也认为这方面的工作是绝对必需的。而在这条道路上的最初的步骤应当由 无产阶级 自己来完成*。无产阶级将不再仅仅是在生产过程中的技术性的小螺丝钉……

*胡说。

由此可见,无产阶级是被革命进程本身推动去进攻资产阶级的科学的,而这是必然的历史规律。

?

我们提出的科学革命化、科学社会化的任务,以及我们在这条道路上所采取的最初的实际步骤的历史的根据就在这里,无产阶级文化协会存在的又一个根据就在这里。

没有科学就不可能有社会主义。靠资产阶级科学也不可能有社会主义。

科学的一元论,通晓事物的联系和统一,力求做到这一点,这就是我们的任务。

"内部联系一旦被了解,相信资本主义现存制度的永恒必要性的一切理论信仰,还在现存制度实际崩溃以前就会破灭。"①

*一点也不
(不具体)

马克思的这几句话证明关于科学问题的提法*是正确的,正是在现在,而不是像我们的敌人和那些对自己的力量还不太相信的朋友反对我们时所说的那样,是在……的时候等等。

---

① 参看《马克思恩格斯文集》第 10 卷第 290 页。——编者注

最后简单地谈谈艺术。

我们革命的全部经验,<u>尤其是新经济政策时期的</u>经验表明,旧世界的艺术家不可能而且也不会成为革命的艺术家。当代艺术家中间有很多人"正在接受"苏维埃政权,正在接受布尔什维克。但是,在为意识形态而进行的斗争中,问题不仅仅在于承认政权,而在于承认共产主义的意识形态。我们完全有把握断言,绝大多数的艺术家,即使他们在形式上入了党,按他们的艺术思想体系来说,也仍然是唯心主义者和形而上学者。

在资产阶级社会里,艺术变成了买来点缀资产者生活的商品。现代艺术粉饰生活,无产阶级艺术的使命则是改变生活。使用的观点应让位给生产的观点。这并不是说,我们要取消美。我们只是肯定一点:"美"并不是抽象的概念,资产阶级艺术家所了解的美,不同于无产阶级所了解的"美"。而且还因为,资产阶级世界的艺术家在艺术中反映的创造性生产过程,是他所**看到的**那种样子,而无产者艺术家表现的,则是他作为生产过程的直接创造者所**感受到**的。

无产阶级的艺术家<u>既是艺术家,同时也是工人</u>;只有当工人从群众中选拔出自己的艺术家的时候,资产阶级社会里所造成的艺术家和工人之间的那条鸿沟才会消失。

对于工人来说,艺术将不再只是对生活的<u>外部的点缀</u>,而是生活的创造。

在巨大的发电站的正面放上一个小客厅中的小天使是荒诞的;在一座横跨大江的桥上放上一些小花环也是可笑的。而发电站和桥之所以美,是它们巍峨壮观和大量钢、铁、混凝土和石头的结构的美。*

飞机的美,不是从使它成为美的那种愿望中产生的,而是从它那种轻巧易飞的结构中产生的,它的美,

注意:"**结论**""尤其是"!

胡说

*对,但具体地(爱伦堡)。

无论是在地面,还是在高空,都是无可争辩的。这是一种生产上的和技术上的适合于目的的美。新世界的造型艺术将是生产的艺术,否则就根本不会有什么艺术。这里,对于艺术家的"我"的直觉、灵感、神圣的艺术等等有人会大吵大嚷起来。这一切只不过是唯心主义和形而上学摇篮上叮当作响的小玩意,仅此而已。

？

在造型艺术中就是这样。那么在文学中呢?

革命事业的飞速发展今天已经给我们的语言带来新的内容,突破了语言的那些"优雅的"古典形式。为了适应生活的节奏,我们的语汇已变得像电报般精确,把词的内容大大压缩,以致前后连贯不起来。你们不妨试试把"电气化"和"放射性"这两个词翻译成旧的"优雅的"奥勃洛摩夫的俄语,而通过这两个词,我们很容易就会联想到经济、技术和科学方面这些现象的无可比拟的规模。这就使文学创作的内容、形式及其使命有了很大的改变。个人主义的感受的公式让位给群众运动,文学创作的背景扩大到无限的规模。概括地、一元论地思维的能力现在变成艺术家的如同呼吸、吃喝一样的需要。

嘿！

新的无产阶级的艺术家在同资产阶级文学进行残酷的斗争中成长起来。他们在许多方面还是资产阶级文学的俘虏。我们的任务是按照我们的方针来培养他们,把对世界和生活作一元论的理解这个强大的武器交到他们手里,发展他们的创作能力。这样的艺术家将是新的无产阶级的阶级文学的第一块基石。是不是需要给予这样的艺术家以表现的机会? 无产阶级这个掌握着政权的阶级能不能坐等艺术家自己从群众中涌现出来呢? 答案不可能有两个。无产阶级文化协会过去在这方面所做的一切,就是解决这项任务。从1912—1913 年的《真理报》起,通过无产阶级文化协会,一代无产阶级的诗人成长起来了,他们的力量在数量上和质量上也正在日益壮大起来。无产阶级的文学已经有了它自己的一段不长的,但却丰富多彩的历史。

这就证明无产阶级文化协会的思想及其存在是正确的。

再谈谈戏剧。

在这方面无产阶级文化协会的光荣就在于:在历史上我们第一次成功地放出了无产阶级戏剧的异彩。无产者作家描写我们斗争的一个阶段的剧本(《勒拿》),已被舞台艺术家——<u>工人们的力量搬上了第一工人剧院的舞台</u>。尽管这还很幼稚,但总算是<u>一个开端</u>。在无产阶级文化协会里第一次提出了这样的口号:"工人运动的历史应该成为艺术创作的材料。"必须把资产阶级戏剧的"主人公"放进档案库。生活与斗争中的群众应该进入戏剧。可是我们现在看到,我们的看法还不一致。

一位柏林来的同志写道:"今天我观看了恩斯特·托勒尔的《机器的破坏者》,于是便想起了你们的口号。这个口号在这个剧本里得到了生动的和充分的体现。"*

上述这位作者的那些剧本都是反映群众运动的剧本,是概括无产阶级斗争的历史形式的巨幅画卷。

全俄将近1000名我们戏剧学校的<u>工人学生</u>,正在从事创建<u>无产阶级的阶级戏剧</u>的工作。这就解决了无产阶级文化协会所提出来的又一个任务,并再一次证明了无产阶级文化协会存在的必要性。 ?

根据我们的实际工作,我们很清楚,我们所提出来的这些任务是非常艰巨的。但是,无产阶级过去没有,现在也没有轻松的任务。无产阶级文化协会在极其困

---

* 恩斯特·托勒尔,原巴伐利亚苏维埃共和国政府委员,现在在巴伐利亚的监狱,要坐5年牢。他写了一些很有气势的剧本,如《群众和人》、《变化》、《机器的破坏者》等等。

难的条件下所进行的这 4 年工作已经取得了成果，并且扫清了继续前进的道路。人们常常问我们：你们 4 年的工作作出了什么成绩呢？你们所期望的无产阶级文化又在什么地方呢？

让我们提醒这些提问者：资产阶级的文化已经建立了五六个世纪，资产阶级的意识形态在这样长的岁月里才深入到人们的意识里去。而我们通过实践的形式为无产阶级的文化所进行的斗争总共才只 4 个年头。让提问者考虑一下这些数字吧，这就是我们现在的回答。

至于我们 4 年来进行工作的方法、实践、具体的数字和实际的效果，下次再谈。

瓦·普列特涅夫

译自《列宁论文学和艺术》1986 年
俄文版第 304—311 页

在"狄纳莫"厂工厂委员会
来信上作的批注

（1922 年 10 月 21 日）

亲爱的弗拉基米尔·伊里奇：

　　"狄纳莫"厂工厂委员会为纪念工人阶级的领袖们
和领导人视察工厂，决定在十月革命节前夕设立"狄纳
莫"工人的光荣簿。您曾在 1921 年十月革命节视察过
我厂，为我厂工作增添了新的动力，所以请您，弗拉基
米尔·伊里奇，第一个在我们的光荣簿上题词。

11 月份

提醒我[230]。

列　宁

1922 年 10 月
21 日

载于 1945 年《列宁文集》俄文版
第 35 卷

译自《列宁全集》俄文第 5 版
第 54 卷第 347 页

在《俄罗斯联邦土地法典》草案上作的批注[231]

（1922 年 10 月 31 日以前）

[5] 18. 把个人劳动投入闲置的(没有任何人利用、没有预先规定给任何人、由国家直接掌握的)土地,以便为农业生产的需要长期使用土地,这是开垦荒地。<u>但在安排垦荒工作时,必须事先获得地方土地机构的允许</u>……

？

只有？

[9] 42. 只有在使用雇佣劳动的农庄肯定保留自己的劳动制度,也就是说,只有在一切有劳动能力的农庄庄员在自己的农庄中和雇佣工人平等地劳动的情况下,才能容许雇佣劳动……

[13] 70. 自由选择使用土地方法的权利也扩大到在农民份地和赎买地上、以及在原属地主所有但根据土地机构或苏维埃代表大会决定分配给居民耕种的土地上成立的农业<u>集体</u>。

协作社？？

译自《列宁文集》俄文版第 40 卷第 482 页

注　释

1　彼·巴·马斯洛夫的小册子《世界大战的经济原因》于1915年1月在莫斯科出版。

　　列宁收到玛·伊·乌里扬诺娃从莫斯科寄给他的马斯洛夫的这本小册子和尼·彼·奥加诺夫斯基的小册子《欧洲大战为何爆发?》后于1915年1月27日(2月9日)写了一封信给她,信中说,"亲爱的玛尼亚莎:你寄来的奥加诺夫斯基和马斯洛夫的两本小册子都收到了。非常非常感谢!! 这两个人都是最有害的可恶的机会主义者…… 但是看一看他们写的东西却大有好处。"(见本版全集第53卷第444页)列宁认为可以写书评来回答马斯洛夫(见本版全集第47卷第118页)。尼·伊·布哈林写了这样一篇书评给《共产党人》杂志,这篇书评列宁校阅过并提了意见,但由于杂志停刊,未能刊出。1915年7月10日出版的《保险问题》杂志第5期刊登过一篇署名"Я.鲁斯"的关于马斯洛夫的小册子的书评。列宁在给格·叶·季诺维也夫的一封信中曾请他把这一期《保险问题》杂志寄给他(同上书,第137页)。——1。

2　指协约国社会党人伦敦代表会议。

　　协约国社会党人伦敦代表会议于1915年2月14日召开。出席代表会议的有英、法、比、俄四国的社会沙文主义派和和平主义派,即英国独立工党、英国社会党、英国工党、费边社、法国社会党、法国劳动总联合会、比利时社会党、俄国社会革命党和孟什维克的代表。列入代表会议议程的问题有:民族权利问题;殖民地问题;保障未来和平问题。

　　布尔什维克未被邀请参加代表会议。但马·马·李维诺夫受列宁委托为宣读俄国社会民主工党中央委员会的宣言而出席了代表会议。这篇宣言是以列宁拟定的草案(见本版全集第26卷第131—132页)为

基础写成的。在李维诺夫宣读宣言过程中,会议主席打断了他的发言
并取消了他的发言权。李维诺夫交了一份书面宣言给主席团以后退出
了代表会议。列宁对这次代表会议的评论,见《关于伦敦代表会议》、
《谈伦敦代表会议》两文(本版全集第 26 卷)。——2。

3 《日内瓦日报》(«Journal de Genève»)是瑞士自由派的报纸,1826 年创
刊,用法文出版。——2。

4 指意大利改良社会党。该党是由被意大利社会党开除出党的改良主义
右翼领袖莱·比索拉蒂于 1912 年创建的。——2。

5 《时报》(«Le Temps»)是法国资产阶级报纸(日报),1861—1942 年在巴
黎出版。——3。

6 《政治和文学辩论日报》(«Journal des Débats politiques et littéraires»)
是法国一家最老的报纸,1789—1944 年在巴黎出版。七月王朝时期为
政府的报纸,1848 年革命时期,该报反映了反革命资产阶级的观点;
1851 年政变以后成了温和的奥尔良反对派的机关报;70—80 年代该
报具有保守主义的倾向。——4。

7 指中立国社会党人代表会议。
    中立国社会党人代表会议于 1915 年 1 月 17—18 日在哥本哈根举
行。出席会议的有瑞典、丹麦、挪威和荷兰四国社会党的代表。会议通
过决议,建议中立国的社会民主党议员敦促本国政府出面在交战国之
间充当调停人和加速恢复和平。——4。

8 《前进报》(«Vorwärts»)是德国社会民主党中央机关报(日报),1876 年
10 月在莱比锡创刊。1878 年反社会党人非常法颁布后停刊。1891 年
在柏林复刊。第一次世界大战期间持社会沙文主义立场。1933 年停
刊。——7。

9 《巴黎回声报》(«L'Echo de Paris»)是法国的一家资产阶级报纸,
1884—1938 年在巴黎出版。——8。

10　德国左派社会民主党人亨·劳芬贝格和弗·沃尔弗海姆合写的小册子《民主与组织。无产阶级政策的基本路线》于1915年在汉堡出版。——10。

11　这些数字列宁记在这本小册子的封三上,是指小册子的页码(见本卷第13、18—19、19页)。——35。

12　保尔·果雷的小册子《正在死亡的社会主义和必将复兴的社会主义》于1915年在洛桑出版。在此之前,果雷曾于1915年3月11日在洛桑就同一题目作过专题报告。

　　　列宁是在该书出版后不久就读到它的,他在书上作了许多记号和批语。列宁对该书非常赞赏,专门写了《一位法裔社会党人诚实的呼声》一文(见本版全集第27卷),详细分析了它的内容。他还认为传播这本小册子具有巨大意义(参看本版全集第47卷第147、150、154页)。——36。

13　列宁在这里纠正了小册子里的一处错误。巴塞尔国际社会党代表大会不是在1913年,而是在1912年举行的。——38。

14　福利雅是罗马神话中居住在地下王国里的复仇女神,相当于希腊神话中的埃里尼斯。——39。

15　罕丽达·罗兰-霍尔斯特的《社会主义无产阶级与和平》一书于1914年在阿姆斯特丹出版。它原来是1914年在《新时代》杂志上发表的一篇文章。

　　　《新时代》杂志(《De Nieuwe Tijd》)是罗兰-霍尔斯特编辑出版的杂志,1896—1921年在阿姆斯特丹出版。——53。

16　指巴塞尔宣言。

　　　巴塞尔宣言即1912年11月24—25日在巴塞尔举行的国际社会党非常代表大会一致通过的《国际局势和社会民主党反对战争危险的统一行动》决议,德文本称《国际关于目前形势的宣言》。宣言谴责了各国资产阶级政府的备战活动,揭露了即将到来的战争的帝国主义性质,号召各国人民起来反对帝国主义战争。宣言斥责了帝国主义的扩张政策,号召社会党人为反对一切压迫小民族的行为和沙文主义的表现而斗争。宣言写进了1907年斯图加特代表大会决议中列宁提出的基本论点:帝国主义战争一旦爆发,社会党人就应该利用战争所造成的经济危机和政治危机,来加速资本主义的崩溃,进行社会主义革命。——55。

17　斯芬克斯是希腊神话中的狮身人面怪物。它向过往行人提出难猜的谜语,谁猜不出,谁就被它吃掉。——56。

18　列宁在《第二国际的破产》一文中指出,俄国的格·瓦·普列汉诺夫和德国的保·伦施发展了司徒卢威式的社会沙文主义理论,这个理论的论证方式如下:"社会主义是以资本主义的迅速发展为基础的;我的国家的胜利会加速国内资本主义的发展,因而也就会加速社会主义的到来;我的国家的失败会阻碍国内经济的发展,因而也就会阻碍社会主义的到来。"(见本版全集第26卷第238页)——57。

19　见俄国作家米·叶·萨尔蒂科夫-谢德林的随笔《在国外》。其中写道,1876年春他在法国听到一些法国自由派人士在热烈地谈论大赦巴黎公社战士的问题。他们一致认为大赦是公正而有益的措施,但在结束这个话题时,不约而同地都把食指伸到鼻子前,说了一声"mais"(即"但是"),就再也不说了。于是谢德林恍然大悟:原来法国人所说的"但是"就相当于俄国人所说的"耳朵不会高过额头",意思是根本不可能有这样的事情。——59。

20　英国社会党是由英国社会民主党和其他一些社会主义团体合并组成的,1911年在曼彻斯特成立。英国社会党是马克思主义的政治组织,但是由于带有宗派倾向,并且党员人数不多,因此未能在群众中展开广泛的宣传活动。第一次世界大战前夕和大战期间,在党内国际主义派(威·加拉赫、约·马克林、阿·英克平、费·罗特施坦等)同以亨·海德门为首的社会沙文主义派之间展开了激烈的斗争。但是在国际主义派内部也有一些不彻底分子,他们在一系列问题上采取中派立场。第一次世界大战爆发以后，1914 年 8 月 13 日，英国社会党的中央机关报《正义报》发表了题为《告联合王国工人》的爱国主义宣言。1916 年 2 月英国社会党的一部分活动家创办的《号召报》对团结国际主义派起了重要作用。1916 年 4 月在索尔福德召开的英国社会党年会上，以马克林、英克平为首的多数代表谴责了海德门及其追随者的立场，迫使他们退出了党。该党从 1916 年起是工党的集体党员。1919 年加入了共产国际。该党左翼是创建英国共产党的主要发起者。1920 年该党的绝大多数地方组织加入了英国共产党。——66。

21　独立工党(I.L.P.)是英国改良主义政党，1893 年 1 月成立。领导人有基·哈第、拉·麦克唐纳、菲·斯诺登等。党员主要是一些新、旧工联的成员以及受费边派影响的知识分子和小资产阶级分子。独立工党从建党时起就采取资产阶级改良主义立场，把主要注意力放在议会斗争和同自由主义政党进行议会交易上。1900 年，该党作为集体党员加入英国工党。在第一次世界大战期间，独立工党领袖采取资产阶级和平主义立场。1932 年 7 月独立工党代表会议决定退出英国工党。1935 年该党左翼成员加入英国共产党，1947 年许多成员加入英国工党，独立工党不再是英国政治生活中一支引人注目的力量。——66。

22　英国工党成立于 1900 年，起初称劳工代表委员会，由工联、独立工党和费边社等组织联合组成，目的是把工人代表选入议会。1906 年改称工党。工党的领导机关执行委员会同工联总理事会、合作党执行委员会共同组成所谓全国劳动委员会。工党成立初期就成分来说是工人的政党(后来有大批小资产阶级分子加入)，但就思想和政策来说是一个机会主义的组织。该党领导人从党成立时起就采取同资产阶级实行阶级合作的路线。第一次世界大战期间，工党领导机构多数人持沙文主义立场，工党领袖阿·韩德逊等参加了王国联合政府。从 1924 年起，工党领导人多次组织政府。——66。

23　费边社是 1884 年成立的英国改良主义组织，其成员多为资产阶级知识分子，代表人物有悉·韦伯、比·韦伯、拉·麦克唐纳、肖伯纳、赫·威尔斯等。费边·马克西姆是古罗马统帅，以在第二次布匿战争(公元前

218—前201年)中采取回避决战的缓进待机策略著称。费边社即以此人名字命名。费边派虽然认为社会主义是经济发展的必然结果,但只承认演进的发展道路。他们反对马克思主义的阶级斗争和无产阶级革命学说,鼓吹通过细微的改良来逐渐改造社会,宣扬所谓"地方公有社会主义"(又译"市政社会主义")。1900年费边社加入工党(当时称劳工代表委员会),但仍保留自己的组织。在工党中,它一直起制定纲领原则和策略原则的思想中心的作用。第一次世界大战期间,费边派采取社会沙文主义立场。——66。

24 这段笔记列宁写在该书第18页的上方。——66。

25 彼得·耶莱斯·特鲁尔斯特拉(1860—1930)是荷兰工人运动活动家,荷兰社会民主工党创建人和领袖之一。20世纪初转向极端机会主义立场,反对论坛派。第一次世界大战期间是亲德的社会沙文主义者。——68。

26 《卡尔·冯·克劳塞维茨〈战争论〉一书的摘录和批注》写在单独一本笔记本上。

　　《战争论》这部资产阶级军事理论的经典著作,是在克劳塞维茨逝世后的次年即1832年在柏林出版的。——82。

27 《全德人物志》是慕尼黑科学院历史研究委员会于1875—1912年出版的,全书共56卷,收有德国历代杰出人物的传记。——82。

28 指1806—1807年俄普法战争中普鲁士与法国1806年的交战。这次交战以普鲁士大败告终。卡·冯·克劳塞维茨在这次交战中被俘。——82。

29 指约翰·戈特弗里德·卡尔·克里斯蒂安·基泽韦特尔。

　　约翰·戈特弗里德·卡尔·克里斯蒂安·基泽韦特尔(1766—1819)是德国哲学家,康德哲学的通俗化者。——82。

30 指卡·冯·克劳塞维茨逝世后由其妻子玛丽·冯·克劳塞维茨整理出

版的他的著作,共 10 卷,《战争论》为其中的第 1—3 卷。——83。

31　这句话列宁引自卡·冯·克劳塞维茨写的关于《战争论》的《说明》。这是一篇单独的文章,文末注明的日期是 1827 年 7 月 10 日。——83。

32　恩格斯在 1858 年 1 月 7 日给马克思的信里提到过卡·冯·克劳塞维茨关于战争像贸易这一思想(参看《马克思恩格斯全集》第 1 版第 29 卷第 244 页)。列宁在《〈马克思和恩格斯通信集(1844—1883 年)〉提要》中摘录了恩格斯信里的这个地方(见本版全集第 58 卷第 35 页)。——87。

33　指格哈德·沙恩霍斯特著的《野战手册》(1799 年)。

　　　格哈德·沙恩霍斯特(1755—1813)是普鲁士将军和军事政治活动家,曾任普鲁士军事改革原则制定委员会主席(1806 年),陆军大臣(1807—1810 年)和总参谋长(1807—1813 年)。——87。

34　卡·冯·克劳塞维茨这里说的是,精确地估计某一抵抗方式的全部利弊,然后加以选择,这在实际上是很少有的。——91。

35　这一段摘自《战争论》第 2 卷第 23 章《国土的锁钥》。卡·冯·克劳塞维茨在这里与那些偏重战争中的物质手段和地形条件等的军事学术理论家展开了激烈的论战。他同时还尖锐地批驳了通常所使用的"国土的锁钥"这一概念。他认为,这样的锁钥并不存在。在一个国家内并没有那种一旦占领整个国家就必为其所有的地点。在战争中决定一切的是战斗,是如何灵活运用战斗手段。——92。

36　西里西亚战争是指普鲁士国王弗里德里希二世为要占领西里西亚而与奥地利及其盟国所进行的三次战争。第一次战争在 1740—1742 年;第二次战争在 1744—1745 年;第三次战争在 1756—1763 年(即所谓"七年战争")。这几次战争的历史意义在于,普鲁士依靠其训练有素的军队,第一次成为强国。——97。

37　指法国革命给军事带来的变化:军队是从各阶层市民中招募来的;士兵

不问出身如何,均可晋升到最高职务;线式战术被废弃;战争具有坚决的性质。——106。

38 《讲授军事课的材料》全称是《作者在1810、1811和1812年为王太子殿下讲授军事课的材料》。这份材料扼要地叙述了卡·冯·克劳塞维茨的军事学即战略和战术的基本思想。材料共分4节:1.作战的一般原则;2.战术或战斗学;3.战略;4.上述原则在战争中的运用。

这一段是列宁从这份材料的第3节《战略》中摘录下来的。——108。

39 本文献是列宁对格·叶·季诺维也夫写的《和平主义还是马克思主义(一个口号的不幸)》一文提的修改意见,写在《第二国际的破产》一文手稿的背面。季诺维也夫的文章是针对孟什维克《我们的言论报》广为宣扬的资产阶级和平主义的和平口号而写的,后来发表于1915年8月23日《社会民主党人报》第44号。列宁认为季诺维也夫的这篇文章还不够完善。除提了这些意见外,他还在通信中一再谈到这篇文章,并提出一些补充建议。他在一封信里写道:"您的文章(关于《我们的言论报》)的结尾部分我不同意。《我们的言论报》对'和平'的提法应该受到百倍尖锐的抨击。不是要替自己辩解("问题不在这里","我们承认"),而是要加以抨击,因为我们的言论派在'和平'问题上说了许多空话,**他们是在寻求与社会沙文主义者之间的和平**。作为他们口号实质的和平是**与社会沙文主义者之间的和平**。应该指出(并加以发挥),**无条件**的和平是废话,是空话,是**胡言乱语**。然后还要进一步阐明,和平对于**蒙昧的群众**具有另一种意义("加邦请愿"之类的东西),然而,把和平作为党的口号就是招摇撞骗。我们**赞成**参加加邦式的联盟,但反对'加邦式'的口号。"(见本版全集第47卷第124页)

列宁的意见得到了文章作者的考虑。——109。

40 我们的言论派是指《我们的言论报》的拥护者。

《我们的言论报》(《Наше Слово》)是俄国孟什维克国际主义派的报纸(日报),1915年1月—1916年9月在巴黎出版,以代替被查封的《呼声报》。参加该报工作的有:弗·亚·安东诺夫-奥弗申柯、索·阿·洛佐夫斯基、列·达·托洛茨基、阿·瓦·卢那察尔斯基和尔·马尔托夫。1916年9月—1917年3月改用《开端报》的名称出版。

　　加邦请愿是指1905年1月9日(22日)彼得堡工人受加邦神父的挑唆前往冬宫向沙皇请愿。结果请愿队伍遭到沙皇政府残酷镇压,1 000多人被打死,2 000多人受伤。列宁在这里用"加邦请愿"来说明《我们的言论报》提出的和平口号实质上是一种欺骗行为。——109。

41 米·尼·波克罗夫斯基的《战争祸首》一文是根据1915年5月他在巴黎国际主义者俱乐部所作专题报告的材料写成的,曾寄给《社会民主党人报》编辑部转《共产党人》杂志。该文反对德国经济学家鲁·希法亭的帝国主义观念,力求从马克思主义的立场来考察帝国主义,但是也发表了一系列错误论点。文章没有被《共产党人》杂志刊用,后由波克罗夫斯基作了删节,收入他的《对外政策论文集》(1918年)和《帝国主义战争论文集》(1931年)。

　　列宁是依据波克罗夫斯基寄给《社会民主党人报》编辑部的文章手稿提意见的,意见中的页码即手稿的页码。虽然这份手稿未能找到,但列宁意见所针对的正文可以从上述论文集中部分地找到。例如"第3—4页。他扯到了罗马,是要**公然撒谎**"这一意见看来是针对文章中下面一段话。"**帝国主义**一词,正如历史学家们所理解的那样,指的是一个国家竭力想大规模地、无限度地扩张自己的领土,而不管这种扩张的动机如何。公元初期的罗马帝国就是这种扩张的典型,单是这一点就已经证明,帝国主义同'现代'资本主义没有必然联系,因为古代世界没有越过商业资本主义。"(见波克罗夫斯基《对外政策论文集(1914—1917年)》1918年版第162页)。"第4页。忘记了英国同殖民地之间的**特惠税率**"这一意见显然是针对文章中"……英国暂时还缺少'关税壁垒'"(同上)这句话说的。

　　列宁的意见,波克罗夫斯基当时并不知道。——111。

42 爱德华·格雷(1862—1933)是英国自由党右翼领袖之一,英国外交大臣(1905—1916)。——111。

43 恩斯特·雷文特洛(1869—1943)是德国历史学家和政治家,德国民族社会主义党党员。此处是指他的《德国外交政策。1888—1913年》一书1914年柏林版。——112。

44　亚·米·柯伦泰的小册子《谁需要战争?》于1916年由俄国社会民主工党中央委员会秘密出版。小册子出版前,她曾把手稿寄给列宁审阅。关于这件事,列宁在1915年9月(26日以后)给亚·加·施略普尼柯夫的信中写道:"柯伦泰写小册子的意图很好。但这是一个很难写的题目;写得这样通俗也很不容易。我看需要修改。我已经给她去信谈到这一点,请她同意修改。如果她答应,我已经准备好一个修改的方案,那时事情会进行得很快。"(见本版全集第47卷第218页)列宁对这本小册子的修改意见写在两张单页纸上。除列宁外,格·叶·季诺维也夫也提了少量修改意见。从后来出版的小册子看,无论列宁的修改意见,还是季诺维也夫的修改意见,柯伦泰几乎全部采纳了。此处按照《列宁文集》俄文版第17卷的做法,刊载小册子中与列宁修改意见有关的段落。列宁的修改意见和增补意见凡被采纳并写进小册子的均用尖括号标出,小册子正文的异文和未被采纳的修改意见在脚注中加以说明。方括号中的数字是小册子的页码。——114。

45　帕·波·阿克雪里罗得的《国际社会民主党的危机和任务》一书于1915年用德文在苏黎世出版。1915年9月19日列宁曾写信向布尔什维克苏黎世支部成员莫·马·哈利东诺夫索要这本书,因此列宁的摘录和批注可能是在这以后不久写的。摘录和批注写在两张纸上,列宁在撰写《真正的国际主义者。考茨基、阿克雪里罗得、马尔托夫》和《机会主义与第二国际的破产》两文时曾经使用(见本版全集第27卷第57—63、113—115、126—127、130页及其他各页)。摘录和批注中的数字是该书的页码。——121。

46　指国际社会党第一次代表会议。

　　　国际社会党第一次代表会议(齐美尔瓦尔德会议)于1915年9月5—8日在瑞士齐美尔瓦尔德举行。这次会议是根据意大利和瑞士社会党人的倡议召开的。出席会议的有德国、法国、意大利、俄国、波兰、罗马尼亚、保加利亚、瑞典、挪威、荷兰、瑞士等11个欧洲国家的38名代表。第二国际的两个最大的党德国社会民主党和法国社会党没有正式派代表参加会议。在出席会议的俄国代表中,列宁和格·叶·季诺维也夫代表俄国社会民主工党中央委员会,帕·波·阿克雪里罗得和尔·马尔托夫代表孟什维克的俄国社会民主工党组织委员会,维·米·切尔诺夫和马·安·纳坦松代表社会革命党。大多数代表持中派立场。列宁积极参加了代表会议的工作,并在会前进行了大量的准备工作。会上,以列宁为首的革命的国际主义者同以格·累德堡为首的考茨基主义多数派展开了尖锐的斗争。会议通过了专门委员会起草的宣言——《告欧洲无产者书》。代表会议多数派否决了左派提出的关于战争与社会民主党人的任务的决议草案和宣言草案。但是,由于列宁的坚持,在会议通过的宣言中还是写进了一些革命马克思主义的基本论点。会议还通过了德法两国代表团的共同宣言,通过了对战争牺牲者和因政治活动而遭受迫害的战士表示同情的决议,选举了齐美尔瓦尔德联盟的领导机关——国际社会党委员会。——121。

47 尔·马尔托夫的《战争和俄国无产阶级》一文载于 1915 年 11 月 30 日出版的《国际和战争》文集第 1 辑。列宁在《用国际主义词句掩饰社会沙文主义政策》一文(载于 1915 年 12 月 21 日《社会民主党人报》第 49 号)中对该文作了批判性分析(见本版全集第 27 卷第 137—139 页)。——124。

48 伊里亚·布纳柯夫(1879—1942)是俄国社会革命党领袖之一,第一次世界大战期间是社会沙文主义者。

　　佐梅尔(阿列克谢·伊万诺维奇·柳比莫夫)(1879—1919)是俄国社会民主党人,调和派,第一次世界大战期间是护国派分子。——128。

49 《我们的事业》杂志(«Наше Дело»)是俄国孟什维克取消派和社会沙文主义者的主要刊物(月刊)。1915 年 1 月在彼得格勒出版,以代替 1914 年 10 月被查封的《我们的曙光》杂志,共出了 6 期。为该杂志撰稿的有叶·马耶夫斯基、彼·巴·马斯洛夫、亚·尼·波特列索夫、涅·切列万宁等。——133。

50　指孟什维克取消派分子阿·弗·哥尔斯基在 1915 年 8 月 14 日《晨报》第 1 号上发表的文章《论参加中央军事工业委员会》。

　　《晨报》(《ytpo»)是孟什维克的合法报纸,1915 年 8 月在彼得格勒出版,共出了两号。——135。

51　法国社会党人茹尔·盖得的《警惕!》一书(1911 年巴黎版)的摘录,大部分是伊·费·阿尔曼德受列宁的委托作的(共有笔记本纸 8 页),列宁本人也作了一些摘录。这里收载阿尔曼德所作摘录的一部分,即盖得在 1899 年法兰西社会党代表大会上的讲话的摘录,摘录末尾的页码是列宁写的。这篇讲话列宁在自己文章中多次引用过(见本版全集第 27 卷第 51、105、120 页,第 28 卷第 304 页)。列宁所作的摘录在这里则全部收载。——140。

52　《社会主义者报》(《Le Socialiste»)是法国报纸(周报),1885 年由茹·盖得在巴黎创办。最初是法国工人党的机关报。1902—1905 年是法兰西社会党的机关报,1905 年起成为法国社会党的机关报。该报刊载过马克思和恩格斯的一些著作摘录,19 世纪末—20 世纪初发表过法国和国际工人运动的著名活动家(保·拉法格、威·李卜克内西、克·蔡特金、格·瓦·普列汉诺夫等人)的文章和书信。1915 年停刊。——141。

53　《用阶级斗争反对战争! 关于"李卜克内西案件"的材料》是一本德文小册子,1915 年出版,无出版地点。摘录页边用双线勾起的数码,是列宁所编的这份笔记的页码。

　　列宁在《机会主义与第二国际的破产》一文中提到过这本小册子(见本版全集第 27 卷第 111 页和第 125 页)。——142。

54　乔万尼·乔利蒂(1842—1928)是意大利国务活动家,自由党领袖。1882 年起为议会议员。1889—1890 年任财政大臣,1901—1903 年任内务大臣。1892—1921 年多次出任首相。——143。

55　凯撒是神圣罗马帝国(962—1806 年)和德意志帝国(1871—1918 年)

皇帝的称号。——144。

56 1914年9月27日,德国社会民主党中央机关报《前进报》发表了一篇题为《德国和国外》的文章。这篇文章用怯懦的方式表达了德法两国工人被卷入战争是违背他们的意志的这一思想,说"德国工人阶级将在情况许可的范围内为反对征服其他民族的冒险主义企图而斗争"。柏林总督和勃兰登堡省驻军总司令古·克塞尔将军为此勒令该报停刊。《前进报》编辑部(胡·哈阿兹和理·费舍)请求解除禁令。克塞尔同意了,但要求以《前进报》"不再谈阶级仇恨和阶级斗争"为条件。编辑部接受了这一条件。《前进报》于10月1日复刊,在第1版上用大号字登载了克塞尔将军关于该报在上述条件下复刊的命令。——147。

57 据《旧约全书·出埃及记》,迦南是以色列人逃出埃及后在摩西率领下决心返回的地方。摩西说它是上帝曾经许诺赐给以色列人居住的地方,是辽阔富饶的流淌着奶和蜜的地方。后来人们用它作为"乐土"的代名词。——156。

58 罕·罗兰-霍尔斯特的《民兵制还是裁军?》一文载于瑞士社会民主党的刊物《新生活》杂志1915年第10—11期合刊和第12期。列宁在他1916年9月写的《论"废除武装"的口号》一文中提到了这篇文章(见本版全集第28卷第171页)。——159。

59 这是列宁从《社会主义和工人运动历史文汇》第6卷(1915—1916年)和弗·梅林编的《卡·马克思、弗·恩格斯和斐·拉萨尔的遗著》第3卷(1902年斯图加特版)摘录的材料,写在一个笔记本里。《社会主义和工人运动历史文汇》第6卷以《卡尔·马克思和弗里德里希·恩格斯论波兰问题》为总标题收载了他们的许多书信和文章。看来,列宁是在1916年秋读这卷《文汇》的,列宁当时给尼·达·基克纳泽的信中说:"我有格律恩贝格的文库中的恩格斯的一篇文章……"(见本版全集第47卷第479页)在《关于自决问题的争论总结》一文中,列宁援引了"恩格斯在1866年写的关于波兰问题的一篇极有趣的文章"并引用了他摘录的一段引文(见本版全集第28卷第38页)。

《社会主义和工人运动历史文汇》(«Archiv für die Geschichte des Sozialismus und der Arbeiterbewegung»)是奥地利经济学家和历史学家、社会民主党人卡·格律恩贝格编辑出版的杂志,于1910—1930年在莱比锡出版,共出了15卷。该杂志的特点是不同流派、不同观点的论著兼收并蓄。——161。

60　瑞士社会民主党苏黎世代表大会于1916年11月4—5日举行。列入大会议程的问题有:国民院社会民主党党团的活动;财政改革;对昆塔尔国际社会党代表会议决议的态度;对格吕特利联盟的态度;修改党章。

　　第一次世界大战期间,列宁住在瑞士。他在领导布尔什维克党的活动的同时,还参加瑞士社会民主党的工作。这次代表大会召开的第一天,列宁曾代表俄国社会民主工党中央委员会出席并讲话(见本版全集第28卷第188—191页)。这里收载的报纸摘录,列宁在起草《为讨论瑞士社会民主党内齐美尔瓦尔德左派的任务而准备的提纲要点》时曾经使用。

　　关于瑞士社会民主党党内状况和对这次代表大会的评价,参看列宁的《瑞士社会民主党内齐美尔瓦尔德左派的任务》、《瑞士社会民主党对战争态度的提纲》和《关于战争问题的根本原则》(本版全集第28卷)。——172。

61　《法兰克福报》(«Frankfurter Zeitung»)是德国交易所经纪人的报纸(日报),1856—1943年在美因河畔法兰克福出版。——172。

62　《新苏黎世报》(«Neue Zürcher Zeitung»)即《新苏黎世和瑞士商业报》(«Neue Zürcher Zeitung und schweizerische Handelsblatt»),是瑞士资产阶级报纸,1780年起在苏黎世出版。1821年以前称《苏黎世报》。该报是瑞士最有影响的报纸。——174。

63　指瑞士社会民主党阿劳代表大会(1915年11月20—21日)通过的决定。——175。

64　这些报纸摘录显然是列宁在瑞士社会民主党苏黎世代表大会(1916年
11月4—5日)以后作的,当时他正着手系统地研究瑞士工人运动的问
题。这些摘录几乎全部用做研究瑞士社会民主党内齐美尔瓦尔德左派
的任务问题的材料。——176。

65　《格吕特利盟员报》(《Grütlianer》)是瑞士小资产阶级改良主义组织格
吕特利联盟的机关报,1851年在苏黎世创办。第一次世界大战期间,
该报持社会沙文主义立场。

　　下面是载于1916年8月22日该报"瑞士"栏内的简讯《社会民主
党和瑞士的财政政策》的全文。——176。

66　1916年7月15日《格吕特利盟员报》第163号"党内消息"栏登载了一
篇题为《瑞士第二选区社会党对国民院该党代表的活动的态度》的新闻
报道。瑞士的第二选区是苏黎世市。1916年7月11日举行了苏黎世
社会民主党大会,在大会上国民院的社会民主党党团报告了工作。
恩·诺布斯作了主要报告,海·格罗伊利希、罗·格里姆等人参加了讨
论。大会在就报告通过的决议中谴责国民院的社会民主党党团不统
一,特别是在战争问题上的看法不统一。在讨论决议案时,格里姆发言
指出,不仅是党团,而且全党对这个问题看法都不统一,存在着一系列
互相矛盾的趋向。对弗·普拉滕提出的他个人采取什么立场的问题,
格里姆回答说:"在我拟定的提纲中,我十分清楚地表达了我的观点。"
格里姆的提纲,见本卷第188—192页。——178。

67　1916年8月9日《格吕特利盟员报》第184号社论《瑞士的印花税》批评
了瑞士官方的一些税收改革方案,说明了资产阶级教授兰德曼提出的
印花税方案的实质。——178。

68　1916年8月9日《格吕特利盟员报》第184号在社论后面登载了一篇关
于瑞士社会民主党代表会议的长篇报道文章:《瑞士工人阶级和物价飞
涨》。文章引用了这次会议通过的决议。另见注78。——178。

69　1916年9月13日和14日《格吕特利盟员报》第214号和第215号转载

了《工会评论》杂志上的一篇题为《1915 年的瑞士工会》的报道文章。该文主要列举了关于 1915 年瑞士工会状况和发展的数字资料。——179。

70　1916 年 9 月 11 日《格吕特利盟员报》第 212 号刊载了保·伯·普夫吕格尔的关于战争问题的提纲。他是由于瑞士社会民主党执行委员会建议 6 位著名党员(罗·格里姆、古·弥勒、沙·奈恩、普夫吕格尔、H.申克尔、舍雷尔)就战争问题发表自己的见解(结论)而拟定这一提纲的。——179。

71　1916 年 4 月 17 日《格吕特利盟员报》第 91 号登载了该报编辑部给军事司令部的一封公开信,要求说明为什么格吕特利体育协会的两名会员为参加工人体育训练班而请短期假没有被批准。9 月 2 日该报第 205 号登载了军事司令部的答复。军事司令部拒绝就此问题作出解释,但重申它一般愿意支持这种体育训练班。编辑部在按语中表示它认为这个答复不能令人满意。——179。

72　1916 年 8 月 18 日《格吕特利盟员报》第 192 号登载了古·弥勒的关于战争问题的提纲。参看《列宁文集》俄文版第 17 卷第 42 页。——179。

73　1916 年 8 月 15 日和 16 日《格吕特利盟员报》第 189 号和第 190 号登载了《联邦的财政经济》一文,批评施泰格尔在瑞士经济杂志《瑞士的国家管理和市政管理的中央杂志》上发表的同一题目的文章。施泰格尔在他的文章中建议加重间接税作为解决财政问题的办法。《格吕特利盟员报》反对这一建议。——179。

74　1916 年 8 月 11、12、14 日《格吕特利盟员报》第 186、187、188 号分三部分登载了舍雷尔的战争问题提纲。参看《列宁文集》俄文版第 17 卷第 42 页。——179。

75　1916 年 11 月 10 日《民权报》第 264 号的社论题为《联邦委员会和它的花束》。

　　《民权报》(《Volksrecht》)是瑞士社会民主党、苏黎世州社会民主党组织和苏黎世工人联合会的机关报（日报），1898 年在苏黎世创刊。
——180。

76 1916 年 10 月 19 日《民权报》第 245 号"述评"栏登载了一篇短评：《资产
阶级报刊论财政改革》。由 35 人组成的制定财政改革方案的政府委员
会以 20 票对 12 票否决了直接税的提案。短评引述了包括《苏黎世邮
报》在内的资产阶级报纸对此持否定态度的评论（参看注 77 和 82）。
——180。

《苏黎世邮报》(《Züricher Post》)是瑞士资产阶级报纸，1879 年
创刊。

77 1916 年 10 月 16 日《民权报》第 242 号"述评"栏登载了一篇简讯《三十
五人委员会》，报道制定财政改革方案的政府委员会的工作（参看注 76
和 82）。——180。

78 1916 年 8 月 8 日《格吕特利盟员报》第 183 号登载了给瑞士联邦委员会
的呼吁书——《制止物价飞涨的措施》。该呼吁书于 1916 年 8 月 6 日
由反贫困委员会同瑞士各工人组织的代表们一起开会通过。罗·格里
姆在会上作了关于物价上涨的详细报告，他的提纲被一致通过。1916
年 8 月 8 日《民权报》以《瑞士工人与物价飞涨》为题刊登了会议的简要
报道和格里姆的提纲全文。——181。

79 1916 年 8 月 7 日《格吕特利盟员报》第 182 号登载了关于瑞士社会民主
党执行委员会全会的报道。全会决定在 1916 年 11 月 4—5 日举行下
一次党的例行代表大会，并在 1917 年 2 月 11—12 日举行党的非常代
表大会，以讨论战争问题。此外，还通过了党的执行委员会向党的例行
代表大会提出的关于对格吕特利联盟的态度问题和关于财政改革问题
的建议草案。就第一个问题通过了罗·格里姆的建议，就第二个问题
通过了格里姆和海·格罗伊利希的建议；这两项建议后来在 1916 年
11 月 4—5 日苏黎世代表大会上作了修改。在后一个决议中提出，
在实行直接税以前，瑞士社会民主党不能"参加"任何财政改革。
——181。

80　1916 年 7 月 31 日《格吕特利盟员报》第 176 号刊登了《我们的国会党团和对它的行为的批评》一文,批评了社会民主党党团在国民院中的行为和立场,特别是在战争问题上的行为和立场。——181。

81　1916 年 7 月 27 日《格吕特利盟员报》第 173 号刊登一篇题为《困难重重》的社论,批评了罗·格里姆的行为。1916 年 7 月 24 日苏黎世组织第三次大会的闭幕会议就国民院的社会民主党党团报告提出的两项决议案——格里姆的中派决议案和弗·普拉滕的较激进的决议案——进行表决。后一决议案以 146 票对 117 票被通过。1916 年 7 月 26 日《伯尔尼哨兵报》第 173 号刊登了格里姆的一封信。他在信中声明,他不同意已通过的决议案,因此他将辞去国民院议员职务。——181。

82　1916 年 7 月 22 日《格吕特利盟员报》第 169 号"瑞士"栏以《关于瑞士财政改革》为题转载了资产阶级报纸《琉森日报》的报道。报道说,三十五人委员会主席莫塔议员打算向委员会提出实施临时直接税的建议。——181。

83　1916 年 7 月 14 日和 17 日《格吕特利盟员报》第 162 号和第 164 号刊登了罗·格里姆的战争问题提纲。另外,1916 年 7 月 15 日该报第 163 号登载了一篇关于格里姆在战争问题上的立场的编辑部按语(见本卷第178 页)。——181。

84　1916 年 9 月 2 日《民权报》第 205 号刊登社论《反动势力》,批评不准游行示威的禁令,并号召参加 1916 年 9 月 3 日国际青年节的活动。——181。

85　1916 年 9 月 5 日《民权报》第 207 号的社论《我们的主战派》论述了战争的危险性,并揭露了瑞士资产阶级的备战活动。——181。

86　1916 年 9 月 8 日《民权报》第 210 号刊登了保·伯·普夫吕格尔夫于战争问题的提纲(见注 70)。——181。

87　1916 年 9 月 11 日《民权报》第 212 号刊登社论《在戒严状态下》,揭露了军事司令部采取的行动。该部于 9 月 3 日在工人区集结军队,并发布命令:军事机关应当独立地采取行动来对付游行示威,而无须取得自治机关的同意。——181。

88　1916 年 9 月 12 日《民权报》第 213 号社论《军人政权的统治》是前一篇社论(见注 87)的续篇。——182。

89　1916 年 9 月 18 日和 19 日《民权报》登载了关于这一事件的报道:在瑞士希尔斯镇,社会民主党青年组织举办了三个村庄的青年大会。约有60 人参加了在野外举行的大会。福音学校的 300 名学生袭击了参加会议的青年,并殴打了会议的参加者。列宁笔记中提到的是载于 1916年 9 月 23 日该报第 223 号的一篇短评。这篇短评批评了当地资产阶级报刊的一名记者,该记者承认青年工人当时行动没有出格,没有给冲突提供借口,但仍然把责任推到青年工人身上,按照他的说法,因为青年工人多次喧闹,从而引起别人对他们的反感。

　　　威·明岑贝格的声明载于 1916 年 9 月 26 日该报第 225 号,声明驳斥了资产阶级报刊散布的谣言,说他明岑贝格本来要在希尔斯大会上讲话,但是得知那里准备动武后就害怕了。——182。

90　海·格罗伊利希给格吕特利联盟霍廷根地方组织的公开信载于 1916年 9 月 28 日《民权报》第 227 号(见本卷第 184 页)。——182。

91　1916 年 9 月 30 日《民权报》第 229 号的社论《民族危机》评论了资产阶级报纸《巴塞尔消息报》上的一篇关于战争危险加剧的文章。——182。

92　1916 年 10 月 10 日《民权报》第 237 号上发表的《对战争问题的态度》一文是 H.申克尔关于战争问题的结论,参看《列宁文集》俄文版第 17 卷第 42 页。另见注 70。——182。

93　见注 72。——182。

94　反贫困委员会关于制止物价飞涨的呼吁书载于 1916 年 8 月 10 日《民权报》第 185 号。——182。

95 1916年7月26日《民权报》第172号登载了罗·格里姆关于他由于苏黎世组织的决议案而将辞去国民院议员职务的一封信。详见注81。——182。

96 指罗·格里姆关于战争问题的提纲。——182。

97 《五金工人报》即《瑞士五金工人报》(«Schweizerische Metallarbeiter-Zeitung»),是瑞士的一家周报,1902年在伯尔尼创办。第一次世界大战期间,该报持社会沙文主义立场。——182。

98 指海·格罗伊利希1916年9月26日给格吕特利联盟霍廷根地方组织的公开信。该信载于1916年10月2日《格吕特利盟员报》第230号。——184。

99 指《瑞士五金工人报》的编辑部按语。《格吕特利盟员报》全文转载了这篇按语。——184。

100 《巴塞尔前进报》(«Basler Vorwärts»)是瑞士巴塞尔州社会民主党组织的机关报,于1898年创刊。第一次世界大战期间,该报持中派立场。——186。

101 本文献写在一张歌篇的背面。歌篇上印的是1916年11月5日苏黎世歌咏协会欢迎瑞士社会民主党代表大会代表的两首歌曲。——193。

102 列宁在《社会主义革命和民族自决权(提纲)》(见本版全集第27卷)中曾经提到德国社会沙文主义者保·伦施在1915年12月15日《钟声》杂志第8期上发表的文章《关于自决的蠢话》和在1916年1月1日《钟声》杂志第9期上发表的文章《社会主义和过去的兼并》。

　　《钟声》杂志(«Die Glocke»)是德国社会民主党党员、社会沙文主义者亚·李·帕尔乌斯办的刊物(双周刊),1915—1925年先后在慕尼黑和柏林出版。——202。

103 在《向社会党提出的统一的原则和形式。社会主义工人党第十四次全国代表大会通过的关于与社会党统一问题的决议》上的批注,是写在一份剪报上的,这份剪报是从哪种报纸上剪下来的,尚未弄清。——207。

104　即美国社会主义工人党。

美国社会主义工人党是由第一国际美国支部和美国其他社会主义团体合并而成的,1876 年 7 月在费城统一代表大会上宣告成立,当时称美国工人党,1877 年起改用现名。绝大多数党员是侨居美国的德国社会主义运动参加者,同本地工人联系很少。19 世纪 70 年代末,党内领导职务由拉萨尔派掌握,他们执行宗派主义和教条主义政策,不重视在美国工人群众组织中开展工作,一部分领导人热衷于议会选举活动,轻视群众的经济斗争,另一些领导人则转向工联主义和无政府主义。党的领导在思想上和策略上的摇摆削弱了党。90 年代初,以丹·德莱昂为首的左派领导该党,党的工作有一些活跃。从 90 年代末起,宗派主义和无政府工团主义倾向又在党内占了上风,表现在放弃争取实现工人局部要求的斗争,拒绝在改良主义工会中进行工作,致使该党更加脱离群众性的工人运动。第一次世界大战期间,该党倾向于国际主义。在俄国十月革命的影响下,党内一部分最革命的分子退出了党,积极参加建立美国共产党。此后美国社会主义工人党成了一个人数很少、主要和知识分子有联系的集团。美国社会主义工人党曾提出过以"工业民主"代替"政治国家"的问题。——207。

105　即美国社会党。

美国社会党是由美国社会民主党(尤·维·德布兹在 1897—1898 年创建)和以莫·希尔奎特、麦·海斯为首的一批原美国社会主义工人党党员联合组成的,1901 年 7 月在印第安纳波利斯召开代表大会宣告成立。该党社会成分复杂,党员中有美国本地工人、侨民工人、小农场主、城市小资产阶级和知识分子。该党重视同工会的联系,提出自己的纲领,参加选举运动,在宣传社会主义思想和开展反垄断的斗争方面作出了贡献。后来机会主义分子(维·路·伯杰、希尔奎特等)在党的领导中占了优势,他们强使 1912 年该党代表大会通过了摒弃革命斗争方法的决议。以威·海伍德为首的一大批左派分子退党。第一次世界大战期间,社会党内形成了三派:支持美国政府帝国主义政策的社会沙文主义派;只在口头上反对帝国主义战争的中派;站在国际主义立场上反对帝国主义战争的革命少数派。1919年,退出社会党的左派代表建立了美国共产党和美国共产主义工人党。社会党的影响下降。——207。

106 1918年1月8日(21日)党的会议是有党的工作人员参加的中央委员会会议。这次会议是在和谈出现危机的情况下召开的,当时俄国的盟国最后拒绝参加和谈,而德国人在布列斯特提出割让波兰、立陶宛等等的最后通牒式的要求,党的一些领导人乃要求党中央委员会召开有地方工作人员参加的会议来讨论与无产阶级政党的策略有关的国际政治形势问题。会议是在全俄苏维埃第三次代表大会开幕前两天举行的,代表大会的党团成员参加了会议。会上,列宁宣读了他于1918年1月7日(20日)起草的《关于立刻缔结单独的兼并性和约问题的提纲》(见本版全集第33卷第251—259页)。这里收载的第1个材料《辩论摘记》是列宁用铅笔写在提纲最后3页的背面的。第2个材料《辩论的归纳》看来不是在这次会议上写的,而是在1918年1月8—11日(21—24日)之间,即在中央全会讨论关于和谈问题之前整理出来供口头或书面发言时用的。反对缔结单独和约者的某些论点,列宁后来曾用于《论革命空谈》一文(同上书)。

　　参加1918年1月8日(21日)会议的共有63人。表决结果,15票赞成列宁的意见,32票赞成进行革命战争,16票赞成"宣布结束战争状态,复员军队,但不签订和约"(列·达·托洛茨基的主张)。——209。

107 康布雷是法国北部的一个城市,1917年和1918年之交德军曾在此击败法军。当时一些报纸发表文章说,德军能在康布雷获胜是因为布列斯特和谈使德国人可以放手对付法国的缘故。——209。

108 指列宁和列·达·托洛茨基同美国代表雷·罗宾斯上校和法国代表雅·沙杜尔就苏维埃俄国能否利用协约国的军事技术援助以防御德国的进攻而举行的谈判。"左派共产主义者"认为,同帝国主义分子签订这样的"协定"是不能容许的。列宁在《论疥疮》一文(见本版全集第33卷)中对他们的论据作了剖析。——209。

109　指列宁在1915—1917年间曾多次说过,布尔什维克在取得政权之后,
"应当准备和进行"反对帝国主义者的"革命战争"(见本版全集第27卷
第55页)。列宁在《关于立刻缔结单独的兼并性和约问题的提纲》的第
12条中对瓦·瓦·奥博连斯基的这一论据作了剖析(见本版全集第33
卷第255—256页)。——210。

110　列·达·托洛茨基指的是小资产阶级的乌克兰拉达的代表同德国人在
布列斯特进行的谈判,特别是1918年1月12日德国代表团在布列斯
特承认乌克兰拉达和谈代表团的独立资格。托洛茨基这一论据的意思
看来是,与德国人签订和约将迫使苏维埃俄国放弃对于反对乌克兰拉
达的起义运动的援助,并将使苏维埃军队当时在东南战线向卡列金白
卫军和在乌克兰向拉达发动的胜利进攻停下来。——210。

111　大概指列宁在《关于立刻缔结单独的兼并性和约问题的提纲》中引用了
德国左派的声明(见本版全集第33卷第255页)。——211。

112　指1918年1月2日(15日)和1月5日(18日)德方所提出的下列要
求:德军"从战略上考虑留驻"波兰和立陶宛全境以及拉脱维亚和白俄
罗斯的大部分地区。这实际上是要兼并这些地方。——211。

113　关于拿破仑第一对德战争史的笔记,大概是列宁在1918年2月下旬写
的。可以作为依据的是,列宁在1917年2月24日《真理报》第34号登
载的《不幸的和约》一文中第一次援引拿破仑对普鲁士战争的例子(见
本版全集第33卷第389页)。——214。

114　这部分笔记是对上部分笔记按时间顺序进行的综合,并加上了摘自同
书的有关普勒斯堡和约的资料。——216。

115　本文献是列宁在俄共(布)第七次代表大会(1918年3月6—8日)上作
的尼·伊·布哈林的战争与和平问题副报告和一些反对缔结布列斯特
和约的代表的发言的摘记。摘记开头写在一张分成两栏的四开纸上。
头一栏是在3月7日上午会议上记的,第二栏是在这一天晚上会议上
记的。达·波·梁赞诺夫发言的摘记已写在另一张四开纸上。也在这

张四开纸上,列宁在3月8日作了布哈林总结发言的摘记。

列宁在他的《关于中央委员会政治报告的总结发言》(见本版全集第34卷第24—31页)中使用了这些摘记。——218。

116 指1918年2月22日"左派共产主义者"向俄共(布)中央委员会提出的声明。参看列宁《错在哪里?》一文(见本版全集第33卷)。——218。

117 1917年12月底,列宁在芬兰度假期间写了《关于消费公社的法令草案》。粮食人民委员部根据这个草案拟了一个详细的法令草案,由粮食人民委员亚·格·施利希特尔签署,公布于1918年1月19日(2月1日)《中央执行委员会消息报》第14号。草案遭到了资产阶级合作社工作者的激烈反对,他们坚持合作社应该完全独立,不受苏维埃机关领导。人民委员会为了利用现有的合作社机构来开展商业工作和搞好对居民的粮食分配,不得不对合作社工作者作了一些让步。1918年3—4月间,最高国民经济委员会、合作社和粮食组织三方代表举行谈判,重新制定了法令草案。4月9日和10日,草案提交人民委员会讨论,经列宁作了补充和修改后通过。法令的第11、12、13条完全是列宁写的。4月11日,全俄中央执行委员会批准了这个法令,同时通过了布尔什维克党团提出的决议,指出关于消费合作社的法令是妥协的产物,有一些重大缺点,因而是作为过渡性措施通过的。法令公布于4月13日《真理报》第71号和4月16日《全俄中央执行委员会消息报》第75号。列宁在《苏维埃政权的当前任务》一文中对这个法令作了评价(见本版全集第34卷第167—168页)。

本文献和下一个文献是列宁在有关这个问题的两个文件上所作的批注和修改。列宁起草的《关于消费公社的法令草案》和《〈关于消费公社的法令草案〉的提纲初稿》,见本版全集第33卷。关于这个问题的全部材料,见《苏维埃政权法令汇编》俄文版第2卷第76—93页。——221。

118 这是列宁在司法人民委员部起草的《关于惩治受贿的法令》草案上所作的修改。这个法令是列宁建议制定的(见本版全集第48卷第172号文献)。法令由人民委员会1918年5月8日会议审议批准。关于这个法令的全部材料,见《苏维埃政权法令汇编》俄文版第 2 卷第 240—242 页。——227。

119　这组文献是列宁 1918 年 5 月 13 日在莫斯科市党代表会议上作的摘记。根据摘记的内容看,"左派共产主义者"——尼·伊·布哈林、瓦·瓦·奥博连斯基(恩·奥新斯基)和莫斯科区域局工作人员雅内舍夫、英·尼·斯图科夫等人在会上的发言,实际上是就列宁关于和约的一月提纲和他的《苏维埃政权的当前任务》一文而展开的辩论的继续。——228。

120　列宁在分析"左派"的策略时说:"左派共产主义者是早产的左派社会革命党人。"这一说法引起了与会者热烈的赞同和哄堂大笑。接着发言的尼·伊·布哈林用戏谑的口吻反驳说:"如果我们左派共产主义者是早产的左派社会革命党人,那么列宁就是我们的父辈。"——228。

121　尼·伊·布哈林引用的看来是列宁在俄共(布)第七次代表大会上和在全俄中央执行委员会 1918 年 4 月 29 日举行的会议上所作的总结发言中的一句话,"我们同布哈林在十分之九的问题上意见是一致的。"(见本版全集第 34 卷第 24 页和第 248 页)——228。

122　指列宁对尼·伊·布哈林关于《国家与革命》一书的评论的分析(见本版全集第 34 卷第 244 页)。布哈林的评论载于"左派共产主义者"的机关刊物《共产主义者》杂志 1918 年 4 月 20 日第 1 期。——229。

123　格·雅·索柯里尼柯夫于 1925 年寄给列宁研究院一份说明材料。"据我的记忆,1918 年 5 月,在米尔巴赫到来之后,由于德国军队向沃罗涅日和察里津推进,在中央委员会里提出了一个问题:对于德军显然日益扩大的占领性推进,该怎么办。列宁的《提纲》对这个问题也作了回答。列宁在党的会议上(好像是在莫斯科市代表会议上)曾就这个题目作过报告。列宁所作的摘记提到我的名字,是因为我在这次会议上发了言。我当时坚持这样的观点:主战派在德国占了上风,德国人会撕毁布列斯特和约,因此必须采取为即将到来的斗争进行准备的方针。列宁在《提

纲》中比他在中央委员会的初步辩论中更加肯定地说明了政权转到主
战派手中的情况。我在自己的发言中提到了这一点,列宁的摘记就是
指这一点的。我的发言中的论战性部分是,我认为,针对与德国人的日
益迫近的冲突所作的准备不够坚决有力。这种冲突事实上没有发生,
军事行动完全是在另一条战线上开始的。"——229。

124 大概是指俄国经济学家和统计学家阿·叶·洛西茨基于1918年5月
就莫斯科居民粮食消费核算的问题所拟的调查表(见莫斯科工人、农民
和红军代表苏维埃出版的《红色莫斯科(1917—1920年)》)。——230。

125 指"左派共产主义者"在俄共(布)第七次代表大会上发表的意见:如果
缔结布列斯特和约,帝国主义者就会把苏维埃共和国一块一块地分割
出去,先是芬兰和乌克兰,然后是俄罗斯。——230。

126 指尼·伊·布哈林参加伊万诺沃－沃兹涅先斯克郊区党代表会议一
事。1918年5月10日他在该会议上作了关于目前时局的报告,"左
派"的决议案在会上以12票赞成、9票反对、4票弃权的表决结果被通
过(见1918年6月《共产主义者》杂志第4期第16页)。——230。

127 有关这一法令的全部材料,见《苏维埃政权法令汇编》俄文版第2卷第
412—420页。——232。

128 制定俄罗斯社会主义联邦苏维埃共和国宪法的决定是1918年1月全
俄苏维埃第三次代表大会通过的。1918年4月1日,在雅·米·斯维
尔德洛夫作了《关于必须严格划分各政权机关的职权范围的报告》之
后,全俄中央执行委员会决定设立俄罗斯社会主义联邦苏维埃共和国
宪法起草委员会。委员会组成如下:主席斯维尔德洛夫,副主席米·
尼·波克罗夫斯基,秘书瓦·亚·阿瓦涅索夫,委员亚·伊·别尔德尼
柯夫、德·彼·博哥列波夫、尼·伊·布哈林、格·谢·古尔维奇、马·
伊·拉齐斯、Д.А.马格罗夫斯基、米·安·雷斯涅尔、埃·马·斯克良
斯基、亚·彼·斯米尔诺夫、斯大林、尤·米·斯切克洛夫、亚·亚·施
雷德尔。委员会于4月5日开始工作。还在宪法委员会成立之前,在

全俄苏维埃第三次代表大会以后不久,内务人民委员部和司法人民委员部就进行了制定宪法的准备工作。司法人民委员部立法提案司拟定出几个宪法草案交宪法委员会审查。司法人民委员部部务委员会在雷斯涅尔参加下所拟定的俄罗斯社会主义联邦苏维埃共和国宪法草案对全俄中央执行委员会宪法委员会制定宪法草案起了一定的作用。司法人民委员部部务委员会的草案于1918年7月3日由以列宁为首的俄共(布)中央特设委员会进行审查。宪法委员会采用了司法人民委员部草案中的某些条款,其中第22条是根据列宁对司法人民委员部部务委员会的草案第2章第12条所作的指示拟定的。

这里收载的文件是司法人民委员部部务委员会拟定的俄罗斯社会主义联邦苏维埃共和国宪法草案的头3章。列宁对草案的意见,大概是在俄共(布)中央特设委员会审查草案之前,也就是在1918年6月末写的。——236。

129 列宁的修改写在草案正文中。这个草案是由维·巴·诺根签署,由劳动人民委员部于1918年7月20日提交人民委员会审议的。人民委员会经过初步讨论,委托阿·伊·李可夫和诺根进行修订,并在修订后把它提交人民委员会的专门委员会。法令在人民委员会1918年7月27日的会议上第二次讨论时批准,公布于1918年7月31日《全俄中央执行委员会消息报》第161号(参看《苏维埃政权法令汇编》俄文版第3卷第104—106页)。——238。

130 这是列宁在五金工会中央委员会委员阿·季·哥尔茨曼所拟提纲上作的批注。他还在提纲上端批道:"哥尔茨曼是五金工人"。——239。

131 来信人Я.И.诺沃米尔斯基曾任苏维埃剧院(原济明剧院)管理委员会主席。列宁批语中提到的列·彼·谢列布里亚科夫是全俄工会中央理事会主席团委员,А.В.加尔金是小人民委员会主席。——242。

132 《德国共产党(斯巴达克联盟)土地纲领》这个小册子是1919年在柏林出版的。在作批注的那本小册子的封面上,有列宁亲笔写的"列宁的一份"字样。——244。

133 列宁在这里摘录和加了批注的一段话,是一个孟什维克的观点和论据。此人是谁,没有查明。摘录中"您同考茨基进行了争论"这一句,大概是指列宁的著作《无产阶级革命和叛徒考茨基》(见本版全集第 35 卷)。——247。

134 列宁在俄共(布)第九次代表大会上作中央委员会的报告时曾谈到谢·伊·古谢夫的这本小册子。他说,这本书尽管有错误,但"还是一本很好的小册子。因为它所注意的中心是恢复全国工业和生产的基本经济计划,因为其中的一切都服从于基本经济计划"(见本版全集第 38 卷第293 页)。——250。

135 《世界革命》一书是作为《社会主义丛书》的一种于 1919 年在维也纳出版的,出版时无署名。列宁在《共产主义运动中的"左派"幼稚病》一书中批判了这本小册子(见本版全集第 39 卷第 2 页)。——252。

136 尼·伊·布哈林《过渡时期经济学》一书于 1920 年在莫斯科出版。此书中译本于 1981 年由生活·读书·新知三联书店出版。——274。

137 此处可参看斯大林《苏联社会主义经济问题》一书(见《斯大林文集(1934—1952)》第 652—653 页)。——275。

138 阿基尔·洛里亚(1857—1943)是意大利社会学家和经济学家,庸俗政治经济学的代表人物。——278。

139 汉斯·德尔布吕克(1848—1929)是德国军事史学家和政治活动家,好战的民族主义者和唯心主义的折中主义者。——278。

140 参看列宁对尼·伊·布哈林这部著作的总的评论(见本卷第 319—321页)。——280。

141 指实际上把东西改坏了的那种"修正"。列宁在《怎么办?》一书中谈到过这个成语的由来(见本版全集第 6 卷第 65 页)。——281。

142 看来是指俄国学者、热工学家瓦·伊·格里涅韦茨基所著的《战后俄国工业的前途》一书(1919年哈尔科夫版)。——283。

143 这段摘自马克思《资本论》的引文,是根据尼·伊·布哈林的书中的俄译文译出的。中共中央马克思恩格斯列宁斯大林著作编译局的译文是这样的:"一切发达的、以商品交换为中介的分工的基础,都是城乡的分离。可以说,社会的全部经济史,都概括为这种对立的运动。"(见《马克思恩格斯文集》第5卷第408页)——288。

144 科奈尔(英语 corner 的音译)是资本家最简单的联合形式,其目的是通过商定收购某种商品进行投机转卖而操纵这种商品的市场。科奈尔最初出现于16—17世纪。

　　瑞恩(英语 ring 的音译)是一种最简单的垄断联合组织,即一些资本家就收购市场某些商品或囤积某些商品以待最有利时机高价出售而达成的临时协议。瑞恩最早出现于中世纪。——289。

145 在尼·伊·布哈林的书的这一条脚注中,卡·考茨基的引文是德文的,没有译成俄文。——292。

146 这段马克思引文是根据尼·伊·布哈林的书中的俄译文译出的。中共中央马克思恩格斯列宁斯大林著作编译局的译文是这样的:"因此,先从一般的分工开始,以便随后从分工得出一种特殊的生产工具——机器,这简直是对历史的侮辱。

　　机器正像拖犁的牛一样,并不是一个经济范畴。机器只是一种生产力。以应用机器为基础的现代工厂才是社会生产关系,才是经济范畴。"(见《马克思恩格斯文集》第1卷第622页)——293。

147 尼·伊·布哈林是根据卡·考茨基1914年出版的《资本论》第1卷大众版摘引这段话的。这段话的后一句是考茨基从1872—1875年法文版增添到德文版里的。中共中央马克思恩格斯列宁斯大林著作编译局根据恩格斯编的德文第4版译的《资本论》第1卷中没有这一句话(见《马克思恩格斯文集》第5卷第697页)。——294。

148 列宁指的是美国每10年进行一次的人口普查,普查包括对工农业生产单位的详细调查(参看《关于农业中资本主义发展规律的新材料》,本版全集第27卷第146页)。美国1860—1870年间发生了南北战争(1861—1865年)。——295。

149 指恩格斯1882年9月12日给卡·考茨基的信中的一段话:"依我看,真正的殖民地,即欧洲移民占据的土地——加拿大、好望角和澳大利亚,都会独立的;相反地,那些只是被征服的、由土著人居住的土地——印度、阿尔及利亚以及荷兰、葡萄牙、西班牙的属地,无产阶级不得不暂时接过来,并且尽快地引导它们走向独立。这一过程究竟怎样展开,还很难说。印度也许会,甚至很可能会闹革命,既然争取解放的无产阶级不能进行殖民战争,那就必须允许它这样做,那时自然不会没有种种破坏,但是,这类事情恰恰是任何革命都免不了的。"(见《马克思恩格斯文集》第10卷第480页)——297。

150 前定和谐是德国唯心主义哲学家哥·威·莱布尼茨使用的一个神学概念。莱布尼茨使用这一概念是为了说明:为什么每一单子是单个的,并且只遵循自己内部发展的规律,而众单子却可以同时在每一特定时刻都处于彼此完全适应与和谐之中。按照莱布尼茨的意思,这是因为上帝在造单子时,已经保证了它们的统一,预先确定了它们的和谐。——305。

151 瓦·基·特列季亚科夫斯基(1703—1768)是俄国诗人,俄国古典主义创始人之一。——305。

152 这里指的是马克思《1848年至1850年的法兰西阶级斗争》一书。该书第3章讲到法国农民在拿破仑第三统治时期的情况时说:"农民所受的剥削和工业无产阶级所受的剥削,只是在**形式**上不同罢了。剥削者是同一个:**资本**。单个的资本家通过**抵押**和**高利贷**来剥削单个的农民;资本家阶级通过**国家赋税**来剥削农民阶级。"(见《马克思恩格斯文集》第2卷第160页)——306。

153 旺代是法国西部的一个省。1793年3月,该省经济落后地区的农民在贵族和僧侣的唆使和指挥下举行反对法国大革命的暴动,暴动于1795年被平定,但是在1799年和以后的年代中,这一地区的农民又多次试图叛乱。旺代因此而成为反革命叛乱策源地的代名词。——315。

154 此处列宁模仿学院派,故意拖长声音讲这句话,来讥讽沾染上学院气的尼·伊·布哈林。——321。

155 詹·拉·麦克唐纳的《议会与革命》一书作为《社会主义丛书》第12种于1919年在曼彻斯特出版。列宁在向共产国际第二次代表大会所作的《关于国际形势和共产国际基本任务的报告》中,批评了这本书里的观点(见本版全集第39卷第219—220页)。——322。

156 库尔特·艾斯讷尔是德国工人运动活动家,新闻记者。1898年加入德国社会民主党,曾任该党中央机关报《前进报》编辑。1917年加入德国独立社会民主党。德国1918年十一月革命时期为慕尼黑工兵农苏维埃主席,后为巴伐利亚共和国第一任总理,被一个白卫军伯爵刺死。——338。

157 这个法令的原草案是教育人民委员部提出的,1920年6月22日由小人民委员会一致通过,并决定颁布。列宁于7月15日致函小人民委员会,认为它写得过于笼统,因此他拒绝签署,并建议改写(见本版全集第49卷第511号文献)。这里收载的是娜·康·克鲁普斯卡娅新拟的草案和列宁在这一草案上作的修改和提的意见。7月22日,小人民委员会决定由米·尼·波克罗夫斯基按照列宁的意见修订草案。11月1日,小人民委员会通过了这个草案,但不是一致通过的,因此草案又交给了人民委员会。11月3日人民委员会批准了小人民委员会的决定。有关这个法令的全部材料,见《苏维埃政权法令汇编》俄文版第11卷第159—164页。——341。

158 叶夫根尼·瓦尔加《无产阶级专政的经济政策问题》一书于1920年用德文在维也纳出版(该书作者前言注明的日期为1920年1月10日)。
　　瓦尔加曾先后担任匈牙利苏维埃共和国(1919年3月21日—8月

1 日)的财政人民委员和最高国民经济委员会主席。他在这本书里试图提出并解决无产阶级专政下产生的经济政策问题。但他所依据的只是匈牙利无产阶级专政短暂时期的经验和当时来自俄国的有限资料。这本书共 13 章,看来只有 3 章即《官吏问题》、《无产阶级国家的土地政策》和《粮食问题》引起了列宁的特别注意。列宁只在这 3 章作了标记和批注。列宁在共产国际第二次代表大会上讲到土地问题时引用了瓦尔加这本书中的论述(见本版全集第 39 卷第 241 页)。——344。

159　《俄国通讯》杂志(《Russische Korrespondenz》)是用德文在德国出版的一种报道苏维埃俄国的经济建设和文化建设情况的刊物。——347。

160　这段话摘自 1920 年 1 月《俄国通讯》杂志第 2 期《苏维埃俄国土地问题评述》一文。引文中的“1 亿普特”是笔误,《俄国通讯》杂志上是“5 000 万普特”。——354。

161　库恩·贝拉(科洛日瓦里)的小册子《从革命走向革命》于 1920 年在维也纳出版。列宁在小册子的封面上写着:“列宁。见最后一页。”而在最后一页和封三上写有评价这本小册子的笔记(见本卷第 373 页)。

　　　小册子被译成俄文载于库恩·贝拉《论匈牙利苏维埃共和国(论文和演说选集)》一书 1966 年莫斯科版。——362。

162　这个数字不确切。匈牙利苏维埃共和国存在了 134 天——从 1919 年 3 月 21 日至 8 月 1 日。

　　　巴黎公社存在了 72 天——从 1871 年 3 月 18 日至 5 月 28 日。——365。

163　库恩·贝拉指的大概是右翼社会民主党人柏姆·维尔莫什。此人曾任匈牙利苏维埃共和国的军事人民委员、红军总司令,实际上是反对匈牙利苏维埃共和国的反革命阴谋策划者之一。1919 年 7 月底他曾到维也纳同协约国谈判,并签订了旨在推翻匈牙利苏维埃共和国的秘密协定。——365。

164　匈牙利共产党是由左翼社会民主党人小组、参加过俄国十月社会主义革命和国内战争的匈牙利国际主义者(前战俘)——以库恩·贝拉为首的俄共(布)匈牙利组(1918 年 3 月成立于莫斯科)的成员和革命社会党人于 1918 年 11 月 24 日成立的。——366。

165　韦尔特纳尔·雅科布是匈牙利社会民主党机会主义领袖之一,担任过该党中央机关报《人民言论报》的编辑。在匈牙利无产阶级专政时期进行隐蔽的反革命活动。——367。

166　1919 年 9 月 13 日《新自由报》第 19774 号(上午版)发表了匈牙利最大的企业主坎多·卡尔曼和霍林·费伦茨关于苏维埃政权时期匈牙利工业状况的文章。

　　《新自由报》(《Neue Freie Presse》)是奥地利的自由派报纸,1864—1939 年在维也纳出版,有上午版和晚上版。——368。

167　指万察克·亚诺什。

　　万察克·亚诺什是匈牙利社会民主党中央机关报《人民言论报》的编辑。在法西斯独裁者霍尔蒂·米克洛什于 1920 年 3 月 1 日自封为国家首脑的次日,他就在自己的报纸上以匈牙利社会民主党领导的名义发表文章向霍尔蒂致敬,表示愿为其效力。——370。

168　孔菲·西格蒙是匈牙利右翼社会民主党人的领袖和思想家之一,在匈牙利无产阶级专政时期任教育人民委员。他的动摇帮助了反革命分子的破坏活动,促成了匈牙利苏维埃政权的垮台。——372。

169　派耶尔·卡罗伊是匈牙利社会民主党右翼领袖,1919 年 8 月任匈牙利内务部长,是匈牙利反革命恐怖活动的组织者。——372。

170　胡萨尔·卡罗伊是匈牙利政治活动家,属教权派。他是在协约国帝国主义者压力下成立的联合政府的首脑。——373。

171　《弗·恩格斯〈政治遗教。选自未发表的书信〉》一书是青年共产国际执行委员会编的,作为《国际青年丛书》第 12 辑于 1920 年在柏林出版。列宁在收载于这本小册子的恩格斯 1881 年 12 月 11—12 日和 1891 年

10月24—26日给奥·倍倍尔的两封信上作了批注。从前一封信摘录的关于"纯粹民主派"在革命关头的作用的一段话，列宁曾在共产国际第三次代表大会《关于俄共策略的报告提纲》中和在代表大会上作的这个报告中以及在《论黄金在目前和在社会主义完全胜利后的作用》一文中引用过（见本版全集第42卷第9—10、59、255—256页）。——374。

172　这两行批语列宁写在小册子的封面上。——374。

173　指法国在1870—1871年普法战争中失败后按照和约付给德国的50亿法郎的赔款。——375。

174　这里说的是1848—1849年的美因河畔法兰克福德国国民议会。——376。

175　指恩格斯的《德国的社会主义》一文（见《马克思恩格斯文集》第4卷）。——377。

176　这是有关将俄罗斯国家电气化委员会改组成为计划委员会的一个文献。早在1920年11月，列宁就有了把俄罗斯国家电气化委员会变成为统一的计划中心的想法。1921年2月17日，他仔细研究了将于次日在劳动国防委员会讨论的俄罗斯国家电气化委员会条例。这里收载的就是他对这个草案所作的修改。这天中午，他同格·马·克尔日扎诺夫斯基讨论了劳动国防委员会的决议草案以及将成立的计划委员会成员的名单。晚上，他将此事通知了劳动国防委员会各委员（见本版全集第40卷第347页）。但是在2月18日的劳动国防委员会会议上，关于建立计划委员会的建议以及委员会成员初步名单遭到一些人的反对，没有取得一致意见。后来在2月22日的人民委员会会议上才最终作出决定，批准国家计划委员会条例和列宁推荐的委员名单。克尔日扎诺夫斯基任计划委员会主席。——378。

177　亚·米·柯伦泰的小册子《工人反对派》是1921年俄共（布）第十次代表大会前夕在莫斯科"作为手稿"出版的，小册子上注明："仅供俄共第十次代表大会代表阅读"。——380。

178　马哈伊斯基主义是指 20 世纪初俄国工人运动中以瓦·康·马哈伊斯基为首的一个接近无政府工团主义的派别的观点。马哈伊斯基的《脑力劳动者》一书阐明了马哈伊斯基派的观点。马哈伊斯基主义的特点是敌视知识分子，力图挑起工人阶级和知识分子之间的对抗。它认为知识分子"垄断地占有知识"，依靠工人劳动而生活，也是寄生阶级，并攻击科学社会主义是"知识分子对工人的极大欺骗"。马哈伊斯基派在伊尔库茨克、敖德萨、华沙、彼得堡等地有一些互不联系的小组，在工人阶级中的影响是微不足道的，1905 年革命以后就无声无息了。——380。

179　这是列宁在俄共(布)中央一个专门委员会讨论关于消费合作社法令草案的会议记录上作的批注。1921 年 4 月 5 日，俄共(布)中央政治局会议和人民委员会会议审议并通过了这个法令草案。1921 年 4 月 7 日，该法令颁布施行。——386。

180　此报告无日期。列宁办公室收文日期是 4 月 13 日。——393。

181　列宁于 1921 年 9 月 4 日给瓦·巴·奥博林写了回信，随信把阿·谢·基谢廖夫等人关于工资问题的提纲寄去，征求他的意见(见本版全集第 51 卷第 319 号文献)。——394。

182　列宁在 1921 年 5 月未能接见叶·伊·莫伊谢耶夫，但是仔细地阅读了他的报告。这里收载的是列宁在报告上作的批注。1921 年 9 月 4 日，列宁给莫伊谢耶夫写了回信，信中继续向他征求意见，并且对他关于电力工业的建议表示赞赏(见本版全集第 51 卷第 320 号文献)。——398。

183　《革命进攻的策略和组织。三月行动的教训》一书是德国统一共产党中央委员会于 1921 年在莱比锡出版的。这本书是论述 1921 年三月行动的文集，书中还收入了 1921 年 4 月 7—8 日德国统一共产党扩大的中央委员会通过的关于三月行动的提纲。列宁读的是这本书的校样。1921 年 6 月 15 日列宁在同参加共产国际第三次代表大会的德国统一共产党代表团谈话时,利用了这个文集的材料。——402。

184　德国统一共产党是在1920年12月4—7日于柏林举行的德国共产党和德国独立社会民主党左翼的统一代表大会上成立的。德国独立社会民主党左翼同德国共产党合并,是德国革命运动发展中的一个重要里程碑。由于这一合并,德国共产党当时成了共产国际中仅次于俄共(布)的最大的支部。德国无产阶级最有声望的领袖恩·台尔曼随同德国独立社会民主党左翼一起加入了德国共产党。这次代表大会向共产党人指出,要彻底捍卫劳动人民的切身利益,在无产阶级群众中进行经常不断的工作。但是在代表大会通过的告德国和国际无产阶级宣言中,有些论点是同过高估计两派统一后所引起的力量对比变化有关联的,例如宣言作出了这样的结论:德国统一共产党已强大到足以在一定条件下单独行动,可以"自己承担风险"。这种提法,后来被"进攻的理论"的拥护者所利用。

1921年8月22—26日举行的耶拿代表大会恢复了党原来的名称——德国共产党。——402。

185　即德国独立社会民主党。

德国独立社会民主党是中派政党,1917年4月在哥达成立。代表人物是卡·考茨基、胡·哈阿兹、鲁·希法亭、格·累德堡等。基本核心是中派组织"工作小组"。该党以中派言词作掩护,宣传同公开的社会沙文主义者"团结",放弃阶级斗争。1917年4月—1918年底,斯巴达克派曾参加该党,但保持组织上和政治上的独立,继续进行秘密工作,并帮助工人党员摆脱中派领袖的影响。1920年10月,德国独立社会民主党在该党哈雷代表大会上发生了分裂,很大一部分党员于1920年12月同德国共产党合并。右派分子单独成立了一个党,仍称德国独立社会民主党,存在到1922年。——402。

186　斯巴达克联盟是由斯巴达克派改组而成的。这里看来是指1918年底成立的德国共产党,当时亦称德国共产党(斯巴达克联盟)。

斯巴达克派(国际派)是德国左派社会民主党人的革命组织,第一次世界大战初期形成,创建人和领导人有卡·李卜克内西、罗·卢森堡、弗·梅林等。1915年4月，卢森堡和梅林创办了《国际》杂志，这个杂志是团结德国左派社会民主党人的主要中心。1916年1月1日，全德左派社会民主党人代表会议在柏林召开，会议决定正式成立组织，取名为国际派。1916年—1918年10月，该派定期出版秘密刊物《政治书信》，署名斯巴达克，因此该派也被称为斯巴达克派。1917年4月，斯巴达克派加入德国独立社会民主党，但保持组织上和政治上的独立。1918年11月，斯巴达克派改组为斯巴达克联盟。1918年底，联盟退出了独立社会民主党，并在1918年12月30日—1919年1月1日举行的全德斯巴达克派和激进派代表会议上创建了德国共产党。——404。

187　卡普叛乱是德国君主派、容克、最反动的银行资本与工业资本集团和军国主义分子发动的反动叛乱，为首的是沃·卡普、埃·鲁登道夫、瓦·吕特维茨等人。叛乱的目的是废除民主共和国和重建君主政体。1920年3月10日，吕特维茨将军向德国社会民主党领导的联合政府提出最后通牒，要求解散国民议会，改选总统。3月13日，受到国防军大多数将领同情的叛乱分子的军队，未经战斗开进了柏林。叛乱分子成立了以卡普为首的政府，宣布全德戒严。叛乱发生后，德国无产阶级立即投入保卫共和国的斗争。3月15日，总罢工席卷全德，参加的工人达1 200万人。工人们武装起来同叛乱军队展开战斗。在德国共产党领导下，鲁尔区还成立了红色鲁尔军。大部分官吏和职员以及大批农业劳动者也参加了反卡普叛乱的斗争。叛乱分子的队伍在许多地方被击败。3月17日，卡普政府垮台，卡普本人逃往瑞典。——405。

188　指保尔·莱维的小册子《我们的道路。反对盲动主义》1921年柏林版。莱维在这本小册子里把德国无产阶级1921年的三月行动说成是"巴枯宁式的暴乱"，并认为共产国际执行委员会和德国统一共产党中央委员会应对此负责（参看本版全集第42卷第11、14、37—38、107—109页，第50卷第298号文献）。——406。

189　指德国统一共产党中央委员会致德国社会民主党、德国独立社会民主党、德国共产主义工人党及一切工会组织的"公开信"（载于1921年1月8日《红旗报》）。在这封信中，德国统一共产党中央委员会号召德国一切工人组织、工会组织和社会党组织采取共同行动来反对日益猖獗的反动势力和资本对劳动者生活权利的进攻。信中还提出了共同行动的纲领。"公开信"提出的共同行动的建议,遭到了社会民主党和工会右翼领导的拒绝。——407。

190 奥托·黑尔辛是德国右翼社会民主党人,1920—1927年任萨克森省总督,是1921年春德国中部挑衅活动的组织者。——409。

191 指1919年10月在海德堡举行的德国共产党代表大会。代表大会认为抵制国民议会选举的策略是错误的,通过了参加国会选举的决定,同时承认共产党人必须在改良主义的工会中进行工作,并谴责了无政府主义的经济斗争方法。——410。

192 1919年3月柏林工人响应共产党的号召举行了总罢工。这一运动也席卷了德国其他地区。政府把军队调进柏林,枪杀示威工人。斗争发展成为武装发动。资产阶级利用右翼社会民主党人的帮助,残酷镇压了工人的发动。——411。

193 指鲍威尔的小册子《1920年3月13日》1920年慕尼黑版。——412。

194 指1848年巴黎工人六月起义。——412。

195 指1920年10月12—17日德国独立社会民主党哈雷代表大会(参看注185)。——413。

196 奥尔格什(埃舍里希组织的简称)是君主派军官格·埃舍里希于1920年3月在巴伐利亚成立的反革命的半军事组织。在国防军司令部的帮助下,这个组织的分支机构遍及整个德国。奥尔格什积极参加镇压工人的革命运动,对摧毁巴伐利亚苏维埃共和国起了重要作用。1921年6月,奥尔格什根据协约国的要求被解散。——413。

197 上西里西亚的波兰居民曾积极争取结束德国统治,恢复同波兰的统一。1921年3月20日,根据凡尔赛和约在那里举行了全民投票,以解决该地区的归属问题。德国当局采取各种手段,使自己获得了微弱的多数

票。这一投票结果引起了 5 月 2 日夜波兰居民的起义。1921 年 10 月
20 日,国际联盟行政院通过了关于瓜分上西里西亚的决定。上西里西
亚领土的三分之一归波兰所有,大部分仍属德国。根据 1945 年波茨坦
会议的决定,战前德国所属的西里西亚划归波兰。——414。

198　1921 年 3 月,为执行西方列强伦敦代表会议(1921 年 2—3 月)关于因
德国不支付战争赔偿而对它实行制裁的决定,法国和比利时两国军队
占领了莱茵河沿岸的港口城市杜塞尔多夫、杜伊斯堡和鲁罗尔特。对
德国所有海关建立了监管。德国出口商品被课以数额为其价值 50%
的税。德国政府 5 月 11 日宣布准备支付战争赔偿。履行这项义务的
全部负担都落到了德国劳动人民的肩上。——415。

199　指凡尔赛和约。

　　　　凡尔赛和约即第一次世界大战后英、法、意、日等国对德和约,于
1919 年 6 月 28 日在巴黎郊区凡尔赛宫签订。——415。

200　1921 年 1 月,在意大利社会党里窝那代表大会上,由于中派拒绝同改
良主义者决裂和要求有条件地接受加入共产国际的条件,该党发生了
分裂。左派退出了代表大会,成立了意大利共产党。随后共产国际执
行委员会决定把意大利社会党开除出共产国际,只承认意大利共产党
是共产国际在意大利的成员。德国统一共产党出席里窝那代表大会的
代表保尔·莱维,在代表大会后批评意大利共产党人对中派的立场。
在 2 月 22—24 日德国统一共产党扩大的中央委员会会议上,莱维建议
通过反对共产国际在意大利问题上的路线的决议。德国统一共产党扩
大的中央委员会以多数票否决了莱维的决议案,并通过了赞成共产国
际立场的决议。担任德国统一共产党中央委员会主席的莱维和恩斯
特·多伊米希,以及德国统一共产党中央委员奥托·布拉斯、阿道夫·
霍夫曼和克拉拉·蔡特金随即声明退出中央委员会。亨利希·布兰德
勒和瓦·斯特克被选为德国统一共产党中央委员会主席。——416。

201　欧根·恩斯特是德国右翼社会民主党人,1918—1919 年任普鲁士内务
部长,1919—1920 年任柏林警察总监。——417。

202　《前进报》(«Avanti!»)是意大利社会党中央机关报(日报),1896年12月在罗马创刊。第一次世界大战期间,该报采取不彻底的国际主义立场。——417。

203　卡尔·泽韦林是德国社会民主党右翼领袖之一,1920—1926年和1930—1932年任普鲁士内务部长,1928—1930年任全德内务部长,实行武装镇压革命工人运动的政策。——417。

204　1848年3月18日,柏林居民的起义揭开了1848年普鲁士资产阶级民主革命的序幕。1871年3月18日巴黎无产阶级举行起义,起义取得胜利后宣告成立巴黎公社。——418。

205　《红旗报》(«Die Rote Fahne»)是斯巴达克联盟的中央机关报,后来是德国共产党的中央机关报,由卡·李卜克内西和罗·卢森堡创办,1918年11月9日起在柏林出版。该报多次遭到德国当局的迫害。1933年被德国法西斯政权查禁后继续秘密出版。1935年迁到布拉格出版;从1936年10月至1939年秋在布鲁塞尔出版。——418。

206　指德国民族人民党。该党代表德国垄断资产阶级和容克中的保皇阶层的利益。——418。

207　指平克顿事务所的侦探人员。平克顿事务所是美国的一家大的私人侦探组织,由阿兰·平克顿于1850年成立。美国资产阶级积极利用它来和工人运动作斗争。——419。

208　麦克斯·赫尔茨(1889—1933)是德国工人运动和共产主义运动活动家,在反对卡普叛乱的斗争期间和1921年三月战斗的过程中曾领导工人武装战斗队。他是一个勇敢的有献身精神的革命家,但其行动中带有无政府主义色彩。三月行动遭镇压后被捕并被判处终身监禁。1928年获释。——422。

209　指1920年意大利工人占领企业的运动。1920年9月,在意大利冶金工会同厂主联合会发生冲突时,冶金工人根据工会倡议占领了企业,对企业自行管理。由此开始,运动从都灵和米兰迅速扩展到整个皮埃蒙特,以后更进一步蔓延到整个北意大利和全国,并且从冶金和机械制造企业扩展到了其他工业部门。西西里岛和其他一些地方的农民也开始占领土地。这一运动规模宏大,并且能够继续向前发展。但是意大利社会党和工会的改良主义领导人通过一项决定,要求运动不得扩大,不得转为革命,只应局限在工会范围内;同时决定同厂主开始谈判。这一决定给意大利工人运动以很大的打击,占领企业的运动遂以失败告终。紧接着,法西斯分子利用工人阶级中的惊慌情绪发动了武装进攻。——425。

210　列宁所读的该书校样第43页以后的页码被弄乱了,保尔·弗勒利希的文章被其他材料所打断而续载于该书的补充部分。由此以下的页码是补充部分的页码。——426。

211　指1919年5月镇压慕尼黑工人的反革命白卫军。1919年4月13日成立了巴伐利亚苏维埃共和国。5月1日白卫军攻进慕尼黑。斗争的工人进行了三天顽强抵抗,最终遭到残酷镇压。——427。

212　德国共产主义工人党由被德国共产党第二次代表大会(1919年10月)开除出党的无政府主义"左派"分子组成,1920年4月在柏林成立。该党后来蜕化成为宗派小集团,于1927年解散。——428。

213　指后来成立了德国共产主义工人党的德国"左派"共产党人于1919年建立的全德工人联合会。该会坚持无政府工团主义立场,20年代中期变成为一个人数很少的派别。——428。

214　《自由报》(《Die Freiheit》)是德国独立社会民主党的机关报(日报),1918年11月15日—1922年9月30日在柏林出版。——429。

215　理查·利平斯基是德国社会民主党人,中派,1917—1922年是萨克森德国独立社会民主党领导人之一,1920—1923年是萨克森政府部长。

　　　卡尔·里塞尔是德国社会民主党人,中派,1917年起是德国独立社会民主党成员。——430。

216　希尔施—敦克尔工会是德国改良主义工会组织,1868 年由进步党活动
家麦·希尔施和弗·敦克尔建立。该工会的组织者们鼓吹劳资利益
"和谐"论,认为资本家也可以加入工会,否定罢工斗争的合理性。他们
声称:在资本主义社会的范围内,通过国家立法和工会组织的帮助就能
使工人摆脱资本的压迫;工会的主要任务是在工人与企业主之间起媒
介作用和积累资金。希尔施—敦克尔工会主要从事组织互助储金会和
建立文化教育团体的活动。它在德国工人运动中的影响有限,直到
1897 年它的会员不过 75 000 人,而社会民主党的工会会员已达
419 000 人。1933 年,希尔施—敦克尔工会的机会主义活动家加入了
法西斯的"劳动战线"。——430。

217　库诺·韦斯塔普是德国民族人民党的领袖。——431。

218　1919 年 1 月,艾伯特—谢德曼政府挑动柏林工人举行为时过早的发
动。工人的游行示威发展成总罢工和武装起义。尽管共产党认为起义
为时尚早,它还是决定尽力支持群众的革命发动。1 月 11 日,政府动
用古·诺斯克的反革命军队向柏林工人发起猛攻,工人起义被淹没在
血泊中。1 月 15 日,在白色恐怖最嚣张的时候,德国工人阶级的领袖
卡尔·李卜克内西和罗莎·卢森堡被逮捕并遭枪杀。德国共产党中央
委员莱奥·约吉希斯于 1919 年 3 月 9 日被捕,次日在柏林监狱中遇
害。1918 年 11 月成立的人民海军师的指挥员亨利希·多伦巴赫于
1919 年 5 月 17 日在柏林监狱中遇害。——432。

219　对外贸易人民委员部部务委员米·瓦·雷库诺夫关于建立出口储备的
报告是写给对外贸易人民委员列·波·克拉辛和副对外贸易人民委员
安·马·列扎瓦的。他们把报告转给了列宁。——434。

220　俄共(布)第十次全国代表会议对实行新经济政策作了初步总结,向党
的机关和各经济部门提出了按新的原则大力改革全部工作的任务。
1921 年 7 月 6 日,最高国民经济委员会主席团通过了一个决定(即《最
高国民经济委员会提纲》),其中规定了改革经济领导工作的措施。7
月 10 日,列宁审定了这一决定,把它分送给格·马·克尔日扎诺夫斯

基、尼·巴·布留哈诺夫、安·马·列扎瓦等进行讨论。7月11日,最
高国民经济委员会主席团批准了列宁修改过的这个提纲草案。7月12
日和16日,人民委员会和俄共(布)中央政治局分别对最高国民经济委
员会的提纲进行了审查。这里收载的是7月16日中央政治局开会时
列宁在这份文件上作的记号和在文件页边上写的批注。从批注中可以
看出,当时主要是和列·达·托洛茨基进行争论。托洛茨基主张用最
高国民经济委员会与国家计划委员会的相互关系问题取代工业领域里
的政策问题,并且对俄罗斯国家电气化问题持有不同看法。

这个文件以后经过多方面的讨论和修订,于8月9日由俄共(布)
中央全会通过。同一天,人民委员会将它作为《人民委员会关于实行新
经济政策原则的指令》予以批准。——436。

221　这是列宁在生产者联合会发起小组主席 M.M.苏茨凯韦尔的报告上作
的批注。列宁并在报告的背面给劳动国防委员会办公厅副主任瓦·
亚·斯莫尔亚尼诺夫写了一封短信,要他通知苏茨凯韦尔提供有关材
料(见本版全集第51卷第312号文献)。——442。

222　1921年9月初,小人民委员会的一个专门委员会在小人民委员会主席
阿·谢·基谢廖夫的领导下起草了一份关于工资问题的提纲。这里收
载的是列宁审查这个提纲时所作的修改。列宁非常重视这个文件,除
了建议把它交中央政治局全体委员传阅外,还亲自写信向一些人征求
意见。人民委员会于1912年9月16日通过了《工资问题基本原则》,
并于9月17日把它作为人民委员会的法令公布。——444。

223　这是列宁在格·马·克尔日扎诺夫斯基《致我们的批评家》一文手稿上
作的批注。他还在手稿第1页的页边上给克尔日扎诺夫斯基写了一封
短信(见本版全集第51卷第349号文献)。克尔日扎诺夫斯基的文章
没有发表。——448。

224　亚·李·舍印曼是国家银行管理委员会主席。列宁在写批注的同一天
给叶·阿·普列奥布拉任斯基的一封信中提到的一份材料(舍印曼写
的关于在稳定的金本位制基础上向正常的货币流通过渡的报告),看来

就是指他的这封信(见本版全集第52卷第43号文献)。——450。

225　指由列·波·加米涅夫任主席的人民委员会所属最高经济委员会。
　　——452。

226　关于列宁同伊·安·彼特鲁什金的会见,见1962年12月9日《苏维埃
　　俄罗斯报》第288号所载《同列宁在一起的45分钟》一文,该文是 A.拉
　　别兹尼科夫根据彼特鲁什金的谈话写的。——453。

227　伊·吉·科布连茨是司法人民委员部的法律顾问。关于这件事,可参
　　看列宁在1922年2月14日和15日给司法人民委员德·伊·库尔斯
　　基写的两封信(见本版全集第52卷第307、308号文献)。——454。

228　列·米·欣丘克的《新经济政策条件下的中央消费合作总社》一书是根
　　据列宁的建议写的,1922年底由全俄中央消费合作总社出版。在欣丘
　　克写这本书的过程中,列宁曾多次写信给他,谈自己的希望,指出必须
　　把哪些内容加进书中去(见本版全集第52卷第522、532号文献)。
　　　　关于这本书,欣丘克后来在《列宁与合作社》一文中回忆说,"当一
　　个名叫亚·谢·奥尔洛夫的侨民在国外出版了一本反对中央消费合作
　　总社的小册子时,弗拉基米尔·伊里奇召见了我,坚持要我(限两个星
　　期)编写一本关于中央消费合作总社的小册子。当时他不仅提出了自
　　己的建议,而且还要校样……"——455。

229　根据俄共(布)中央政治局1922年8月31日的决定,《真理报》就无产
　　阶级文化协会和无产阶级文化问题展开了辩论,发表了不同作者就这
　　个问题所写的多篇文章。
　　　　无产阶级文化协会主席瓦·费·普列特涅夫在1922年9月27日
　　《真理报》上发表了题为《在意识形态战线上》一文。列宁在文章标题的
　　上方写了"保存"二字,在报纸的空白处作了许多批注和标记。当天,他
　　写信给《真理报》编辑尼·伊·布哈林,尖锐地批评了这篇文章(见本版
　　全集第52卷第541号文献)。
　　　　10月24日和25日《真理报》刊载了俄共(布)中央鼓动宣传部副

部长雅·阿·雅柯夫列夫的长篇文章《论"无产阶级文化"和无产阶级文化协会》。这篇文章是根据列宁的指示和列宁在普列特涅夫的文章上所作的批注写成的。列宁十分关注这场辩论,收集了许多剪报。——457。

230　关于这件事,当时任"狄纳莫"厂工会主席的 A.Φ.韦日斯后来写道:"11月7日前两个星期,我们的旋工车间开工人大会,工人们在会上提出了邀请列宁再次来厂的问题(列宁是 1921 年 11 月 7 日第一次到该厂并讲话的。见本版全集第 42 卷第 273 页。——编者注)…… 会上决定设立专门的光荣簿,供访问工厂的贵宾题词。我们(指韦日斯和党支部书记波里索夫。——编者注)受委托请列宁在光荣簿上第一个签名。"

　　1922 年 10 月 21 日,列宁接见了波里索夫和韦日斯。接见时,他们代表狄纳莫人邀请列宁"今年"十月革命节还到他们那里做客,并请列宁在"狄纳莫"厂的光荣簿上留名。列宁在光荣簿上写道:"致共产主义的敬礼。**乌里扬诺夫-列宁**"。他并同意在工厂大会上讲话(见《俄国工人农民谈列宁》1958 年莫斯科版第 313—315 页)。但是由于健康原因,列宁未能到"狄纳莫"厂来。——471。

231　《俄罗斯联邦土地法典》草案经农业人民委员部部务委员会批准后由农业人民委员部送给了列宁。列宁的批注就写在草案上。

　　《法典》于 1922 年 10 月 30 日在第九届全俄中央执行委员会第四次常会上被批准。法典中列宁加上着重标记的那句话改写为:"安排垦荒工作的办法和允许进行垦荒的地区,由农业人民委员部特别指示规定之。"

　　列宁在 10 月 31 日全俄中央执行委员会会议上的发言中谈到土地法典的意义时强调指出:"土地问题,即如何安排绝大多数居民——农民的生活问题,是我们的根本问题。"(见本版全集第 43 卷第 250 页)——472。

人　名　索　引

A

阿德勒,弗里德里希(Adler,Friedrich)——172、264。

阿德勒,维克多(Adler,Victor)——149。

阿克雪里罗得,帕维尔·波里索维奇(Аксельрод, Павел Борисович)——121—123。

阿列克辛斯基,格里戈里·阿列克谢耶维奇(Алексинский, Григорий Алексеевич)——125。

阿斯奎斯,赫伯特·亨利(Asquith,Herbert Henry)——327。

埃·特·(E.T.)——185。

埃里蒂埃,L.(Héritier,L.)——203。

艾伯特,弗里德里希(Ebert,Friedrich)——405、417。

艾斯讷尔,库尔特(Eisner,Kurt)——338。

爱尔威,古斯塔夫(Hervé,Gustave)——2。

爱伦堡,伊里亚·格里戈里耶维奇(Эренбург, Илья Григорьевич)——467。

安年科夫,帕维尔·瓦西里耶维奇(Анненков, Павел Васильевич)——360。

奥博林,瓦西里·巴甫洛维奇(Оборин, Василий Павлович)——394—397。

奥德诺布柳多夫(Одноблюдов)——222。

奥尔洛夫,亚历山大·谢苗诺维奇(Орлов, Александр Семенович)——455、456。

奥新斯基,恩·(奥博连斯基,瓦列里安·瓦列里安诺维奇)(Осинский, Н. (Оболенский, Валериан Валерианович))——209、213、230、386。

B

巴尔霍恩,约翰(Balhorn,Johann)——281。

巴枯宁,米哈伊尔·亚历山德罗维奇(Бакунин, Михаил Александрович)
——202。

巴雷斯,莫里斯(Barrés, Moris)——8。

白拉克,威廉(Bracke, Wilheim)——138。

鲍威尔(Bauer)——412。

鲍威尔,奥托(Bauer, Otto)——59、148、252—273、278、301、310。

倍倍尔,奥古斯特(Bebel, August)——37、143。

比索拉蒂,莱奥尼达(Bissolati, Leonida)——66。

比辛,摩里茨-斐迪南·冯(Bissing, Moritz-Ferdinand von)——157。

彼特鲁什金,伊万·安德列耶维奇(Петрушкин, Иван Андреевич)——453。

俾斯麦,奥托·爱德华·莱奥波德(Bismarck, Otto Eduard Leopold)——1、
31、203。

别洛夫(Белов)——447。

别洛乌索夫(Белоусов)——222。

波格丹诺夫,彼得·阿列克谢耶维奇(Богданов, Петр Алексеевич)——447。

波格丹诺夫,亚·(**马林诺夫斯基,亚历山大·亚历山德罗维奇**)(Богданов,
А.(Малиновский, Александр Александрович))——280、281、285、287、305、
307、320、321。

波克罗夫斯基,米哈伊尔·尼古拉耶维奇(Покровский, Михаил Никола-
евич)——111—113。

波拿巴——见拿破仑第三。

波宁斯基(Ponincki)——432。

勃朗,路易(Blanc, Louis)——291。

伯恩施坦,爱德华(Bernstein, Eduard)——43、151、203。

柏姆·维尔莫什(Böhm Vilmos)——372、373。

柏姆-巴维克,欧根(Böhm-Bawerk, Eugen)——278。

布·(В.)——183。

布勃诺夫,安德列·谢尔盖耶维奇(Бубнов, Андрей Сергеевич)——218。

布哈林,尼古拉·伊万诺维奇(尼·布·)(Бухарин, Николай Иванович(Н.
Б.))——218—220、228—229、230、274—321、440。

布兰德勒，亨利希（Brandler，Heinrich）——433。

布列夫达，И.И.（Бревда，И.И.）——222。

布鲁凯尔，路易·德（Brouckére，Louis de）——65。

布纳柯夫，伊里亚（**丰达明斯基，伊里亚·伊西多罗维奇**）（Бунаков，Илья
　（Фундаминский，Илья Исидорович））——128。

布欣格尔（Buchinger）——367。

C

蔡特金，克拉拉（Zetkin，Clara）——43、145、150。

查苏利奇，维拉·伊万诺夫娜（Засулич，Вера Ивановна）——360。

D

达维多夫，К.П.（Давыдов，К.П.）——222。

大卫，爱德华（David，Eduard）——138、143、148、153。

德尔布吕克，汉斯（Delbrück，Hans）——278。

邓尼金，安东·伊万诺维奇（Деникин，Антон Иванович）——265、330、335。

狄慈根，约瑟夫（Dietzgen，Joseph）——64。

迪尔（Dürr）——192。

多伦巴赫，亨利希（Dorenbach，Heinrich）——432。

E

恩格斯，弗里德里希（Engels，Friedrich）——18、161—171、202、203、204、
　205、277、278、281、286、297、311、360、374—377、415。

恩斯特，欧根（Ernst，Eugen）——417。

F

费舍，埃德蒙（Fischer，Edmund）——150、152、301。

费舍，理查（Fischer，Richard）——145、152。

芬德里希（Fendrich）——11。

芬-叶诺塔耶夫斯基，亚历山大·尤利耶维奇（Финн-Енотаевский，Александр

Юльевич)——125。

弗拉基米尔·伊里奇——见列宁,弗拉基米尔·伊里奇。

弗兰克,路德维希(Frank,Ludwig)——65。

弗勒利希,保尔(Fröhlich,Paul)——415—426。

弗雷,尤利乌斯(Frey,Julius)——175。

弗里德里希二世(弗里德里希大帝)(Friedrich II(der "Große"))——90、94。

弗里斯兰特(**罗伊特,恩斯特**)(Friesland (Reuter,Ernst))——418。

弗罗贝尼乌斯(Frobenius)——35。

伏龙芝,米哈伊尔·瓦西里耶维奇(Фрунзе,Михаил Васильевич)——390。

G

盖得,茹尔(**巴季尔,马蒂约**)(Guesde,Jules(Basile,Mathieu))——3、6、65、
138—158。

甘必大,莱昂·米歇尔(Gambetta,Lèon Michelle)——132。

高尔察克,亚历山大·瓦西里耶维奇(Колчак,Александр Васильевич)——
265、335。

高尔基,马克西姆(**彼什科夫,阿列克谢·马克西莫维奇**)(Горький,Максим
(Пешков,Алексей Максимович))——458。

哥尔茨曼,阿布拉姆·季诺维耶维奇(Гольцман,Абрам Зиновьевич)——
239—241。

哥尔斯基,阿·弗·(**杜布瓦,阿纳托利·爱德华多维奇**)(Горский,А. В.
(Дюбуа,Анатолий Эдуардович))——135。

哥尔特,赫尔曼(Gorter,Herman)——73、183。

哥列梅金,伊万·洛金诺维奇(Горемыкин,Иван Логгинович)——135。

格雷,爱德华(Grey,Edward)——111。

格里姆,罗伯特(Grimm,Robert)——173、174、176、177、178、179、181、182、
185、186、187、188—196。

格里涅韦茨基(Гриневецкий)——283。

格龙瓦尔德,麦克斯(Grunwald,Max)——12。

格律恩贝格,卡尔(Grünberg,Carl)——162。

格罗曼,弗拉基米尔·古斯塔沃维奇(Громан, Владимир Густавович)——
448、449。

格罗斯皮埃尔(Grospierre)——182、183。

格罗伊利希,海尔曼(Greulich, Hermann)——173、176、179、181、182、184。

古科夫斯基,伊西多尔·埃马努伊洛维奇(Гуковский, Исидор Эммануилович)
——230。

古契柯夫,亚历山大·伊万诺维奇(Гучков, Александр Иванович)——
126、128。

古谢夫,谢尔盖·伊万诺维奇(**德拉布金,雅柯夫·达维多维奇**)(Гусев,
Сергей Иванович(Драбкин, Яков Давидович))——250—251。

果雷,保尔(Golay, Paul)——36—52。

H

哈布斯堡王朝(Habsburg)——53、61。

哈茨多尔夫(Harzdorf)——432。

哈第,詹姆斯·基尔(基尔-哈第,詹姆斯)(Hardie, James Keir(Keir-Hardie,
James))——7、8。

哈拉托夫,阿尔塔舍斯·巴格拉托维奇(Халатов, Арташес Багратович)
——447。

海德尔,J.(Haider, J.)——409—415。

海德门,亨利·迈尔斯(Hyndman, Henry Mayers)——65。

海涅,沃尔弗冈(Heine, Wolfgang)——11、12、151、153。

韩德逊,阿瑟(Henderson, Arthur)——8。

豪斯托夫,瓦连廷·伊万诺维奇(Хаустов, Валентин Иванович)——136。

豪泽尔,F.H.(Hauser, F.H.)——176、179、186。

赫尔茨,麦克斯(Hölz, Max)——422。

赫拉克利特(Herakleitos)——287。

黑尔辛,奥托(Hersing, Otto)——409、416、417、418、419、420、421、423、
427、432。

黑格,道格拉斯(Haig, Douglas)——324。

亨策(Henze)——424、425、426。

亨尼施,康拉德(Haenisch,Konrad)——12。

亨尼施,K.(Hänisch,K.)——152。

胡埃,奥托(Hue,Otto)——152。

胡贝尔,约翰奈斯(罗尔沙赫)(Huber,Johannes(Rorschach))——174、192。

胡萨尔·卡罗伊(Huszár Károly)——373。

霍尔蒂·米克洛什——见霍尔蒂·纳吉巴尼亚伊。

霍尔蒂·纳吉巴尼亚伊(霍尔蒂·米克洛什)(Horthy Nagybányai(Horthy Miklós))——372、373、419。

霍赫(Hoch)——149、152、153。

霍林·费伦茨(Chorin Ferenc)——368。

J

基尔-哈第,詹姆斯——见哈第,詹姆斯·基尔。

基谢廖夫,阿列克谢·谢苗诺维奇(Киселев, Алексей Семенович)——444—447。

基泽韦特尔,约翰·克里斯蒂安(Kiesewetter,Johann Christian)——82。

季诺维也夫(拉多梅斯尔斯基),格里戈里·叶夫谢耶维奇(Зиновьев(Радомысльский),Григорий Евсеевич)——109—110。

加邦,格奥尔吉·阿波罗诺维奇(Гапон,Георгий Аполлонович)——109。

加尔金,А.В.(Галкин,А.В.)——243。

加米涅夫(罗森费尔德),列夫·波里索维奇(Каменев(Розенфельд),Лев Борисович)——211、452。

捷尔任斯基,费利克斯·埃德蒙多维奇(Дзержинский,Феликс Эдмундович)——441。

金丁(金兹堡),雅柯夫·伊萨科维奇(Гиндин(Гинзбург),Яков Исаакович)——447。

君士坦丁(Constantinus)——50。

K

卡列金,阿列克谢·马克西莫维奇(Каледин, Алексей Максимович)——

210、265。

卡列耶夫,尼古拉·伊万诺维奇(Кареев,Николай Иванович)——214—216。

坎多·卡尔曼(Kandó Kálmán)——367。

考茨基,卡尔(Kautsky,Karl)——41、43、65、68、69、112、122、144、211、247、
278、285、290、292、310、351。

柯伦泰,亚历山德拉·米哈伊洛夫娜(Коллонтай,Александра Михайловна)
——114—120、231、380—385。

科布连茨,伊兹拉伊尔·吉尔舍维奇(Кобленц,Израил Гиршевич)——454。

科尔尼洛夫,拉甫尔·格奥尔吉耶维奇(Корнилов,Лавр Георгиевич)
——265。

科罗博夫,Д.С.(Коробов,Д.С.)——222。

科切托夫(Кочетов)——222。

克尔日扎诺夫斯基,格列勃·马克西米利安诺维奇(Кржижановский,Глеб
Максимилианович)——440、448—449。

克拉辛,列昂尼德·波里索维奇(Красин,Леонид Борисович)——440。

克劳塞维茨,卡尔(Clausewitz,Karl)——82—108。

克勒蒂,埃米尔(Klöti,Emil)——174。

克里茨曼,列夫·纳坦诺维奇(Крицман,Лев Натанович)——296。

克列孟梭,若尔日(Clemenceau,Georges)——132。

克鲁普斯卡娅,娜捷施达·康斯坦丁诺夫娜(Крупская,Надежда
Константиновна)——341—343。

克吕费尔斯,冯(Klüfers,von)——432。

克吕格尔(Krüger)——432。

孔菲·西格蒙(Kunfi Zsigmond)——372、373。

库恩·贝拉(科洛日瓦里)(Kun Béla(Kolozsvári))——334、362—373。

L

拉狄克,卡尔·伯恩哈多维奇(Радек,Карл Бернгардович)——182、183、
218、219。

拉法格,保尔(Lafargue,Paul)——169。

拉斐尔·桑蒂(Raffaello Santi)——459。

拉林,尤·(卢里叶,米哈伊尔·扎尔曼诺维奇)(Ларин,Ю.(Лурье,Михаил Зальманович))——222、249、351。

拉萨尔,斐迪南(Lassalle,Ferdinand)——18。

莱纳特(Leinert)——152。

莱维(哈特施坦),保尔(Levi(Hartstein),Paul)——406。

劳尔(Laur)——175。

劳芬贝格,亨利希(Laufenberg,Heinrich)——10—35。

雷文特洛,恩斯特(Reventlow,Ernst)——112。

累德堡,格奥尔格(Ledebour,Georg)——143、152。

李卜克内西,卡尔(Liebknecht,Karl)——5、43、138—158、172、196、432。

李卜克内西,威廉(Liebknecht,Wilhelm)——8、37。

李可夫,阿列克谢·伊万诺维奇(Рыков,Алексей Иванович)——241。

里塞尔,卡尔(Riessel,Karl)——430。

利平斯基,理查(Lipiński,Richard)——430。

梁赞诺夫(戈尔登达赫),达维德·波里索维奇(Рязанов(Гольдендах),Давид Борисович)——220。

列金,卡尔(Legien,Karl)——3、122、150、152、153。

列宁,弗拉基米尔·伊里奇(乌里扬诺夫,弗拉基米尔·伊里奇)(Ленин, Владимир Ильич(Ульянов, Владимир Ильич))——125、195、199、207、 209、210、211、213、220、223、225、227、228、229、230、241、278、299、329、 330、331、334、336、346、356、374、378、380、383、394、436、441、450—452、 453、464、471。

列诺得尔,皮埃尔(Renaudel,Pierre)——8。

列普列夫斯基,格里戈里·莫伊谢耶维奇(Леплевский,Григорий Моисеевич) ——447。

列斯纳,弗里德里希(Leßner,Friedrich)——169。

列扎瓦,安德列·马特维耶维奇(Лежава,Андрей Матвеевич)——387。

柳比莫夫,阿列克谢·伊万诺维奇(佐梅尔,马·)(Любимов, Алексей Иванович(Зоммер, М.))——128。

卢森堡,罗莎(尤尼乌斯)(Luxemburg, Rosa(Junius)) —— 8、43、145、150、432。

鲁登道夫,埃里希(Ludendorff, Erich)——413。

鲁勉采夫,尼古拉·彼得罗维奇(Румянцев, Николай Петрович)—— 342、343。

吕勒,奥托(Rühle, Otto)——153。

吕特维茨,瓦尔特(Lüttwitz, Walter)——419。

伦施,保尔(Lensch, Paul)——12、57、143、202—206。

罗兰-霍尔斯特,罕丽达(Roland Holst, Henriette)——53—81、159—160。

洛贝尔图斯-亚格措夫,约翰·卡尔(Rodbertus-Jagetzow, Johann Karl) ——294。

洛里亚,阿基尔(Loria, Achille)——278。

洛莫夫,阿·(奥波科夫,格奥尔吉·伊波利托维奇)(Ломов, А.(Оппоков, Георгий Ипполитович))——210。

洛西茨基,阿列克谢·叶梅列诺维奇(Лосицкий, Алексей Емеленович) ——230。

M

马尔托夫,尔·(策杰尔包姆,尤利·奥西波维奇)(Мартов, Л.(Цедербаум, Юлий Осипович))——124—137。

马克思,卡尔(Marx, Karl)—— 13—14、18、41、43、159、161—171、203、204、253、270、274、275、278、281、284、291、293、294、296、301、304、306、308、309、310、311、340、353、360—361、371、375、458、466。

马隆,贝努瓦(Malon, Benoit)——136。

马斯洛夫,彼得·巴甫洛维奇(Маслов, Петр Павлович)——1。

麦克唐纳,詹姆斯·拉姆赛(MacDonald, James Ramsay)——322—340。

曼,昂利·德(Man, Henrik de)——65、70。

曼纳海姆,卡尔·古斯塔夫·埃米尔(Mannerheim, Carl Gustaf Emil) ——335。

曼努伊尔斯基,德米特里·扎哈罗维奇(Мануильский, Дмитрий Захарович)

——388。

梅林，弗兰茨（Mehring，Franz）——145、150、310。

梅伊（May）——456。

弥勒，古斯塔夫（Müller，Gustav）——175、179、182。

米尔，詹姆斯（Mill，James）——322、325、326。

米勒兰，亚历山大·艾蒂耶纳（Millerand，Alexandre Étienne）——140。

米留可夫，帕维尔·尼古拉耶维奇（Милюков，Павел Николаевич）——126。

米柳亭，弗拉基米尔·巴甫洛维奇（Милютин，Владимир Павлович）——222。

米亚基奇（Миакич）——372。

明岑贝格，威廉（Münzenberg，Wilhelm）——182。

莫塔（Motta）——181。

莫伊谢耶夫，叶菲姆·伊萨科维奇（Моисеев，Ефим Исаакович）——394——397、398——401。

N

拿破仑第一（**拿破仑·波拿巴**）（Napoléon I（Napoléon Bonaparte））——90、95、97、98、214——217。

拿破仑第三（**路易-拿破仑·波拿巴**）（Napoléon III（Louis-Napoléon Bonaparte））——18、149、150、156、165、203、376。

纳希姆松，米龙·伊萨科维奇（Нахимсон，Мирон Исаакович）——183。

奈恩，沙尔（Naine，Charles）——73。

尼·布·——见布哈林，尼古拉·伊万诺维奇。

尼古拉二世（**罗曼诺夫**）（Николай II（Романов））——110。

诺布斯，恩斯特（Nobs，Ernst）——201。

诺拉特，奥托（Neurath，Otto）——300。

诺斯克，古斯塔夫（Noske，Gustav）——417、419。

P

派耶尔·卡罗伊（Peier Károly）——372。

佩特留拉,西蒙·瓦西里耶维奇(Петлюра,Симон Васильевич)——392。

蒲鲁东,皮埃尔·约瑟夫(Proudhon,Pierre-Joseph)——163、360—361。

普夫吕格尔,保尔·伯恩哈德(Pflüger,Paul Bernhard)——178、179、181。

普拉滕,弗里德里希(Platten,Friedrich)——177、178、187、197—201。

普列奥布拉任斯基,叶夫根尼·阿列克谢耶维奇(Преображенский,Евгений Алексеевич)——211。

普列汉诺夫,格奥尔吉·瓦连廷诺维奇(Плеханов,Георгий Валентинович)——53、57、121、122、125、128、230、458。

普列特涅夫,瓦列里安·费多罗维奇(Плетнев,Валериан Федорович)——457—470。

Q

乔利蒂,乔万尼(Giolitti,Giovanni)——143。

屈伊珀尔,R.(Kuyper,R.)——73。

瞿鲁巴,亚历山大·德米特里耶维奇(Цюрупа,Александр Дмитриевич)——386、387。

R

饶勒斯,让(Jaurès,Jean)——142。

茹奥,莱昂(Jouhaux,Léon)——3、65。

S

萨尔蒂科夫-谢德林,米哈伊尔·叶夫格拉福维奇(**萨尔蒂科夫,米·叶·**;谢德林,尼·)(Салтыков-Щедрин,Михаил Евграфович(Салтыков,М.Е.,Щедрин,Н.))——59。

萨宗诺夫,谢尔盖·德米特里耶维奇(Сазонов,Сергей Дмитриевич)——126。

桑巴,马赛尔(Sembat,Marcel)——3、5、6、65。

桑朱利安(San-Giuliano)——143。

沙恩霍斯特,格哈德·约翰·达维德(Scharnhorst,Gerhard Johann David)——87。

莎士比亚,威廉(Shakespeare,William)——458。

舍雷尔,G.(Scherrer,G.)——179。

舍印曼,亚伦·李沃维奇(Шейнман,Арон Львович)——450—452。

申克尔,H.(Schenkel,H.)——182。

施本格勒,奥斯渥特(Spengler,Oswald)——462。

施米特,罗伯特(Schmidt,Robert)——44。

施米特,瓦西里·弗拉基米罗维奇(Шмидт,Василий Владимирович)
——241。

施奈德文特(Schneidevindt)——432。

施内贝格尔,O.(Schneeberger,O.)——185、192。

施泰因曼(Steinmann)——179。

施特勒贝尔,亨利希(Ströbel,Heinrich)——152。

斯宾塞,赫伯特(Spencer,Herbert)——274。

斯捷潘诺夫,伊·伊·——见斯克沃尔佐夫-斯捷潘诺夫,伊万·伊万诺
维奇。

斯柯别列夫,马特维·伊万诺维奇(Скобелев,Матвей Иванович)——136。

斯克沃尔佐夫-斯捷潘诺夫,伊万·伊万诺维奇(斯捷潘诺夫,伊·伊·)
(Скворцов-Степанов,Иван Иванович(Степанов,И.И.))——441、465、466。

斯米尔诺夫,弗拉基米尔·米哈伊洛维奇(Смирнов,Владимир Михайлович)
——297。

斯坦尼斯拉夫斯基(**阿列克谢耶夫**),康斯坦丁·谢尔盖耶维奇
(Станиславский(Алексеев),Константин Сергеевич)——242。

斯汀尼斯,胡戈(Stinnes,Hugo)——418。

斯图科夫,英诺森·尼古拉耶维奇(Стуков,Иннокентий Николаевич)
——230。

斯温胡武德,佩尔·埃温德(Svinhufvud,Pehr Eyvind)——219。

苏茨凯韦尔,米·(Суцкевер,М.)——443。

索柯里尼柯夫(**布里利安特**),格里戈里·雅柯夫列维奇(Сокольников
(Бриллиант),Григорий Яковлевич)——228—229。

T

塔尔海默,奥古斯特(Thalheimer,August)——406—409。

特列季亚科夫斯基,瓦西里·基里洛维奇(Тредиаковский,Василий Кирилло-
　　вич)——305。

特鲁尔斯特拉,彼得·耶莱斯(Troelstra,Pieter Jelles)——68、70、71—72。

梯什卡,卡尔(Tyszka,Carl)——161。

梯什卡,扬(**约吉希斯,莱奥**)(Tyszka,Jan(Jogiches,Leo))——432。

托勒尔,恩斯特(Toller,Ernst)——469。

托洛茨基(**勃朗施坦**),列夫·达维多维奇(Троцкий(Бронштейн),Лев
　　Давидович)——61、110、132、210、212、219、384、436、438、440。

托马斯,文德林(Thomas,Wendelin)——427。

托姆斯基,米哈伊尔·巴甫洛维奇(Томский,Михаил Павлович)——241。

W

瓦·希·(В.Х.)——230。

瓦尔加,叶夫根尼·萨穆伊洛维奇(Варга,Евгений Самуилович)——
　　344—359。

瓦尔兰,路易·欧仁(Varlin,Louis Eugène)——136。

瓦格纳,阿道夫·亨利希·戈特希尔夫(Wagner,Adolph Heinrich Gotthilf)
　　——278。

瓦利·米哈伊(Váli Mihály)——371。

瓦扬,爱德华·玛丽(Vaillant,Edouard-Marie)——65。

万察克·亚诺什(Vanczák János)——370。

王德威尔得,埃米尔(Vandervelde,Émile)——121、122。

威廉一世(**霍亨索伦**)(Wilhelm I(Hohenzollern))——2。

威廉二世(**霍亨索伦**)(Wilhelm II(Hohenzollern))——110。

韦尔特纳尔·雅科布(Weltner Jakob)——367。

韦斯塔普,库诺(Westarp,Kuno)——431。

维维安尼,勒奈(Viviani,René)——3、6、7、9。

温尼琴科,弗拉基米尔·基里洛维奇(Винниченко, Владимир Кириллович)
——219。

沃尔弗海姆,弗里茨(Wolfheim, Fritz)——10—35。

乌里茨基,莫伊塞·索洛蒙诺维奇(Урицкий, Моисей Соломонович)
——218。

武尔姆,埃马努埃尔(Wurm, Emanuel)——152、153。

X

希法亭,鲁道夫(Hilferding, Rudolf)——112、136、282、431。

谢德林,尼·——见萨尔蒂科夫-谢德林,米哈伊尔·叶夫格拉福维奇。

谢德曼,菲力浦(Scheidemann, Philipp)——11、12、417。

谢列布里亚科夫,列昂尼德·彼得罗维奇(Серебряков, Леонид Петрович)
——243。

欣丘克,列夫·米哈伊洛维奇(Хинчук, Лев Михайлович)——222、455
—456。

休特古姆,阿尔伯特(Südekum, Albert)——11、71、122、145、147、153。

叙尔特(Sült)——432。

Y

雅柯夫列娃,瓦尔瓦拉·尼古拉耶夫娜(Яковлева, Варвара Николаевна)
——211。

雅罗斯拉夫斯基,叶梅利扬·米哈伊洛维奇(Ярославский, Емельян
Михайлович)——231。

雅内舍夫,М.П.(Янышев, М.П.)——230。

亚历山大一世(罗曼诺夫)(Александр I (Романов))——214、215、217。

亚内克(Janek)——432。

扬松(Jansson)——147。

耶利内克,格奥尔格(Jellinek, Georg)——278。

叶戈罗夫,И.И.(Егоров, И.И.)——222。

伊万诺夫(Иванов)——393。

尤尼乌斯——见卢森堡，罗莎。

尤仁（**苏姆巴托夫**），亚历山大·伊万诺维奇（**Южин（Сумбатов）**，Александр Иванович）——242。

约尔丹斯基，尼古拉·伊万诺维奇（Иорданский，Николай Иванович）——125。

约吉希斯，莱奥——见梯什卡，扬。

约瑟夫一世（Joseph I）——215。

Z

泽德利茨（Zedlitz）——11。

泽尔海姆，B.H.（Зельгейм，В.Н.）——222。

泽韦林，卡尔（Severing，Karl）——417、421。

佐梅尔，马·——见柳比莫夫，阿列克谢·伊万诺维奇。

————

Ж.Б.——7。

————

F.H.——见豪泽尔，F.H.。

F.S.——186。

I.H.——184。

J.D—n——183。

《列宁全集》第二版第60卷编译人员

译文校订：张 舆 汤钰卿 李俊聪 蒯启发 崔松龄 张祖武
  董荣卿
资料编写：杨祝华 张瑞亭 刘方清
编 辑：许易森 钱文干 韦清豪 李桂兰
译文审订：袁 坚

在本版各卷译校过程中，杨蕴华同志担任了俄文质疑工作，谨向她深表谢意。

《列宁全集》第二版增订版编辑人员

李京洲 高晓惠 翟民刚 张海滨 赵国顺 任建华 刘燕明
孙凌齐 门三姗 韩 英 侯静娜 彭晓宇 李宏梅 付 哲
戢炳惠 李晓萌

审 定：韦建桦 顾锦屏 柴方国

本卷增订工作负责人：李京洲 高晓惠

项目统筹：崔继新
责任编辑：崔继新
装帧设计：石笑梦
版式设计：周方亚
责任校对：梁　悦

图书在版编目(CIP)数据

列宁全集.第60卷/(苏)列宁著；中共中央马克思恩格斯列宁斯大林著作编译局编译.
　—2版(增订版)-北京：人民出版社，2017.3
ISBN 978 - 7 - 01 - 017144 - 9

Ⅰ.①列…　Ⅱ.①列…②中…　Ⅲ.①列宁著作-全集　Ⅳ.①A2

中国版本图书馆 CIP 数据核字(2016)第 319310 号

书　　名　列宁全集
　　　　　LIENING QUANJI
　　　　　第六十卷
编　译　者　中共中央马克思恩格斯列宁斯大林著作编译局
出版发行　人民出版社
　　　　　(北京市东城区隆福寺街 99 号　邮编 100706)
邮购电话　(010)65250042　65289539
经　　销　新华书店
印　　刷　北京新华印刷有限公司
版　　次　2017 年 3 月第 2 版增订版　2017 年 3 月北京第 1 次印刷
开　　本　880 毫米×1230 毫米 1/32
印　　张　17.5
插　　页　2
字　　数　437 千字
印　　数　0,001－3,000 册
书　　号　ISBN 978 - 7 - 01 - 017144 - 9
定　　价　44.00 元

ISBN 978-7-01-017144-9

9 787010 171449 >